元嘉三大家研究

张润平　著

中国农业大学出版社
·北京·

图书在版编目（CIP）数据

元嘉三大家研究 / 张润平著. —北京：中国农业大学出版社，2018.5
ISBN 978-7-5655-2026-6

Ⅰ.①元…　Ⅱ.①张…　Ⅲ.①谢灵运（385–433）–人物研究 ②颜延之（384–456）–人物研究 ③鲍照（约416–466）–人物研究　Ⅳ.①K825.6

中国版本图书馆CIP数据核字（2018）第092049号

书　名　元嘉三大家研究
作　者　张润平　著

策划编辑　赵　中　李卫峰　　**责任编辑**　赵　中　石　华
封面设计　郑　川
出版发行　中国农业大学出版社
社　址　北京市海淀区圆明园西路 2 号　　**邮政编码**　100193
电　话　发行部 010-62818525，8625　　读者服务部 010-62732336
　　　　编辑部 010-62732617，2618　　出　版　部 010-62733440
网　址　http://www.caupress.cn　　**E-mail** cbsszs@cau.edu.cn
经　销　新华书店
印　刷　涿州市星河印刷有限公司
版　次　2018 年 6 月第 1 版　　2018 年 6 月第 1 次印刷
规　格　787×1092　　16 开本　　22 印张　　400 千字
定　价　88.00 元

图书如有质量问题本社发行部负责调换

摘要

Abstract

刘宋时期，门阀政治逐渐被削弱，皇权政治得到了恢复和加强，在佛学和道学迅速发展的元嘉思想界，刘宋帝王同时推崇正统的儒学。元嘉三大家以儒学为基础，兼及佛学和道学，不重玄谈，由于不同的家族地位和出生，元嘉三大作家身上表现出鲜明的个性和思想特色，山水诗人谢灵运个性褊急，多愆礼度，思想上儒、道、佛皆融；诗人颜延之秉持儒家入世思想，个性耿介傲岸，狂放不羁；诗人鲍照一生仕宦坎坷，位居下僚，在思想上信奉儒、道，表现出孤傲脱俗的个性。

谢灵运山水诗诞育的文化因子是素退家风、慧远"法性"说、游仙诗的山水描写。在他的山水诗中包含着丰富的佛、道、儒意蕴；他承袭汉大赋的体制，融通前代山水纪行赋的范式，在理论和实践两个方面进行了赋体的创变，大胆摒弃了散体大赋虚拟夸饰的弊端，走进了山水真境，抒发心灵深处的感怀，用心描绘山水美景，达到了山水纪行赋新的境界；谢灵运以"会性通神"的创作理念和对灵感诗学的不懈追求，在他的山水诗中形成了"初发芙蓉"的灵感诗学境界。鲍照诗中也蕴含着深刻的儒、道、佛意蕴；他的山水行役诗是玄言诗向山水诗过渡的桥梁，鲍照通过"善制形状写物之词"的方式实现了对玄言诗的全面改制，他和汤惠休还大量吸收"吴歌"和"西曲"的营养，形成了具有民歌味道和鲜活意象的新诗体，为元嘉文坛带来了一股清新的气息；由于江淹"穷力追鲍照"，在诗歌意象、语言、结构、诗风、精神追求方面对鲍照的模拟，使鲍照这位在当时并不出名的诗人，在后世获得了新生；鲍照对赋体表达方式的突破，使他的赋作形成了“凄艳悲绝”的美学风貌。颜延之精通儒学，爱好玄学，曾经深入研究佛学，在他的诗文中也蕴含着独特的儒、道、佛学意蕴；颜延之的公牍文在主题思想、情感表达、表现手法方面和前代公牍文相比具有鲜明的新变特点，他在用典、偶句、字词方面探索和创新，从而使他的诗文形成了“错彩镂金”的形式之美。

本课题在元嘉三大家学术疑案方面进行了一些有益的探索，认为谢灵运被劾的主要原因是谢灵运和刘宋王朝的矛盾，个中诱因是“益州民变”；谢灵运的《拟邺中集》基本上是模拟《邺中集》而成的，通过对谢灵运《拟邺中集》和《邺中集》全方位的比较和分析，可以肯定《拟邺中集》在艺术上确实超过了《邺中集》本身，并且蕴含了谢灵运自身的思想和情感。鲍照出生寒门士族，其祖籍渤海高城，汉哀帝初年迁居上党，东汉肃宗后期迁到东海剡县，晋怀帝永嘉七年以后迁往丹阳。其籍贯应为东海郡郯县（今山东郯城县）；虞炎收集编订了《鲍照集》，《钦定四库全书》所收《鲍参军集》十卷通行本，散佚并不明显，我们根据《钦定四库全书》中收录的《汉魏六朝百三家集》卷六十八和卷六十九收录的《鲍照集》可以了解《鲍照集》中的具体作品。颜延之第二次被贬的内因是颜延之得罪了刘义康集团，诱因是颜延之《应诏宴曲水作诗》提出警告；颜延之《论语说》的成书和颜延之讲《论语》有关，因皇侃《论语义疏》的流传和散佚，导致《论语说》也一度流失海外；因沈约收入《宋书》时作了删改，颜延之的《庭诰》在当时散佚明显，许多段落和句子散落在不同的古籍当中，笔者在现有的资料上做了辑佚，以图恢复原貌，经过考订认为颜延之以《庭诰》命名的文章有两篇。

关键词　元嘉三大家　生平人格　作品意蕴　文体创变　美学风貌

目 录

Contents

绪论

Introduction

一、“元嘉三大家研究”命名之取义

本课题的研究范围，上起晋宋之交，下及宋齐之际，共历武帝刘裕、少帝刘义符、文帝刘义隆、孝武帝刘骏、前废帝刘子业、明帝刘彧、后废帝刘昱和顺帝刘準，八帝六十年，和刘宋王朝相始终，笔者以“元嘉三大家研究”目之，基于以下几点考虑：

从社会状况来看，作为一位有为的守成之君，刘义隆在位三十年间，继承刘裕遗志，整顿吏治、劝课农桑、发展文教。沈约评曰：“（宋文帝）历年长久，纲维备举，条禁明密，罚有恒科，爵无滥品……自兹厥后，亦每以‘元嘉’为言，斯固盛矣。”[①]可见，元嘉时期，刘宋王朝进入发展的高峰期，江左出现东晋以来少有的繁荣稳定的局面，史称“元嘉之治”，在这样的政治背景下，谢灵运、鲍照、颜延之三位作家都是元嘉一朝的重要官员，他们的文学创作深受元嘉社会政治的影响。从文学制度来看，据《南史》卷二《宋本纪》记载：“（元嘉）十五年……立儒学于北郊，命雷次宗居之。十六年……上好儒雅，又命丹阳尹何尚之立玄学，著作左郎何承天立史学，司徒参军谢元立文学，各聚门徒，多就业者。江左风俗，于时为美，后言政化，称元嘉焉。”[②]元嘉时期专门设立了文学馆，谢元专门负责文学事务，江左风俗淳美，政化为人称道，在这样的创作环境里，元嘉作家的文学才华获得充分的表现和发挥，取得了突出的成就。从创作力量来看，《文心雕龙·时序》篇云：“自宋武爱文，文帝彬雅；秉文之德，孝武多才，英采云构。

---

① ［梁］沈约《宋书》，中华书局 1974 年版，第 103 页。

② ［唐］李延寿《南史》，中华书局 2003 年版，第 47–48 页。

自明帝以下，文理替矣。尔其缙绅之林，霞蔚而飙起；王袁联宗以龙章，颜谢重叶以凤采，何范张沈之徒，亦不可胜数也。盖闻之于世，故略举大较。”[①] 可见元嘉时期，宋武帝、宋文帝、宋孝武帝都喜好文艺，从宋明帝以下，文辞儒学渐渐衰落。元嘉文人王僧达、袁淑、颜延之、谢灵运、何逊、范云、张邵、沈约等文采卓越，霞蔚飙起。在谢灵运、鲍照、颜延之的周围，汇聚了一批文学家，三大家的创作远远超过了其他作家。从艺术成就来看，《文心雕龙·明诗》：“宋初文咏，体有因革，庄老告退，而山水方滋。俪采百字之偶，争价一句之奇；情必极貌以写物，辞必穷力而追新，此近世之所竞也。”[②] 刘宋初年的诗歌，讲究全篇对偶藻采，争取诗句奇突警策，在情景上刻画形貌，在用词上要求新颖，元嘉诗人突破了前人的窠臼，达到了新的境界。“元嘉文咏”成就斐然，突出表现在谢灵运、鲍照、颜延之三大家的文学作品中。

二、元嘉文学风貌

关于元嘉文学风貌，《诗品序》有较为准确的评价：“元嘉中，有谢灵运，才高词盛，富艳难踪，固已含跨刘、郭，凌轹潘、左。故知……谢客为元嘉之雄，颜延年为辅。斯皆五言之冠冕，文词之命世也。”[③] 钟嵘指出谢灵运、颜延之在元嘉文学中的领袖地位，加之鲍照，他们三人被称为“元嘉三大家”。此外，范晔是文史皆备的思想家，刘义庆因其《世说新语》而名世，傅亮、谢庄、谢瞻、宗炳、袁淑等人皆攻诗文。审视元嘉文学，有三个明显的特点：首先，承前启后。经过世代的传承，以谢灵运为领袖的元嘉山水诗人继承了《诗经》《楚辞》的文学传统，从而使元嘉文学成为魏晋南北朝文学史上一个重要阶段，也成为这一时期文学发展的高峰期，以鲍照为首的元嘉赋的创作开启了元嘉时期骈体赋创作的先河，以颜延之为首的元嘉文的创作也取得了很大的成就。元嘉三大家的创作，对后世产生了深刻的影响，特别是对后世山水文学的发展产生了很大的促进作用。其次，奇峰突兀。“元嘉三大家”比之其他作家，在艺术成就和文学建树上，可谓突兀而起，在元嘉其他作家中没有谁可以和三大家比肩，在三大家中谢灵运又因其特行独立的个性，儒、道、释方面的思想成就，开创性的山水诗创作，而为后人称道。再次，灵感生发。东晋以来，由于佛学对魏晋文化的渗透，玄学进

① 周振甫《文心雕龙今译》，中华书局 2005 年版，第 432 页。
② 周振甫《文心雕龙今译》，中华书局 2005 年版，第 60 页。
③ 徐达《诗品全译》，贵州人民出版社 1995 年版，第 8 页。

一步发展，人们谈“无”说“有”、贵“无”贱“有”，出现了玄学闪光的“黄金期”，玄学的思辨对人的思维机制产生了直接影响，人们在妙悟人生和宇宙的同时也触发了创作的灵感，元嘉山水诗取得了让人瞩目的成就。特别是以谢灵运为代表，诗化了“天人合一”和“天人同构”的哲学智能，以其特有的思想深度和审美力度来把握人与自然的关系，刻意表现人对大自然的玄感妙悟，不仅是中国文学也是世界文学山水描写的先驱。毫不夸张地说，元嘉山水诗中蕴含的隐逸思想也影响了中华民族深层文化心态的形成和塑造。

三、元嘉三大家及其他元嘉作家研究状况

从上面对元嘉文学概貌的叙述可知，元嘉文学在中国文学史上占有极其重要的地位，因此，20 世纪 20 年代以来，海内外许多知名学者和专家在文学史的研究中往往给元嘉文学以足够的关注。就笔者目力所及，涉及元嘉三大家研究的文学通论性质的学术著作主要有：刘师培先生《中古文学史讲义》，葛晓音先生《八代诗史》，詹福瑞先生《南朝诗歌思潮》和《中古文学理论范畴》，王钟陵先生《中国中古诗歌史：四百年民族心灵的展示》，罗宗强先生《魏晋南北朝文学思想史》，傅刚先生《魏晋南北朝诗歌史论》，王运熙先生等《魏晋南北朝文学批评史》，曹道衡先生等《南北朝文学史》，陈安吉先生《六朝文学》等，都是跨朝代的涉及元嘉三大家的通史性质的论著。阮忠先生《中古诗人群体及其诗歌演化》，陈顺智先生《魏晋南北朝诗学》《魏晋玄学与六朝文学》，陈桥生先生《刘宋诗歌研究》，王枝忠先生《汉魏六朝小说史》，王琳先生《六朝辞赋史》，吴小平先生《中古五言诗研究》，朱新法先生《山水风度：六朝山水田园诗论》，于景祥先生《南北朝骈文》，张宗原先生《南北朝民歌》等都是跨朝代涉及元嘉三大家的以一种文体为研究对象的通史性质的论著。

相关断代文学史的成果有：汉末曹魏时期，韩格平先生《建安七子文学概论》、孙明君先生《三曹研究》。西晋时期，姜剑云《太康文学研究》。齐梁时期，刘跃进先生《永明文学研究》和阎采萍先生《齐梁文学研究》。考察可知，东晋和刘宋这两个作家云集、创作成就斐然的朝代仍然是缺乏专题与系统研究的“文学史盲区”。据不完全统计，涉及元嘉文学研究专著和论文情况是：关于研究谢灵运的辑本和注本共八种，专著有四十多部（其中海外学者有十八部左右），论文四百余篇（大陆论文占三分之二，其中 1994 年以来，论文有一百七十六篇左右）；关于研究鲍照的专著六部，论文八十一篇（1994 年以来七十七篇）；关于研究颜延之的研究专著两部，研究论文三十五篇（1994 年以来二十六篇）；关

于研究傅亮的论文六篇（1994年以来二篇）；关于研究范晔的专著三部，论文五十一篇（1994年以来三十二篇）；关于研究谢庄的论文十一篇（1994年以来七篇）；关于研究刘义庆的论文八篇（1994年以来五篇）；关于研究宗炳的论文九篇（1994年以来三篇）。综合以上三方面调查可知，国内外学术界对元嘉三大家的整体研究虽然没有专著出现，但是，由于研究者的努力，取得了以下三方面的学术成就：

首先，文学通史研究中，对元嘉三大家的研究由简约的概括和描述不断发展为细致的论证和准确的阐释，研究篇幅从单节单章发展到多节多章，研究视角从作家作品转向文化和审美，并把关注的焦点放在元嘉山水诗研究上，例如詹福瑞先生《南朝诗歌思潮》，葛晓音先生《八代诗史》，傅刚先生《魏晋南北朝诗歌史论》等均对元嘉山水诗作了多角度的透视，寻绎出了元嘉山水诗新变的原因。其次，20世纪80年代以后，随着学术气氛的逐渐活跃，在诗歌史、赋史、小说史等的研究中，元嘉诗、赋、文也逐渐成为主角，元嘉三大家成了研究魏晋南北朝各类文体绕不过、避不开、少不了的内容，王枝忠先生《汉魏六朝小说史》，王琳先生《六朝辞赋史》，于景祥先生《南北朝骈文》等都对元嘉小说、元嘉辞赋和元嘉骈文进行了研究，其中不乏真知灼见和理论创新。再次，对元嘉个体作家的研究主要集中在元嘉三大家身上，其中对谢灵运的研究又呈现出令人欣慰的态势，研究起于20世纪20年代，研究者的地域涉及国内和海外，研究内容涉及谢灵运及其作品的方方面面，研究形成了“20世纪60年代初”“20世纪80年代后”两次高潮①。特别是近年来，国内一些知名专家和他们培养的一批颇富才华的博士们在研究谢灵运上匠心独运，形成了谢灵运研究的又一次高潮，例如，詹福瑞先生的弟子邢宇皓《谢灵运山水诗研究》，孙昌武先生的博士后姜剑云《从宗教到文学——谢灵运考论》（博士后出站报告），张可礼先生的弟子李雁《谢灵运研究》，陈允吉先生的弟子马晓坤《文化视野中的陶渊明、谢灵运诗境研究》，蒋凡先生的弟子白振奎《陶渊明、谢灵运诗歌比较研究》都是使人耳目一新的扛鼎之作。

当然，在对元嘉三大家的研究成就给予足够的肯定的同时，我们也不难发现元嘉三大家作为研究对象仍然是一种附庸，她或许是某部文学史的一部分，作为部分她只能屈从于文学史的意志，她或许是某种文学思潮的证据，作为一种证据她依然没有自己的生命力。换言之，元嘉三大家研究面临着问题、困惑和不足：首先，元嘉三大家产生的思想文化背景是什么？目前还缺乏具有实证意义上的考

① 参见李雁《谢灵运研究》，人民文学出版社2005年版，第7–8页。

述。士人和庶人在后门阀时期的地位、皇权对士族的打压、宗王对士族的利用等问题研究还未解决。元嘉三大家作为一个独立的文学现象，其作家、作品、艺术手法、艺术理论等子系统之间关系和运动规律应该是什么？目前也缺乏全面深入的立体的研究和推论。虽然对山水诗的形成过程已经有深入探讨，但给人的感觉是偏重于谢灵运的研究。其次，伴随元嘉三大家的出现，元嘉灵感诗学也有了一定的发展，谢灵运的“顿悟说”和宗炳的“畅神说”在中国古代灵感诗学发展史上都具有一定的意义，影响也极为深远，但是却被忽视了，需要深入阐释。与此同时，元嘉三大家的作品凸显出独特的艺术特征，学界已有论述，且零零星星见载各类刊物，但是缺乏系统的归纳和梳理，再次，元嘉三大家研究的平衡问题。除对谢灵运之外，学界对鲍照和颜延之投入的力量有限，需要我们加大对后两者研究的力度，寻求一种作家研究的应有平衡。此外，元嘉三大家研究的疑案很多，学界也多有探讨，但是对谢灵运、鲍照、颜延之的一些问题着力不多，讨论不深，辨析不细，需要进行仔细考辨，谋求对元嘉三大家形成完整的认识和客观的评价。

四、中心任务

为了解决以上调查提出的问题，通过反复思考这些问题形成的原因，我为自己提出了解决这些问题的方法，换言之，即本课题确定的五大中心任务：其一，关于元嘉三大家生平和人格研究。准确把握元嘉三大家生活的社会背景：从后门阀制度与元嘉三大家的地位，举荐制度与元嘉三大家的仕途，庄园经济与元嘉三大家的生活，书法绘画与元嘉三大家的情趣，文人交游与元嘉三大家的创作，般若学和涅槃学的滥觞和兴盛，陆修静的道学思想和隐逸尚好，儒家经学的分立及其社会影响，玄学的衰落与山水诗玄言尾巴，儒、道、佛、玄的争论与融合，来关照元嘉三大家的人格和思想。其二，关于主要作品研究。谢灵运山水诗是元嘉文学的主要成就和象征，本课题对“元嘉之雄”谢灵运的山水诗作，鲍照的诗歌，颜延之的诗文进行多重意蕴解读。其三，关于文体创变方面，重点研究谢灵运对赋体的创变，鲍照对玄言诗的改制及其对诗体的拓展，颜延之公牍文的新变。其四，关于三大家作品美学风貌的研究。对谢灵运灵感诗学作一创新意义的构建，从谢灵运山水诗的艺术特色，谢灵运“顿悟说”的灵感意义，研究谢灵运山水诗的“清水芙蓉”的灵感境界。并对鲍照赋“凄艳悲绝”的美学风格，颜延之诗文“错彩镂金”的形式美追求进行深入探讨。其五，关于元嘉三大家学术疑案研究。针对谢灵运的死因问题，颜延之被贬原因问题，鲍照祖籍和家世问题，颜延之《论语说》的流传和散佚问题，颜延之《庭诰》的散佚问题，《鲍照集》的流传与散佚问题，谢灵运《拟魏太子邺中集》的模拟问题展开深入细致的考辨与分析。

五、思路与方法

第一，占有资料。詹福瑞先生说："一些结论的得出，也是采取了从材料出发，有一分材料说一分话，无征不信的原则。"① 对于古典文学研究来讲，我们的研究对象已经远离我们，古代作家和作品准确信息的唯一来源就是当时和后人记录的历史资料，可以说课题研究的成功与否取决于我们能否详尽地占有第一手原始资料。基于这种认识，本课题的研究把功夫下在大量阅读、细密梳理、认真甄别原始资料上，从原始资料的分析中形成新思路、新观点、新思想。第二，准确考证。姜剑云先生反复强调，做学问应坚持"朴学的手段，人学的思维，文学的本位，美学的眼光，哲学的境界"② 这样的思想。所谓朴学又称"考据学"，针对理学的空疏而言。基于这样的教诲，本课题以文字训诂入手，理解史料，明确义理，并且按照"知人论世"的原则，把社会、人和作品作为一个整体进行考察，把重点放在人和作品的研究上，重视行文运思的逻辑联系，结合合理的想象，使全文浑然一体，自成体系。第三，细致推敲。坚持"多谈问题，少谈主义"的原则。所谓多谈问题，就是抓住元嘉三大家研究中出现的问题，进行多层面的考证，做到探幽索微、钩玄提要、挟其主旨，理出端绪，把问题讲深说透，提出新观点，引出新旨趣，杜绝用空泛的学术话语进行空对空的夸夸其谈，以免圆凿方枘之嫌。第四，注重创新。创新是一项课题研究的生命所在，可以说没有创新就失去了研究的意义，创新源于对研究领域的现象和本质的深刻认识和理解，对于古代文学研究创新来讲可以从几个方面突破：课题本身有填补空白的价值；打破一些陈说，形成新的见解；通过史料的分析研究发现新的文学现象；构建新的理论体系。

六、创新点

本课题立足于填补元嘉三大家整体研究空白；试图打破对元嘉三大作家、作

① 詹福瑞先生《南朝诗歌思潮》，河北大学出版社 2005 年版，第 7 页。
② 引自姜剑云师 2006 年下学期为河北大学 2006 级博士生开"古代文学专题"讲稿《释"文学是人学"》。

品以及其文学事件的一些陈说，从文学自身的规律提出新的见解，力求在对元嘉三大作家的作品研读的基础上，发现元嘉三大家文学创作的特点和规律。具体讲有以下几个方面：第一，在“元嘉三大家”生平与人格精神考述中，通过翔实地考订认为，谢灵运是一位书法家兼画家，他不仅擅长隶书和草书，而且在佛教人物画和山水画方面也有一定的建树，并推想谢灵运尚有墨宝存世；颜延之在漫长的仕途中形成了善于权变的能力；鲍照的《飞白书势铭》在书法史上占有比较重要的地位。第二，首次从玄学视野对“元嘉三大家”的诗文作品进行了较为系统和全面的多角度解读。第三，首次对谢灵运赋体的创变、鲍照对玄言诗的改制、颜延之公牍文的新变进行详细地论证和考述，并且发现了一些规律性的认识。第四，首次对“元嘉三大家”作品的美学风貌进行系统的分析，并且梳理讨论了谢灵运灵感诗学理论。第五，在“元嘉三大家”学术疑案释论中，通过考订认为鲍照祖籍在渤海高城，从而否定了鲍照祖籍是上党的说法等。

七、价值和意义

《元嘉三大家研究》旨在考述元嘉三大作家的生平和人格精神，分析元嘉三大家的文学作品，研究元嘉三大家的艺术创作规律，总结元嘉三大家的艺术成就。一方面，在理论层面，本课题可以提供较为全面和立体的元嘉三大家的信息，具有全面认识元嘉三大家的理论价值，为下一步的“元嘉文学研究”奠定基础，从而完成文学断代史的衔接，在魏晋南北朝文学史研究上具有填补空白的价值和意义。另一方面，在实践层面，长期以来，人们对唐诗宋词津津乐道，忽视了元嘉三大家这座金桥承前启后的创作影响。《元嘉三大家研究》可以深化人们对这一时期文人创作的看法，使人们进一步认识到元嘉三大家的真正创作价值和对后世的深刻影响，寻绎出中国古代文学发展的文脉。

第一编

元嘉三大家生平与人格精神考述

谢灵运、鲍照和颜延之都出生于东晋末年，他们人生大部分时间在刘宋时期度过，创作高峰期又几乎都在元嘉时期，谢灵运在元嘉时期生活近十年，鲍照和颜延之两人都经历了整个元嘉三十年，三大家的人格精神深受元嘉时期的社会思潮、社会文化、文学艺术等方面的影响。本课题为了便于研究，借用“元嘉时期”概指“刘宋时期”，把“刘宋社会思潮”“刘宋社会文化”和“刘宋文学艺术”称之为“元嘉社会思潮”“元嘉社会文化”和“元嘉文学艺术”。

第1章

元嘉三大家思想文化背景考述

西晋灭吴，全国重归于统一。290年晋惠帝即位，外戚杨骏辅佐朝政引发了“八王之乱”，流民起义相继爆发，公元316年，匈奴人刘曜俘获晋愍帝，西晋灭亡。公元317年琅琊王司马睿在建邺（今南京）称帝建立东晋，南北对峙的局面至此形成。在东晋存在的一百余年间，司马氏没有建立起强有力的专制皇权，长期处于皇帝虚位，政出多门，门阀士族相继执掌军政大权，史称“门阀政治”。420年刘裕代晋，刘宋王朝历经八帝近60年，宋文帝在位30年，出现了“元嘉之治”的局面，因皇室夺位之争，接下来的皇帝作为不大，479年刘宋王朝灭亡。谢灵运（385—433年）、鲍照（415？—466年）和颜延之（384—456年）三人都出生于东晋末年，他们人生的大部分时间，生活在刘宋王朝，颜延之比谢灵运年长一岁，也比谢灵运享年多达22年，两人曾同时辅佐宋武帝刘裕，同时被贬，后来又一起辅佐宋文帝刘义隆；鲍照虽然比颜、谢二人小30多岁，但是谢灵运去世时，鲍照已经18岁左右，两人是否有过交往还不好认定，但是从鲍照品评谢灵运和颜延之的诗歌这一事实，以及谢灵运在当时的影响看，鲍和谢应该彼此了解。颜延之去世前鲍照已经40多岁，有资料表明颜鲍曾经有过交往。我们把谢、鲍、颜放在一起研究正是由于他们曾经生活在同样的历史背景。

第一节　元嘉社会思潮

晋宋时期中国封建政权发生了重大变化。西晋时期高度集中的封建皇权被彻底打破，两晋基本上是皇纲不振、高门士族专权的门阀政治，刘宋时期世家大族逐渐走向衰落，皇权政治得到了一定程度的恢复，与此相对的北方十六国，各民族之间矛盾冲突不断，到北魏统一北方以后，少数民族逐渐融入汉族，永嘉时期人们大批南渡，促使南北方的阶级关系和民族关系重新整合。同时，在中西思想文化频繁交流中，汉民族对外来文化表现出一种包容和吸取的积极精神。到元嘉时期，一度衰落的儒学得到了恢复，佛教和道教广为传播。谢灵运、鲍照、颜延之三人都曾经担任大小不同的官职，又都是才华横溢的诗人，他们都处在文化和思想交流的中心，有的甚至触及各种观念碰撞的焦点，不断变化的思想环境和生活环境，开拓了他们的创作视野，激发了他们的创作热情，激活了他们的创作灵感，引发了他们的探索和创新精神。

一、道教兴盛

道教出现于东汉末年，是我国土生土长的宗教，最初名称叫“太平道”，于吉、张角创立，它的教义是《太平清领书》。东汉顺帝年间张陵创立五斗米道，并且奉老子为教祖，以《道德经》为经典，太平道和五斗米道，作为一种初期的道教，还是一种民间宗教。东晋著名道教理论家、教规的奠基者葛洪的道教思想是晋宋时期道教的主导思想。葛洪（283—343 年），字稚川，自号抱朴子，丹阳句容（今属江苏）人，据《晋书·葛洪传》记载，葛洪早年从学儒家经典，后来他又学习神仙导养之法。他的代表作《抱朴子》认为，圣人御世因人之性，天性善为官者，以其为官，为朝廷效力，天性淡泊名利者，以其为逸民，在野也可为国家出力[①]；谋害隐士的危害有如为渊驱鱼，为丛驱雀，有利于别人而不利于自己[②]；隐遁可抑止躁竞，淳化风俗等。道教发展到刘宋时期，道士陆修静引人注目。陆修静（406—477 年）字符德，吴兴东迁（今浙江湖州）人，幼年开始学习儒书，研究象纬和道术。元嘉年间，宋文帝钦敬他的道风，让左仆射徐湛之召入朝廷，请他讲解道家经典；宋孝武帝大明五年，陆修静到庐山修建道观；宋明帝泰始三年，陆修静奉诏来到建康，明帝躬亲问道，礼遇甚隆；陆修静著述有三十多种，大多遗失，现存部分收于《正统道藏》中。北周释道安《二教论》曾说：（修斋者需）“露身中坛，束骸自缚，散发泥额，悬头衔发于栏格之下。”[③]很显然在陆修静之前，道教修斋的方法粗俗不堪，很不适合上层人士，为此，陆修静重新修订了道教各种斋仪制度，使道教更能适合上层士人的情趣。因此，在刘宋中后期，许

①《钦定四库全书》，中华书局点校本，子部，道家类，《抱朴子·内外篇》卷一。
②《钦定四库全书》，中华书局点校本，子部，道家类，《抱朴子·内外篇》卷一。
③《道藏》，第二十五册，第 180 页。

多门阀士族和皇室中人纷纷信奉道教，一些道士也和世家大族弟子往来，三大家中谢灵运这样的豪门贵胄，一出生就被送到了当时著名的天师道组织钱塘杜氏道团的创始人杜明师道观中寄养。鲍照《遇铜山掘黄精》说明他崇信道教，服食黄精来养生。

道教发展的衍生物就是隐逸，而隐逸思想的形成又和道家学说对自然的极度推崇密切相关，道家理论以自然为立足点不断演化，自然山水是道家向往的清静世界，山林、膏壤使他们欣欣然而乐之，回归自然被认为是理想的生活方式。《庄子》曾说，山谷之士抛弃世俗欲念，深居山谷之中，形象枯槁高论迭出；平世之士游居世俗和山林之间，以高妙之道修身养性，教诲世人以平世事；朝廷之士虽然在朝为官，也遵从君臣上下之礼，但是他们心放俗外，以求心灵慰藉；江海之士则避世于草泽之中，赋闲垂钓享受独处的妙处，以避世养性；道引之士居于山泽之中，以鸟兽为伴，以长寿养生为好[①]。这五类隐士虽然隐逸的方式不同，隐逸的目的有异，但他们都依托自然山水，以山水草泽、清旷湖滨来疏导身心的不适，寻求理想的境界。《庄子》曰："一龙一蛇，与时俱化，而无肯专为；一上一下，以和为量，浮游于万物之祖。"[②]其中隐含着一种身心皆适的可仕可隐的生活观念。元嘉三大家对隐而兼仕的方式十分推崇，谢灵运一生两次隐逸故乡始宁别墅，鲍照则"身在藩府心在俗外"，颜延之第二次被贬以后，隐居家中达七年之久。另一方面，晋宋之际，世事离乱，士人彷徨不安，为了保全性命，纷纷走上隐逸之路。有的远居大山窟室，有的住在山谷寺庙，"含和隐璞，乘道匿辉"[③]。有的名士从小就对隐逸高士羡慕不已，据《世说新语》载："孙齐由、齐庄二人，小时诣庾公。公问：'齐由何字？'答曰：'字齐由。'公曰：'欲何齐邪？'曰：'齐许由。''齐庄何字？'答曰：'字齐庄。'公曰：'欲何齐？'曰：'齐庄周。'"[④]对话虽有调侃成分，却也反映出隐逸之风已经影响到人们生活的各个方面。当时庙堂中人亦热心倡导或鼎力资助隐逸之士，据《世说新语》载，郗超每当听说有人引退时，往往筹集百万资金，为他们修建精致规整的居所，使隐居者感到就像在官舍一样[⑤]。许多文学作品也争相赞颂隐逸。颜延之《陶征士诔序》用美玉和桂椒溢美陶渊明的隐逸情怀。鲍照《和王丞》赞美友人的隐逸志向。谢灵运《过白岸亭》《游南亭》《登石门最高顶》等表达自己的隐逸追求。

---

① 陈鼓应《庄子今注今译》，中华书局 1983 年版，第 393 页。
② 陈鼓应《庄子今注今译》，中华书局 1983 年版，第 498 页。
③ [唐] 房玄龄《晋书》，中华书局 1974 年版，第 2463 页。
④ 徐震堮《世说新语校笺》，中华书局 1984 年版，第 61 页。
⑤ 徐震堮《世说新语校笺》，中华书局 1984 年版，第 361 页。

二、佛教流播

晋宋之际，大约从四世纪初到五世纪中期（317—453年），这是佛教的黄金时期[①]，此一时期，由于北方十六国和北魏国主的支持，佛教由方术和神仙的附庸逐渐被理解和接纳，外来的和本土的佛教高僧开始传教和翻译佛经，出现了声势浩荡的西去取经的热潮，北土人士对于佛教有了深刻的认识和理解；在江左的东晋和刘宋帝王对佛教表现出极大的兴趣，大批士人探讨般若、净土和涅槃等佛教理论，佛学思想深刻地影响了当时的主流文化。下面对晋宋之际北土和江左两地的佛学活动分而述之，并重点考述对三大家影响直接的东晋和刘宋时期江左的佛学活动。

（一）晋宋之际佛教在北土流播的情况

与东晋对峙的北部中国当时处于十六国常年混战的局面，其中后赵、前秦、后秦、北凉等国的国主对佛教表现出特别的热情，他们把僧人当作神一样对待，这可能和他们经过常年战乱希望佛主能给他们带来平安的心理有关；和刘宋王朝对峙的是北魏太武帝拓跋涛（423—452年）到文成帝（452—465年）统治时期。太武帝和文成帝都信仰和支持佛教，他们甚至不惜重金建立佛寺，雕塑佛像。佛教在国主和帝王的支持下得以迅速流播。

第一，北方诸国国主对佛教的大力提倡。330年，后赵国主羯族人石勒在位时就推崇神僧佛图澄、狂乞者麻襦和禅者单道开等佛教僧侣，到石虎即位时曾经下书说，“佛是戎神，正所应奉”[②]；379年，前秦国主苻坚攻破襄阳后，首先想到的是把名僧道安带回长安聚集僧众一起大弘法化[③]；407年，后秦国主姚兴迎接佛教理论家鸠摩罗什到长安，不久聚集沙门五千人翻译经卷，开创了南北中国佛学的先声[④]；420年，北凉国主匈奴贵族沮渠蒙逊兴造佛像，并邀请昙无谶翻译经卷，大力倡导《涅槃经》所谓的佛性说，影响远及长安、建康，使姑臧成为西陲义学的重镇[⑤]。据《高僧传·僧朗传》记载：“（僧朗）以伪秦苻健皇始元年（351年）移卜泰山，……朗乃于金舆谷昆仑山中，别立精舍，犹是泰山西北之

---

① 杜继文《佛教史》，江苏人民出版社2006年版，第130页。
② 杜继文《佛教史》，江苏人民出版社2006年版，第139页。
③ 杜继文《佛教史》，江苏人民出版社2006年版，第139页
④ 杜继文《佛教史》，江苏人民出版社2006年版，第139页。
⑤ 杜继文《佛教史》，江苏人民出版社2006年版，第139页。

一岩也。峰岫高险，水石宏壮。朗创筑房室，製穷山美，内外屋宇数十余区，闻风而造者百有余人。”[①]后来，前秦苻坚、后秦姚兴、燕主慕容德、魏主拓跋珪以及东晋孝武帝等国主，对僧朗有的征请、有的致书，有的供养，竞相招致，泰山一时成了佛教传播的中心。早在魏道武帝时就把僧人法果尊为“道人统”，让他管理北魏境内的僧徒，道武帝也给了法果丰厚的待遇，法果更是把道武帝当作今世如来，要求沙门都应该尽敬。太武帝在毁佛之前曾经命令后凉沮渠蒙逊招“晓术数禁咒”的昙无谶访问京都，并且对长安来的“身披白刃而体不伤”的白脚禅师惠始礼遇有加。文成帝为了重振佛教，不惜重金铸造释迦牟尼的立像五尊；又任命昙曜为昭玄沙门都统，并在平城西武州塞开凿石窟五所，各镌佛像，雕饰奇伟，冠于一世。与此同时，沿河西走廊建立的诸凉和西秦等国，一直进行佛经的翻译活动。根据《佛教史》记载，诸凉土译佛教经典五十九部七十九卷，到沮渠氏建立北凉的时候，佛教典籍翻译活动有了较大的发展[②]。据《开元录》记载，北魏155年间，共出译者12人，翻译出经卷八十三部二百七十四卷，主要集中在菩提流支为“元匠”的译经集团。菩提流支是北印度人，魏永平初年来到洛阳开始译经，他共译出佛籍三十部一百零一卷，笔受者有僧朗、道湛、僧辩、昙林、觉意、崔光等[③]。

第二，佛图澄的佛教活动。佛图澄是西域人，少年时代就出家为僧，曾经诵经数百万言，善于解释佛籍文义，虽然没有读过儒史，但是和诸生辩论却能暗合儒学要义。晋怀帝永嘉四年，佛图澄来到洛阳“志弘大法”[④]，当时石勒屯兵于葛陂，杀戮众生以展示他的军威，沙门遇害的人很多，佛图澄同情他们的遭遇，专门来到石勒的军营劝谏[⑤]，石勒听了佛图澄劝说，释放了本来要被诛杀的人；佛图澄在内地阐扬戒学，还吸引天竺、康居等地的数十名僧人，远涉沙漠来向他学习；道安、竺法雅等内地名僧也师从佛图澄听他讲说戒学，佛图澄能巧妙解读佛教经典，使始末文言昭然可了[⑥]。在此以后佛图澄的声望远播中土，在北方影响日益扩大。

第三，“毗昙学”创始人释道安的佛学活动。释道安姓卫氏是常山扶柳人，他的父母早年去世，外兄孔氏把他抚养成人；道安七岁开始读书，十二就出家为

---

① [梁] 释慧皎撰，汤用彤校注《高僧传》，中华书局2004年版，第190页。
② 杜继文《佛教史》，江苏人民出版社2006年版，第171页。
③ 杜继文《佛教史》，江苏人民出版社2006年版，第175页。
④ [梁] 释慧皎撰，汤用彤校注《高僧传》，中华书局2004年版，第345页。
⑤ [梁] 释慧皎撰，汤用彤校注《高僧传》，中华书局2004年版，第346页。
⑥ [梁] 释慧皎撰，汤用彤校注《高僧传》，中华书局2004年版，第356页。

僧；道安自幼神智聪敏，但形貌丑陋，业师并不看重，被驱役田舍三年，然而他勤劳不懈怠的精神改变了业师对他的看法①。严耕望先生高度评价道安，认为他是江域佛教传播的关键人物②，他的佛教活动可分三个阶段：其一，师事佛图澄。道安受戒以后，曾经游学来到邺，在中寺遇到佛图澄，两人相互知赏谈经论法，佛图澄认为道安的见识高于一般僧人③，于是接收道安为弟子，佛图澄讲法，道安复述，在佛教理论方面打下了扎实的基础。佛图澄去世后，道安因石氏内乱来到护泽，与竺法汰一起住在飞龙山；后又到太行恒山创立寺塔；四十五岁时住受都寺宣讲佛法；不久又率领僧众进入王屋、女休山，所到之处讲习佛理，成为传播佛教的热点。其二，道安在襄阳居住十五年着重研习般若学。他为《道行品》作《集异注》一卷，为《般若放光品》作《析疑难》一卷、《析疑略》二卷、《起尽解》一卷，为《光赞般若经》作《析中解》《钞解》各一卷，还著有《合放光光赞随略解》④。当时已经译出的佛典错误很多，难以准确把握和解释佛教义理，一般在讲说时也只是转述大意，道安通过仔细对比原典中句子的出处，对于疑惑不解之处反复推敲，从而使他所注的般若道行等佛教典籍条理清晰意旨明了⑤。其三，在长安译介“毗昙”。378 年苻坚派兵围攻襄阳，次年二月道安被苻坚俘虏，苻坚把道安当作“神器”，并把他安置在长安五重寺，此后道安在长安生活七年，长安衣冠子弟纷纷就学道安，故有“学不师安，义不中难”⑥之说。同时道安与僧众数千人一起大弘法化，不久道安成为北方佛学界的领袖。此外道安还翻译了《小乘有部论著》和《小乘经典》，包括《鞞婆沙论》《阿毗昙心论》《僧伽罗刹集经》等，由此开创一门佛教“毗昙学”⑦。

第四，“经论新译北方义学之法主”⑧鸠摩罗什的佛学活动。鸠摩罗什又名“童寿”，天竺人。七岁出家从师学习经文；九岁随母亲来到罽宾，拜明德法师槃头达多师学习《杂藏》《中》《长》二含；十二岁学习《阿毗昙》，讲解《转法轮经》，博览《四围陀》典和“五明”诸论。后来又跟随大乘名僧须利耶苏摩学习《阿耨达经》；二十岁受戒以后又拜卑摩罗义为师学习《十诵律》；鸠摩罗什回龟兹以

① [梁] 释慧皎撰，汤用彤校注《高僧传》，中华书局 2004 年版，第 177 页。
② 严耕望《魏晋南北朝佛教地理稿》，上海古籍出版社 2007 年版，第 20 页。
③ [梁] 释慧皎撰，汤用彤校注《高僧传》，中华书局 2004 年版，第 177 页。
④ 杜继文《佛教史》，江苏人民出版社 2006 年版，第 143 页。
⑤ [梁] 释慧皎撰，汤用彤校注《高僧传》，中华书局 2004 年版，第 179 页。
⑥ [梁] 释慧皎撰，汤用彤校注《高僧传》，中华书局 2004 年版，第 181 页。
⑦ 杜继文《佛教史》，江苏人民出版社 2006 年版，第 143 页。
⑧ 严耕望《魏晋南北朝佛教地理稿》，上海古籍出版社 2007 年版，第 24 页。

后住在新寺披读《放光般若经》和其他大乘经论，宣传大乘教义。382 年，鸠摩罗什追随吕光至凉州，鸠摩罗什在凉州羁留十六年为吕光解说阴阳灾异充当军政咨询。401 年以后，秦姚兴出兵大败吕凉军队，鸠摩罗什被姚兴邀请到长安，并让鸠摩罗什入住逍遥园西明阁。从弘始三年到弘始十五年的十余年时间，鸠摩罗什组织了庞大的译经集团和讲经活动，沙门僧达、法钦、道流、道恒、道标、僧叡、僧肇等八百余人，接受罗什的法旨，四方义学沙门慕名而至汇集于长安的僧尼达五千余人，有姓名可考者三十余人。他与弟子共译大小乘经、律、论，《祐录》列为三十五部二百九十四卷，《开元录》勘定为七十四部三百八十四卷，现存三十九部三百一十三卷[①]。值得注意的是鸠摩罗什的徒众，活动于东晋与南朝，为中国化的佛学理论的形成，以及佛教义学的传播起了很大的作用。

第五，西去取经求法的热潮。晋宋之际，掀起了一个西去取经求法的高潮。其一，慧叡游历诸国曾到达南天竺界，回国后为谢灵运著《十四音训叙》提供了相关资料，条例梵汉，使译经昭然可了。其二，404 年，智猛与沙门十五人西入流沙，经于阗过葱岭，致波仑国、罽宾、奇沙国，抵达释迦牟尼的故乡迦毗罗卫，求得《大泥洹》《僧祇律》等梵本，后来与昙纂从天竺经高昌回到凉州译经。其三，399 年法显从长安出发，413 年达建康，前后经历十五年，到过二十九个国家，巡礼佛迹参谒圣地，带回师子国和天竺国佛经十几种，回国后他住在建康道场寺，译出经律六部六十三卷，其中就有著名的《大般泥洹经》。

（二）晋宋之际江左的佛学活动

1. 东晋时期江左的佛学活动

东晋帝王离弃中原，偏安江左，他们的心里始终蒙着一层屈居人下的阴影，西晋时期盛极一时的玄学，随着时事变迁逐渐失去了魅力，素有治国齐家平天下的儒学，由于南迁时儒学典籍的散失，一时没有得到恢复，东晋帝王的信仰危机为佛教的准入和发展提供了契机，一时间，在北土已经广为流播的净土宗、般若空等迅速渗透到东晋社会的各个领域，帝王信奉佛法，世家大族支持佛教，而像桓彝、谢琨、孙绰等名士都研习佛学，就连玄学也吸纳佛教的某些义理，渐渐地般若学进入了东晋思想领域。

第一，般若学发展出现了六家七宗。而六家七宗是融会“夷夏”两种不同的思想，采用“格义”的方法创解出来的，关于六家七宗的记载，唐代僧人元康写的《肇论疏》指出：“梁朝释宝唱作《续法轮》一百六十卷云，宋庄严寺释昙济

---

① 杜继文《佛教史》，江苏人民出版社 2006 年版，第 147 页。

作《六家七宗论》，论有六家，分成七宗，第一本无宗；第二本无异宗；第三即色宗；第四识含宗；第五幻化宗；第六心无宗；第七缘会宗。本有六家，第一家分为二宗，故成七宗也。"[①] 僧肇的《肇论》对本无宗、心无宗和即色宗都有介绍。其一，本无宗主张的"本无"是"真如"即般若学中的"性空"。昙济《七宗论》中《名僧传抄·昙济传》载道安的话说"无在万化之前，空为众形之始，故为本无。非为虚豁之中，能生万有也"。道安从万物出现之前的状态和万物形成之后的特征把握"本无"，强调"本无"的包容性和抽象性。日本学者山口益著《般若思想史》把"空无"解释为"当一切世间作为如幻似阳焰之自性被视为自性空时，与外在事物所构成的如幻的自性相通，用于把握外在事物的内部知觉，也作为如幻的自性成为空无。"[②] 可见本无宗指出事物本性的空寂特点，强调以无为本，这也是一种高度概括的本体哲学。其二，心无宗主张"心无色有"，这是一种"试图将我等之存在作为主体之规定于心识之中心的方式"[③]，换言之，"心无色有"强调主体心识的自觉，正如僧肇《肇论·不真空论》所讲"心无者，无心于万物，万物未尝无"，万物有无不去追问，强调主体心中无物。安澄《中论疏记》也认为"有为实有，色为真色。经所谓色为空者，但内止其心，不滞外色。外色不存，余情之内，非无而何"。这种观点偏重于有形之色法的"空"和无形之心神的"不空"；这里所谓"空"不是"非有非无"的"无"，而是先无后有，用一般的有无之无，来阐释"空"。归根结底它还是一种认为由于色心之相应，我们的具体存在才成立的思想[④]。其三，即色宗主张"即色游玄论"，"色"指现象，"玄"指本体，即色宗代表人物支遁认为"夫色之性也，不自有色，色不自有，虽色而空。故曰色即为空，色复异空"[⑤]。支遁从"即色"来谈本无，认为事物的极致应以本无来体征，本无就是事物的本体。

第二，慧远及佛教重镇庐山的佛学活动。慧远（334—416年），雁门楼烦（今山西代县）人。一生几乎与东晋相始终，是当时著名的高僧。他的经历大致分为三个阶段，其一，游学许洛时期。慧远出身仕宦家庭，少年慧远聪敏俊秀，爱好读书，十三岁时跟随他的舅舅令狐氏游学河南许昌、洛阳，大量阅读儒家、道家

① ［唐］释元康《肇论疏》，见《大正新修大藏经》卷四十五，财团法人佛陀教育基金会出版部1990年版，第1859页。
② ［日］山口益著 肖平 杨金萍译《般若思想史》，上海古籍出版社2006年版，第25页。
③ ［日］山口益著 肖平 杨金萍译《般若思想史》，上海古籍出版社2006年版，第27页。
④ ［日］山口益著 肖平 杨金萍译《般若思想史》，上海古籍出版社2006年版，第27页。
⑤ 徐震堮《世说新语校笺》，中华书局1984年版，第121页。

典籍[①]，为他后来理解研究佛教理论打下了基础。其二，师从道安学习时期。慧远二十一岁时想到江东追随范宣子栖隐山林，但正赶上中原纷乱未能成行，于是投奔道安并拜道安为师，他听道安讲《般若经》后豁然领悟，叹息说“儒道九流，皆糠粃耳”，于是投簪落发开始了他的佛教人生。二十四岁时，慧远引用《庄子》的思想来解释佛教义理受到道安的称赞。其三，栖隐庐山时期。前秦建元九年苻丕攻陷襄阳，道安于是分散了众弟子，慧远带领一部分僧人先来到荆州，本想到罗浮山，路过浔阳时，看到庐山清静，于是就在龙泉精舍住了下来。东晋太元十一年，桓伊为慧远创建东林寺。此后三十余年，慧远足不出山，栖隐修持传教，他曾经派遣法净、法领西渡流沙，求取禅法、律藏梵本经卷，又迎请僧伽提婆、佛陀跋陀罗到庐山译出《阿毗昙心论》《达摩多罗禅经》等重要经典；他还与北方鸠摩罗什书信往返，切磋教义，并广泛吸引南方僧俗人物，同修净土，游览歌咏，被誉为“南方道俗之魁斗”[②]，从而使庐山成为当时佛教的一方重镇。

2. 刘宋时期江左佛学活动

西晋时期，玄学是社会思想文化的主流，佛教尚未真正独立发展。东晋时期，玄学逐渐失去了原来迅猛的发展势头，佛教开始抬头。到刘宋时期，佛教有了自己独立发展的空间，成为当时社会思想的主导潮流。首先，刘宋历代帝王支持佛教。开国皇帝刘裕对佛教高僧礼遇有加。晋义熙十三年（417）刘裕西伐长安，经过山东智严精舍，敬仰智严法师，在刘裕多次邀请下，智严便跟随刘裕；后来又遇到慧严，刘裕又苦苦相求，于是慧严也跟随了刘裕[③]；刘裕镇压卢循起义时，有人说慧远与卢循交厚，刘裕认为慧远是世人的师表，并派遣使者送书表示敬意[④]。宋文帝刘义隆对佛教也很感兴趣。《高僧传》记录了受刘义隆礼待的外国僧人有：求那跋摩、求那跋陀罗、畺良耶舍等；中国僧人有：道生、慧观、慧严、僧叡、道渊、慧琳、僧弼、法瑗、玄畅、慧基、慧览、法恭、僧亮、慧璩、法愿等。同时，刘义隆对佛教义理更加重视，《高僧传·慧严传》记载，宋文帝常和慧严和慧观等僧人谈论佛教义理[⑤]。文帝之后，孝武帝、明帝等对佛教也大力支持。其次，名士、文人倾心佛教。刘宋时期的名士文人诸如：周续之、雷次宗、宗炳、颜延之、范晔、何尚之、范泰、谢灵运等都倾心佛教。周续之遁迹庐山后，

① [梁] 释慧皎撰，汤用彤校注《高僧传》，中华书局 2004 年版，第 211 页。
② 严耕望《魏晋南北朝佛教地理稿》，上海古籍出版社 2007 年版，第 23 页。
③ [梁] 释慧皎撰，汤用彤校注《高僧传》，中华书局 2004 年版，第 261 页。
④ [梁] 释慧皎撰，汤用彤校注《高僧传》，中华书局 2004 年版，第 216 页。
⑤ [梁] 释慧皎撰，汤用彤校注《高僧传》，中华书局 2004 年版，第 262 页。

就断绝世俗的联系，终身不娶妻子，过着布衣蔬食的生活①。雷次宗在元嘉年间主持儒学官，但是后来又遁迹庐山②，元嘉二十五年又被征召到京师钟山立“招隐馆”。宗炳擅长佛学义理，东晋时就进入庐山，向慧远法师考寻文义③，到了刘宋时期，宗炳与僧人慧坚有交往。何尚之虽然主持过玄学馆，但他钦敬名僧志道的德行，让志道住在他修建的法轮寺④。范泰对竺道生尤为景仰，他曾经多次向竺道生请教佛学⑤。再次，佛驮跋陀罗和求那跋陀罗的译经活动。刘宋时期，在建康组成了佛驮跋陀罗和求那跋陀罗为核心的译场，据《开元录》载，在刘宋六十年里，共有译者二十二人，翻译佛典四百六十五部七百一十七卷。一方面，佛驮跋陀罗住在道场寺，前后译出佛典十三部一百二十五卷；其中他与法显等共译的《大般泥洹经》十卷，其基本观点是：“泥洹不灭，佛有真我，一切众生皆有佛性。”在当时引起了很大反响。另一方面，435 年求那跋陀罗经师子国到广州，不久来到建康，宋文帝命慧严、慧观迎接，并着手翻译佛经，《开元录》记载他所译佛典五十二部一百三十四卷，主要译籍是《杂阿含经》。第四，竺道生大明涅槃理趣，在佛教史上兴起壮阔波浪。竺道生是钜鹿（今河北平乡）人，曾经居住在彭城，早年随从法汰出家，善于演讲辩论，言辞清朗，吐字如珠玉。后来入庐山幽栖七年，复入关师从鸠摩罗什受业，后又回到建康住在青园寺。竺道生对于佛教典籍彻悟言外，提出了善不受报、顿悟成佛的观点，又写出《二谛论》《佛性常有论》《法身无色论》《佛无净土论》等不随流俗的佛教著作，受到僧俗两界的质疑和声讨；当六卷《泥洹经》传到京师时，竺道生就大胆提出“一阐提人”皆得佛性的观点，当时《泥洹经》经还未翻译出来，《大般涅槃经》也尚未传到京师，竺道生就石破天惊，孤明先发，引得僧众不满，他被赶到虎丘山，不久又第二次进入庐山，后来《大般涅槃经》传到建康，果然提出阐提皆有佛性，与竺道生前面所讲“合若符契”。《大般涅槃经》最早传到北凉反响很小，到竺道生昌明其学，涅槃学才在南方取代了已经衰竭的般若学兴盛起来，可以说南方涅槃学的兴盛关键靠竺道生的倡导。

在波澜壮阔的佛学思潮中，三大家的佛学活动引人关注。谢灵运少年就信仰佛法，和净土宗师慧远、涅槃圣竺道生、昙隆、法流、慧严、慧观等交往甚笃，并与诸道人辩竺道生首创的“顿悟说”，和慧严、慧观一起翻译《华严经》、改治

---

① [梁] 沈约《宋书》，中华书局 1974 年版，第 2280 页。

② [梁] 沈约《宋书》，中华书局 1974 年版，第 2294 页。

③ [梁] 沈约《宋书》，中华书局 1974 年版，第 2278 页。

④ [梁] 释慧皎撰，汤用彤校注《高僧传》，中华书局 2004 年版，第 435 页。

⑤ [梁] 释慧皎撰，汤用彤校注《高僧传》，中华书局 2004 年版，第 256 页。

《大般涅槃经》，参与慧远在庐山主持的立誓结社活动等。颜延之的佛教活动也较频繁，据《高僧传》记载，颜延之曾经向竺道生问道；在隐居家中的七年时间里撰写了《通佛影迹》《通佛顶齿爪》等四部佛学著作；与何承天进行了持久而著名的关于佛教的辩论，先后写出了《释达性论》《重释何衡阳》《又释何衡阳》三篇文章宣传自己的佛学观点。鲍照的佛学活动是元嘉十六年跟随他的信奉佛教的上司刘义庆，到庐山礼佛，其间鲍照写下了佛学意蕴极浓的《登庐山》《登庐山望石门》《从登香炉峰》三首诗，后来又写下了《佛影颂》和《从庾中郎游园山石室》等表达自己佛学观念的作品。

三、儒学复兴

（一）刘宋儒学的特点

儒家思想以完美体现个人价值为其追求的最高目标，儒家提倡的理想人生状态是以个体为逻辑起点，不断丰富和完善个人修养，获得道德和信念的超越和升华，进而走向更广阔的社会生活，以天下众生的生存和发展为己任，达到个体生命的圆满境界。因此，在儒家那里十分关注个体在现实世界的作为。积极进取，把握时间，奋发有为，自强不息是儒家的一种生命态度。在儒家精神感召鼓舞下，无数仁人志士舍生取义为民献身。晋宋之际，儒家思想受到来自道学和佛学思想的强烈冲击，已经不再是社会的主流思想，但是，儒家思想在中国人的心中是扎了根的，佛教和道教为了占领民众的思想阵地，想方设法通过儒佛调和、儒道调和来实现其目的，某种程度上，儒学一直受到士人的重视。谢灵运《答中书诗》说："我暨我友，均尚同耻。仰仪前修，绸缪儒史。"在这首诗中，谢灵运和谢氏兄弟在"乌衣之游"时，把修学"儒史"作为一项重要内容。实际上，儒学发展到刘宋时期已经有了很大的变化。首先，儒学风格南北有别。史料表明，江左重玄学经学传统，北地重汉儒章句训诂传统，"河洛"和"江左"形成了不同的儒学风格。其次，典籍散佚儒学难传。因永嘉南渡，儒家典籍大量丢失，东晋和刘宋王朝也曾做过恢复儒学的努力，但还是出现了在民间乡下无法开课教育学子的局面和公卿大夫大多不懂儒家经典的情况，朝廷有个别儒学经师又独学而不肯教授众人，这样在刘宋时期，儒学发展走入了困境。再次，精于五经，重治《礼》学。刘宋时代重视玄学经学，尤其重视王弼《易》注。颜延之在《庭诰》中论《易》时说"荀（爽）、王（弼）举其正宗，而略其象数"，可见晋宋之际王弼玄学经学还是受人欢迎的。皮锡瑞在《经学历史》中说"南学之可称者，惟晋、宋间诸儒，善说礼服。宋初雷次宗最著，与郑玄齐名”。实际上雷次宗曾经为生徒讲授《三礼》，并为皇太子和皇室诸王讲解《丧服经》。最后，专立儒馆，修订儒典。谢灵运在《武帝诔》谈到宋武帝的功绩时说他曾经“制规作训，阐校修经”，并下诏说“古之建国，教学为先”[①]，可见刘裕用行政手段为恢复儒学做过努力，当时的教学内容就是儒学；宋文帝在元嘉十五年，征召雷次宗到京师，在鸡笼山开设儒学馆，聚集生徒教授儒学，当时会稽的朱膺之、颖川的庾蔚之都以儒学出名，两人监督诸生并且讲授儒学。

（二）刘宋儒学的内涵

一方面，以“孝”为核心的济世思想。刘宋思想界玄学渐渐衰微、佛教兴盛、道教生长，但是人们依然秉承秦汉以来的尊儒惯性，儒学思想在士人的思想中不断恢复和发展，出现了以儒为首，儒、佛、道并存的新格局。就以上考述可知，刘宋时期，士人遵从以“礼”为中心的三纲五常和以“忠”“孝”为核心的儒家思想。谢灵运在临终《诗》中说：“韩亡子房奋，秦帝鲁连耻。本自江海人，忠义感君子。”抒写对晋室的忠诚，同时，考其一生踪迹，谢灵运竭力维护谢氏家族的尊严、名分乃至前景，在“忠”和“孝”之间，取“孝”为先。颜延之一生对于“忠君报国”的仁人志士多加赞美，鲍照在诗中也表达自己对戍边将士的歌颂。另一方面，治国、平天下的“济世”之道受到重视。人们强调儒学思想中的社会规范对治理国家的意义，也关心治国、平天下的“外王”之道，相对而言，儒家仁义之道等内在道德修养和有关“天道性命”的“内圣之学”未能受到重视和阐扬，加之战乱频仍，社会动荡，刘宋儒学又集中体现在用“治国、平天下”来实现南北统一的“济世”之道上，这一点在三大家的思想中都有体现，例如，《诗经》中的一些篇章，如《大雅》中的《江汉》《常武》《小雅》中的《六月》《采芑》等旨在颂扬周宣王在平定淮夷、征讨徐戎、北伐玁狁、南克荆蛮的历次战役中所建的功绩，歌颂其抵抗掠夺、反对割据的胜利。谢灵运在《撰征赋》中说：“士颂歌于政教，民谣咏于渥恩。兼《采芑》之致美，协《汉广》之发言。”直接提到《采芑》《汉广》等诗篇，颂扬刘裕的北伐功绩。诗人屈原在《离骚》中抒发个人眷恋故国和人民的胸怀。谢灵运在《道路忆山中》有说：“采菱调易急，江南歌不缓。楚人心昔绝，越客肠今断。断绝虽殊念，俱为归虑款。存乡尔思积，忆山我愤懑。”李善在“楚人心昔绝，越客肠今断”两句下注云：“楚人，屈原也。越客，自谓也。”谢灵运将自己与屈原对比，言说两者所念虽然不同，但忧愁的情感是一致的。颜

① [梁] 沈约《宋书》，中华书局 1974 年版，第 58 页。

延之在被贬时曾经写了《祭屈原文》说："兰薰而摧，玉缜则折。物忌坚芳，人讳明洁。曰若先生，逢辰之缺。温风怠时，飞霜急节。嬴芈遘纷，昭怀不端。谋折仪尚，贞蔑椒兰。"颜延之也是以屈原自比，申诉其被贬的冤屈。建安时期曹氏父子也怀济世之志，曹植《白马篇》中说："捐躯赴国难，视死忽如归。"后晋李翰在《蒙求·徐子光集》注中写到谢灵运曾说："天下才共有一石，曹子建独得八斗，我得一斗，自古及今共用一斗。"① 此说真伪在学界多有质疑。这里姑且作为谢灵运和曹植关系的一种引证。谢灵运自诩才高过人，自得一斗之说彰显其傲物之个性，但将八斗托于曹植，足见谢灵运对曹植的推崇。谢灵运还在《拟魏太子邺中集八首》中第八首《平原侯植》表达对曹植的看法："朝游登凤阁，日暮集华沼。倾柯引弱枝，攀条摘蕙草。徙倚穷骋望，目及尽所讨。西顾太行山，北眺邯郸道。平衢修且直，白杨信袅袅。副君命饮宴，欢娱写怀抱。良游匪昼夜，岂云晚与早。众宾悉精妙，清辞洒兰藻。哀音下回鹄，余哇彻清昊。中山不知醉，饮德方觉饱。愿以黄发期，养生念将老。"正如在其序文中写道："公子不及世事。但美遨游，然颇有忧生之嗟。"从诗中可见谢灵运对曹植关切世事民生的理解和同情。

（三）复兴中原的风潮

西晋末年，汉民族一统中原的局面被打破，西晋覆亡后，北方在少数民族统治下，汉人备受蹂躏，人们纷纷南逃，出现了"洛京倾覆，中州士女，避乱江左者十六七"② 的情况，这就是历史上著名的"永嘉南渡"。东晋时期，北方统治集团多次南犯，南方军民坚决抵抗，复兴中原逐渐成为一种风潮。首先，祖逖目睹中原沦陷，常常怀有恢复中原的志向，他曾在长江中流击楫而誓说："祖逖不能清中原而复济者，有如大江！"③ 这样的豪情壮志不能不让人慨叹，祖逖还率领士兵打到谯城、封丘等地，并赋诗说："幸哉遗黎免俘虏，三辰既朗遇慈父。玄酒忘劳甘瓠脯，何以咏恩歌且舞。"④ 表达他收复失地后和当地百姓一起欢乐的情况。接着，庾氏兄弟也曾经多次准备北伐。庾亮生前曾计划派遣军队北上布防，想通过数年训练收复失地⑤，但是由于种种原因作为不大。庾亮去世后，他的弟弟庾翼继承他的遗志，常以灭胡平蜀为己任，曾经率领军队驻扎襄阳，大会僚佐，发誓

① 《钦定四库全书》，中华书局点校本，子部，类书类，《蒙求集注》卷下。
② ［唐］房玄龄《晋书》，中华书局 1974 年版，第 1746 页。
③ ［唐］房玄龄《晋书》，中华书局 1974 年版，第 1695 页。
④ ［唐］房玄龄《晋书》，中华书局 1974 年版，第 1696–1697 页。
⑤ ［唐］房玄龄《晋书》，中华书局 1974 年版，第 1923 页。

恢复中原[1]，也没有成行。最后，桓温曾三次北伐，并且一度收复洛阳，由于朝廷大臣们的掣肘，致使功败垂成。

到刘宋时期，最早提出北伐的是谢灵运。元嘉三年，谢灵运经范泰和颜延之催促再度出山，然而谢灵运并没有被重用，宋文帝“讽旨令自解”，谢灵运在离职前依然上书劝伐河北。426年，北魏太武帝拓跋焘遣兵攻大夏，占领长安；次年，又攻下大夏都城统万，夏主败走上邽；又次年，魏俘虏夏主赫连昌，赫连昌的弟弟在平凉称帝，并曾一度打败魏军。北魏与大夏之间的纷争，对刘宋政权来说，确实不失为可乘之机。谢灵运上《劝伐河北书》也是出于这一考虑。《上书劝伐河北》认为，刘裕曾准备北伐，可惜壮志未酬就抱恨辞世；然而，景平朝臣昏庸无能，致使收复的河山又重新沦陷，激励刘义隆应该继承父业，兴师北伐，收复失地，洗雪国耻。接着，他在《上书劝伐河北》里具体分析了内外形势，认为当时正是北伐的大好机会，千万不要错过。他指出，当时北方各派势力之间矛盾重重，群雄正在火并，北伐虽然有一定困难，但从长远考虑还是以进军为宜。谢灵运上书之时宋文帝已即位五年，政局已大体安定，基本上达到了“器械既充，众力粗足，方于前后，乃当有优”的状况，权衡轻重得失，北伐有必要，也有可能。谢灵运《上书劝伐河北》还充分驳斥了刘宋集团内部反对用兵者的荒谬论调，敦促皇帝当机立断，痛下挥师北上的决心，并指出关西、河北两地的地理形势、居民成分，认为进军河北并可以固守之。然而，当时朝廷上下战和之争相当激烈，不仅因为谢灵运在“上赐假东归时”不合时宜地提出这样的问题，关键是一些朝臣的保守和懦弱。然而，从上书请求北伐这件事可以看到谢灵运的一腔济世情怀。到宋文帝元嘉中期，也曾经派兵北伐以图复兴中原，却落得“仓惶北顾”的结局。

第二节　元嘉社会文化

社会文化是一个非常宽泛的概念，它包括十分丰富的内容，从对三大家影响的程度出发，我们择其要者叙述。刘宋时期的社会文化与当时的政治制度密切联系，首先，受东晋门阀政治的影响，在刘宋时期形成了家族利益为中心的家族文化，三大家中谢灵运是这种家族文化的典型代表。其次，刘宋政权为了防止强臣慑主的不利局面出现，任用宗王参政，抑制高门士族势力，这种“宗王政治”导致宗室文化的形成，三大家中鲍照深受宗室文化的熏染。再次，随着皇权政治的

① [唐] 房玄龄《晋书》，中华书局1974年版，第1934页。

不断复兴，以儒家思想为核心的刘宋宫廷文化也得以复苏，三大家中颜延之具有宫廷文人的特征。

一、家族文化

刘宋时期家族文化的形成，还要追溯到东晋时期的门阀政治，其基本特征是皇权与门阀士族共治天下。东晋的建立就是靠侨姓与吴姓的支持，尤其是侨姓士族中的琅琊王氏、颍川庾氏、谯国桓氏、陈郡阳夏谢氏代表士族与司马氏共治天下，据《晋书》载："（元）帝初渡江，威名未著，（王）敦与从弟（王）导等同心翼戴，以隆中兴，时人为之语曰：'王与马，共天下。'"[①] 而吴姓士族中的朱、张、顾、陆四大姓，以及吴兴武康沈氏、会稽山阴孔氏等也一跃成为著名的士族。虽然，东晋太元年间，孝武帝谋求振兴皇权，排挤当时的权臣谢安的势力出朝，随后又爆发了反对门阀士族的孙恩、卢循起义，对门阀士族有一定的打击，到东晋末年，门阀士族在政坛的影响已经逐渐减弱，但是，纵观东晋一百多年，无论是朝廷大臣，还是地方都督刺史，无论清职文官，还是军职武官，绝大部分由士族弟子掌握，士族在东晋社会享有特殊的政治地位。到刘宋初期，宋武帝为了巩固皇权，安排宗室弟子担任重要州郡的刺史或都督，并且降低士族子弟的封爵，以此遏制士族子弟对皇权的威胁，这样高门士族如陈郡谢氏、琅琊王氏等，在政治和军事上失去了往日的优势。一个家族从兴旺发达到逐渐衰弱的整个过程，往往以家族为依托，考虑政治发展的各种可能性，来维护家族在政治、经济、文化等方面的优势地位，进而形成了独特的家族文化。其特点是：

其一，依附交结权贵。刘宋时期，高门士族面对日益衰落的处境，不得不放下架子依附交结权要，以维护家族的政治经济利益。谢世家族中谢混、谢灵运投靠刘毅，谢晦辅佐刘裕，谢曜、谢弘微、谢瞻在朝廷任职，虽然他们各为其主，但心中只装着家族的利益。琅琊王氏家族的王韶之，东海徐氏的徐佩之与当时的中书舍人刑安泰交往甚笃[②]。士族出生的沈勃和张澹等人在阮佃夫执掌权柄时，经常出入于阮佃夫的家中，彼此交往深厚[③]。此外，像王、谢等高门士族，在进入刘宋以后还通过和皇室通婚来获得政治上的支持。其二，炫耀门第风流。进入刘宋时期，高门士族虽然屈从于政治形势的急转变化，不得不攀附皇室，交结权要，

---

① [唐] 房玄龄《晋书》，中华书局 1974 年版，第 2554 页。

② [梁] 沈约《宋书》，中华书局 1974 年版，第 1335 页。

③ [梁] 沈约《宋书》，中华书局 1974 年版，第 2314 页。

但是他们也仍然以门户标榜，据《南史》记载，王球拒绝宋文帝命其与徐爰相交往的诏令时说："士庶区别，国之章也，臣不敢奉诏。"①而沈约在《宋书》中说："魏晋以来，以贵役贱，士庶之科，较然有辨。"②宋左丞江奥在谈到同伍犯法，士人应否连坐问题时说："符伍虽比屋邻居，至于士庶之际，实自天隔，舍藏之罪，无以相关。"③从这些记录中可以看出，为了维持门第的高贵表明家世的优越，士族总是排抑寒人，轻视庶族。与此同时，仕宦也分为两途：清流与寒官各不相入。士族子弟往往钟情于清流之职，诸如秘书、著作郎、黄门侍郎、散骑常侍、东宫与王国的属官；而凡属于边郡长令、宪台等职士族子弟决不愿意充任。谢灵运作为士族子弟就曾经担任过秘书监、著作郎、黄门侍郎等清职。此外，士族子弟也以博学为尚，也显示其高贵和放达。沈约在《宋书》中对刘宋时期的士人如：傅亮、谢晦、范泰、王微、谢灵运、王僧达、范晔、谢庄、袁淑等，都用"博学""博览""博涉"等字眼来评价他们博学多通的学习风尚，基于这种良好的学养，刘宋士人修史和编撰之风大兴，范晔《后汉书》、何法盛《晋中兴书》、谢灵运《晋书》、徐广《晋纪》、徐爰《宋书》、王韶之《晋纪》以及谢灵运编撰的《四部目录》等都是博学之风结的累累果实。其三，不同的家学传统也是元嘉家族文化的一个显著特点。琅琊王氏精于书法，吴兴丘氏博通文史，戴颙一家擅长音乐，陈郡谢氏、吴郡陆氏、汝南周氏都以优良的文学传统著称。以陈郡谢氏为例，谢安位及三公时曾有"东山之游"，谢安及其子侄尽享宴集之乐；隆安四年（400）到元兴三年（404）之间，包括谢混、谢灵运、谢瞻、谢曜、谢弘微等谢氏子弟曾有过"乌衣之游"，以"文义赏会"培养谢氏子弟的文学才能；而以谢安为中心的家族内部的文学活动更是家族文学教育的范例。从三大家受元嘉家族文化影响的情况来看，谢灵运无疑深受来自谢氏家族的影响最大（详见第一编第二章），由于非高门士族出身，颜延之和鲍照受这种家族文化影响相对要小得多。

二、宗室文化

刘宋初年，为了改变"君道虽存，主威久谢"的局面，抑制士族势力，重振皇权，刘裕即位不久对宗室进行了分封，以宗室刘道怜为长沙王，刘义庆为临川王，立子刘义真为庐陵王，刘义隆为宜都王，刘义康为彭城王，共封皇室五人为

① [唐] 李延寿《南史》，中华书局 1975 年版，第 630 页。
② [梁] 沈约《宋书》，中华书局 1974 年版，第 2302 页。
③ [梁] 沈约《宋书》，中华书局 1974 年版，第 1318 页。

王。刘裕在位仅两年就去世了，他十七岁的长子刘义符继位，史称少帝。以司空徐羡之、中书令傅亮、领军将军谢晦、镇北将军檀道济为顾命大臣。不久少帝刘义符被废，刘义真也被杀，刘裕第三子刘义隆即位后，也大力伸张皇权、任用宗室。由于被分封的诸王在政治经济上既有强大的皇室依托，又有相对独立的专断大权，加之，“刘宋以来沿用晋代官制，在各王国设置师、友、文学各一人，大国置左右常侍各三人，省郎中、置侍郎二人”①，这样各个被分封的藩王就可以名正言顺地招贤纳士，利用他们进行各种书籍的编撰工作，开展各种游览和创作活动，进而出现了独具特色的“宗室文化”或者说“藩府文化”。在刘裕分封的五个王中，除了刘道怜和刘义康外，临川王义庆、庐陵王义真以及后来成为皇帝的刘义隆都爱好“文义”，博涉文雅，多数文学活动围绕他们展开。

首先，刘义真文学圈子。据《宋书》记载，刘义真聪明爱“文义”，曾经与谢灵运、颜延之、慧琳道人交往频繁，刘义真还承诺，得志之日委以三人高官。当时刘义真解释他和谢灵运、颜延之等人交往原因时说：“灵运空疏，延之隘薄，魏文帝云鲜能以名节自立者。但性情所得，未能忘言于悟赏，故与之游耳。”②刘义真的话里明显透露出对谢灵运和颜延之的鄙视，但是所谓“未能忘言于悟赏”，却说明刘义真和谢灵运、颜延之、慧琳道人频繁交往的目的是“悟赏”，换句话说，就是文学欣赏和交流活动，而且他们性情相投才走到一起。虽然，后来他们这一文学圈子，被当时辅政大臣徐羡之等人当作“政治帮派”，并以此为由，把谢灵运和颜延之远贬永嘉和始安，景平二年（424）刘义真也被杀害，但是，从谢灵运元嘉三年写的《庐陵王墓下作》中“眷言怀君子，沉痛切中肠”的诗句来看，谢灵运和刘义真之间的感情是真挚而深厚的，这也说明谢灵运、颜延之和刘义真交往中以文会友的成分更大。

其次，刘义庆藩府文化。据《宋书》记载，刘义庆于元嘉九年担任荆州刺史，元嘉十六年改任江州刺史，元嘉十七年迁任南兖州刺史，元嘉二十年解职回京，元嘉二十一年在建康去世。从刘义庆的仕历看，他担任荆州刺史八年，江州刺史一年，南兖州刺史三年。在荆州期间的政绩主要是选贤任能、关心民生，如《宋书》所说：“在州八年，为西土所安”，同时他还撰写了《典叙》《徐州先贤传》十卷。并且开始《世说新语》的编撰工作。在江州刘义庆修建“凌烟”楼，并由鲍照陪同到庐山礼佛。据《宋书》记载：“义庆在江州，请（袁淑）为卫军谘议

① [梁] 沈约《宋书》，中华书局 1974 年版，第 1259 页。
② [梁] 沈约《宋书》，中华书局 1974 年版，第 1635-1636 页。

参军，其余吴郡陆展、东海何长瑜、鲍照等并为辞章之美，引为佐史国臣。”[①]可见在荆州和江州刘义庆更多精力放在自己撰述和招募名士进行史籍编撰和文学创作活动上，这也形成了藩府浓浓的文化氛围。鲍照在刘义庆藩府时间最长，因此，受刘义庆藩府文化的熏染最多（详见第一编第三章），谢灵运和颜延之却因为出入于刘义真文学圈子，受到了莫大的伤害。

三、宫廷文化

元嘉宫廷文化主要指宋武帝、宋文帝在位期间，刘宋皇室形成的宫廷典制、君臣之礼以及进行的文学和艺术活动等。

首先，宋武帝时期的宫廷文化。刘裕登基前就经常召集文士进行文义赏会。义熙十二年九月至十三年正月（416—417年），刘裕北伐途中，“行至彭城，高祖大会戏马台，豫坐者皆赋诗”[②]。据《南史》详曰：“帝于彭城大会，命纸笔赋诗，晦恐帝有失，起谏帝，即代作曰：‘先荡临淄秽，却清河洛尘，华阳有逸骥，桃林无伏轮。’于是群臣并作。”[③]义熙十四年（418）正月，刘裕转回彭城，为了送别孔季恭，“高祖饯之戏马台，百僚咸赋诗以述其美”[④]，谢灵运、谢瞻都创作了《九日从宋公戏马台集送孔令诗》。曹道衡、沈玉成先生《中古文学史料丛考》以为，王昙首、谢晦、刘义恭等也参加了此次大会[⑤]。刘裕登基不久就下诏说：“古之建国，教学为先。”[⑥]刘裕把文化教育放在了建国的首位。永初元年七月，为了宗庙设置雅乐，宋武帝下诏让太常郑鲜之等八十八人各撰立新哥（应指歌），黄门郎王韶之撰写哥（应指歌）辞七首[⑦]。永初元年十二月，宋武帝又下诏，让黄门侍郎王韶之改太乐诸哥舞诗，立三十二章[⑧]。永初二年（421）宋武帝召集群臣在曲水宴会，谢灵运有《三月三日侍宴西池诗》，颜延之有《三月三日诏宴西池诗》。永初三年（422）武帝驾崩后，谢灵运有《武帝诔》、颜延之有《武帝谥议》。

其次，宋文帝时期的宫廷文化。刘义隆爱好文义。《宋书》载：（文帝诏书）：

---

① ［梁］沈约《宋书》，中华书局1974年版，第1477页。
② ［梁］沈约《宋书》，中华书局1974年版，第1678页。
③ ［唐］李延寿《南史》，中华书局1975年版，第522页。
④ ［梁］沈约《宋书》，中华书局1974年版，第1532页。
⑤ 曹道衡 沈玉成《中古文学史料丛考》，中华书局2003年版，第249页。
⑥ ［梁］沈约《宋书》，中华书局1974年版，第58页。
⑦ ［梁］沈约《宋书》，中华书局1974年版，第541页。
⑧ ［梁］沈约《宋书》，中华书局1974年版，第541页。

"吾少览篇籍，颇爱文义。"[①] 逯钦立《先秦汉魏晋南北朝诗》载：（宋文帝）"有集十卷。"[②] 并辑录其诗歌三首《元嘉七年以滑台战守弥时遂至陷没乃作诗》《北伐诗》《登景阳楼诗》。刘义隆也擅长书法。《法书要录》卷三引唐李嗣真《书后品》把秦代以来到唐代八十一位书法家分为十等："中下品七人：孙皓、张超、谢道韫、宋炳、宋文帝、齐高帝、谢灵运。"[③] 宋文帝赫然在列。在宋文帝影响下宫廷文化十分繁荣。

一方面，宫廷游宴赋诗活动频繁。元嘉元年三月，宋文帝驾临曲水宴会，僧人慧观和朝士一起赋诗[④]。又据《南史》载："延之与陈郡谢灵运俱以辞采齐名，而迟速县绝。文帝尝各敕拟《乐府》《北上篇》，延之受诏便成，灵运久之乃就。"[⑤] 元嘉十一年三月，宋文帝到乐游苑禊饮，同时为江夏王义恭、衡阳王义季送行，并且下诏要求所有与会者都要赋诗[⑥]，这在当时也是文坛的一件盛事，颜延之有《应诏宴曲水作诗》。元嘉十八年，宋文帝诏群臣作赋，颜延之作《赭白马赋》一篇，记录此事。元嘉二十二年（445），皇太子释奠国子学，祭毕，宋太祖亲临宴会[⑦]，颜延之作《皇太子释典会作诗》、王僧达作《释奠诗》，何承天作《释奠颂》。元嘉二十九年，谢庄除太子中庶子，南平王刘铄献赤鹦鹉，普诏群臣为赋[⑧]，太子左卫率袁淑读了谢庄的赋后感慨地说："江东无我，卿当独秀。我若无卿，亦一时之杰也！"[⑨] 以上事例表明，当时的宫廷文学活动宋文帝往往亲自到场，出席的人是颜延之、谢灵运、谢庄、袁淑、王僧达、何承天等宫廷文人，并且也有佳作涌现。另一方面，音乐和书法也很受重视。据《宋书》记载，一次宴会，宋文帝对范晔说："'我欲歌，卿可弹。'晔乃奉旨，上歌既毕，晔亦止弦。"[⑩] 这次宴会的时间不好确定，但是宋文帝主动提出唱歌，说明他喜好音乐和唱歌，这也是宫廷歌舞宴会的一个缩影。又据《南史》载："灵运诗、书，皆兼独绝，每文竟，手自写之。文帝称为二宝。"[⑪] 宋文帝对谢灵运的诗、书视若珍宝，可见当时

---

① [梁] 沈约《宋书》，中华书局 1974 年版，第 2341 页。
② 逯钦立《先秦汉魏晋南北朝诗》，中华书局 1983 年版，第 1135 页。
③《钦定四库全书》，中华书局点校本，子部，艺术类，书画之属，《法书要录》卷三。
④ [梁] 释慧皎撰，汤用彤校注《高僧传》，中华书局 2004 年版，第 264–265 页。
⑤ [唐] 李延寿《南史》，中华书局 1975 年版，第 881 页。
⑥ 逯钦立《先秦汉魏晋南北朝诗》，中华书局 1983 年版，第 1225 页。
⑦ [梁] 沈约《宋书》，中华书局 1974 年版，第 367–368 页。
⑧ [梁] 沈约《宋书》，中华书局 2000 年版，第 2167 页。
⑨ [梁] 沈约《宋书》，中华书局 2000 年版，第 2167–2168 页。
⑩ [梁] 沈约《宋书》，中华书局 1974 年版，第 1820 页。
⑪ [唐] 李延寿《南史》，中华书局 1975 年版，第 539 页。

宫廷对书法艺术的重视。也正是在宫廷文化的引领下，刘宋时期，书法、绘画、音乐等艺术形式非常繁荣，出现了一大批书法家、画家和音乐方面的人才，元嘉三大家也深受熏染。

第三节　元嘉文学艺术

文学艺术是一个内涵和外延都十分复杂的概念，元嘉文学艺术内容也非常丰富，限于篇幅我们只谈和三大家相关的内容。宗白华先生指出："汉末魏晋六朝是中国政治上最混乱、社会上最痛苦的时代，然而却是精神史上极自由、极解放，最富于智慧、最浓于热情的一个时代。因此，也就是最富于艺术精神的一个时代。""社会秩序的大解体，旧礼教的总崩溃、思想和信仰的自由、艺术创造精神的勃发，使我们联想到西欧十六世纪的'文艺复兴'。"[①] 无疑这是元嘉文学和艺术繁荣原因的准确阐释。元嘉文学和艺术成就是多方面的，主要表现在：元嘉书画艺术深受时人推崇，出现了宗炳的书画理论和一批著名书画家；以范晔和谢庄为代表，在琴曲弹奏和音律研究方面取得了一定成就，大批士人都善于弹奏琴曲；元嘉文学方面，谢灵运的山水诗赋、鲍照的乐府诗和骈赋、颜延之的诗文、谢庄和谢惠连的小赋、刘义庆的小说《世说新语》、范晔的《后汉书》等都对后世产生了深刻的影响，元嘉三大家在元嘉文坛具有领袖地位。

一、书画艺术

刘宋一朝的书法家很多，上至帝王、大臣下至一般士人都醉心书法。庾肩吾《书品》列宋文帝的书法作品为中品[②]。武帝刘裕素不善书，刘穆之说"纵笔为大字"就不失文雅。《宋书》载："王僧虔论书云：'宋文帝书，自言可比王子敬，时议者云：'天然胜羊欣，功夫少于欣。''"[③] 宋文帝把自己与王献之比较，足见他对书法的挚爱。范晔的书法也有特点，据《南史》云："范晔与萧思话同师羊欣，后小叛，既失故步，为复小有意耳……谢综书，其舅云紧生起，是得赏也，恨少媚好。"[④] 由此可见，范晔书法具有羊欣的风格，其外甥谢综的书法则写得中规中矩，不流时俗。谢庄的书画俱佳，深受后人称赞，唐代张彦远《历代名画记》说谢庄

① 宗白华《论〈世说新语〉和晋人的美》，人民出版社 1987 年版，第 136 页。
②［唐］张彦远撰，刘石校点《法书要录》，辽宁教育出版社 1998 年 3 月版，第 28–33 页。
③［唐］李延寿《南史》，中华书局 1975 年版，第 603 页。
④［唐］李延寿《南史》，中华书局 1975 年版，第 604 页。

"性多巧思，善画"[①]，宋代陈思《书小史》卷六说他"善行书"[②]，清代孙岳颁等撰《御定书画谱》引明董其昌《戏鸿堂帖》称谢庄"字画遒劲，势若飞动"[③]。宋永初、元嘉时期同时列入《书品》的还有：羊欣、王僧虔、孔琳之、张永、宗炳、谢灵运、萧思话、刘穆之、朱龄石、谢晦、徐羡之等[④]，可见元嘉书法艺术颇受时人推崇。

刘宋绘画风气很浓，善于绘画的人士较多，南齐谢赫的《画品》就列宗炳、王微、顾骏之、陆绥等刘宋一朝的善画之家[⑤]。而刘宋书画艺术最可称道的成就是宗炳山水画及其山水画论。据《庾元威论书》说："宗炳造画瑞应图千古卓绝。"[⑥]《历代名画记》也说："宗公高士，飘然物外情，不可以俗画传其意旨，有《嵇中散白画》《孔子弟子像》《狮子击象图》《颍川先贤图》《永嘉邑屋图》《周礼图》《惠持师像》并传于代，凡七本。"[⑦]《东坡集》说："苏轼书宗少文一笔画诗云：'宛转回文锦，萦盈连理花，何须郭忠恕，匹素画缫车。'"[⑧]可见宗炳画技到唐代仍然被人推崇。最为重要的是宗炳在他的画论《画山水序》中提出了"妙绘畅神"的绘画理论。《御定佩文齐书画谱》卷十五目录载："晋王廙与王羲之《论学画》，晋顾恺之《魏晋胜流画赞》《画云台山记》，宋宗炳《画山水序》，宋王微《叙画》"[⑨]五者比肩而誉。而《画山水序》则为我国画论史上肇始之作，是整个中国画最重要的理论文献，由于它的核心是玄学，从而确立了中国画重精神和理性的文化意蕴！其主要观点有：首先，提出"以形写形，以色貌色"的观点。《画山水序》曰："夫理绝于中古之上者，可意求于千载之下；旨微于言象之外者，可心取于书策之内。况乎身所盘桓，目所绸缪，以形写形，以色貌色也。"宗炳强调根据身之所历、目之所见细致描绘景色。其次，提出"畅神"的观点。《画

①《影印文渊阁四库全书》，台湾商务印书馆，1984年版，第812册329页。
②《影印文渊阁四库全书》，台湾商务印书馆，1984年版，第814册246页。
③《影印文渊阁四库全书》，台湾商务印书馆，1984年版，第820册88页。
④ 笔者按：王僧虔虽入《南齐书》，而卒于永明三年（485），"时年六十"，范晔死时（元嘉二十二年）（445），王已二十岁，年龄不小，终元嘉之朝二十八岁。
⑤ 沈子丞编《历代论画名著汇编》，文物出版社1982年版，第17–20页。
⑥《钦定四库全书》，中华书局点校本，子部，艺术类，书画之属，《御定佩文齐书画谱》卷四十五。
⑦《钦定四库全书》，中华书局点校本，子部，艺术类，书画之属，《御定佩文齐书画谱》卷四十五。
⑧《钦定四库全书》，中华书局点校本，子部，艺术类，书画之属，《御定佩文齐书画谱》卷四十五。
⑨《钦定四库全书》，中华书局点校本，子部，艺术类，书画之属，《御定佩文齐书画谱》卷十五。

山水序》又曰："峰岫峣嶷，云林森渺，圣贤映于绝代，万趣融其神思，余复何为哉？畅神而已。"宗炳明确绘画的作用，就是满足欣赏者的精神需求，使人的精神愉悦。宗炳关于"'畅神'思想的出现，使绘画的功能由外在的伦理道德转向内在精神情感"①。再次，提出绘画的"透视"法。《画山水序》又曰："且夫昆仑之大，瞳子之小，迫目以寸则其形莫睹，迥以数里，则可围于寸眸。诚由去之稍阔，则其见弥小。今张素绡以远应，则昆、阆之形，可围于方寸之内。竖划三寸，当千仞之高；横墨数尺，体百里之迥。是以观画图者，徒患类之不巧，不以制小而累其似，此自然之势。如是，则嵩、华之秀，玄牝之灵，皆可得之以一图矣。"李新华认为，"这是我国绘画史上，将'透视'规律运用于绘画实践的首次文字记载"②。受元嘉书画艺术发展的影响，三大家中谢灵运不仅擅长佛教人物画，他的山水画和山水诗中的景物描写明显受到宗炳绘画理论的启迪，他草书和隶书技巧受王献之的影响也达到了一定的高度；鲍照的《飞白书势铭》对"飞白"这一书法技巧进行了描绘，也说明他对书法情有独钟；颜延之在书画方面的情趣史书没有记载，和古代大多文人一样，他在书法方面应该也有一定的修养。

二、音乐艺术

刘宋时期，谢庄的音律修养受到当时的文坛领袖范晔的称赞："年少中，谢庄最有其分。"③钟嵘《诗品序》也引齐代永明体的重要作家王融的话说："宫商与二仪俱生，自古词人不知之，惟颜宪子乃云'律吕音调'，而其实大谬。唯见范晔、谢庄颇识之耳。"④宋代朱长文《琴史》说："谢庄字希逸，以文藻风概独冠于当时。历典枢要，以中书令卒。史虽不言其善琴，然故传希逸作《琴名》，今所存古人名氏，班班可识，意即希逸所撰也。非属意于丝桐者，岂能勤勤于此哉？"⑤又据《南史·褚裕之传》云：褚裕之侄孙彦回"尝聚袁粲舍，初秋凉夕，风月甚美，彦回援琴奏《别鹄》之曲，宫商既调，风神谐畅。王彧、谢庄并在粲坐，抚节而叹曰：'以无累之神，合有道之器，宫商暂离，不可得已。'"⑥谢庄赞赏褚渊之侄孙彦回弹奏合于宫商，说明谢庄已有对弹奏者的评论权。再考《蔡宽夫诗话》

① 刘亚璋《澄怀观道：论宗炳绘画中的庄学因素》，《湖北美术学院学报》2005年第1期，第70页。
② 李新华《论宗炳〈画山水序〉的写作背景及其贡献》，《山东社会科学》2006年第9期，第22页。
③［梁］沈约《宋书》，中华书局2000年版，第1830页。
④ 陈延杰《诗品注》，人民文学出版社1980年版，第5页。
⑤ 影印《文渊阁四库全书》，台湾商务印书馆1984年版，第893册，第41页。
⑥［唐］李延寿《南史》，中华书局2003年版，第749页。

云："声韵之兴，自谢庄、沈约以来，其变日多，四声中又分别其轻浊，以为双声；一韵者以为叠韵，盖以轻重为清浊耳。"[①] 谢庄的诗文素以音节优美著称，这和他精通音律以及在诗歌声韵的探索有关。

刘宋时期，善弹琴者尤多，据《宋书·杜慧度传》："（杜慧度）布衣蔬食，俭约质素，能弹琴。"同书《戴颙传》：（戴）"父善琴书，颙并传之，凡诸音律，皆能挥手。"同书《沈道虔传》：（沈）"受琴于戴逵，王敬弘深敬之。"[②] 可见杜慧度、戴颙和沈道虔三人都善弹琴。范晔本人即精通音律，"善弹琵琶，能为新声"[③]。范晔还把音律用于语音实践中，《后汉书》语音尤其是序论部分大致符合声韵调谐规律。其《宦者传论》曰："手握王爵，口含天宪，非复掖廷永巷之职，闺牖房闼之任也。举动回山海，呼吸变霜露。阿旨曲求，则光宠三族；直情忤意，则参夷五宗。汉之纲纪大乱矣。"整齐句式中音节的反复性形成了有秩序的韵律形式，从而达到了和谐之美。宗炳也有操琴技艺，《南史》云："少文妙善琴书图画，精于言理。"[④] 又云："凡所游履，皆图之于室，谓之'抚琴动操，欲令众山皆响'。古有《金石弄》，为诸桓所重，桓氏亡，其声遂绝，唯少文传焉。文帝遣乐师杨观就受之。"[⑤] 可见宗炳有弹奏古曲《金石弄》的绝学。据《南史》又记曰："师觉授，字觉授，南阳涅阳人也。与外兄宗少文并有素业，以琴书自娱。"[⑥] 这里讲，师觉授和作为其外兄的宗炳都善于弹琴和书法。三大家中除颜延之外，鲍照和谢灵运的诗歌作品中都透露出他们擅长琴道。

三、文学创作

根据元嘉作家在文坛出现的先后以及当时的历史背景，我们把元嘉文坛划分为三个时期。第一时期，从东晋末年到宋武帝永初三年（422），主要作家有活动于慧远山水佛教文学圈子的隐士皆画家、画论家、对元嘉山水诗创作产生影响的宗炳，还有活动于刘宋开国皇帝刘裕周围对元嘉文学具有开启意义的宫廷文学家、诗人谢瞻和傅亮等。宗炳情致高洁，以隐逸为尚，其《画山水序》对谢灵运山水诗描绘景物产生了一定影响。谢瞻，字宣远，陈郡阳夏人，谢混为其

① 郭绍虞《宋诗话辑佚》（下册），中华书局 1980 年版，第 379 页。
② 以上三则史料均见《钦定四库全书》，中华书局点校本，史部，正史类，《宋书》卷九十三。
③ ［梁］沈约《宋书》，中华书局 1974 年版，第 1820 页。
④ ［唐］李延寿《南史》，中华书局 2003 年版，第 1860 页。
⑤ ［唐］李延寿《南史》，中华书局 2003 年版，第 1861 页。
⑥ ［唐］李延寿《南史》，中华书局 2003 年版，第 1806 页。

族叔，《隋书》记曰："宋豫章太守谢瞻集三卷。"[①]《先秦汉魏晋南北朝诗》收录其诗六首。傅亮，博涉经史，尤善文词，《宋书》称其："自以文义之美，一时莫及。"[②]傅亮能诗工文，著述颇多，钟嵘评其诗曰："季友文，余常忽而不察。今沈特进选诗，载其数首，亦复平美。"[③]傅诗名声不大，但文章却有过人之处。第二时期，从景平元年（423）到元嘉十年（433），主要有活动在宋文帝周围的史学家范晔、山水诗人谢灵运以及著名诗人颜延之等。对于谢灵运和颜延之，钟嵘《诗品序》评价说："谢客为元嘉之雄，颜延年为辅。"这也说明他们当时在元嘉文坛的领袖地位。《南史》说："延之与陈郡谢灵运俱以辞采齐名"，"是时议者以延之、灵运自潘岳、陆机之后，文士莫及，江右称潘、陆，江左称颜、谢。"[④]后世又把比颜延之和谢灵运小三十多岁的鲍照放在一起，称"元嘉三大家"。第三时期，从元嘉十年（433）到泰始二年（466），这一时期的作家主要有活动于刘义庆等藩府的诗人鲍照、活动于宋文帝和孝武帝周围的诗人谢庄、活动于彭城王义康等藩府的文学家袁淑。谢庄著述颇丰，《宋书》说："所著文章四百余首，行于世。"[⑤]《魏晋南北朝文学史料述略》记载："有文集十九卷，今已佚；严可均《全宋文》辑录其《月赋》等三十六篇；逯钦立《先秦汉魏晋南北朝诗》辑录其诗二十八首。"[⑥]谢庄赋今存四篇，《月赋》是其代表作。袁淑少年时"博涉多通，好属文，辞采遒艳，纵横有才辩"[⑦]，钟嵘《诗品》将其列入中品。袁淑文采出众，辩才犀利，《汉魏六朝百三家集题辞》评价说："（袁淑）文采遒艳，才辩鲜及……诗章虽寡，其摹古之篇，风气竟逼建安。此人不死，颜谢未必能出其上也。"[⑧]这种评价虽然有失偏颇，但也看出元嘉文坛确实人才济济。

如果从诗、赋、文三个方面来调查《文选》对元嘉作品的收录情况，也可以从另一个侧面对元嘉文坛有一个更加形象的认识。《文选》选录的元嘉诗七十八首：谢灵运《登池上楼》《石壁精舍还湖中作》《过始宁墅》《七里濑》《江中登孤屿》《入彭蠡湖口》《游南亭》等四十首，大多为优秀的山水诗。颜延之《秋胡诗》《五君咏》《北使洛》等共二十首。鲍照《咏史》《乐府》八首、《玩月城

①《钦定四库全书》，中华书局点校本，史部，正史类，《隋书》卷十五。
②［梁］沈约《宋书》，中华书局1974年版，第1892页。
③ 钟嵘《诗品》，人民文学出版社1962年版，第62页。
④［唐］李延寿《南史》，中华书局2003年版，第881页。
⑤［梁］沈约《宋书》，中华书局1974年版，第2177页。
⑥ 穆克宏《魏晋南北朝文学史料述略》，中华书局1997年版，第111页。
⑦［梁］沈约《宋书》，中华书局2000年版，第1311页。
⑧ 转引自徐达《诗品全译》，贵州人民出版社1996年版，第97页。

西门廨中》《拟古诗》三首等，共十八首。《文选》收入元嘉赋五篇：颜延之《赭白马赋》；鲍照《舞鹤赋》和《芜城赋》；谢惠连《雪赋》；谢庄《月赋》。《文选》收录的元嘉文十八篇：傅亮《为宋公修张良庙教》《为宋公至洛阳谒五陵表》《为宋公求加刘前将军表》，谢惠连《祭古冢文》，范晔《宦者传论》《逸民传论》，颜延之《三月三日曲水诗序》《陶征士诔》，谢庄《宋孝武宣贵妃诔》等。从《文选》收入的元嘉时期的诗、赋、文来看，谢灵运的山水诗共四十首，数量最多，表明其在元嘉文坛不可动摇的位置，颜延之有诗二十首、赋一篇、文两篇，说明颜延之在诗、赋、文三个方面都有建树，鲍照诗十八篇、赋两篇，也说明鲍照诗、赋两个方面都有独到之处，在被收入《文选》中的一百零一篇（首）的元嘉作品中，“元嘉三大家”占八十三篇（首），占元嘉作品总数的百分之八十二，可以说，“元嘉三大家”的创作基本代表了元嘉文学的主要成就。

元嘉时期创作实力雄厚，文学成就突出，元嘉文学观念也有创新。首先，谢灵运提出“顺从性情”“而以作赋”，又要求“援纸握管”以达到“通神会性”的诗学境界；颜延之也认为，诗为古代之乐章，《诗经》中的雅、颂受到他的称赞，并且推崇用典繁密的作品；鲍照专门诗论不多，然而倾向于主观感情的抒发。其次，谢灵运《山居赋序》提出“意实言表而书不尽”，追求“言外之意”和“文外之旨”。范晔《狱中与诸外甥书以自序》中提出“文患其事尽于形”的观点，也提倡作品应有“言外之意”。再次，据《南史》云：“文帝尝问以诸子才能，延之曰：‘竣得臣笔，测得臣文，奂得臣义，跃得臣酒。’”[①] 这里文笔对举，分指两种文体。刘勰解释说：“颜延年以为笔之为体，言之文也；经典则言而非笔，传记则笔而非言。”[②] 由此可见，颜延之在“文”“笔”之外，又益以“言”，而成三分法。以诗赋为“文”，传记为“笔”，经典为“言”。此外，王微还提出了“怨思抑扬”和“文好古，贵能连类可悲”的观点，就是既要讲究词采，又要有深刻的精神感染力。从元嘉文学观念来看，谢灵运、颜延之在诗赋创作理念和文体分类方面都有独到的见解，鲍照则在其作品中表现出独特的文学追求。

① [唐] 李延寿《南史》，中华书局 1975 年版，第 879 页。
② 向长清《文心雕龙浅释》，吉林人民出版社 1984 年版，第 371 页。

第2章

谢灵运生平与人格精神考述

谢灵运出生于晋孝武帝太元十年（385），谢家因子孙难得，四岁的谢灵运被送至钱塘杜明师道馆寄养[①]，到十五岁才回到建康。故小名为“客儿”，昵称“阿客”。后人也称他为“谢客”，元好问《论诗》说：“谢客风容映古今，发源谁似柳州深？朱弦一拂遗音在，却是当年寂寞心。”诗中的“谢客”一词更多地包含着后人对谢灵运天下独绝的文学才华和独步古今的游客气质的赞叹。七岁时袭封康乐公[②]，世人也称他为谢康乐[③]，这个封号似在说明，客居异乡十几年以后，家族的荣耀和财富延续下来，诗人过着豪奢放逸的生活。祖籍为陈郡阳夏，世居山川秀美，景色迷人的会稽郡始宁县。在走过亦官亦隐、仕宦坎坷的人生道路之后，诗人于元嘉十年被杀于广州。在其短暂而珍贵的一生中，这位天才的诗人用神来之笔，为后世留下了许多优美的山水诗作。

谢氏家族在东晋末年显赫一时。曾祖谢安（320—385年）字安石，早年高卧东山，纵情游乐，无意于仕宦。直到其弟谢万北伐失败并被贬黜之后，四十一

① 李雁《谢灵运研究》，人民文学出版社2005年版，第15页。

② 参见宋红《谢灵运年谱考辨》，《文学遗产》2001年第1期。作者的根据有二：一是《宋书·礼志》载曹郎诸葛雅之议曰：“今长子早卒，无嗣，进立次息以为世子，取诸《左氏》，理义无违。”谢家属世子早卒，有嗣，当以嗣绍承。按照汉制，灵运袭爵时间是在“三年丧毕”的太元十六年，也就是灵运七岁的时候。二是从“桓玄袭爵”的事例中找到佐证，桓温卒于公元373年，幼子桓玄生于公元369年，桓温卒时，桓玄恰好也是四岁。《晋书·桓玄传》载：“乃生玄，温甚爱异之。临终以为嗣，袭南郡公。年七岁，温服终，府州文武辞其叔冲，冲抚玄曰：‘此汝家之故吏也。’玄因涕泪覆面，众并异之。”由此可知，晋循汉制，服丧三年后袭爵。袭爵前，府中事物由家族中其他人代理。桓玄四岁丧父，七岁袭爵，正巧为灵运袭爵时间之参证。至此可以明断：灵运袭封康乐公时年七岁。

③ ［梁］沈约《宋书》，中华书局2000年版，第1743页。

岁的谢安应荆州刺史桓温征召，开始踏入仕途。晋孝武帝宁康元年（373）以后，谢安做了尚书仆射，领吏部，加后将军等[①]，东晋的军政大权逐渐集于一身。当时北方苻坚屡屡击败东晋军队[②]，谢安派遣谢石、谢玄出征讨伐，所向披靡。太元八年(383)，苻坚亲率百万大军，驻扎在淝水北岸，东晋朝廷震恐不已[③]，谢安临危受命，被委以征讨大都督，他又以谢石、谢玄为前锋都督，率部八万以御秦兵。按照谢安之子、辅国将军谢琰之计，晋军主动出击，赢得了“淝水之战”的胜利，从此，谢氏一门声望大振。

谢安对谢氏子弟影响很大。据《世说新语》记载，谢玄少年时，喜欢佩戴紫罗香囊，谢安很恼火，又不想伤害他，就和他打赌，乘机烧毁了香囊[④]，巧妙地改掉了谢玄的坏习惯。谢安也引导谢氏子弟树立远大理想。同书又载：“谢太傅问诸子侄：‘子弟亦何预人事，而正欲使其佳？’诸人莫有言者，车骑（即谢玄）答曰：‘譬如芝兰玉树，欲使其生于阶庭耳。’”[⑤]谢玄婉转地表达出自己济世有为的愿望。谢安还通过家庭聚会的方式培养谢氏子弟的文学才能。同书还载：“谢太傅寒雪日内集，与儿女讲论文义。俄而雪骤，公欣然曰：‘白雪纷纷何所似？’兄子胡儿曰：‘撒盐空中差可拟’。兄女曰：‘未若柳絮因风起’。”[⑥]这些颇具诗意的故事，一问一答余音绕梁，耐人回味。

谢灵运祖父谢玄（343—388年），字幼度，小字羯，是谢安长兄谢奕之子。谢玄自幼聪明，深受谢安赏识。据《世说新语》记载，晋孝武帝初，强敌寇境，边书续至，朝廷征求良将，以镇守北疆，谢安为朝廷举荐了谢玄[⑦]。太元二年，朝廷拜谢玄为建武将军，负责江北军事。不久，谢玄到广陵，创建北府军。太元八年，谢玄为前锋都督，亲率精锐八千，破苻坚大军于淝水，立下赫赫战功。太元九年，谢玄率部北伐，加都督徐、兖等七州军事。太元十年，因为淝水之功被封为康乐县公。史籍记载，太元十二年，谢玄回归会稽，创建始宁山居，并上书要求辞归故里，后来转授散骑常侍、左将军、会稽内史[⑧]。太元十三年去世，时年

---

① [唐] 房玄龄《晋书》，中华书局1974年版，第2074页。
② [唐] 房玄龄《晋书》，中华书局1974年版，第2074页。
③ [唐] 房玄龄《晋书》，中华书局1974年版，第2075页。
④ 徐震堮《世说新语校笺》，中华书局2004年版，第461页。
⑤ 徐震堮《世说新语校笺》，中华书局2004年版，第82页。
⑥ 徐震堮《世说新语校笺》，中华书局2004年版，第72页。
⑦ 徐震堮《世说新语校笺》，中华书局2004年版，第223页。
⑧ [唐] 房玄龄《晋书》，中华书局1974年版，第2085页。

四十六岁[①]。谢玄一生功勋卓著，对谢灵运影响很深。父亲谢瑍，曾做过秘书郎，享年很短。谢玄曾经对亲戚朋友说："我乃生瑍，瑍那得生灵运。"[②]由于谢瑍"不慧"，又早年去世，加之谢灵运四岁就寄居到了钱塘道馆，两人在一起生活的时间不会太多，其父对他的影响不会太大，除了上面这一条关于谢瑍的史料外，我们甚至很难见到任何与之相关的信息。母亲是刘畅之女，王献之外甥女[③]，受家族书法传统的影响，谢母可能在书法方面有一定修养，后来谢灵运的书法为时人赏识，就是和谢母以及王献之的影响有关。

第一节 屡遭挫折的仕宦生涯

谢灵运从四岁到十五岁在钱塘道馆中的生活，无论从各种谢灵运年谱，还是从可见到的各类文献中查检，得出的结论是"十年钱塘无故事"。但是，按常理推论，这十年是谢灵运关键的十年，是谢灵运生命的黄金期。他应该研习了各种道教典籍，当佛教已经在东晋社会开始流播的时候，他也可能开始接触相关的佛教经卷。隆安三年（399年），十五岁的谢灵运返回建康，到义熙元年（405年）首次踏入仕途的六年时间里，谢灵运一直生活在建康乌衣巷谢安故居。史书记录谢灵运参与"乌衣之游"的情况："混风格高俊，少所交纳唯与族子，灵运、瞻、曜、弘微，并以文义赏会，尝共宴，处居在乌衣巷，故谓之'乌衣之游'，混五言诗所云：'昔为乌衣游，戚戚皆亲侄'者也。"[④]谢氏"乌衣之游"实际上是通过"文义赏会"培养谢氏子弟的文学趣味。这种活动以谢氏弟子为主，这与当时社会流行的家学传统有关。"戚戚皆亲侄"典出《诗经·行苇》中"戚戚兄弟，莫远具迩"。其中"戚戚"言兄弟之间相亲相爱，谢混对"乌衣之游"的回忆充满温馨而又浓郁的亲情。同时，谢混对谢灵运等人多有评价："汝诸人虽才义丰辩，未必皆惬众心；至于领会机赏，言约理要，故当与我共推微子。"云：

"阿远刚躁负气，阿客博而无检，曜恃才而持操不笃，晦自知而纳善不周，设复功济三才，终亦以此为恨，至如微子，吾无间然。"又云：

① [唐] 房玄龄《晋书》，中华书局1974年版，第2085页。
② [梁] 沈约《宋书》，中华书局2000年版，第1743页。
③ 见唐张彦远《法书要录》引虞龢《论书表》曰："谢灵运母刘氏，子敬之甥。"子敬，王献之字，即王羲之子。在《法书要录》中羲之自称"吾有七男一女"，女嫁刘畅。
④ [梁] 沈约《宋书》，中华书局2000年版，第1591页。

“微子异不伤物，同不害正，若年迨六十，必至公辅。”[①]

谢混认为，谢氏子弟，虽然才华出众，但是他们的品行尚不足以立世，在众弟子中首推谢弘微，并且批评谢瞻刚躁负气，谢灵运博而无检。其又曰：“康乐诞通度，实有名家韵，若加绳染功，剖莹乃琼瑾。”[②]谢混在诗中指出灵运性格耿直急躁，需要加强儒学方面的修养。

一、初仕刘毅时期

义熙元年（405）三月，安帝由江陵回建康，以琅琊王司马德文为大司马，刘毅为左将军、都督淮南等五郡军事、豫州刺史，镇历阳（今安徽和县），刘裕都督荆州等十六州诸军事，加领兖州刺史。这年三月，谢灵运初次踏入仕途，开始担任琅琊王大司马行参军[③]。第二年，抚军将军刘毅由历阳移镇姑孰（今安徽当涂县），谢灵运转为刘毅记室参军[④]。谢灵运出仕刘毅，可能与当时任尚书仆射的谢混的推荐有关，因为，谢混与刘毅曾经“深相凭结”，而且，当时刘毅击败了挟持安帝的桓振，已经是除刘裕以外最强大的势力集团。加之，刘毅旁涉文雅，使本来就以文学见长的谢灵运产生了天然的亲近感，也容易得到赏识。谢灵运把希望寄托在了刘毅身上，也在情理之中。事实上，谢灵运在刘毅帐下，也有所发展，义熙八年四月，刘毅接任道轨做了荆州刺史[⑤]，刘毅镇守江陵，又以谢灵运为卫军从事中郎[⑥]。出乎谢灵运所料的是，刘毅与刘裕的矛盾日益激化，刘毅到江陵后又取江州和豫州文武官员和士兵一万多人占为已有，并且上表自己有病，要求刘藩作他的副将，刘毅这些举动引起人们的怀疑，此时刘裕因刘毅“贰于己”，乘机上奏刘毅的过错，于是安帝下诏讨伐刘毅，十月，“镇恶克江陵，毅及党与皆伏诛”[⑦]。此时，谢灵运的处境是进退维谷，无人可依。反观七年里，谢灵运虽

① [梁] 沈约《宋书》，中华书局 2000 年版，第 1591 页。
② [梁] 沈约《宋书》，中华书局 1974 年版，第 1591 页。
③ [梁] 沈约《宋书》，中华书局 1974 年版，第 1743 页。
④ [梁] 沈约《宋书》，中华书局 1974 年版，第 1743 页。
⑤ [梁] 沈约《宋书》，中华书局 1974 年版，第 28 页。
⑥ [梁] 沈约《宋书》，中华书局 1974 年版，第 1743 页。
⑦ [梁] 沈约《宋书》，中华书局 1974 年版，第 28 页。

然做过大司马行参军、卫军从事中郎，记室参军[①]，但是这些都是一般的军队文职，谢灵运初仕并未取得功绩，和他想象的出将入相的理想相去甚远。

二、改仕武帝时期

从义熙八年（412），谢灵运改依刘裕为太尉参军，到永初三年（422）武帝刘裕卒，少帝刘义符即位，出谢灵运为永嘉太守的十年中，我们可以看到，谢灵运仕途十分坎坷。一方面，从刘裕太尉参军、官秘书丞；刘道怜咨议参军，后转中书侍郎；世子（刘义符）中军咨议、黄门侍郎，刘义符左卫率；起为散骑常侍，任太子左卫率；到永嘉太守。其中有升有降，查《秦汉魏晋南北朝官阶制度研究》一书可知，黄门侍郎和太子左卫率都属“品第五，序千石”[②]，说明谢灵运从刘裕时期，他的事业有了明显的发展。令人遗憾的是，谢灵运未能巩固这一来之不易的成果，最终还是只能寒心地做了一个永嘉太守。另一方面，由于谢灵运为官随意，屡遭打击。元熙元年（419），杀门人桂兴被免官[③]，王弘还请求将谢灵运收付大理治罪，好在刘裕只是令“灵运免官而已”。元熙二年，刘裕即位，降先朝封爵，谢灵运降爵为康乐县侯，食邑五百户[④]。永初三年（422），少帝刘义符即位，出谢灵运为永嘉太守[⑤]，原因是谢灵运和刘义真的关系太密切。根据史料记载，元熙元年（419）七月，刘裕进爵为宋王，八月，由彭城移镇寿阳（今安徽寿县），九月，以刘义真为扬州刺史，十二月，进刘义符为王太子，谢灵运或于八月由彭城回建康，为世子刘义符左卫率[⑥]。身为刘义符的门下，谢灵运本应一心辅佐太子，但他和刘义真却过往甚密。史书记载，刘义真聪明爱文义，而轻动无德业，与谢灵运、颜延之、慧琳道人并周旋异常。并且说得志之日，以灵运、延之为宰相，慧琳为西豫州都督[⑦]。庐陵王义真轻狂过分，缺乏皇室王子应有的政治经验，对时局的认识也很肤浅，而谢灵运也没有认识到，他们的行为已经是太子继位的一大威胁，以致引起朝廷权臣的不安，徐羡之等对刘义真与谢灵运、颜延之过分亲昵感到不

---

① 根据刘宋官制可知，记室是指掌管文书之官，至魏晋南北朝时，各地方官、王国王府等属下，开始设有记室参军，专门掌管军队里的文书起草，记录表彰等重要工作。

② 阎步克《秦汉魏晋南北朝官阶制度研究》，中华书局 2002 年 2 月版，第 289 页。

③［梁］沈约《宋书》，中华书局 1974 年版，第 1753 页。

④［梁］沈约《宋书》，中华书局 1974 年版，第 1753 页。

⑤［梁］沈约《宋书》，中华书局 1974 年版，第 1753 页。

⑥［梁］沈约《宋书》，中华书局 1974 年版，第 1753 页。

⑦［梁］沈约《宋书》，中华书局 1974 年版，第 1635–1636 页。

满，因此派范晏劝说，刘义真却说：“灵运空疏，延之隘薄，魏文帝云鲜能以名节自立者。但性情所得，未能忘言于悟赏，故与之游耳。”[①]也许这是刘义真对范晏的一种托辞，但也不能否认，刘义真作为皇室王子，在骨子里对谢灵运等人的轻视。不久，刘义真在和权臣的政治斗争中败下阵来，先被黜为南豫州刺史，后被废为庶人，并被徐羡之和傅亮等人所杀，谢灵运也被外放永嘉。

永嘉（今浙江温州）东晋立郡，这里民风淳朴，地处偏僻，自古就是一个山水秀丽，风光迷人的地方。谢灵运上任后不久，就游览了西山、绿嶂山、岭门山等地，作诗多首，表达自己对自然山水的新鲜而亲切的感受。台湾学者杨勇认为，这一时期谢灵运个人生活以达生为贵，政治措施以无为是尚[②]。谢灵运在《游岭门山》说：“西京谁修政？龚汲称良吏。”《前汉书》卷八十九《循吏传》载，汉宣帝时，渤海大饥，龚遂治郡有方，“吏民皆富实，狱讼止息”[③]。又据《史记》卷一百二十《汲郑列传》载，东海太守汲黯，“治官理民，好清静，择丞吏而任之，其治责大指而已，不苛小。黯多病卧闺阁内不出。岁余，东海大治”[④]。谢灵运以龚遂和汲黯为良吏，认为可以效仿，当时他卧病在床，也只能以道家“无为而治”的思想治理永嘉。谢灵运到永嘉以后，曾招学讲经，在《命学士讲书》中诗人自我检讨永嘉政绩，勉励在学之士立志有为。永嘉小县十分贫困，饥荒不断，民不聊生。为此历任太守都把兴修水利工程当作一件大事来做。从《白石岩下径行田》中可以看到，谢灵运提出拯救灾民克服干旱的根本办法在于兴修水利。永嘉地区蚕业素称发达，谢灵运经常巡察农耕，并劝邑人养蚕纺织。《种桑》表现出谢灵运对蚕农长远利益的考虑。《北亭与吏民别》写自己患染沉疴，未能济振于民，而且伤感时间流逝，愧责自己学未有成、治未有功。显然，永嘉之为和他想象中的宏图伟业相差甚远，无奈之下只能隐居故乡，潜心文学创作。

史籍记载，少帝刘义符景平元年（423）秋，谢灵运从永嘉辞官，归隐会稽始宁，与隐士王弘之、孔淳之等纵放为娱，有终身隐逸之志[⑤]。其《辞禄赋》曰：“自牵缀于朱丝，奄二九于斯年。”可见诗人从义熙元年（405）二十一岁踏入仕途，担任司马德文大司马行参军，到担任永嘉太守，已历时十八年。他在《归途赋》中又说：“践寒暑以推换，眷桑梓以缅邈。……果归期于愿言，获素念于思乐。”诗中表达自己随寒暑更迭，日益思念故乡，如愿归隐着实兴奋。他在

①［梁］沈约《宋书》，中华书局1974年版，第1636页。
② 参阅杨勇《谢灵运与永嘉》，《温州师院学报》1992年第4期。
③《钦定四库全书》，中华书局点校本，史部，正史类，《前汉书》卷八十九。
④《钦定四库全书》，中华书局点校本，史部，正史类，《史记》卷一百二十。
⑤［梁］沈约《宋书》，中华书局1974年版，第1754页。

《山居赋》中又说：“若夫巢穴以风露贻患，则《大壮》以栋宇祛弊；宫室以瑶璇致美，则白贲以丘园殊世。唯上托于岩壑。幸兼善而罔滞。虽非市朝而寒暑均也，虽是筑构而饰朴两逝。”[①] 谢灵运认为古人居于巢穴，后来才有了宫室屋宇，虽然宫室富丽华美，但是栖息山林既能摆脱朝廷的虚伪，远离尘世的喧嚣，又能得寒暑之适，对于他多年奔波的仕宦生涯也是一种解脱。先贤的隐逸轨迹使谢灵运得意于自己的隐逸选择。《山居赋》又说：“仰前哲之遗训，俯性情之所便。奉微躯以宴息，保自事以乘闲。愧班生之夙悟，惭尚子之晚研。年与疾而偕来，志乘拙而俱旋。谢平生于知游，栖清旷于山川。”[②] 谢灵运认为，隐逸山川，源于自己继承前贤的思想，也是自己性情使然，只有宴息山林，过一种悠闲自得的生活，才能保全自己的性命。至此谢灵运隐逸思想发展到了高潮。所以，此后在朝廷的反复督催下再度踏入仕途，而归隐之心未变。他在《从游京口北固应诏》说：“顾己枉维絷，抚志惭场苗。工拙各所宜，终以反林巢。曾是萦旧想，览物奏长谣！”极言个人天性愚拙，理宜归隐山林，但为宋文帝所强留，只能尸位素餐，隐逸之念萦想于怀。

三、辅佐文帝时期

元嘉三年（426）正月，徐羡之、傅亮被杀。三月，颜延之被征为中书侍郎，慧琳从虎丘回建康参政。谢灵运经光禄大夫范泰、中书侍郎颜延之一再催促，才又返回建康。文帝欣赏谢灵运的才学，见面就问他“自南行来何所制作”，他竟然脱口回答：“《过庐陵王墓下作》。”这种乏于变通的率性直言可以想象宋文帝会作何反应。尽管如此，文帝还是让他就任秘书监，撰写《晋书》，并旋迁侍中。考《宋书·百官志》载：“散骑常侍，四人，掌侍左右……秩比二千石。”[③]“侍中，四人。掌奏事，直侍左右，应对献替，法驾出，则正直一人负玺陪乘。殿内门下众事皆掌之……秩比二千石。”[④] 可见宋文帝把谢灵运作为自己的近臣来对待，也给了谢灵运丰厚的待遇。但是，谢灵运凭借自己当时的声望，以及曾祖谢安和祖父谢玄的影响，对这样的官职也并不看重。因此，两次征召不就，还是在范泰写信褒奖说服下，才再度出山。傅亮和徐羡之被诛之后，政敌已经消除，谢灵运可能对仕途抱有更大的希望，但是，他没有想到宋文帝“唯以文义见接，每侍上宴，

① ［梁］沈约《宋书》，中华书局 1974 年版，第 1755 页。
② ［梁］沈约《宋书》，中华书局 1974 年版，第 1756 页。
③ ［梁］沈约《宋书》，中华书局 1974 年版，第 1244 页。
④ ［梁］沈约《宋书》，中华书局 1974 年版，第 1238–1239 页。

谈赏而已"[①]，谢灵运的心中自然感到很失望。当他看到王昙首、王华、殷景仁等名声和地位远不如他的人，却都被委以重任，谢灵运心里更感到愤愤不平。据《宋书》记载，谢灵运要么称病不朝，要么外出游玩长时间不归，既无表闻，又不请急[②]，谢灵运失望和急躁的异常表现，使宋文帝也左右为难，只好"讽旨令自解"[③]。谢灵运秉承家族"素退"的遗风，再一次隐归故里。

据《宋书》记载，元嘉五年（428）春，谢灵运因恣游欢宴，被劾免职，告归会稽始宁[④]。《入东道路》一诗生动反映了谢灵运当时东归途中的心情："整驾辞金门，命旅惟诘朝。怀居顾归云，指途溯行飙。"诗人迫不及待地整理行装，辞别刘宋朝廷，迎着朝阳踏上了归途。按《宋书》本传记载，谢灵运东还始宁别墅之后，与族弟惠连、东海何长瑜、颍川荀雍、泰山羊璇之，以文章赏会，共为山泽之游，时人谓之四友[⑤]。谢惠连是谢灵运族叔谢方明之子，谢灵运从始宁至会稽探访谢方明时，初遇谢惠连就一见如故，大加知赏，谢灵运曾说："每有篇章，对惠连辄得佳语。"[⑥]《南史》述及，谢灵运曾于永嘉西堂思诗，竟日不就，忽梦见惠连，即得佳句"池塘生春草"[⑦]，以为如有神助。谢惠连也善诗赋，其《雪赋》以高丽见赏于人。也是在这一次，谢灵运遇到何长瑜，当时何长瑜正在谢方明家做西席，教谢惠连读书，谢灵运认为何长瑜才识绝伦，对谢方明说："阿连才悟如此，而尊作常儿遇之。何长瑜当今仲宣，而饴以下客之食。尊既不能礼贤，宜以长瑜还灵运。"[⑧]竟载之而去。由谢惠连、何长瑜、荀雍、羊璇之与谢灵运的交往可见，他们在文学上气味相合，谢灵运实得归隐之乐。元嘉七年，谢灵运想掘湖为田，会稽太守孟顗上书告谢灵运想谋反，谢灵运匆匆忙忙赶往京师上《自理表》。文帝得知谢灵运被诬告，在元嘉八年冬，又任命谢灵运为临川内史。元嘉十年（433年）十月，谢灵运在广州被处弃市刑，死时仅四十九岁[⑨]。元嘉文坛的领袖人物，就此走完了他艰难曲折的人生之路。

---

①［梁］沈约《宋书》，中华书局1974年版，第1772页。
②［梁］沈约《宋书》，中华书局1974年版，第1772页。
③［梁］沈约《宋书》，中华书局1974年版，第1772页。
④［梁］沈约《宋书》，中华书局1974年版，第1774页。
⑤［梁］沈约《宋书》，中华书局1974年版，第1774页。
⑥［唐］李延寿《南史》，中华书局1975年版，第537页。
⑦［唐］李延寿《南史》，中华书局1975年版，第537页。
⑧［梁］沈约《宋书》，中华书局1974年版，第1775页。
⑨［梁］沈约《宋书》，中华书局1974年版，第1777页。

第二节 儒道佛皆融的人格精神

谢灵运仕途屡遭挫折，无论在刘毅帐下，还是出仕刘裕和刘义隆都没有取得他想象的功绩，这和刘宋王朝和高门氏族之间天然的矛盾有关。谢灵运的仕途虽然险象环生，给诗人留下了难以愈合的心灵创伤，但是他在被贬永嘉和两次隐居故里，却写下了流传后世的佳作，这应该归功于谢灵运鲜明的个性以及在儒道佛流播的时代接受了各种思潮的洗礼，形成了他独特的人格精神。

一、豪奢放逸 露才扬己

晋宋之际，门阀士族虽不戮力世务，却能平流进取，坐致公卿。这种特殊的政治待遇养成了他们肆志放情，豪奢放逸的生活方式。谢灵运七岁袭封康乐公，尽享家族给他带来的荣耀。浮华奢侈和放纵享乐便成为他生活的主调。据《宋书》说："陈郡谢灵运有逸才，每出入，自扶接者常数人，民间谣曰：'四人挈衣裙，三人捉坐席'是也。此盖不肃之咎，后坐诛。"①可见谢灵运日常不仅服饰华贵，而且行止礼仪十分繁缛，尽显豪门子弟的豪奢做派。同书又说："（谢灵运）性奢豪。车服鲜丽，衣裳器物，多改旧制，世共宗之，咸称谢康乐也。"②这也进一步说明，谢灵运有意革新衣服、器物、车帐，刻意追求一种豪奢的不同凡响的生活，而且深得当时人们的追捧。对于谢灵运这种超乎常人的豪奢和放纵，《宋书》又说："灵运因父祖之资，生业甚厚，奴僮既众，义故门生数百，凿山浚湖，功役无已，寻山陟岭，必造幽峻，岩障千重，莫不备尽。登蹑常着木履，上山则去前齿，下山则去后齿。尝自始宁南山伐木开径，直至临海，从者数百人。临海太守王琇惊骇，谓为山贼，徐知是灵运乃安。"③谢灵运依靠家族积累的财富，声势浩荡地出游山水，为此还精心制作了"谢公屐"，动辄伐木开路许多里，从者数百人，这样的"豪游"实属罕见。看来"谢康乐"不仅仅是一个封号，更是谢灵运本人豪奢放逸的性情的准确写照。

豪奢放逸反映在对待自己的才能上就是露己扬才。曹聚仁先生说："人，这种有血有肉的动物，总是有缺点的；一成为文人，便不足观，也可以说，他们的

① [梁] 沈约《宋书》，中华书局 1974 年版，第 884 页。
② [梁] 沈约《宋书》，中华书局 1974 年版，第 1743 页。
③ [梁] 沈约《宋书》，中华书局 1974 年版，第 1775 页。

光明面太闪眼了，他们的黑暗面更是阴森；所以诗人住在历史上，几乎等于神仙，要是住在我们的楼上，便是一个疯子，谁若把文人当作完人看待，那只能怪我们自己的天真了。”[①] 可见诗人往往留给人们“神仙”的印象，但是他们的骨子里也有“狂”的一面。就谢灵运而言，这种“狂傲”突出表现在他喜欢露已扬才。谢混在《诫族子诗》中开篇就说：“康乐诞通度。”[②] 就点出了谢灵运喜欢自我吹嘘的个性。据《蒙求集注》卷下引谢灵运的话说：“天下才共有一石，曹子建独得八斗，我得一斗，自古及今同用一斗。奇才敏捷，安有继之？”[③] 此话真伪尚待考证，但是谢灵运独得一斗之说，其不可一世的狂傲心态可见一斑。又据《南史》记载，孟顗笃信佛教，但谢灵运曾奚落他说：“得道应须慧业，丈人生天当在灵运前，成佛必在灵运后。”[④] 以贬低别人来彰显自己，即使在是否能够成佛方面，谢灵运也压人一头。对谢灵运这种露已扬才的狂傲性格，时人也有评价，据《南史》：“（王惠）素不与谢灵运相识，尝得交言，灵运辩博，辞义锋起，惠时然后言。时荀伯子在坐，退而告人曰：‘灵运固自萧散直上，王郎有如万顷陂焉。’”[⑤]“萧散直上”就是说谢灵运性格锋芒毕露，咄咄逼人，这是他“才有余而识不足”所致，说透了谢灵运也是住在历史上的一位诗人。

二、擅长书画 博识多通

东晋以来，世族坐大，军阀蜂起，遂致皇权式微。相对宽松的政治环境和较为巩固的社会地位，加之东南灵山秀水，东晋士人挣脱了精神压抑，进入到一个纯任才情的艺术时代。王羲之、顾恺之、陶渊明等艺术大师相继诞生。谢灵运出生于百年望族的谢氏府邸，恰逢精神自由的艺术环境，他的艺术个性得到了充分的释放。据《南史》载：“灵运诗、书，皆兼独绝，每文竟，手自写之。文帝称为二宝。”[⑥] 同书又载：“（谢瞻）与从叔混、族弟灵运俱有盛名。尝作《喜霁》诗，灵运写之，混咏之。王弘在坐，以为三绝。”[⑦] 在宋文帝和王弘眼里，谢灵运的书法在当时已经称得上是珍品。考《御定佩文斋书画谱·历代鉴藏》卷九十二：“宋

① 曹聚仁《文坛五十年》，东方出版中心 1997 年版，第 386 页。
② [梁] 沈约《宋书》，中华书局 1974 年版，第 1591 页。
③《钦定四库全书》，中华书局点校本，子部，类书类，《蒙求集注》卷下。
④ [唐] 李延寿《南史》，中华书局 1975 年版，第 540 页。
⑤ [唐] 李延寿《南史》，中华书局 1975 年版，第 630 页。
⑥ [唐] 李延寿《南史》，中华书局 1975 年版，第 539 页。
⑦ [唐] 李延寿《南史》，中华书局 1975 年版，第 525 页。

宣和书谱，草书，笔精帖，宋谢灵运，御府所藏草书一。”[①]同书卷九十三：“宋中兴馆阁储藏……谢灵运书古诗帖。”[②]又据《六艺之一录》卷三百二十一：“灵运官至中书侍郎，其出处始末自有传，今御府所藏草书一。”[③]这些史料证明，谢灵运的墨宝确实曾经被御府收藏。

史籍对其书法特点多有评价。唐代张彦远《法书要录》卷八：“康乐侯模宪小王，真草俱美，石蕴千年之色，松低百尺之柯。虽不逮师，歙风吐云，簸荡川岳，其亦庶几。虞和云，灵运子敬之甥，故能书，特多王法。”[④]可见，谢灵运多师王献之笔法，擅长隶书和草书，虽然比不上献之，但是书法的风格也有深厚的底蕴和纵横奔放的气势。唐李嗣真《书后品》也评曰：“康乐往往惊遒。”[⑤]窦氏《述书赋》评价说：“后见三谢两张，连辉并俊，若夫小王风范骨秀，灵运快利不拘，威仪或摈，犹飞湍激矢，电注雷震。”[⑥]这两则评论也认为谢灵运书法挥洒自如，气势非凡。《法书要录》卷三引南齐王僧虔《论书》说：“谢灵运书乃不伦，遇其合时亦得入流，昔子敬上表多于中书，杂事中皆自书窃易真本，相与不疑，元嘉初方就索还上，谢太傅殊礼表亦是其例，亲闻文皇说此。”[⑦]周一良先生在其《魏晋南北朝札记·南齐书札记》中解释说：“不伦，谓不平衡。”[⑧]由此看来，谢灵运的书法还未达到平衡自如的地步，以模拟见长，在做秘书丞时，他用自己的摹本偷换王献之的真迹，达到以假乱真的地步。后世也有人把别人草书误托于谢灵运的例子，当代书法大师启功先生《启功丛稿·艺论卷》述曰：“宋人狂草书庾信步虚词诸作一卷，昔人旧题为谢灵运书，丰坊曾详辨之，书于卷后拖尾，复有人作文证明，派之小楷重书一通，附于其后。丰氏所辨，以为谢氏不能预书庾诗，其理至明。”[⑨]启功先生于同书作诗论说：“谢客先书庾信诗，早悬明鉴考辨辞，腾诬攘善鸿堂帖，枉费千思与万思。”[⑩]看来启功先生也做过寻觅谢灵运

---

①《钦定四库全书》，中华书局点校本，子部，艺术类，书画之属，《御定佩文斋书画谱》卷九十二。

②《钦定四库全书》，中华书局点校本，子部，艺术类，书画之属，《御定佩文斋书画谱》卷九十三。

③《钦定四库全书》，中华书局点校本，子部，艺术类，书画之属《六艺之一录》卷三百二十一。

④《钦定四库全书》，中华书局点校本，子部，艺术类，书画之属，《法书要录》卷八。

⑤《钦定四库全书》，中华书局点校本，子部，艺术类，书画之属，《法书要录》卷三。

⑥《钦定四库全书》，中华书局点校本，子部，艺术类，书画之属，《述书赋》卷上。

⑦《钦定四库全书》，中华书局点校本，子部，艺术类，书画之属，《法书要录》卷一。

⑧ 转引自李雁《谢灵运研究》，人民文学出版社 2005 年版，第 88 页。

⑨ 启功《启功丛稿·艺论卷》，中华书局，2004 年版，第 62 页。

⑩ 启功《启功丛稿·艺论卷》，中华书局，2004 年版，第 62 页。

真迹的努力，怎奈也止步于前人的一些评论和考辨，这就更值得我们按照以上一些线索深入研究和寻找。《法书要录》卷三引唐李嗣真《书后品》把秦代以来到唐代八十一位书法家分为十等，谢灵运所处的位置是："中下品七人：孙皓、张超、谢道韫、宋炳、宋文帝、齐高帝、谢灵运。"①《法书要录》卷四引唐张怀瓘《书估》把唐代以前的书法家分为十等，其中谢灵运分为第四等②。根据以上史料，我们可以认定，谢灵运在我国古代书法史上确实占有一定的地位，他的隶书应该已经有了一定的功力，尤其是他的草书和隶书已经达到一定的高度。

谢灵运也是一位擅长人物和山水画的画家。这一话题是由谢灵运的诗作引出的。其诗《入彭蠡湖口》："春晚绿野秀，岩高白云屯。"其中原野之"绿"、云彩之"白"，色彩搭配得当。《过始宁墅》："岩峭岭稠叠，洲萦渚连绵。白云抱幽石，绿筱媚清涟。"白色、深灰色、绿色、湖蓝色，有深有浅，使画面的色彩丰富而有层次感。《游南亭》："时竟夕澄霁，云归日西驰。密林含余清，远峰隐半规。久痗昏垫苦，旅馆眺郊岐。泽兰渐被径，芙蓉始发池。"诗中没有出现色彩字眼，但是雨后夕阳返照这一光线条件却自然令人感觉到画面的鲜明生动。《云台山记》也是采用类似连环画的形式来表现"张道陵七试赵升"的故事。可见为了使诗中的山水形象更为鲜明，谢灵运十分注意光线的选择与色彩的调配，这实际上是诗人绘画技巧在山水诗创作中的表现。由此猜测，谢灵运应该也是一位绘画技巧娴熟的画家。史籍记录和我们的猜想十分吻合。考张彦远《历代名画记》记载："会昌五年，武宗毁天下寺塔，两京各留三两所，故名画在寺壁者唯存一二，当时有好事，或揭取陷于屋壁，已前所记者存之盖寡，先是宰相李德裕镇浙西，创立甘露寺，唯甘露不毁。取管内诸寺画壁置于寺内，大约有顾恺之画维摩诘在大殿外西壁，戴安道文殊在大殿外西壁，陆探微菩萨在殿后，谢灵运菩萨六壁在天王堂外壁。"③张彦远《历代名画记》大约成书于乾符初（874），距离武宗毁佛寺不超过三十年，这则史料应该有实证意义。而且谢灵运和佛教有不解之缘，他画菩萨也在情理之中。从"谢灵运菩萨六壁""大约有顾恺之画维摩诘在大殿外西壁"这样的语句来判断，谢灵运的佛教人物画已经具有一定的收藏价值，并且比肩顾恺之这样的书画大家。那么是否由此就可以认定谢灵运是一位画家呢？考《御定佩文斋书画谱目录·画家传》第四十五卷："宋，陆探微、陆绥、陆弘肃、顾宝光、袁倩、袁质、顾景秀、王微、宗炳、戴颙、谢灵运、谢惠连、

①《钦定四库全书》，中华书局点校本，子部，艺术类，书画之属，《法书要录》卷三。
②《钦定四库全书》，中华书局点校本，子部，艺术类，书画之属，《法书要录》卷四。
③《钦定四库全书》，中华书局点校本，子部，艺术类，书画之属，《历代名画记》卷三。

谢稚、谢庄、谢约、顾骏之、刘胤祖、刘绍祖、刘璞、江僧宝、吴暕、张则。”①有宋一代画家中，谢灵运的名字赫然在列，其中宗炳和王微都是出名的山水画家，据此，我们可以认为，谢灵运在山水画方面也是有所建树的。

谢灵运也是一位博识多通的学者。毫无疑问，晋宋士人不仅纯任才情，更重要的还在于他们非常注重自身修养，遍览群书，形成博学多通的风尚。以谢灵运同期的活跃在元嘉文坛的作家和诗人为例。傅亮“博涉经史，尤善文词”②。颜延之“好读书，无所不览”③。谢庄“年七岁，能属文，通《论语》”，而郑鲜之“下帷读书，绝交游之务”④。范晔“少好学，博涉经史，善为文章”⑤。袁淑“博涉多通，好属文，辞采遒艳，纵横有才辩”⑥。何承天“聪敏博学，儒史百家，莫不概览”⑦。羊欣“无竞于人，美言笑，善容止，泛览经籍”⑧。王微“少好学，无不通览，善属文，能书画，皆解音律，医方、阴阳术数”⑨。谢灵运“少好学，博览群书，文章之美，江左莫逮”⑩。凡此种种表明，谢灵运所处的时代，博学多通已经成为士人的共同追求，谢灵运更是出乎其类，拔乎其萃者。其《山居赋》说：“兵技医日，龟筴筮梦之法，风角冢宅，算数律历之书，或平生之所留览，并于今而弃诸，验前识之丧道，抱一德而不渝。”⑪这些自我夸赞之词表明，谢灵运兴趣十分广泛，所读之书涉及当时许多学术领域，这也为他后来编撰《晋书》、主修《四部目录》以及翻译佛经提供了必要的学术准备。

谢灵运编撰《晋书》见载于《宋书》，“太祖登祚，诛徐羡之等，征为秘书监，再召不起，上使光禄大夫范泰与灵运书，敦奖之乃出就职，使整理秘阁书，补足遗阙，又以晋氏一代，自始至终，竟无一家之史，令灵运撰《晋书》，粗立条流，书竟不就”⑫。可见谢灵运仅仅列出《晋书》的纲目和体例。然而，据《隋志》载：

---

①《钦定四库全书》，中华书局点校本，子部，艺术类，书画之属，《御定佩文斋书画谱》卷四十五。

②［梁］沈约《宋书》，中华书局1974年版，第1336页。

③［梁］沈约《宋书》，中华书局1974年版，第1891页。

④［梁］沈约《宋书》，中华书局1974年版，第2167–1691页。

⑤［梁］沈约《宋书》，中华书局1974年版，第1919页。

⑥［梁］沈约《宋书》，中华书局1974年版，第1835页。

⑦［梁］沈约《宋书》，中华书局1974年版，第1701页。

⑧［梁］沈约《宋书》，中华书局1974年版，第1661页。

⑨［梁］沈约《宋书》，中华书局1974年版，第1664页。

⑩［梁］沈约《宋书》，中华书局1974年版，第1743页。

⑪［梁］沈约《宋书》，中华书局1974年版，第1770页。

⑫［梁］沈约《宋书》，中华书局1974年版，第1772页。

"《晋书》三十六卷，宋临川内史谢灵运撰。"[①]谢灵运确实主持了《晋书》的编撰工作，亲自拟定了宋《晋书》的纲目和体例，也撰写了部分内容，但是由于当时谢灵运对文帝不满，大多数时间称疾不朝，行游无度，《晋书》的编撰工作是谢灵运及其僚佐一起完成的。谢灵运编撰《四部目录》一事则见载于《隋志》总论，"宋元嘉八年，秘书监谢灵运造《四部目录》，大凡六万四千五百八十二卷"[②]。秘书监掌管艺文图籍，编撰《四部目录》是谢灵运职责使然，这一点没有疑问。但是，谢灵运不久就升迁为侍中，元嘉五年被免官，元嘉七年返京辩罪，文帝知其被人诬告，又任命他为临川内史。在这几年里，谢灵运来也匆匆去也匆匆，一人要完成卷帙浩繁的《四部目录》也不可能，因此《四部目录》也是谢灵运制定了编辑方案，具体内容应该是多托他人手笔。尽管如此，从谢灵运在短时间内主持编撰《晋书》和《四部目录》这些事实，可以说谢灵运也精通史学和目录学方面的知识。

此外，谢灵运也是一位佛经翻译家。据释慧皎《高僧转》记载："陈郡谢灵运笃好佛理，殊俗之音，多所达解。乃咨叡以经中诸字，并众音异旨，于是著《十四音训叙》。条列梵、汉，昭然可了，使文字有据焉。"[③]谢灵运在慧叡的指导下写出了《十四音训叙》，说明谢灵运曾经对翻译佛经做过深入研究。又据《高僧传》记载："《大涅槃经》初至宋土，文言致善，而品数疏简，初学难以措怀。严乃共慧观、谢灵运等，依《泥洹》本加之品目。文有过质，颇亦治改。始有数本流行。"[④]仔细玩味"文有过质，颇亦治改"这些文字，说明经过谢灵运润色的《大涅槃经》颇具文采，并有独到的见解。又《佛祖历代通载》卷十四："（抚州）东南四里，有宋侍中临川内史谢灵运翻涅槃经古台，基局俨然，轩陛摧圮。"[⑤]这就更进一步说明谢灵运是一位对后世有影响的佛经翻译家。

三、三教皆容 思渊深彻

谢灵运熔老子、庄子、葛洪、杜明师等道家、道教的思想于一炉，在复杂的人生阅历和创作实践中，形成了他独特的道学观点。其一，重道轻物。诗人在《山居赋》中说："夫道可重，故物为轻；理宜存，故事斯忘。古今不能革，质文咸其常。"《山居赋》自注又说："夫能重道则轻物，存理则忘事，古今质文可谓不

① 转引自曹道衡 沈玉成《中古文学史料丛考》，中华书局 2003 年版，第 267 页。
② 转引自曹道衡 沈玉成《中古文学史料丛考》，中华书局 2003 年版，第 267 页。
③［梁］释慧皎《高僧传》，中华书局 1992 年版，第 260 页。
④［梁］释慧皎《高僧传》，中华书局 1992 年版，第 262-263 页。
⑤《钦定四库全书》，中华书局点校本，子部，释家类《佛祖历代通载》卷十四。

同，而此处不异。”谢灵运反复阐释“道”和“物”的关系，从重“道”轻“物”推导出存“理”而忘“事”的观点，这是诗人遭受政治挫折后的自我解脱，诗人所说的“道”指道家的义理，而“理”是指佛教的义理，在诗人看来，道教和佛教对“道”的把握是一致的。其二，强调“天道”的玄妙。他在《从游京口北固应诏》中说：“事为名教用，道以神理超。”诗人认为世上万事万物都是为名教所用，而“道”本身超越了名教，是天地一切自在之物的神理，是不为人所见而人又能体会到的玄妙的精神形态，所以“道”统摄天地万物，并认为“天道”和“人事”是相互对立而存在的。他在《和范光禄袛洹象赞序》又说：“神道希微，愿言所属。辄总三首，期之道场。”他所谓“神道”相对“人事”而言，指出“神道”无处不在，但是又微妙无方。其三，君权天授。他在《撰征赋序》说：“盖闻昏明殊位，贞晦异道，虽景度回革，乱多治寡，是故升平难于恒运，剥丧易以横流。”诗人将世事升平与离乱归之于天行其道，是神的意志的体现。他在《撰征赋序》又说：“值天祚攸兴，昧弱授机，龟筮元谋，符瑞景征，于是仰祇俯协、顺天从兆。兴止戈之师，躬暂劳之讨。”就是说刘裕伐后秦，是“昧弱授机，龟筮元谋，符瑞景征”，是天遂人愿“顺天从兆”之举，实际上这是汉代谶纬神学把自然界出现的一些奇异现象归结为上苍给世人的暗示，谢灵运继承了这种神秘主义谶纬神学，以此来歌颂刘裕北伐。他在《三月三日侍宴西池》中说：“详观记牒，鸿荒莫传，降及云鸟，曰圣则天。”通过观览天象看到“天神”没有降下灾难，而是以吉祥的云鸟来提示人们，就可以看到人君的德政、世事的太平和兴盛。其四，“虚静”思想。他在《过白岸亭》中说：“荣悴迭去来，穷通成休戚，未若长疏散，万事恒抱朴。”“朴”属于道学范畴。荣辱交互，若重道轻物，即可保本守真。他在《富春渚》中说：“洊至宜便习，兼山贵止托。”谢灵运认为个人的行迹出处要随事物变化而变化，出仕和归隐也要视形势而为，隐居山林可以修道守真。他在《山居赋》（自注）又说：“清虚寂漠，实是得道之所。”静是生命之根，山林之寂静可取道守本。其五，养身思想。在道家眼里，山水有养生成仙的价值①。他在《山居赋》中说：“采石上之地黄，摘竹下之天门。摭会岭之细辛，拔幽涧之溪荪。访钟乳于洞穴，讯丹阳于红泉。”这就说明谢灵运曾经到山中采药，做过服药以求全理尽年的努力。他在《登江中孤屿》写道：“想象昆山姿，缅邈区中缘，始信安期术，得尽养生年。”谢灵运想象昆仑山仙人，因远离尘世而修

① 笔者按：道教认为，要想修道成仙，必须进入名山，这样不仅可以避开世俗的干扰，还可以得到山中仙人的帮助。葛洪《抱朴子·内篇》中的《论仙》《金丹》《登涉》等对此有集中论述。道家思想就是靠山林生活所取得世内、世外的双重成功。

炼长生，可见，道教长生不老之术可养生尽年的思想对谢灵运的影响。

当谢灵运在仕隐矛盾中苦苦挣扎的时候，从义熙元年（405）到元嘉十年（433）谢灵运去世这段时间，社会上发生了沙门应否敬王、神灭与神不灭等问题的争论，谢灵运也参与到了辩论之中。佛教信徒宗炳认为“孔老如来，虽三教殊路，而习善共辙也”，明显表现出儒道佛的调和观念。时任永嘉太守的谢灵运和金紫光禄大夫颜延之也分别撰写《与诸道人辨宗论》《释达性论》等参与辩论。谢灵运的《辨宗论》与《答法勖问》等合起来又称《与诸道人辨宗论》，其中的“诸道人”分别为法勖、僧维、慧驎、法纲、慧琳等僧人。谢灵运的《辨宗论》主要意图是希望藉此以探究悟理成佛之道，以明佛教之宗。但是他明显接受了慧远的“儒佛合朗”的观点。综观这些答辩文字，可以窥见谢灵运的儒佛观。其一，儒、佛同为济世救民之教。如他在《答法勖问》中说：“权实虽同，其用有异。”导致这种情况关键在于“华民”与“夷人”所在国的国情不同，因为“华民易于见理，难于受教，故闭其累学，而开一极；夷人易于受教，难于见理，故闭其顿了而开其顿悟”。因此他以前人所倡导的儒、道合一为例，主张折中儒、佛二家以求成佛之道。其二，提出“一悟得意之论”。在《答僧维问》中，谢灵运反对渐悟论，支持顿悟论。他认为阶梯式的循序渐进修行法是佛教用来教化愚者的学说，而“顿悟”则是可以让修行者通过自身的悟性来悟到佛理真谛的有效途径，并认为“明非渐至，信由教发”“暂者假也，真者常也”，所以“渐悟”对于求佛之人实是不可取的。汤用彤先生在《魏晋玄学论稿》中对谢灵运的儒佛调和之说作了高度评价。文章说：“康乐承生公之说作《辨宗论》，提示当时学说两大传统之不同，而指明新论乃二说之调和。其作用不啻在宣告圣人之可至，而为伊川谓‘学’乃以至圣人学说之先河。则此论在历史上有甚重要之意义盖可知矣。”[①] 汤用彤先生肯定了谢灵运儒佛调和的观念，并且认为谢灵运这一观点在中国思想史上也具有重要意义。

此外，谢灵运对于儒学与道学的关系问题，也形成了自己的看法。谢灵运的儒道观主要表现在几个方面。其一，强调济物为先。葛洪《抱朴子》提出的儒、道（道教）关系的观点[②]，一直影响到刘宋时期的儒道之争，接受葛洪的观点，谢

① 汤用彤《魏晋玄学论稿》，中华书局2001年版，第109页。

② 笔者按：《抱朴子·内篇·明本》云“夫所谓道，岂唯养生之事而已乎？易曰：‘立天之道，曰阴与阳，立地之道，曰柔与刚，立人之道，曰仁与义。’……夫道者，内以治身，外以为国”。引儒家典籍《易传》以明“道”，并把“仁义”纳入道教思想体系中。其次，儒道双修，相辅为用。《抱朴子·内篇·明本》又云：“夫升降俯仰之教，盘旋三千之仪，攻守进趋之术，轻身重义之节，欢忧礼乐之事，经世济俗之略，儒者之所务也，外物弃智，涤荡机变，忘富逸贵，杜遏劝沮，不恤乎穷，不荣乎达，不戚乎毁，不悦乎誉，道家之业也。”可见葛洪对儒道的调和。

灵运也认为济物为先，隐逸在后。他在《述祖德诗》中说："达人贵自我，高情属天云，兼抱济物性，而不缨垢氛。"诗人认为超然飘逸的生活情趣与济世救民的情怀是彼此可以达到和谐统一的两个方面。诗人在苦苦追求济世救物的道路上遭受挫折后，在《过白岸亭》中又说："荣悴迭去来，穷通成休戚，未若长疏散，万事恒抱朴。"朴是无名，是道。抱朴就是保本守真，不为贫富荣辱所左右，表现出儒道的调和。其二，神理、名教皆不可废。一方面，谢灵运认为儒家"名教"不可离之须臾，他在《从游京口北固应诏》中说："事为名教用，道以神理超。""名教"和"神理"分别在不同领域发挥其作用，以虚无的"神理"为本，以经世的"名教"为末，本末即体用，本体是超越现象的，致用则为人事，这是其折中儒道的表现。另一方面，谢灵运强调封建统治秩序，他认为应该努力维护儒家礼教，反对不遵从儒家礼教的行为，他在《撰征赋》中说："览永嘉之紊维，寻建武之缉纲。于时内慢神器，外侮戎狄。君子横流，庶萌分析。"诗人对西晋末年司马氏王朝内忧外患的残状感到愤慨，但是基于儒家封建伦理的忠君思想，诗人对晋朝还是念念不忘，他在《临川被收》中说："韩亡子房奋，秦帝鲁连耻。本自江海人，忠义感君子。"在写了多少山水隐逸诗歌之后，在他临终之时，突兀出现这样的心声，说明在谢灵运的灵魂深处埋藏着深厚的忠君思想。

第3章

鲍照生平与人格精神考述

鲍照，字明远，唐人避则天武后讳，或作“鲍昭”。因其曾任荆州刺史临海王子顼军府参军，杜甫《春日忆李白》说：“白也诗无敌，飘然思不群。清新庾开府，俊逸鲍参军。渭北春天树，江东日暮云。何时一樽酒，重与细论文。”[①]自此诗出，人多称鲍照为“鲍参军”。鲍照籍贯学界尚存争议，虞炎《鲍照集序》认为“本上党人”[②]，上党郡指今天的山西长治。沈约《宋书》载：“太尉袁淑，文冠当时，义庆在江州，请为卫军咨议参军；其余吴郡陆展、东海何长瑜、鲍照等，并为辞章之美，引为佐史国臣。”[③]文中提及鲍照和何长瑜都是东海人。丁福林先生认为，鲍照祖籍上党（今山西长治），东汉时迁至东海（汉晋时治郯城，今山东郯城），因又为东海人[④]。此说从祖籍和籍贯的区别出发，解决了“东海人”和“上党人”的矛盾（后有专论）。鲍照生年史籍没有记载，苏瑞隆先生认为，在证据不足的情况下，仍保守地追随传统的看法，将鲍照的生年暂定在414年和416年之间[⑤]。余冠英先生在《汉魏六朝诗选》中认为，鲍照生于415年（即晋安帝义熙十一年）[⑥]。丁福林先生认为，鲍照生于晋安帝义熙十二年丙辰，北魏明元帝泰常元年（明元帝神瑞三年，416）[⑦]。以上三论相差较小，鲍照的生年基本可以确定在415年前后。鲍照出身低级士族，少时家境贫困，曾经以务农为生。因为

---

① 韩成武 张志明《杜甫诗全译》，河北人民出版社1997年版，第22页。

② 钱仲联《鲍参军集注》，上海古籍出版社，1957年版，第5页。

③［梁］沈约《宋书》，中华书局1974年版，第1477页。

④ 丁福林《鲍照年谱》，上海古籍出版社，2004年版，第1页。

⑤ 苏瑞隆《鲍照诗文研究》，中华书局2006年版，第6页。

⑥ 余冠英《汉魏六朝诗选》，人民文学出版社1978年版，第33页。

⑦ 丁福林《鲍照年谱》，上海古籍出版社2004年版，第19页。

鲍照在其《侍郎报满辞阁疏》中说：

臣嚚杌穷贱，情嗜椿味，身弱涓甃，地幽井谷。本应守业，垦畛剿芳，牧鸡圈豕，以给征赋。而幼性猖狂，因顽慕勇，释担受书，废耕学文①。

鲍照自称愚顽不安分而又贫穷卑贱，喜好杂味，身体孱弱，居住在地势低洼的幽谷之中，以垦田锄草，放鸡养猪为生，但是，他生性狂傲、愚顽而仰慕兵勇，于是，废弃农耕，开始学文。可见鲍照出身一定不是高级士族。另外，鲍照有条件"释担受书"，"废耕学文"，而且，他刚出仕就做临川王刘义庆王国侍郎，出仕后与当时高门琅琊王氏的代表人物王僧达，王僧绰等交往甚密。且于宋孝武帝时又历任海虞令、太学博士、秣陵令等职。这说明鲍照也非寒门出身。据吕思勉《魏晋南北朝史》说："所谓次门，盖尚克邀免役之宽典者也。"②也就是说"免服兵役或劳役者"皆为士人，换言之，次门就是低级士族。鲍照在家中"以给征赋"但是不须外出服兵役或劳役，属于受"宽典者"之列，即介于高级士族与寒人之间，应属于低级士族。

鲍照诗文从未提及他的父亲，各类史籍也很难找到相关信息，可能在鲍照年幼时就已经去世。鲍照母亲在其诗文中有记录，其《请假又启》说："臣母年老，经离忧伤，服粗食淡，羸耗增疾。心计交迫，进退罔蹶。"③可见鲍照母亲经历世事离乱，生活俭朴，年老多病。鲍照有一个妹妹，彼此亲同手足。其《请假又启》又说："臣实百罹，孤苦风雨。天伦同气，实惟一妹，存没永诀，不获计见，封瘗泉壤临送。私怀感恨，情痛兼深。"又从鲍照《登大雷岸与妹书》可见，他的妹妹很有文采，鲍照以妹为文学知己。鲍照《梦还乡》对他妻子有描述：

夜分就孤枕，梦想暂言归。孀妇当户叹，缫丝复鸣机。慊慊论久别，相将还绮闱。历历檐下凉，胧胧帐里晖。刈兰争芬芳，采菊竞葳蕤。开奁夺香苏，探袖解音徽。梦中长路近，觉后大江违。

诗人想象梦中的妻子在家中独居纺织，描绘两人闺房中亲密的对话，替妻子

① 钱仲联《鲍参军集注》，上海古籍出版社 1957 年版，第 62 页。
② 吕思勉《魏晋南北朝史》，上海古籍出版社 1983 年版，第 36 页。
③ 钱仲联《鲍参军集注》，上海古籍出版社 1957 年版，第 81 页。

摘花，为妻子解开缨微等团聚的情景，表达鲍照对妻子的思念。妻子先于鲍照去世，诗人又作《伤逝赋》悼念她："日月飘而不留，命倏忽而谁保？譬明隙之在梁，如风露之停草。发迎忧而送华，貌先悴而收藻。共甘苦其几人？曾无得而偕老。拂埃琴而抽思，启陈书而遐讨。自古来而有之，夫何怨乎天道。"鲍照《松柏篇》述及他的子女："事业有余结，刊述未及成。资倾无担石，儿女皆孩婴。一朝放擒去，万恨缠我情。"诗作中反映诗人事业发展并不畅通，家里积蓄也不多，儿子和女儿都还很小。诗人经常仕宦外乡，对家人的思念萦绕心中。

第一节　位居下僚的郁闷人生

鲍照祖先的迁徙使他的祖籍、籍贯和出生地十分模糊，后人，特别是鲍姓人士为了研究鲍照的家庭背景，往往把古代姓鲍的显贵或先圣联系起来，尽管如此，我们还是不能像谢灵运和颜延之一样找到鲍照的曾祖和祖父。但是值得欣慰的是鲍照留下了比较完整的诗文作品，而鲍照又是一位写实性很强的作家，除了他的山水行役诗等有夸张之辞外，许多作品凸显出鲍照的生活和思想感情，从中我们看到一位才华横溢的诗人走过的郁闷的仕宦生涯。

一、辅佐义庆时期

鲍照出仕前地位卑微，但不甘心碌碌无为，求取功名的心情迫切。据史籍记载，元嘉十二年（435），鲍照不顾他人的偏见，顶住各种压力，毅然献诗临川王刘义庆，得到义庆赏识，并被擢升为临川王国侍郎[①]，从元嘉十二年鲍照初仕刘义庆到元嘉二十一年刘义庆去世，九年多时间里，鲍照跟随刘义庆辗转于荆州、江州、广陵、建康等地，交游广泛，也创作了许多优秀的作品。

（一）荆州时期

荆州历来是军事要地和人文荟萃的地方，也是各个朝代皇室王子或朝廷重臣镇守的重地。刘裕称帝后，就派皇室子弟镇守荆州。刘义庆于元嘉九年到荆州任刺史。元嘉十二年，朝廷选贤任能，义庆上表为朝廷推荐了"秉真履约，爱敬纯深"的庾寔、"恬和平简，贞洁纯素"的龚祈和"才学明敏，操介清修"的师觉三人。而且他还关心民生，抚慰老弱，"在州八年，为西土所安"。此外，刘义庆还撰

---

①［唐］李延寿《南史》，中华书局1975年版，第360页。

《徐州先贤传》十卷，并且模拟班固《典引》撰写《典叙》歌颂文帝的美德。尽管如此，刘义庆十分忧惧宋文帝猜忌，为官十分谨慎，“少善骑射，及长以世路艰难，不复跨马”[①]。刘义庆素洁的品格和喜好文义的个性为鲍照的文学创作提供了条件。在荆州，鲍照作《秋日示休上人》《答休上人》两首诗与僧人释惠休唱和。陈祚明《采菽堂古诗选》论《秋日示休上人》云：“岂亦效休上人邪？‘东西望楚域’意明远与休同客荆州时作也。”[②]宋本《鲍参军集》诗前有释惠休《赠鲍侍郎》诗一首：“玳枝兮金英，绿叶兮紫茎。不入君玉杯，低彩还自荣。想君不相艳，酒上视尘生。当令芳意重，无使盛年倾。”诗中用形象的比喻，表达了两人的深厚友情。

（二）江州时期

史籍记载，元嘉十六年（439）四月，刘义庆由荆州刺史改授散骑常侍、都督江州、豫州之西阳、晋熙、新蔡三郡诸军事、卫将军、江州刺史，持节如故[③]。而江州刺史，初治豫章，时治寻阳[④]。刘义庆迁任江州后，鲍照随刘义庆来到江州寻阳，由于刘义庆崇信佛教，当时庐山是离寻阳不远的佛教重地，刘义庆做了江州刺史自然有庐山礼佛之旅。鲍照随刘义庆游庐山时，作《登庐山》《登庐山望石门》《从登香炉峰》诗三首。并奉刘义庆的命令作《佛影颂》。刘义庆任江州刺史后，曾经主持修建了“凌烟”楼。鲍照作《凌烟楼铭》记述此事。后世李白《流夜郎永华寺寄浔阳群官》说：“朝别凌烟楼，暝投永华寺。”王琦注曰：“凌烟楼，宋临川王造，鲍照凌烟楼铭序。”[⑤]在荆州和江州几年里，刘义庆编纂了《世说新语》。据《宋书》说，“义庆在江州，请（袁淑）为卫军谘议参军，其余吴郡陆展、东海何长瑜、鲍照等并为辞章之美，引为佐史国臣”[⑥]。这一段记载，使人们对《世说新语》的作者产生了质疑。刘义庆贵为皇室王子，又有“荆州刺史”这样的重要职务在身，不可能亲自撰写，持此观点的毛际可《今世说·序》说“予谓义庆宗藩贵重，缵润之功，或有藉于幕下袁、鲍、诸贤”。史籍认为，刘义庆“爱好文义，才词虽不多”[⑦]，可见他的文笔还不足以写出《世说新语》这样传世佳

①［梁］沈约《宋书》，中华书局 1974 年版，第 1476 页。
②［清］陈祚明《采菽堂古诗选》，康熙刊本，第 136 页。
③［梁］沈约《宋书》，中华书局 1974 年版，第 1477 页。
④［梁］沈约《宋书》，中华书局 1974 年版，第 1086 页。
⑤《钦定四库全书》，中华书局点校本，集部，别集类，汉至五代，《李太白集注》卷十四。
⑥［梁］沈约《宋书》，中华书局 1974 年版，第 1477 页。
⑦［梁］沈约《宋书》，中华书局 1974 年版，第 1477 页。

作。而此时刘义庆身边聚集了像鲍照等一批才华横溢的文人，因此，后人把《世说新语》的真正作者托于鲍照等人应该是合情理的。

（三）南兖州时期

元嘉十七年，刘义庆从江州刺史任上迁任南兖州刺史，镇广陵（今江苏扬州）。考《宋书·文帝纪》载：

> "冬十月戊午，……以大将军、领司徒、录尚书、扬州刺史彭城王义康为江州刺史，大将军如故。……戊寅，卫将军临川王义庆以本号为南兖州刺史。"①

从以上史料来看，刘义庆在江州不到半年，就转任南兖州刺史，刘义庆匆匆离任，可能和接任江州刺史的刘义康有关。因为刘义康本人喜欢权术，在元嘉中后期独揽朝政，试图取代多病的宋文帝自己称帝。把刘义康从京都调任江州是宋文帝铲除刘义康等人的第一步行动。这样刚刚到江州任上的刘义庆受到了影响。钱仲联《鲍照年表》说，"文帝元嘉十七年庚辰。十月，临川王义庆为南兖州刺史。照从临川王东还京都，省家"。可见，刘义庆没有马上到南兖州刺史任上，而是先经京都建康回家探亲。从鲍照的《上寻阳还都道中》《还都道中三首》《还都至三山望石头城》《还都口号》等的诗题看，这些作品也是鲍照随刘义庆从江州回京都建康一路所作。《上寻阳还都道中》说："登舻眺怀甸，掩泣望荆流，绝目望平原，时见远烟浮。"诗中流露出的悲凉绝望情绪表明，刘义庆不仅被迫离开江州，而且对朝廷局势深感担忧。在南兖州期间，鲍照被刘义庆提拔为左常侍，《转常侍上疏》可以证明。元嘉二十年，时任南兖州刺史的刘义庆在广陵身患疾病，当时白虹贯城，野麇入府，他心里感到很厌恶，多次以灾异请求回京，宋太祖同意他解职，元嘉二十一年，刘义庆在建康去世②。据《鲍参军集注》说："二十一年春正月，临川王薨，照服三月之丧，服竟，上书世子，自解侍郎还乡。本集有《临川服竟还田里诗》可证。"③ 从史籍可知，鲍照为义庆服丧三个月后，作《通世子自解启》《重与世子启》，请求解职还乡。

---

①［梁］沈约《宋书》，中华书局1974年版，第87页。
②［梁］沈约《宋书》，中华书局2000年版，第480页。
③ 丁福林《鲍照年谱》，上海古籍出版社2004年版，第61页。

二、辅佐义季、刘浚时期

元嘉二十二年（445）七月，南兖州刺史衡阳王义季改任徐州刺史①，据钱钟联《鲍照年表》认定，就是在元嘉二十二年乙酉，鲍照来到梁郡，追随刘义季，不久，鲍照又随衡阳王义季从南兖州刺史任转到徐州刺史任②。然而，刘义季在徐州刺史任上刚满两年，元嘉二十四年八月乙未，他就在征北大将军、徐州刺史的任上突然去世③。鲍照在刘义季幕的两年里，突出的成绩就是作《代苦热行》和《河清颂》。据《宋书·宗悫传》记载，元嘉二十二年，刘宋国攻打林邑，宗悫自愿请求出征，并制作狮子形状的衣服和器具，大败林邑兵士，攻克林邑，收获大量珍奇异宝，宗悫本人却分文不取，受到宋文帝的嘉奖④。鲍照以宗悫指挥士卒破贼的真实情况写下了《代苦热行》，形象地描绘了军士忍受炎热，英勇征战的情况。又据《宋书》载："宋文帝元嘉二十四年二月戊戌，河、济俱清，龙骧将军，青冀二州刺史杜坦以闻。"⑤同书又载："元嘉中，河、济俱清，当时以为美瑞，照为河清颂，其序甚工。"⑥对比两则史料，可知"元嘉中"指元嘉二十四年，另外《河清颂》序文也有"圣上天飞践极，迄兹二十有四载"这样的句子。沈约在《宋书》中全文收录，足见此文的价值。

元嘉二十四年八月，鲍照离开义季幕，回到京都建康，为始兴王刘浚（"浚"也作"濬"）所辟，任始兴国侍郎⑦。元嘉二十六年，刘浚出为使节、都督南兖二州诸军事、征北将军、开府仪同三司、南徐、兖二州刺史，常侍如故⑧，刘浚不久出镇京口，并游览了京岘山和京口蒜山。元嘉二十八年二月壬午，始兴王浚解南兖州⑨，鲍照跟随刘浚从瓜步返回建康。鲍照从元嘉二十四年（447）八月入刘浚幕到元嘉二十八年（452）作《侍郎报满辞阁疏》辞去侍郎之职的大约四年时间里，鲍照和谢庄、王僧达、颜延之的交往引人注目。谢庄是一代名臣谢弘微之子，

---

① [梁] 沈约《宋书》，中华书局 2000 年版，第 93 页。
② 转引自丁福林《鲍照年谱》，上海古籍出版社 2004 年版，第 64 页。
③ [梁] 沈约《宋书》，中华书局 1974 年版，第 95 页。
④ [梁] 沈约《宋书》，中华书局 1974 年版，第 1971–1972 页。
⑤ [梁] 沈约《宋书》，中华书局 1974 年版，第 872 页。
⑥ [梁] 沈约《宋书》，中华书局 1974 年版，第 1477–1478 页。
⑦ 丁福林《鲍照年谱》，上海古籍出版社 2004 年版，第 73 页。
⑧ [梁] 沈约《宋书》，中华书局 1974 年版，第 2436 页。
⑨ [梁] 沈约《宋书》，中华书局 1974 年版，第 99–100 页。

元嘉十七年（440）曾担任始兴王刘浚的后军法曹行参军，后因密助刘骏征讨刘劭，刘骏称帝后（孝武帝），谢庄得以担任侍中、左卫将军、吏部尚书等职，掌管朝廷选拔和任用官吏的大权。谢庄著作颇丰，《月赋》是代表作，而且精通音律。鲍照和谢庄可能曾经同时在始兴王刘浚幕任职。谢庄在元嘉十七年就到了刘浚幕，可能在元嘉二十九年左右已经转任太子舍人，文帝第五子庐陵王刘劭文学，太子洗马、中书舍人等职。而鲍照在元嘉二十四年到刘浚幕，元嘉二十八年离开，两人同时在刘浚幕的时间是元嘉二十四年到二十八年。其中在元嘉二十六年，刘浚游览京口蒜山，鲍照作《蒜山被始兴王命作》，谢庄作《侍宴蒜山诗》。以后，在谢庄担任孝武帝吏部尚书时，鲍照和谢庄写过联句诗，谢庄对鲍照的影响主要在音乐方面。

由于王僧达是刘义庆的女婿，鲍照出仕后辅佐刘义庆长达九年时间，很可能两人在刘义庆幕就已经开始认识并结为好友。在政局动荡之时，王僧达帮助鲍照躲过了一次劫难。元嘉三十年二月，刘宋朝廷发生了令人震惊的事件，宋太子刘劭和始兴王刘浚共同杀死了他们的父亲宋文帝，刘劭自立为帝，改元太初[①]。元嘉三十年三月，江州刺史武陵王刘骏，从江州率众征讨刘劭。元嘉三十年四月，武陵王刘骏在新亭即皇帝位，史称孝武帝。五月孝武帝军攻入京都建康，刘劭和刘浚被杀。事前，可能是王僧达已经窥测到刘浚篡位的野心，并劝说好友鲍照于元嘉二十八年离开了刘浚。因为在元嘉二十八年春，王僧达除宣城太守，不久转任义兴太守[②]，鲍照作《和王义兴七夕》。在山雨欲来风满楼之时，两人彼此唱和，互相了解对方的处境，彼此关照也是朋友之间的情分。在政权更迭的关键时刻，王僧达响应世祖刘骏，被任命为长史，加征虏将军[③]，受到了刘骏的礼遇和厚待。鲍照也为孝武帝军队平定京邑而作《中兴歌》十首以赞颂。就说明鲍照在王僧达的帮助下，已经站到了孝武帝一边。事后，鲍照在京都建康作《和王护军秋夕》诗，鲍照和王僧达两人彼此赋诗唱和，庆幸两人劫后余生。

鲍照与颜延之有交往。因为，颜延之和鲍照两人曾经先后在始兴王刘浚幕为官。史籍记载，元嘉十七年，颜延之复出为始兴王刘浚后军谘议参军，御史中丞[④]，元嘉十九年，宋文帝立国子学，颜延之以本官领国子博士[⑤]。元嘉二十二年，

①［梁］沈约《宋书》，中华书局 2000 年版，第 102 页。
②［梁］沈约《宋书》，中华书局 2000 年版，第 1952 页。
③［梁］沈约《宋书》，中华书局 2000 年版，第 1592 页。
④［梁］沈约《宋书》，中华书局 1974 年版，第 1902 页。
⑤［梁］沈约《宋书》，中华书局 1974 年版，第 1705 页。

颜延之被尚书左丞荀赤松弹劾免官[①]。由以上史料推断，颜延之在刘浚幕的时间应该是五年左右。而鲍照从元嘉二十四年到二十八年在刘浚幕。可见鲍照和颜延之尽管没有同时在刘浚幕为官，两人又都是当时文坛的风云人物，彼此应该很了解。鲍照与颜延之的交往在《南史》中有相关记载，颜延之与谢灵运都以辞采齐名，宋文帝曾经让他俩作同题乐府《北上篇》，颜延之受诏很快就写好了，谢灵运却用了很长时间。颜延之曾经问鲍照，他自己与谢灵运在诗歌创作方面谁更好，鲍照回答说："谢五言如初发芙蓉，自然可爱。君诗若铺锦列绣，亦雕缋满眼。"[②]颜延之和谢灵运的同题作文比赛，颜延之的速度远远超过了谢灵运，这一点许多人认为《南史》记载有误，可惜没有作品传世，我们也很难判断。但是鲍照直言却使颜延之终身不爽，也看出鲍照此时在文坛已经取得不容忽视的地位。

三、辅佐子项时期

孝建四年（457）春正月，刘宋改年号大明。大明元年（457）鲍照被贬为秣陵令，鲍照《谢秣陵令表》可以证明。然而，鲍照出为秣陵令的直接原因，应该主要归咎于他和王僧达的交往。据史籍记载，因为王僧达自负有才能，本来孝武帝初年，王僧达"即居端右"，但是一年后他便期望得到宰相职位，孝武帝没有允许，他担任护军时仍然感到不得志，又请求做徐州刺史，孝武帝没有理睬，于是王僧达"三启固陈"，惹恼了孝武帝[③]。而不久，与王僧达交厚的鲍照也就由太学博士兼中书舍人出为秣陵令。直接导致鲍照死亡的一个原因和鲍照辅佐临海王子项有关。史籍记载，宋孝武帝孝建、大明年间，孝武帝"闺庭无礼，与义宣诸女淫乱"[④]，大明八年（464）五月，孝武帝刘骏去世，太子子业即帝位，史称前废帝。前废帝永光元年（465）十一月，子业无辜杀戮大臣，遭致百官惊恐，被寿寂之和姜产之所杀[⑤]。宋明帝泰始元年（465）十二月，湘东王刘彧即帝位，就是宋明帝。宋明帝和当时担任将军、荆州刺史临海王子项发生矛盾。晋安王子勋起兵反叛宋明帝时，子项起兵响应晋安王子勋。宋泰始二年，晋安王子勋在浔阳称帝。子勋任命子项为卫将军，开府仪同三司。八月，子勋兵败，在浔阳被杀。不久宋明帝攻破荆州，子项被抓获，后被杀死。史载，时任子项参军的鲍照也被乱

---

① [唐] 李延寿《南史》，中华书局 1974 年版，第 880 页。
② [唐] 李延寿《南史》，中华书局 1975 年版，第 881 页。
③ [梁] 沈约《宋书》，中华书局 1974 年版，第 1952–1957 页。
④ [梁] 沈约《宋书》，中华书局 2000 年版，第 1800 页。
⑤ [梁] 沈约《宋书》，中华书局 2000 年版，第 146 页。

兵所杀①。这样文采郁郁的鲍照就此结束了其郁闷的仕宦生涯。

概言之，鲍照一生历仕三帝：文帝、孝武帝、前废帝，四王国：刘义庆府、刘义季幕、刘浚幕、子项幕。解褐即为王国侍郎，官历太常博士、中书舍人和藩王侍郎，参军记室。但仕宦坎坷，充满艰辛和危险。他家境贫寒，但他不甘守"业"，而是"释担受书，废耕学文"，试图凭借才学成就一番作为。但当他谒见临川王刘义庆时，有人阻止他，认为他地位低下，不应该轻易得罪大王，只是因其不愿"终日碌碌，与燕雀相随"的气概，以及他所奏诗篇而使"义庆奇之，赐帛二十匹。寻擢为国侍郎"。在刘义庆幕鲍照尝有被禁事旋解，作《谢解禁止表》，同一年又因过被遣，旋被原，作《谢随恩被原疏》。元嘉三十年二月，宋太子刘劭及始兴王浚共弑文帝，劭自立为帝，是年五月，孝武帝军攻入京都建康，刘劭、刘浚并伏诛。在这场惊心动魄的争夺帝位的血战中，鲍照可谓涉险过关。因其预感刘劭、刘浚要谋反之事，故在元嘉二十八年侍郎报满辞任，未能卷入其中。但当鲍照得知刘劭和刘浚夺位而又被杀时，他的感想如何呢？劫后余生？还是幸免于难？心里的惊恐和后怕是可想而知的。好在孝武帝没有追究他和刘浚的关系，在王僧达这位护国有功的大臣支持下，鲍照得以在孝武帝朝中由海虞令到太学博士兼中书舍人，这也可能是鲍照一生仕宦中最闪光的时候。然而，随着王僧达的日益骄横和对自己的处境不满，多次得罪孝武帝，最终被免官，鲍照这位昔日王僧达的密友也随即被迁为秣陵令。从太学博士、中书舍人一下子迁为秣陵令。心中的苦楚和难言之隐实在太多。怎奈鲍照最终还是没有摆脱成为他人争夺帝位的牺牲品的宿命。大明八年孝武帝刘骏去世，太子子业即位。不久子业被刺死，湘东王刘彧即帝位。当时鲍照在临海王子顼幕。子顼随晋安王子勋，不久子勋在浔阳称帝。宋泰始二年刘彧击败子勋，子勋被杀，子顼被执，不久被杀，鲍照这次未能早一点躲开这生死场，死于乱军之中。

第二节　尊儒重道的人格精神

纵观鲍照所任官职，除太学博士兼中书舍人一职外，在他人生的大部分时间都是以文学侍臣的身份出现，我们认为他仕宦坎坷官居下僚也是中的之说；受刘宋时期儒道佛思潮以及社会风尚的影响，鲍照的思想和性格也具有当时士人的一些特点，但是由于他的出生以及社会地位也决定了他性格和思想的独特性，综合考察鲍照一生的行迹，可以就其人生价值取向方面略作如下概括：

---

①［梁］沈约《宋书》，中华书局2000年版，第1480页。

一、贫病忧患 品行高洁

从鲍照诗作中可知，鲍照自幼家境贫寒，居于山谷之中，以垦田铲草，放鸡养猪完赋糊口。而个性狷狂，愚顽不安分，身体孱弱。可能又因为他出仕后又经常辗转于不同的地方，到处奔波旅途劳顿，鲍照一直患有各种疾病。这一点在他的作品中多有表现，其《松柏篇》，诗前有序说："余患脚上气，四十余日，知旧先借《傅玄集》，以余病剧，遂见还。"[①] 这是鲍照患脚疾的记载。在《谢随思被原疏》又说："寝病幽栖，无援朝列；身孤节卑，易成论硋。"叙述其染病卧床，无法朝列，身孤位卑的情况，诗人对自己的病情也很担忧。在其诗作《请假启》说："臣所患弥留，病躯沉痾。自近蒙归，频更顿处，日夜间困或数四。"诗中详细叙述他患病已经很长时间，近来病情日益严重，夜里频繁起床，久久不能入睡。在其诗作《谢赐药启》中说："臣卫躬不谨，养命无术。情沦五难，妙谢九法。飙落先伤，衰痾早及。"言说自己平时不善于保养身体，希望病情尽快好转。然而，鲍照并非养命无术，事实是鲍照设法通过诸多途径养生：其一，服食五石散。鲍照有诗《行药至城东桥》题中"行药"，即因为服药，靠散步宣导之。何药服后需"行散"呢？此药即五石散。考《余嘉锡论学杂著》可知，"五石散，由石钟乳、石硫磺、白石英、紫石英和赤石脂构成，因服食之后须喝温酒，吃冷食。故名之"寒食散"[②]。从晋朝一直至南朝，五石散即流行壮阳剂。张机《金匮要略》认为，五石散是东汉张机发明的，他用此散治疗伤寒。要言之，服下五石散后，须"行散"即散步走动以使药力发作，运行全身[③]，诗人服食此药主要是为了养生。其二，服草药，鲍照有《遇铜山掘黄精》，说明鲍照也曾经服食黄精，嵇康曾经说："又闻道士遗言，饵术黄精，令人久寿，意甚信之。"[④] 道教认为黄精能使人长寿，现在看来黄精只是一种中草药，可能有健身的作用。因为当时道教兴盛江南，道教门徒都以服食丹药或黄精以求获长生，鲍照一生游宦江南，可能受其影响，服食黄精以养生。家境贫寒，位居下僚，加之患染沉痾，进而形成了鲍照强烈的忧患意识。这一点，我们可以透过鲍照作品的主题来了解。他的《游思赋》强调仕途不遇的失落和忧思。他的《行路难》写英雄失路、壮志难酬的无奈。《瓜步山楬文》指出豪门子弟轻易取得高位，寒门出身终身沉于下僚。他在《野鹅赋》中，

① 钱仲联《鲍参军集注》卷三，上海古籍出版社 1957 年版，第 178 页。
② 余嘉锡《余嘉锡论学杂着》，中华书局 1963 年版，第 181-226 页。
③ 张机《金匮要略》，四部备要本，第 10 页。
④ 欧阳询《艺文类聚》卷八十一，上海古籍出版社 1982 年版，第 1387-1388 页。

将自己和被困的野鹅相比，哀叹自己的身世，表达自己孤独无助的忧伤。《舞鹤赋》则将美丽优雅的鹤，被永远监禁在皇宫中的无奈之情表达得淋漓尽致。《芜城赋》则是感叹随着时间的流逝，一切美好的东西都会化为灰土。《伤逝赋》则表达对已故妻子的无限思念。《芙蓉赋》也是假借吟咏芙蓉，表达自己受同僚诽谤和排挤得不到升迁的忧愤的心情。《松柏篇》以贫穷和死亡为主题，哀悼人生的脆弱和短暂。《代东门行》和《代别鹤操》都是写离别的苦痛，对现实充满了无奈和担忧。

和谢灵运出身相比，鲍照的家境可以说是十分贫寒，这也使鲍照不可能大肆挥霍，过一种豪奢的生活，但是，多年贫病交加的生活也没有消磨掉鲍照的意志。鲍照是一位有铮铮傲骨的男儿，艰难世事的砥砺，养成了他高洁的品行。如他在《代白兴吟》中说："直如朱丝绳，清如玉壶冰。"可见诗人向往正直如琴瑟之弦，清高如玉壶之冰的性格。《代挽歌》又说："傲岸平生中，不为物所裁。"这是诗人不为物累，不流时俗的写照。他在《代放歌行》中说："小人自龌龊，安知旷士怀？"诗人表达龌龊卑鄙的小人不会理解君子广阔的胸怀，言外之意是诗人对小人的鄙视。他在《行京口至竹里》中说："君子树令名，细人效命力。不见长江水，清浊俱不息。"诗人认为君子和小人各有不同，但是往往就像长江水一样混浊不分，表达自己具有君子高洁品行，但是却怀才不遇。他在《梅花落》中说："中庭杂树多，偏为梅咨嗟。问君何独然？念其霜中能作花，露中能作实。摇落春风媚春日，念尔零落逐寒风，徒有霜华无霜质。"诗中的梅花也有诗人自况之意，以腊梅傲霜斗雪的凛然风骨自勉，表现出鲍照高洁卓著的品格。

二、雅好琴书 兼擅众体

史籍对鲍照的书法作品记录不多，也不能认定鲍照是一位书法家，但是，鲍照写的《飞白书势铭》却是历代文人津津乐道的一件事情。这篇书法评论对"飞白"这一书法技巧进行了详细的描述："秋毫精劲，霜素凝鲜。沾此瑶波，染彼松烟。超工八法，尽奇六文。乌企龙跃，珠解泉分。轻如浮雾，重似崩云。锋绝剑摧，惊势剑飞。掠地燕起，振迅鸿归。临危制节，中险腾机。圭角星芒，明丽烂逸。丝萦发垂，平理端密。盈尺锦两，片字金溢。故仙芝烦弱，既匪足双。虫虎琐碎，又安能匹。君子品之，是最神笔。"[①] 铭文流露出鲍照对飞白体书法作品的钟爱之情。宋黄伯思《论飞白法》对鲍照的飞白之论作了进一步解释："鲍

①《钦定四库全书》，中华书局点校本，子部，艺术类，书画之属《书苑菁华》卷十八。

照飞白，用豪笔乃能成字，或轻或重也，盖或轻若丝发，或重若云山，浓淡相错，乃成字。若不用豪笔书之，则不能若此。”[①]可见“飞白”这种书法艺术，其特征是通过或轻或重、或浓或淡用笔，在笔画中夹白，形成特殊的艺术效果。黄伯思提出，鲍照的“飞白书势”的形成主要靠正确使用“豪笔”。据《书画跋跋序》：“自周汉代降，以之成名者，既多英人学士往往施诸评议，加之缀集，自晋迄明，其书或多至数十百部，其最著且传者，卫恒之四体，鲍照之铭，张旭之十二笔意。”[②]这就说明，鲍照这篇《飞白书势铭》在书法评论史上有一席之地。据说“飞白”是东汉蔡邕（133—192）创造出来的，蔡邕奉灵帝之命作《皇圣篇》，书成以后，在鸿都门下等待召见，看到杂役用扫帚沾灰成字，而产生灵感，创造了“飞白”这种书体，到宋朝晏殊（997—1055）作有《飞白书赋》详细描写了“飞白”的起源和神韵[③]。这样说来，鲍照的《飞白书势铭》在论述“飞白体”的气势和特点方面，上承蔡邕对飞白体的认识，下启晏殊《飞白书赋》的形成。

鲍照有两首诗题名为《夜听妓》。这说明他有时也喝酒取乐，聆听歌妓的演唱。作为一名藩府文吏，有限的经济来源很难像颜延之一样在家蓄养妾妓，我们猜测他可能是在与皇帝或诸侯王一起饮酒行乐时，奉命做了这些诗。同时他本身酷爱音乐，也是一位擅长琴道的文人。他的乐府诗《幽兰》《代别鹤操》《代雉朝飞》《代白纻舞》和《代淮南王》中包含许多琴曲歌辞。鲍照在《采桑》中说：“抽琴试抒思，荐佩可托成。”他在《芜城赋》结尾说：“抽琴命操，为芜城之歌。”从某种意义上讲，鲍照弹琴、唱歌、做诗三者往往是同时进行，彼此联系，并且构成了他生活的主要内容。在其表达个人情感的《园葵赋》说：“独酌南轩，拥琴孤听。”描绘其边赏花、边饮酒，边弹琴的情况。在《伤逝赋》又说：“拂埃琴而抽思，启陈书而暇讨。”他悼念亡妻，无心弹琴，致使尘埃覆琴。此外，鲍照常写作琴曲，他在《芜城赋》中，就以一首琴曲作为赋结尾的《乱辞》：“边风急兮城上寒，井径灭兮丘陇残，千龄兮万代，共尽兮何言！”这种杂言体是琴曲的特点之一。鲍照好琴，可能受到谢庄的影响。因为他与谢庄是好友，曾经互相赠诗[④]。而谢庄“颇识宫商”，宋代朱长文《琴史》记载，谢庄曾经作《琴论》[⑤]，《南史》还记载谢庄评论褚渊的侄孙彦回弹奏《别鹄》之曲时说：“以无累之神，

---

①《钦定四库全书》，中华书局点校本，子部，艺术类，书画之属《御定佩文斋书画谱》卷六。

②《钦定四库全书》，中华书局点校本，子部，艺术类，书画之属《书画跋跋序》。

③ 龚克昌《读晏殊〈飞白赋〉》，山东大学学报 1997 年版，第 18–20 页。

④ 钱仲联《鲍参军集注》，上海古籍出版社 1957 年版，第 417 页。

⑤ 影印《文渊阁四库全书》，台湾商务印书馆 1984 年版，第 893 册，第 41 页。

合有道之器，宫商暂离，不可得已。”[①] 谢庄的诗文素以音节优美著称，这和他精通音律有关，这些无疑会对鲍照产生影响。

鲍照是一位尝试过多种文体的诗人，并且也曾经对各种诗体做过积极地探索和创新。从辞赋来看，鲍照现存文集中，共有十篇赋，其中《芜城赋》和《舞鹤赋》被收入《文选》，就赋的创作数量而言，在元嘉文坛鲍照仅次于谢灵运位居第二，尽管鲍照没有长篇赋作，但是鲍照的赋作呈现出主题多元、词语新颖、六言为主、保存完整的特点。从骈体文来看，鲍照的骈体文，包括《河清颂》《瓜步山楬文》《登大雷岸与妹书》等。从汉代开始，赋和颂本来是同一种体裁，但是后世，颂作为赋的支流逐渐从赋中分化出来，并形成自己的风格。鲍照的《河清颂》以四言体写成，就是正统的颂体。而《瓜步山楬文》则是具有赋的体裁和风格的“赋体文”。《登大雷岸与妹书》曾经被许多骈文文集收藏，虽然是一封家书，但是其中生动的山水描写和典型的辞赋语言更像一篇山水文。从乐府诗来看，鲍照不仅学习曹植、陆机、傅玄等人的乐府诗，而且学习刘宋时期流行的吴歌西曲，成为乐府诗的大家。他的《拟行路难》是非常有名的七言体，《中兴歌》十首是四句形式的绝句，《代白纻舞歌辞》四首都是七言体。鲍照的乐府诗包括反映关山行役之苦的戍边诗《代东武吟》《代苦热行》《代出自蓟北门行》，批判现实的《代陆平原君子有所思行》《代白头吟》，与幕主唱和的《代白纻舞歌辞》，反映贫穷和死亡的《代挽歌》，感伤离别之苦的《代东门行》《代别鹤操》等。从山水诗来看，鲍照不仅上承谢灵运，对山水诗进行了全方位的改制，而且下启谢朓的山水诗创作，他是沟通谢灵运和谢朓之间的一座桥梁。鲍照山水诗作主要有《代阳春登荆山行》《登庐山》《登庐山望石门》《从登香炉峰》《还都道中三首》《上浔阳还都道中》《还都至三山望石头城》《晚等三山还望京邑》等。从抒情诗看，鲍照的抒情诗包括反映离别的《赠傅都曹别》《赠故人马子乔六首》，表达思乡之情的《梦还乡》，反映自己愤懑之情的《行药至城桥东》、悲叹秋天的《秋夜二首》，表达忧思情感的《园中秋散》，反映自己闲适生活的《玩月城西门廨中》等。此外，鲍照还有拟古诗二十五首，以及《字谜》《数诗》《建除诗》等游戏诗。

三、尊儒重道 以道解忧

刘宋时，儒、道、释盛行，在鲍照的人生态度上也表现出在政治上得意时持

① [唐] 李延寿《南史》，中华书局 2003 年版，第 749 页。

儒家入世态度，失意时就想归隐，持道家出世的精神。从鲍照的仕宦生涯，我们可以看到，他是以积极出世的态度为官做人的，整个一生高扬着儒家济世有为的大旗。无论他对当时社会问题的揭露，还是对门阀制度的批判，无论是描写兵士的痛苦，还是对收复国土，平定中原的歌颂，鲍照实实在在是一位知人民冷暖，解百姓疾苦的诗人。鲍照的《代陈思王白马篇》就塑造了一个朝气蓬勃，充满战斗精神，企求为国立功，扬名边塞的壮士形象。呼啸的北风中，英俊少年手执武器，策驰骏马，飞向边塞。他离别了中原的亲戚朋友，期望在边塞立功，让边塞的士兵了解他才是真正的英雄，这实际上是鲍照济世思想的形象表白。鲍照《代东武行》把视角放在一位退伍的老战士身上，鲍照集中笔力讲述这位老兵因家境贫穷而参加了军队，并且在不同的将领指挥下打仗，当这些将领都战死以后，身经百战的老兵幸存下来，没有得到任何奖赏，只能生活在贫困之中。从这首诗中我们可以看到，鲍照对老兵悲苦生活的无限同情和愤愤不平。而在《代苦热行》中，作者描绘了士兵身处恐怖炎热的战场，遭受了死亡和痛苦的威胁，他们依然忠于国家不辱使命，但是，他们也依然得不到应有的回报。作者不仅歌颂了士兵的爱国精神，我们可以看到鲍照对下层人民的关注和对他们遭受不公正待遇的不满。当然，鲍照的儒家思想还表现在他积极进取以及和命运不懈抗争。他在《拟行路难》（其四）中说："人生亦有命，安能行叹复坐愁?"诗人激励自己要抓住时机，实现自己的理想。他在《拟行路难》（其六）中又说："丈夫生世会几时?安能蹀躞垂羽翼。"诗人慨叹人生短暂，自我勉励要振作起来和命运抗争。他在《拟行路难》（其十八）中说："莫言草木委冬雪，会应苏息遇阳春。"字里行间显示出鲍照尽管经历了各种挫折和磨难，但是这只是一个人要实现自己的理想必须经受的考验，只要我们不懈地努力，美妙的时刻就会到来。鲍照就是这样，胸怀儒家社会责任意识，时刻把国家的前途命运和下层人们的疾苦放在心中，并且为了自己的理想而不懈努力。

当然，鲍照一生充满了艰辛和苦痛，仕途的失意往往是他从道家那里寻求心灵的解脱。鲍照所处的时代，正是道教在江南兴盛的时期。据《道教史》记载，当时不仅有天师道长期传播，而且上清派和灵宝派开始出现，生于晋安帝司马德宗义熙二年（406），卒于宋后废帝刘昱元徽五年（477）的道士陆修静改革、整顿了天师道，道教的教规教戒经过陆修静删改修订之后，便基本定型，各种规章制度更为全面而系统，道教组织也较为严密，道教向成熟阶段迈出了一大步。当时，道教逐渐进入上层士族，道教理论主要宣传要想长生成仙，不仅要内修外养，还要积善立功，灵宝派的修炼方法也讲思神、颂经、炼丹等，隐逸依然被广大道教徒所奉行。江南这些道教派别的活动以及当时流行的道教理论和思想，特别是道教提倡的隐逸风尚，自然会极大地影响了鲍照。一方面，鲍照通过“求仙”来傲视世俗的挫折和苦痛。在《代升天行》中，诗人通过对世俗生活和求仙生活的对比后说：“何当与尔曹，啄腐共吞腥。”诗人用愤恨的口吻指出不愿意和那些狼狈为奸之徒同流合污。在《行药至城东桥》中，诗人描绘了一幅纷纷扰扰的市井生活画图后说：“容华坐销歇，端为谁苦辛。”诗人认为荣华富贵转瞬即逝，人们营营逐利、扰扰求官实在是不可取。在《代阳春登荆山行》中，诗人通过对都市生活景象和山水美景的对比后说：“且共倾春酒，长歌登山丘。”诗人对自然山水寄予一往深情。另一方面，鲍照也表达自己对隐逸的向往。鲍照《游思赋》说：“物因节以卷舒，道与运而升息。贱卖卜以当垆，隐我耕而子织。”“当垆”指司马相如和卓文君的故事。二人卖卜于四川成都，每日得百钱后，则垂帘讲授《老子》。诗中借用司马相如和卓文君的典故表达了自己归隐的愿望。他在《咏史》中说：“寒暑在一时，繁华及春媚。君平独寂寞，身世两相弃。”鲍照出身寒门，而前程又受到层层阻碍，诗中通过描绘严君平遗世独立的精神，自然希望自己能从严君平这样的道家人物身上寻找到摆脱世俗欲念的方法，那就是“身世两相弃”，过一种隐逸的生活。鲍照在《讲易》一诗中说：“云泽翔羽姬，横盖招益人。贲园无金尚，履道易书绅。”也说明鲍照向往一种以书为伴，隐逸自在的生活。一个人的思想是很复杂的，虽然鲍照亦儒亦道，但是他为了自己的理想不惜牺牲自己的一切，在他的心灵深处儒家济世思想占主导地位。

第4章

颜延之生平与人格精神考述

颜延之，字延年，琅玡临沂人[①]，生于晋孝武帝太元九年（384年），卒于宋孝武帝刘骏孝建三年（456）[②]。曾祖颜含字弘都，琅琊莘人[③]。颜含少年时代就有操守并以孝闻名。《晋书》把他归入“孝友”传中，离奇地记录了颜含的哥哥患病，死于医生家中，接着演绎出“托梦开棺”的奇事，颜含的哥哥获救后气息奄奄生死难辨，颜含躬亲侍养，足不出户十三年。此后颜含又为父母养老送终，他的两个哥哥也相继去世后，他的二嫂因疾病而失明，颜含尽心奉养，以致他的行为感动了上苍，于是有“青衣童子送蛇胆”的故事，他二嫂服用了神童送来的蛇胆后病就痊愈了，从此颜含因为孝顺而闻名遐迩。这些记录尽管有许多想象和杜撰的成分，但是由此我们就可以理解颜延之为什么后来专门写《庭诰》来教育家人和子弟。可见颜含忠孝思想在颜延之身上的延续。

颜含为第一代渡江颜氏，这一点我们可以从颜氏后人颜之推《观我生赋》中寻求进一步说明。赋文说：“旄头玩其金鼎，典午失其珠囊，瀍、涧鞠成沙漠，神华泯为龙荒，吾王所以东运，我祖于是南翔。”赋文指出永嘉时期晋朝鼎命已移，河南附近瀍、涧二水都变成了一片荒漠，往日神奇的华夏大地顿时到处是灾荒，在这样的背景下颜氏祖先渡江南迁。琅琊颜氏是所谓“渡江者百家”之一。《观我生赋》又说：“邑阒寂而无烟，畴百家之或在。”自注曰：“中原冠带随晋渡江者百家，故江东有《百谱》。”颜含是带领颜氏渡江的领袖，自然被渡江颜氏尊为“始祖”。过江以后，颜含曾经做过上虞令、东阳太守。东宫初建之时，因颜含“儒素笃行”而补太子中庶子，迁黄门侍郎、散骑常侍、大司农，后又除国子祭酒、

①［梁］沈约《宋书》，中华书局1974年版，第1891页。

②［梁］沈约《宋书》，中华书局1974年版，第1904页。

③［唐］房玄龄《晋书》，中华书局1974年版，第2285页。

加散骑常侍、迁光禄勋，颜含做官二十多年，九十三岁去世。颜氏南渡后生活于建康长干里，世称颜家巷[①]。颜延之祖父颜约，曾任零陵太守，父亲颜显，做过护军司马[②]。颜氏到东晋后期已经没有颜含时期的声望和家族地位，颜延之父亲早年就去世，颜延之“少孤贫，居负郭，巷室甚陋”[③]。对于自己前辈的嘉德懿行颜延之不像谢灵运那样经常挂在嘴边，反而是通过自己的努力来获得仕宦的不断进步，这也从另一个侧面表明，到颜延之这一代，颜氏家族确实已经衰落，除了简陋的住房之外，颜氏家族实在是没有什么地方可以使颜延之值得倚靠和得意，从颜延之曾祖颜含那里一脉流传下来的可能仅仅是“儒素笃行”的家风，颜延之很好地继承和弘扬了曾祖的遗风，作为刘宋时期的一代大儒学家，颜延之一生把儒家思想作为自己的主导思想，从而使他的仕宦生涯和文学创作都具有浓郁的儒家思想色彩。

第一节　起伏不定的漫长仕途

在元嘉三大家中，颜延之在仕途上是很成功的，尽管他曾经三次被贬或免官，但是每一次都能奇迹般复出，尽管颜延之嗜酒如命，张狂不已，但是他关键时期，对重要问题却不含糊，尽管他屡屡仗义执言，冒犯权要，但是总能逢凶化吉，如果对颜延之这种情况做一深入思考，就会发现颜延之能够始终维护皇帝的权威，他本人深厚的儒学思想以及率真正直的个性是使他在因缘际会中不断升迁的主要原因。和谢灵运比他虽然性格上有时也狂傲，但是他却很少放任，和鲍照比虽然他也没有显赫的出生，但是他却更能把握机遇，因此，在仕途上，颜延之比谢灵运和鲍照要成功得多。

一、辅佐刘柳、刘裕时期

关于颜延之的初仕时间与年龄，古今所论各异。一方面，《宋书》本传认为，颜延之三十岁时，尚未结婚。他的妹妹嫁给了东莞刘穆之子刘宪之。刘穆之既然和颜延之结成了通家之好，又听说颜延之才貌俊美，想帮他进入仕途，怎奈颜延之并没有接受这份好意。不久还是后将军、吴国内史刘柳提拔他为行参军，又转

①《观我生赋》曰：“去琅琊之迁越，宅金陵（建康）之旧章。”颜氏居于建康南之长干里，所居巷名“颜家巷”。《观我生赋》：“经长干以掩抑（自注：长干，旧颜家巷）。”

②［梁］沈约《宋书》，中华书局 1974 年版，第 1891 页。

③［梁］沈约《宋书》，中华书局 1974 年版，第 1891 页。

主簿，豫章公世子中军行参军[①]。这是颜延之出仕时间的传统记录。《南史》也沿袭了这一观点："年三十犹未昏。妹适东莞刘穆之子宪之。穆之闻其美才，将仕之，先欲相见，延之不往也。后为宋武帝豫章公世子中军行参军。"[②]今人黄水云先生也认为："颜延之在义熙十一年初仕，值壮年时期。"[③]义熙十一年即公元415年，颜延之生于公元384年，这样看来黄水云先生也认为颜延之三十二岁左右出仕。今人李之亮也认为："颜延之在义熙十年（414）初仕，时年三十一岁。"[④]以上观点都认为颜延之在三十岁左右出仕。另一方面，沈玉成先生《南北朝文学史》认为，"（颜延之）二十岁以后，出仕为后将军、吴国内史刘柳的行参军、主簿、后军功曹，前后约十年"[⑤]。杨晓斌追随沈先生的观点认为，"颜延之作为后将军、吴国内史刘柳的属官行参军（后转为主簿）的时间也应当在元兴元年至义熙初（402—406）之间，最迟也不能晚于义熙三年（407）。颜延之生于晋孝武帝太元九年（384），如果按义熙元年（405）初仕计算，时值二十二岁；即使按最晚义熙二年初仕计算，也不过二十三岁。因此，颜延之初仕约在二十二岁左右"[⑥]。综合以上观点，笔者认为颜延之二十二岁出仕说较为合理。

首先，由于《宋书·谢瞻传》载，刘柳任吴国内史期间，谢瞻担任刘柳建威长史，不久转为刘裕镇军[⑦]。而谢瞻为刘裕镇军的时间在元兴三年（404）至义熙三年（407）[⑧]。因为《晋书·安帝纪》云："元兴三年三月，王谧推刘裕行镇军将军、徐州刺史。"[⑨]可见元兴三年三月在王谧推荐下刘裕担任镇军。而《宋书·武帝纪》又云："义熙元年三月，天子至自江陵。诏曰：'镇军可进位侍中、车骑将军、都督中外诸军事、使持节、徐、青二州刺史如故。'高祖固让。三年二月，高祖还京师，将诣廷尉，天子先诏狱官不得受，诣阙陈让，乃见听。"[⑩]可见刘裕由镇军转任侍中是在义熙三年二月。这样谢瞻为刘裕镇军的时间应在义熙三年二月以后。由此可以推出，谢瞻为刘柳建威长史至少当在义熙三年以前，也就是说，刘柳义

---

① [梁]沈约《宋书》，中华书局1974年版，第1891页。
② [唐]李延寿《南史》，中华书局1974年版，第877页。
③ 黄水云《颜延之及其诗文研究》，文史哲出版社，1989年版，第42页。
④ 李之亮《颜延之行实及〈文选〉所收诗文系年》，《郑州大学学报》，1994年第1期。
⑤ 曹道衡 沈玉成《南北朝文学史》，人民文学出版社1991年版，第67页。
⑥ 杨晓斌《颜延之三十以后初仕质疑》，《兰州理论学刊》2006年第1期，第106页。
⑦ [梁]沈约《宋书》卷五十六《谢瞻传》载："刘弟柳为吴郡，将姊俱行，瞻不能违，解职随从，为柳建威长史。寻为高祖（刘裕）镇军、琅邪王大司马参军，转主簿。"
⑧ 参见曹道衡 沈玉成《中古文学史料丛考》，中华书局2003年版，第246页。
⑨ [唐]房玄龄《晋书》，中华书局1974年版，第256页。
⑩ [梁]沈约《宋书》，中华书局1974年版，第11、12、13页。

熙前后在吴国内史任上。

其次，义熙三年，刘柳已为尚书仆射。因为《宋书·沈演之传》又说："沈演之十一岁时，刘柳任尚书仆射。沈演之于元嘉二十六年（449）卒，时年五十三。"[①]可见演之十一岁时当为义熙三年（407）。也就是说，至迟在义熙三年，刘柳已经转任尚书仆射。又因《宋书》云："后将军、吴国内史刘柳以（颜延之）为行参军"的记载可证义熙元年前后，即颜延之二十二岁左右出仕。

颜延之出仕后，担任后将军吴国内史刘柳行参军，不久刘柳改任江州刺史，颜延之随刘柳来到寻阳。在寻阳，颜延之与陶渊明相知赏。《陶征士诔》中称其"自尔介居，及我多暇。伊好之洽，接阁邻舍。宵盘昼憩，非舟非驾"[②]，回忆两人饮酒自娱的事情。不久，颜延之转而辅佐豫章公世子刘义府。义熙十二年，宋高祖刘裕北伐，并被授予"宋公"，刘义府曾派遣使者到洛阳致贺，当时颜延之与同府王参军一起奉命出使洛阳，颜延之在道中做诗二首，文辞藻丽，深得谢晦和傅亮的赏识[③]。从颜延之的全部诗作看，道中作诗二首应指《北使洛》和《还至梁城作》。义熙十三年正月，刘裕以水师进讨敌贼[④]，三月大军才到了洛阳。颜延之诗中说："王猷升八表，磋行方暮年。阴风振凉野，飞雪瞀穷天。"[⑤]诗人描写冬天景象，可见颜延之赴洛阳应在义熙十二年冬。刘裕北伐后秦，收复长安，姚泓被送往建康斩首的整个过程，《宋书》记载甚详：

> 义熙十三年二月，冠军将军檀道济等次潼关。三月庚辰，大军入河。索虏步骑十万，营据河津。公命诸军济河击破之。公至洛阳。七月，至陕城。龙骧将军王镇恶伐木为舟，自河浮渭。八月，扶风太守沈田子大破姚泓于蓝田。王镇恶克长安，生擒泓。九月，公至长安。长安丰全，孥藏盈积。公先收其彝器、浑仪、土圭之属，献于京师；其余珍宝珠玉，以班赐将帅。执送姚泓，斩于建康市[⑥]。

北伐是刘裕戎马生涯的一次重大转折，这次远征不仅收复了长安等地，打

① [梁]沈约《宋书》卷六十三《沈演之传》："演之年十一，尚书仆射刘柳见而知之，曰：'此童终为令器。'二十六年，车驾拜京陵，演之以疾不从。"
② 严可均《全上古三代秦汉三国六朝文》，中华书局1958年版，第2647页。
③ [梁]沈约《宋书》，中华书局1974年版，第1891页。
④ [梁]沈约《宋书》，中华书局1974年版，第41页。
⑤ 逯钦立《先秦汉魏晋南北朝诗》，中华书局1982年版，第1235页。
⑥ [梁]沈约《宋书》，中华书局1974年版，第42页。

败了姚泓为首的索虏，而且使刘裕的声望大振，成为远近闻名的人物，为他代晋称帝打下了基础。义熙十四年，刘裕受相国宋公九锡之命[①]。宋国初建，颜延之为世子舍人，高祖受命，补太子舍人[②]，由于刘裕由“宋公”到“宋高祖”，刘义符也由“世子”变成了“太子”，自然颜延之就从“世子舍人”，转为“太子舍人”。这一时期，颜延之因和周续之的“儒学之辨”备受研究者关注。雁门人周续之隐居庐山，以儒学著称，永初年间被征召到京师，在周续之和颜延之的辩论中，颜延之“连挫续之”，得到宋武帝的首肯，颜延之被迁升为尚书仪曹郎，太子中舍人[③]，“颜周儒学之辨”助长了颜延之的傲气，进而引起傅亮的不满[④]，当时庐陵王义真“好辞义”，对颜延之“待接甚厚”，徐羡之等怀疑颜延之等别有用心，对他们的所作所为感到很不高兴[⑤]，结果颜延之被傅亮和徐羡之出为始安太守[⑥]，遭受了仕途上第一次沉重的打击。

关于颜延之被贬的时间，史书记载未详。缪钺先生《颜延之年谱》认为：“谢赴永嘉在永初三年秋，有《永初三年七月十六日之郡初发都诗》可证，则延之之出，似不应迟至两年之后，此一证也。据上文所引《宋书·武帝纪》，张邵于永初三年受命为湘州刺史，延之文为‘维有宋五年，湘州刺史张邵恭承帝命，建屿旧楚’，与事实不合，若改‘五年’为‘三年’则恰相符合。此二证也。”[⑦]针对这一观点，曹道衡和沈玉成先生认为，以上理由并不充分，原因是“《文选》卷五十七录颜延之《阳给事诔》，序云‘惟永初三年十一月十一日，宋故宁远司马濮阳太守彭城阳君卒，景平之元，朝廷闻而伤之，有诏曰……末臣蒙固，侧闻至训，敢询诸前典，而为之诔’。又《宋书·索虏传》载，阳瓒战死，少帝下诏追赠给事中，‘尚书令傅亮议瓒家在彭城，宜即以入召，绢一百匹，粟三百斛赐给。文士颜延之为诔焉’。玩其文气，皆非远在千里之外；‘侧闻至训’益明其在帝侧也。以是知景平元年延之尚在建康，其出为始安，为张邵作祭文，自是次年事矣。缪谱云：‘文帝元嘉中命延之作诔’，似无据。祭文云：‘恭承帝命，建屿旧楚’，据《武帝纪》载，永初三年二月，‘分荆州十郡还立湘州’，‘建屿’盖指‘还立’，重在指‘事’而非指‘时’。由上可证《宋书》本传及祭文‘有宋五年’不

① [梁] 沈约《宋书》，中华书局 1974 年版，第 44–45 页。
② [梁] 沈约《宋书》，中华书局 1974 年版，第 1891–1892 页。
③ [梁] 沈约《宋书》，中华书局 1974 年版，第 1892 页。
④ [梁] 沈约《宋书》，中华书局 1974 年版，第 1892 页。
⑤ [梁] 沈约《宋书》，中华书局 1974 年版，第 1892 页。
⑥ [梁] 沈约《宋书》，中华书局 1974 年版，第 1892 页。
⑦ 曹道衡 沈玉成《中古文学史料丛书》，中华书局 2003 年版，第 279 页。

误，颜延之出为始安太守在少帝景平二年。”[①] 以上缪钺先生与曹道衡和沈玉成关于颜延之被贬始安的时间问题的论争看起来非常繁杂，作者梳理评价如下：

从曹道衡和沈玉成先生给出的两点证据看，证据之一：永初三年阳给事为国捐躯，消息传到建康，颜延之在皇宫里听到了这则消息就是所谓“侧闻至训”，颜延之作《阳给事诔》，说明当时颜延之尚在宫中。证据之二：根据《宋书》相关记载提出“玩其文味”之说过于牵强。两位先生对于“建屿”一词的解释虽然合理但不到位。笔者认为，“建屿”一词的模糊性就在于“还立”和“已立”这一点上，仔细分析颜延之文中“维有宋五年，湘州刺史张邵恭承帝命，建屿旧楚”一句，句中“维有宋五年”指颜延之景平二年到达湘州的时候。“湘州刺史张邵恭承帝命，建屿旧楚”是颜延之在陈述两年前的事情。可见“建屿旧楚”在永初三年，而颜延之被贬到湘州在景平二年，两件事情并不咬合，从而推翻了缪钺先生所谓颜延之被贬在永初三年的观点。

笔者认为，永初三年既然颜延之为阳给事作诔，又有“侧闻至训”的证据，说明永初三年颜延之尚在宫中。同时颜延之《为张湘州祭虞帝文》有“维有宋五年”的记录，就像谢灵运所作《永初三年七月十六日之郡初发都诗》表明自己被贬时间一样，古代文人对被贬之类的大事记录非常清楚仔细，颜延之也不例外，颜延之文中“维有宋五年”不仅记录湘州建立的时间，也是诗人被贬时间的记录。一般认为，谢灵运家族势力较大，加之谢灵运当时狂放不羁，他的文学声誉又如日中天，为了避免不必要的麻烦，谢灵运很快就被外放永嘉。然而，颜氏门衰祚薄，不足以对皇室形成威胁，故而颜延之只是在景平二年才被贬始安，《宋书》记载无误。原因主要是颜延之恃才傲物，就像殷景仁所说：“所谓俗恶俊异，世疵文雅。”[②]谢晦也对他说：“昔荀勖忌阮咸，出为始平郡；今卿又为始安，可谓二始。”[③] 这是同僚对颜延之被贬始安时的调侃之语，但是也说明颜延之被贬主要和他过分表现自己的才华有关。

宋少帝景平二年，也是宋文帝刘义隆元嘉元年，四十一岁的颜延之迁赴始安途中路过汨罗江，在湘州作《为张湘州祭虞帝文》，并作《祭屈原文》云：“兰熏而摧，玉缜则折。物忌坚芳，人讳明洁。”[④] 抒发了才高遭忌的牢骚和愤懑。颜延之在赴始安途中，第二次拜访了老朋友陶渊明。据《文选》李善注引何法盛《晋中兴书》说：“颜延之为始安郡，道经浔阳，常饮渊明舍，自晨达昏。及渊明卒，

① 曹道衡 沈玉成《中古文学史料丛书》，中华书局 2003 年版，第 280 页。

②［梁］沈约《宋书》，中华书局 1974 年版，第 1892 页。

③［梁］沈约《宋书》，中华书局 1974 年版，第 1892 页。

④ 严可均《全宋文》，中华书局 1958 年版，第 2648 页。

延之为诔，极其思致。”陶渊明去世后，颜延之作《陶征士诔》。颜延之在始安太守任上的行迹，史籍记录很清楚。《广西通志》卷六十三：“颜延之字延年，琅琊临沂人，高祖时仕至太子中舍人，少帝即位迁始安太守、领军将军，及至始安，构读书堂于独秀山。元嘉三年征还。”[①]《广西通志》卷四十四：“颜延之故宅在独秀山下，中有读书亭，后改为兴福寺。”[②]《桂胜》卷一：“（独秀山）有岩曰：‘读书’，以刘宋时始安太守颜延之著名，岩前故有‘五咏堂’镌颜‘五君咏’。”[③]《广西通志》卷十三：“桂林府，临桂县，独秀山在城东北，峭立五十余丈，端严秀整，侧视如卓笔，较诸峰为特秀，宋太守颜延之，读书岩下有诗云：‘未若独秀者，峨峨郛邑间。’”[④]从后人的记录看，颜延之被贬始安其间，在独秀山建起了读书堂，说明颜延之曾经在那里教授学子，至于独秀山上镌刻的“五君咏”应该是后世为纪念颜延之才镌刻的，因为《五君咏》是颜延之在离开始安后的第七年，也是元嘉十年因不满刘义康的霸道行为才作的。

二、辅佐文帝时期

元嘉三年，傅亮和徐羡之伏诛，被他俩贬谪远郡的谢灵运和颜延之得以返回朝廷任职。颜延之被征为中书侍郎，又转为太子中庶子，领步兵校尉，赏遇十分丰厚[⑤]，从颜延之元嘉三年复出到元嘉十一年再次被贬的共八年时间里，颜延之的创作活动十分频繁。元嘉三年，颜延之离开湘州时作《始安郡还都与张湘州登巴陵城楼》诗，从诗题看，这是颜延之告别始安时，有感于湘州的美丽风景而写的一首诗：“江汉分楚望，衡巫奠南服。三湘沦洞庭，七泽蔼荆牧。经涂延旧轨，登闉访川陆。水国周地险，河山信重复。却倚云梦林，前瞻京台囿。清芬霁岳阳，曾晖薄澜澳。凄矣自远风，伤哉千里目。万古陈往还，百代劳起伏。存没竟何人，炯介在明淑。请从上世人，归来艺桑竹。”诗人在写景的同时，感怀时间流逝，世事沉浮，愿意回归故里，暗含对仕途的畏惧。同年，颜延之和谢灵运作诗唱和。元嘉三年，返回朝廷的谢灵运作《还旧园作见颜范二中书》：

---

①《钦定四库全书》，中华书局点校本，史部，地理类，都会郡县之属，《广西通志》卷六十三。
②《钦定四库全书》，中华书局点校本，史部，地理类，都会郡县之属，《广西通志》卷十三。
③《钦定四库全书》，中华书局点校本，史部，地理类，山水之属，《桂胜》卷一。
④《钦定四库全书》，中华书局点校本，史部，地理类，都会郡县之属，《广西通志》卷十三。
⑤［梁］沈约《宋书》，中华书局1974年版，第1893页。

辞满岂多秩，谢病不待年。偶与张邴合，旧欲还东山。圣灵昔回眷，微尚不及宣。何意冲飙激，烈火纵炎烟。焚玉发昆峰，馀燎遂见迁。投沙理既迫，如印愿亦愆。长与欢爱别，永绝平生缘。浮舟千仞壑，总辔万寻巅。流沫不足险，石林岂为艰。闽中安可处，日夜念归旋。事踬两如直，心惬三避贤。托身青云上，栖岩挹飞泉。盛明荡氛昏，贞休康屯邅。殊方感成贷，微物豫采甄。感深操不固，质弱易扳缠。曾是反昔园，语往实款然。曩基即先筑，故池不更穿。果木有旧行，壤石无远延。虽非休憩地，聊取永日闲。卫生自有经，息阴谢所牵。夫子照清素，探怀授往篇。

谢灵运在诗中忆及自己在被贬后隐居故乡始宁墅的自得生活。从诗题看颜延之返回朝廷要比谢灵运早，颜延之作《答谢监灵运》：

弱植慕端操，窘步惧先迷。寡立非择方，刻意藉穷栖。伊昔遘多幸，秉笔侍两闺。虽惭丹雘施，未谓玄素睽。徒遭良时诐，王道奄昏霾，人神幽明绝，朋好云雨乖。吊屈汀洲浦，谒帝苍山蹊。倚岩听绪风，攀林结留荑。跂予间衡峤，曷月瞻秦稽。皇圣昭天德，丰泽振沉泥。惜无雀雉化，何用充海淮。去国还故里，幽门树蓬藜。采茨葺昔宇，翦棘开旧畦。物谢时既晏，年往志不偕。亲仁敷情昵，兴玩究辞栖。芬馥歇兰若，清越夺琳珪。尽言非报章，聊用布所怀。

颜延之回忆被贬前后的生活经历，表现出对仕途的逃避心态。两人在经历了被贬的苦痛之后，他们的诗中都表现出愿意淡出仕途的想法。元嘉五年，颜延之和谢灵运作《北上篇》。据《南史》本传记载："延之与陈郡谢灵运俱以辞采齐名，而迟速悬绝。文帝尝各敕拟乐府《北上篇》，延之受诏便成，灵运久之乃就。"①史料没有指明时间，从谢灵运当时的活动情况看，由于谢灵运于元嘉三年为秘书监，元嘉五年十一月被免官回到始宁，元嘉八年再次到建康，不久被任命为临川内史，元嘉十年被杀，一般认为，颜延之和谢灵运作《北上篇》应在元嘉五年较为合理。元嘉六年，颜延之和袁淑发生了口水之争。缪钺先生《颜延之年谱》对此事发生的时间考证较为详细，《南史》本传则记录了具体细节，颜延之因为才学被时人礼遇，唯独袁淑年龄很小对颜延之不相推重，颜延之愤然在众人面前

① [唐] 李延寿《南史》，中华书局 1974 年版，第 881 页。

贬损袁淑说："昔陈元方与孔元骏齐年文学，元骏拜元方于床下，今君何得不见拜？"袁淑无言以对，十分难堪[①]。元嘉十年初夏，宋文帝游览了乐游苑，下诏让颜延之做诗。《文选》收录颜延之《应诏观北湖田收诗》。李善注引《丹阳郡图经》曰："乐游苑，晋时药园，元嘉中筑堤壅水，名为七湖。"又引"集"曰："元嘉十年也。"[②]资料显示，元嘉十年颜延之应诏观看乐游苑，并写下了《应诏观北湖田收诗》，由李善注引可知，诗题中所谓"北湖田"实际上是元嘉时宫廷的游乐园，在壅水，又名"七湖"，湖里种满芍药，初夏到来药香扑鼻，十分迷人。元嘉十一年三月，宋文帝到乐游苑禊饮，同时为江夏王义恭、衡阳王义季送行，并且下诏要求所有与会者都要赋诗，这在当时也是文坛的一件盛事，甚至邀请了僧人参加。《文选》卷二十收入颜延之的《应诏宴曲水诗序》《三月三日曲水诗序》，李善注引裴子野《宋略》云："文帝元嘉十一年三月，丙申，禊饮于乐游苑且祖道江夏王义恭、衡阳王义季。有诏会者咸赋诗。"[③]又据《高僧传》卷七《宋京师道场寺释慧观传》载："元嘉初三月上巳，车驾临曲水宴会，命观与朝士赋诗，观即坐先献，文旨清婉，事适当时。琅琊王僧达，庐江何尚之，并以清言款，结赏尘外。"[④]说明慧观和朝士一起参加了曲水宴会并赋诗。这次宴会由于颜延之等诗人写下了许多佳作也为后人称道。据《南齐书·王融传》载："（永明）十一年，使兼主客，接虏使房景高、宋弁。弁……因问：'在朝闻主客作《曲水诗序》'。景高又云：'在北闻主客此制，胜于颜延年，实愿一见。'"可见《曲水诗序》当时不仅在南方受人推崇，而且在北方也广为流传。

元嘉十年前后，文帝开始患病，彭城王刘义康乘机独揽大权，生杀大事都归刘义康裁决，凡所陈奏的事项也由他来定夺[⑤]。刘义康的党羽刘湛等也嚣张一时。颜延之见刘湛、殷景仁等都担当重要职务，心里感到十分不舒服，经常说："天下之务当与天下共之，岂一人之智所能独了？"[⑥]颜延之还对刘湛说："吾名器不升，当由作卿家吏。"[⑦]言辞激荡，由此触怒了刘义康等人。元嘉十一年，颜延之被出永嘉太守。颜延之出于怨愤作《五君咏》来表达竹林七贤等因为贵显被贬黜的事情。他咏嵇康说，"鸾翮有时铩，龙性谁能驯"，咏阮籍说，"物故不可论，

①［唐］李延寿《南史》，中华书局 1974 年版，第 878 页。
②《钦定四库全书》，中华书局点校本，集部，总集类，《文选注》卷二十。
③《钦定四库全书》，中华书局点校本，集部，总集类，《文选注》卷二十。
④［梁］释慧皎撰，汤用彤校注《高僧传》，中华书局 1992 年版，第 264–265 页。
⑤［唐］李延寿《南史》，中华书局 1974 年版，第 367 页。
⑥［梁］沈约《宋书》，中华书局 1974 年版，第 1893 页。
⑦［梁］沈约《宋书》，中华书局 1974 年版，第 1893 页。

涂穷能无恸"，咏阮咸说，"屡荐不入官，一麾乃出守"[1]。颜延之对被贬永嘉的怨愤，主要因为颜延之和谢灵运曾经交好庐陵王义真，谢灵运于永初三年被外放永嘉，随后颜延之外放始安。元嘉十一年，正是谢灵运在广州行弃世刑后一年，刘义康等又贬颜延之为永嘉太守，暗示颜延之的下场和谢灵运一样，无疑想把颜延之也置于死地，刘义康的用心是非常歹毒和阴险的，于是，才有颜延之"鸾翮有时铩，龙性谁能驯"这样的愤慨之词。由于颜延之出言不逊，刘义康大怒，想再贬为远郡。太祖下诏解劝道："宜令思愆里间。"[2]从元嘉十一年到元嘉十七年颜延之退居颜家巷长达七年时间。

七年中，颜延之把主要精力放在和释界中人交游、儒佛辩论等方面。元嘉十二年，求那跋陀罗来到广州，刺史车朗上表奏知文帝，宋太祖专门派人迎接他到京都，此时，颜延之正赋闲在家，曾经登门拜访求那跋陀罗[3]。后来求那跋陀罗在建康住了下来，翻译了大量佛教经卷。从这方面看，颜延之应该是向求那跋陀罗请教佛教方面的问题。后来，沙门慧琳著《白黑论》以毁其法，何承天著《达性论》以攻慧琳，颜延之著《释达性论》《重释何衡阳》《又释何衡阳》三篇反对何承天，因为颜延之《释达性论》中有"足下婴城素坚，难为飞书，而吾自居忧患，情理无托"这样的句子，可知"颜何辩论"也发生在颜延之"自居忧患"的七年之中。《宋书》记载，元嘉十七年，文帝袁皇后去世，文帝下诏让永嘉太守颜延之写了哀策文[4]。分析颜延之屏居家中七年的活动，诗人应该是把主要精力放在了学习和研究当时流行的佛教理论上，并且也和释界中人探讨相关问题，参与了不同凡响的儒佛论辩，虽然此时写的《庭诰》以儒家理论来劝诫家人和弟子，但是，这一时期颜延之的理论和思想创获主要在佛教方面，也是其从儒学思想向佛学思想过渡的一个时期。

三、再辅文帝时期

元嘉十七年，刘义康集团成员刘湛被宋文帝处死，刘义康也成了宋文帝打击的对象，在政敌失去势力以后，颜延之复出为始兴王浚后军谘议参军，御史中丞[5]，其间颜延之处事从容，无所举奏。元嘉十九年，宋文帝立国子学，颜延之

---

① 逯钦立《先秦汉魏晋南北朝诗》，中华书局 1982 年版，第 1235 页。

② [唐] 李延寿《南史》，中华书局 1974 年版，第 879 页。

③ [梁] 释慧皎撰，汤用彤校注《高僧传》，中华书局 1992 年版，第 131 页。

④ [梁] 沈约《宋书》，中华书局 1974 年版，第 1284 页。

⑤ [梁] 沈约《宋书》，中华书局 1974 年版，第 1902 页。

以本官领国子博士，皇太子讲《孝经》，何承天与中庶子颜延之同为执经[①]。元嘉二十二年，颜延之"坐启买人田，不肯还直"，被尚书左丞荀赤松弹劾[②]。文帝获准荀赤松的奏章，再一次免掉颜延之所居官职。关于颜延之复为秘书监，光禄勋，太常的时间[③]，《弘明集》卷四录何承天《答颜光禄》两书提供了些许信息，从书名看有"光禄"二字，说明何承天在写两篇文章时，颜延之在光禄勋任上，而《宋书·何承天传》载："元嘉二十四年，承天迁廷尉，未拜，上欲以为吏部，已授密旨，承天宣漏之，坐免官，卒于家。"[④]也就是说，颜延之担任光禄勋应该不晚于元嘉二十四年。颜延之为"光禄勋"时，宋文帝雅重慧琳，引见常升独榻[⑤]，因此有黑衣宰相的说法，对此颜延之深感不满并且乘醉说："昔同子参乘，袁丝正色。此三台之座，岂可使刑馀居之？"[⑥]颜延之对慧琳参政不满，惹怒了文帝。笔者看来，颜延之不容别人超过自己而且口无遮拦。这样的例子可以追溯到元嘉三年，刘湛、殷景仁专当要任，颜延之心里感到不公平。到义熙十二年，傅亮"以文义之美，一时莫及"，但是颜延之负其才辞，不甘心在傅亮之下，于是和傅亮交恶。元嘉六年，因袁淑对他不恭，颜延之便当众羞辱袁淑。

元嘉二十九年，颜延之上表请求解职，宋文帝可能考虑到颜延之的政治威望以及对自己的忠诚，没有答应颜延之的请求[⑦]。直到刘邵杀死他的父亲宋文帝篡位以后，可能也是因为颜延之的政治威望和势力，在元嘉三十年刘邵封颜延之为光禄大夫[⑧]。而到刘骏杀死刘邵登上皇帝宝座时，很可能是由于颜延之的儿子颜竣曾经帮助刘骏打败了刘邵，因此，刘骏即位后，颜竣"任遇既隆，奏无不可"[⑨]，颜延之因"子贵父荣"也被封为金紫光禄大夫，领湘东王师。颜延之晚年生活十分谨慎，对儿子也要求很严格。他不仅拒绝接受颜竣供奉的锦衣美食，而且他器服不改，宅院如旧，出行时坐着羸牛笨车，如果碰到儿子颜竣，马上屏往道侧让路[⑩]。颜延之经常早起等候颜竣，遇到宾客盈门，颜竣仍然卧床不起，颜延之会愤怒地说："恭敬撙节，福之基也；骄佷（应为横）傲慢，祸之始也。况出粪土之

①［梁］沈约《宋书》，中华书局1974年版，第1705页。
②［唐］李延寿《南史》，中华书局1974年版，第880页。
③［梁］沈约《宋书》，中华书局1974年版，第1902页。
④［梁］沈约《宋书》，中华书局1974年版，第1711页。
⑤［梁］释慧皎撰，汤用彤校注《高僧传》，中华书局1992年版，第268页。
⑥［唐］李延寿《南史》，中华书局1974年版，第879页。
⑦［梁］沈约《宋书》，中华书局1974年版，第1903页。
⑧［梁］沈约《宋书》，中华书局1974年版，第1903页。
⑨［梁］沈约《宋书》，中华书局1974年版，第1904页。
⑩［梁］沈约《宋书》，中华书局1974年版，第1903页。

中，而升云霞之上。傲不可长，其能久乎。”[1]颜延之心中深知狂傲的后果，认为他们本来出身贫贱，受到皇帝的赏识才有了飞黄腾达的机会，劝诫儿子千万不能狂傲。颜竣修筑宅院，颜延之对他说：“善为之，无令后人笑汝拙也。”[2]而平常对颜竣说：“平生不喜见要人，今不幸见汝。”[3]经过了漫长的仕宦生涯，颜延之于孝建三年去世，享年七十三岁[4]。在元嘉三大家中，颜延之享年最长，仕宦和创作也都取得了非凡的成就。

第二节　以儒为本的人格精神

在漫长的仕宦生涯中，颜延之经历是很丰富的，特别是在朝廷内部争夺皇位的斗争中，他往往处于焦点位置，早年追随刘义真被贬始安郡，献诗劝谏刘义康又被贬永嘉，因购买田地案又被免官，也可以说是三起三落，就是在复杂的矛盾中颜延之的个性和思想特色才表现得更加鲜明。

一、耿介傲岸　狂放率真

元嘉三大家都有“狂”的记录，鲍照早年曾经在《侍郎报满辞阁疏》说他“幼性猖狂”，但是在鲍照的仕宦生涯中，这种猖狂的个性却被郁不得志而代替。谢灵运则是“性褊急，多愆礼度”。被贬永嘉时，“肆意游遨，遍历诸县”。在看到宋文帝没有重用他时“称疾不朝”，“出郭游行”，“既无表闻又不请急”。被改任临川内史时“在郡游牧不异永嘉”。颜延之的狂放行为历历可数：其一，《南史》记载，何尚之作侍中时在宫里当值，颜延之醉酒后拜诣何尚之，当何尚之看见醉眼惺忪的颜延之便假装睡觉，颜延之撩起门帘盯着他说：“朽木难雕。”何尚之对左右说：“此人醉甚可畏”[5]。颜延之狂傲就连同僚也叹服，言语之中对颜延之的行为已习以为常。其二，晋恭思皇后出殡，应须百官出席，而且都是义熙元年出仕的官员，当时颜延之兼任侍中，邑吏送来礼札邀请他，颜延之正饮酒大醉，把礼札扔在地上说：“颜延之未能事生，焉能事死？”[6]这样的答语狂傲却不失机

①［唐］李延寿《南史》，中华书局1974年版，第881页。
②［唐］李延寿《南史》，中华书局1974年版，第881页。
③［唐］李延寿《南史》，中华书局1974年版，第881页。
④［梁］沈约《宋书》，中华书局1974年版，第1902页。
⑤［唐］李延寿《南史》，中华书局1974年版，第879页。
⑥［梁］沈约《宋书》，中华书局1974年版，第1893页。

警，也是诗人烦闷和不满的表达。其三，据《南齐书》记载，张镜少与光禄大夫颜延之是邻居，颜延之只要谈论饮酒的事情，总要大声喧谈，滔滔不绝，而张镜少静悄悄地很少说话。后来颜延之在篱边听到张镜少与客人说话，取来胡床坐下仔细听讲，发现张镜少辞义清玄，颜延之心里十分佩服，于是对宾客说："彼有人焉。"从此以后颜延之不再大声喧叫[①]。颜延之对张镜少的这种态度说明他虽然狂傲但也不乏自知之明，刘宋时期尚有清谈的余风，也可以看出颜延之对玄谈的兴趣。其四，据《宋书》记载，当颜延之为刘柳后军功曹的时候，在寻阳曾经去拜访陶渊明，后来被贬为始安太守时，又经过陶渊明的家，于是每天去拜访陶渊明，两人酣饮而醉。颜延之离开的时候给陶渊明留了二万钱[②]。在颜延之的朋友中，陶渊明算是颇受颜延之热爱和敬重的一位，从颜延之后来写的《陶征士诔》来看，两人除了同有酒好外，陶渊明蔑视权贵，隐逸故乡的高尚情操也是吸引颜延之的地方。其五，据《南史》记载，颜延之与何尚之二人经常开玩笑，互相嘲讽，何尚之叫颜延之为猿，颜延之把何尚之也当作猴。有一次两人同游太子西池，颜延之问路人说："吾二人谁似猴？"路人说何尚之像猴。颜延之喜不自胜，路人又说："彼似猴耳，君乃真猴！"[③]作为朝廷大臣，颜延之这种狂放和率真的个性不仅可以缓解仕宦的压力，也是颜延之珍重朋友友情的一种表现。其六，据《南史》记载，孝武帝即位以后，颜延之担任了金紫光禄大夫，领湘东王师。他曾经与何偃一起到南郊，何偃在路中大声叫颜延之说："颜公！"颜延之认为何偃轻脱，并责怪何偃说："身非三公之公，又非田舍之公，又非君家阿公，何以见呼为公？"[④]颜延之出语机智诙谐，饶有趣味，让人忍俊不禁。像这种同僚之间的调侃之词，反映出颜延之人性中自然的一面。颜延之一生嗜酒纵诞，其《庭诰》却云："酒酌之设，可乐而不可嗜。"可见颜延之嗜酒纵诞并非恶习，在险恶的仕途，这种狂诞不失为一种明哲保身的人生策略。

二、深谙权变　博涉经史

才情和爱好是构成一个人人格精神的主要内容，和谢灵运擅长书法和绘画、鲍照喜欢书法和音乐不同，颜延之的才情和爱好主要表现在他博涉经史，善于在复杂的政治斗争中把握机遇，逢凶化吉，遇难呈祥。我们说颜延之善于权变，主

① [梁] 萧子显《南齐书》，中华书局 1972 年版，第 580 页。
② [梁] 沈约《宋书》，中华书局 1974 年版，第 2288 页。
③ [唐] 李延寿《南史》，中华书局 1974 年版，第 785 页。
④ [唐] 李延寿《南史》，中华书局 1974 年版，第 880–881 页。

要指颜延之在其政治生涯中善于审时度势，权衡利弊，及时变通，把握机遇。这一点在颜延之“三起三落”的漫长仕途中得到了很好的印证。

从第一次出仕和被贬始安郡来看，虽然颜延之曾祖颜含官居显位，祖父颜约做过太守，父亲颜显也做过司马，但是少年孤贫的颜延之出仕却是颇费周折的，致使后人对于他出仕的时间和年龄都有几个版本，颜延之的第一个职位是行参军，不久开始辅佐豫章公世子刘义府，刘裕登基后，又顺理成章地成为太子舍人，这些和他本人文辞藻丽，精通儒学，善于把自己的文学才华转变为政治资本，进而受到当时的权臣谢晦和傅亮的赏识有关。他被贬始安郡的主要原因，一是在于他与庐陵王刘义真交往过密，致使对太子即位造成了一定的威胁。二是“颜周儒学辩论”后他恃才傲物惹恼了傅亮。这就说明颜延之的政治意识还有待不断磨砺。第一次被贬对于年轻气盛的颜延之来说积累了一定的政治斗争经验。从回京任职到屏居里巷的十四年来看，颜延之从遥远的始安郡返回朝廷任职，得益于傅亮和徐羡之两位权臣被杀，这就使颜延之从某种意义上领悟到，得罪与皇帝作对的权臣并不可怕，有时还会成为自己晋升的砝码和条件，颜延之返京后被提拔为中书侍郎等要职，赏遇也十分丰厚就说明了这一点。这一时期，颜延之吸取第一次被贬的教训，一方面，一心一意辅佐宋文帝，写了许多应诏诗作，另一方面，采用当面反驳、写文章警告等方式和当时独揽朝政、妄图篡逆的刘义康集团展开斗争，维护宋文帝的地位。尽管受到刘义康的排挤和打压，但是却受到宋文帝的保护，颜延之只是退居颜家巷，并没有被再次贬到远郡。颜延之深知宋文帝是一位深藏不露、善于权术的皇帝，虽然他暂时不会对刘义康集团下手，但是，只要时机成熟他一定会铲除异己，就像对待徐羡之和傅亮一样。颜延之要做的就是保存实力，等待再次出山。从颜延之和刘义康的斗争中，我们可以看出颜延之不仅用心良苦，而且伸屈自如。从颜延之屏居家中七年后返回朝廷到全身而终这段时期来看，元嘉十七年，宋文帝终于解决了刘义康集团篡逆的问题，颜延之得以第二次出现在宋文帝的身边，但是这一时期，颜延之的政治经验日趋成熟，处事从容，无所举奏，主要精力放在了讲解经书上。虽然因买卖田产一案被暂时免职，但是到元嘉二十四年前后，宋文帝又为颜延之准备了光禄勋等重要职位，善于权变的颜延之可能已经看到宋文帝的病情日益严重，皇室弟子也在摩拳擦掌跃跃欲试，在元嘉二十九年主动上表请求解职，宋文帝可能考虑到颜延之资深的阅历和举足轻重的政治资本，又把他挽留下来。让我们感到惊讶的是刘劭杀死他的父亲宋文帝后，竟然又把宋文帝的近臣、老臣颜延之封为光禄大夫。而孝武帝刘骏杀死刘劭即皇帝位以后，颜延之也被封为金紫光禄大夫。这一切无不让我们感到颜延之在经过复杂的政治斗争之后形成了善于权变的能力。

颜延之经过漫长的仕宦生涯，最后终于到达了一般人难以企及的备受世人尊重的地位，除了他本人善于权变之外，更重要的一点是颜延之具有深厚的文学修养，以及善于把文学才华转变为政治资本的能力。而颜延之自幼博涉经史是其后来各个方面能够不断发展的根基。那么，颜延之涉猎了哪些经典呢？我们通过《文选》对颜延之《应诏宴曲水作诗》中用典情况的分析，就可以了解颜延之曾经读过的典籍。单从这一首诗我们就可以看到，颜延之用典出自《周易》《论语》《老子》《庄子》《太玄经》《国语》《春秋合诚图》《申子》《长杨赋》《尚书传》《周礼》《毛诗》《汉书》《尔雅》《魏都赋》《望海赋》《史记》《韩诗章句》《左氏传注》《春秋》《毛苌诗传》《孟子》《吕氏春秋注》《广雅》《尚书》《楚辞》等。如果审视颜延之的全部作品，我们一定会发现颜延之所涉猎的古代典籍非常广博，应该包括了刘宋以前的“诸子百家”和“经史子集”等各类古籍。不仅如此，颜延之在长期的读书学习中还总结出了关于如何处理好“博”与“要”关系的观点，他在《庭诰》中说：“观书贵要，观要贵博。博而知要，万流可一。”[①]颜延之认为，读书贵在精要，但是要想获得精要的知识就必须广泛地阅读，读书多了知识也就越来越精要，许多知识也可以归纳在一起，更便于我们掌握。正是由于颜延之博涉经史，才使他在文学创作中获得了巨大的成功。据《隋书·经籍志》四著录：“宋特进《颜延之集》二十五卷，梁三十卷。又有《颜延之逸集》一卷，亡。”《旧唐书·经籍志》《新唐书·艺文志》著录皆为三十卷。《宋史·艺文志》著录为五卷。明以后的辑本有《颜延之集》一卷，明汪士贤辑《汉魏诸名家集》本；《颜光禄集》五卷附录一卷，明张燮辑《七十二家集》本；《颜光禄集》一卷，明张溥辑《汉魏六朝百三家集》本；《颜光禄集》明叶绍泰辑《增订汉魏六朝别解》本；《颜延年集》四卷，丁福保辑《汉魏六朝名家集初刻》本；《颜光禄集选》一卷，清吴汝纶评选《汉魏六朝百三家集选》本。据《南史》本传说：“是时议者以延之、灵运自潘岳、陆机之后，文士莫及，江右称潘、陆，江左称颜、谢焉。”[②]颜、谢并称说明，在古代文学史上颜延之的文学地位可以比肩山水诗人谢灵运。

三、崇仰儒学　兼及佛玄

颜延之曾祖颜含就有儒学本色，东宫初建时，颜含以“儒素笃行”而补太子

---

①《钦定四库全书》，中华书局点校本，集部，总集类，《文选注》卷二十五。
②［唐］李延寿《南史》，中华书局1974年版，第881页。

中庶子，迁黄门侍郎①，而史书将其归入《孝友传》中，记述其躬亲孝行、奉养兄嫂之事，犹可证实其秉持的孝悌伦理观。颜延之的祖父、父亲，史书并无详记，但也世代为官，其家族儒学一脉相传。刘宋王朝建立后，皇权政治开始复兴，儒家倡导的君臣父子的统治秩序开始恢复，这种政治变化暗合了颜延之心目中以儒学治国的政治模式，同时，刘宋一朝，大力倡导并极力复兴儒学，儒学理论逐渐影响了当时社会的主流意识，此举也和颜延之以儒为主的思想十分合拍。颜延之崇尚儒学表现在他对儒学经典非常精通，并能在与周续之儒学交流时更胜一筹，而且他对儒家经典《孝经》有深入研究，皇太子讲《孝经》时，何承天和颜延之同为执经②，尤其是他奉皇帝诏制作郊庙歌③，足见颜延之在当时儒学界的地位。颜延之还广泛使用《诗经》《楚辞》《礼记》《尚书》等儒学经典入诗。特别是他在屏居里巷的七年时间里精心写成的《庭诰》一文，基本代表了他对儒家思想的深刻理解，全文从“孝悌”和“谨慎”“安贫乐道”和“宽恕之心”“节俭”和“屏欲”“薄责于人”和“忠信择友”等方面根据《论语》中提出的观点，结合自己的人生体验提出了新的观点和认识，用以劝诫家族子弟。以上诸多史料表明颜延之的儒学思想是其人生的主导思想。

进入刘宋时期，玄风渐渐隐退，但是士人对玄学清谈兴趣尚存。据《南齐书·陆澄传》载，元嘉建学之始，郑玄经学和王弼玄学都被推崇。到颜延之作祭酒时，贬黜郑玄，而置王弼，意在贵玄。颜延之生于东晋社会，自然沾染玄风余绪，此时推崇王弼是在提倡玄学。实际上，颜延之所交朋友有很多精通玄理的名士。例如，元嘉十六年，宋文帝命何尚之立玄学馆④，何尚之独领玄学，而颜延之与何尚之情深义笃，讨论玄理“老而不休”。另一方面，颜延之也将“三玄”的哲理名句巧妙点化入诗，如《应诏宴曲水作诗》中的“道隐未形，治彰既乱”，化用《老子》“大象无形，道隐无名”⑤的义理；同诗中“制以化裁，树之形性”则借用《庄子》“留动而生物，物成生理谓之形；形体保神，各有仪则谓之性”⑥的道理；《和谢监灵运作诗》中“謇步俱先迷”用的是《周易》“先迷失道，后顺得常”⑦的思想。由此看来，在颜延之的文学作品和思想认识中，玄学和道学也占

① [唐] 房玄龄《晋书》，中华书局 1974 年版，第 2286 页。
② [梁] 沈约《宋书》，中华书局 1974 年版，第 1705 页。
③ [梁] 沈约《宋书》，中华书局 1974 年版，第 541 页。
④ [唐] 李延寿《南史》，中华书局 1975 年版，第 45 页。
⑤ 陈鼓应《老子今注今译》，商务印书馆 2003 年版，第 229 页。
⑥ 陈鼓应《庄子今注今译》，中华书局 1983 年版，第 309 页。
⑦ 周振甫《周易译注》，中华书局 1991 年版，第 13 页。

一定的比例，但是相对来说要少得多。

一般认为，刘宋是佛教兴盛的第一个高潮，而元嘉时期又是佛教高潮中的极点。刘宋帝王崇尚佛教，佛教徒从寺庙进入宫廷，社会上寺塔成林，译经之风盛炽，佛学名士更是经常谈经论法。颜延之曾经向竺道生问道[①]，并登门拜访求那跋陀罗[②]，颜延之的《释达性论》《重释何衡阳》《又释何衡阳》也是站在佛教的立场上，维护佛法。此外，颜延之还撰写了大量的佛教著作《通佛影迹》《通佛顶齿爪》《通佛衣钵》《通佛二叠不燃》[③]，可见颜延之对佛学研究十分广泛。由此，颜延之也形成了关于佛学的一些思想观点。其一，“治心”说。颜延之在《庭诰二章》说：“崇佛者本在于神教，故以治心为先。”诗人认为道教是养身修炼外形，而佛教是以神理来治内心，只有领悟佛教的义理，才能把握佛教的真谛，达到“治心”的目的。其二，以神为尊。他在《重释何衡阳达性论》中说：“神致太上，崇一元首。”诗人认为神是至高无上的主宰，并认为“天”“地”“人”三才并列而都合于“神灵”，显然这是佛教崇尚神灵思想在颜延之身上的反映。其三，“圣人”高于“众生”。他在《重释何衡阳达性论》中又说：“譬圣人虽同秉五常，不可谓之众人。”诗人认为圣人虽然也有和众生一样的地方，但是，我们不能把圣人等同于众生，圣人之所以为圣人就是因为圣人禀赋神明。其四，神不灭。佛教理论认为神是存在于此岸世界和彼岸世界的一种精灵，它感物而非物，故物化而不灭，假数而非数，故数尽而不穷。颜延之在《重释何衡阳达性论》中列举孔子对于神灵问题采取避而不谈的态度，来肯定神灵的存在，并且认为人和神灵之间可以通过感应来交流，实际上颜延之还是在阐释佛教所谓因果报应的思想。颜延之的佛学观点基本上继承了佛教理论的基本观点，在佛教流播的刘宋时期，作为一位先锋的诗人接受这些思想是时代的必然，但是，我们从颜延之的诗文中可以看到，紧紧萦绕在他心灵深处的依然是儒家的思想。

---

① [梁] 释慧皎撰，汤用彤校注《高僧传》，中华书局 1992 年版，第 255–256 页。

② [梁] 释慧皎撰，汤用彤校注《高僧传》，中华书局 1992 年版，第 131 页。

③《钦定四库全书》，中华书局点校本，释家类，《广弘明集》卷六。

第5章

谢鲍颜三大家生平创作综论

前面对“三大家”思想文化背景及其各自的生平与人格精神进行了较为详尽的考察与探讨，本章以“谢鲍颜三大家生平创作综论”为题，意图在于比较一下谢灵运、鲍照、颜延之三位作家在生平和创作方面的特点。如果我们换一种角度重新审视“元嘉三大家”的仕宦生涯，就会发现他们干政徇禄的共同点是进仕和归隐的矛盾。在三大家身上表现出的“狂傲”性格也不能等量齐观，这种“狂傲”个性在三位诗人身上又有细微的区别。三大家对待儒、道、佛的态度不尽相同，他们的心路历程也别具一格。如果我们把探索的目光转移到中古文学这个文人辈出的大背景，来审视“元嘉三大家”的诗歌创作成就“元嘉体”，那么其特点和意义会更加清晰和明朗起来。“元嘉三大家”是我国古代文学发展史上超越历史的文学丰碑之一，在“三大家”之后，历代文人对他们的评论时断时续，不绝于耳，研究这些评论对认识“元嘉三大家”会有很大裨益。

第一节　惊人相似的矛盾人生

对于某一事物的认识，只有通过把此事物和彼事物进行详细的比较，才能对此事物有一个清晰的认识。基于这种非常浅显而又确实管用的观念，在学术研究领域，研究者经常采用比较的方法，大到宏观的跨学科比较，小到微观的学科内部各种范畴、现象的甄别，往往能收到很好的效果。这种比较的方法有时是把两个研究对象进行比较，有时是把多个研究对象进行比较，如果研究者足够心细的话，往往能捕捉到研究对象之间的细微差别，进而形成对研究对象比较准确的认识。前几章我们对谢灵运、鲍照、颜延之三位元嘉作家的生平和人格精神进行了详细的考述，这里通过比较，可以看出三大家进退失据的仕宦生涯、各具特色的狂傲性格以及复杂多变的心路历程。

一、进退失据的仕宦生涯

比较元嘉三大家的仕历，可以清晰地看出他们的仕与隐的矛盾。少年谢灵运四岁被寄养于道馆，七岁时袭封康乐公，十五岁回到建康。依托谢氏家族的殷实富足，仰仗谢安、谢玄的政治威望，义熙元年（405）三月，风华正茂的谢灵运，信心十足地踏入仕途，在刘毅军中效力七年，刘毅被刘裕打败后，二十八岁的谢灵运改依刘裕，任秘书丞等职，不久因为"窃易（王献之）真本"[①] 被免官。这种因小失大的做法可以看出谢灵运为官太不谨慎。但是，很快复出后做世子左卫率等官，元熙元年（419），三十五岁的谢灵运因擅杀门人遭弹劾去官。这是其放任行为导致的结果。刘宋初年，谢灵运又因和徐羡之、傅亮等重臣不睦，被远贬永嘉，在官一年后弃官归隐。主要原因是权臣对他的排挤，他本人对险恶仕途的畏惧，谢氏家族由来已久的素退家风。元嘉三年（426）四十二岁的谢灵运第四次返回政治权力中心，担任文帝秘书监，两年后又因文帝的轻视，纵游无度又遭免官，再次隐居故乡。从表面看是文帝和灵运的矛盾，实质上依然是宋文帝代表的皇权政治和谢灵运代表的没落门阀士族之间的矛盾。元嘉七年，谢灵运又因"回踵湖事件"被人告发，进京辨诬。元嘉八年出为临川内史。元嘉十年又被加"黩货"之名，终以叛逆罪弃市广州。谢灵运一生几乎是飘荡于出仕和归隐之间，出仕和归隐的矛盾构成了谢灵运生活的主调。

鲍照出身低级士族，少年鲍照清寒贫贱，元嘉十二年（435），二十岁左右的鲍照出仕担任刘义庆侍郎，性情温和、心地善良又酷爱"文义"的刘义庆十分赏识鲍照的才华，对鲍照厚爱有加。在荆州和江州的数年之间，请鲍照和已经蜚声文坛的何长瑜、陆展、袁淑等人一起编撰《世说新语》，元嘉十六年，刘义庆改任江州刺史后，带着二十四岁的鲍照到庐山礼佛，据相关史料记载，在元嘉十八年鲍照由侍郎被提拔为常侍。尽管如此，作为一名藩府文吏，鲍照在刘义庆府邸过的并不愉快，我们从《谢解禁止表》和《谢随恩被原疏》中可以看出，鲍照曾经至少有两次犯了错误被刘义庆解职，只是因鲍照及时悔过自新，不久得以复职，以上表疏可见，鲍照对这种寄人篱下的情况感到十分委屈。鲍照在刘义庆幕府行动也并不自由，同时还受到同僚的排挤，这一点在鲍照《野鹅赋》中，作者以被囚禁的野鹅自比，并且婉转表达对同僚的诽谤表示不满。此外，在此一时期

① 李雁《谢灵运研究》，人民文学出版社 2005 年版，第 304 页。

鲍照与僧人释惠休唱和的作品《秋日示休上人》《答休上人》二诗中，也透露出自己在刘义庆藩府失落和悲凉的处境。可见鲍照第一次出仕也是处在进和退、幸运和不幸、充满希望和屡屡失望的矛盾之中。元嘉二十一年（444），刘义庆去世，元嘉二十二年（445）到元嘉二十四年（447）鲍照辅佐衡阳王义季。元嘉二十四年（447），鲍照到刘浚幕，元嘉二十八年（451）鲍照辞去侍郎之职。这一时期，鲍照经受了其仕宦生涯中十分危险的时刻。因为当时刘浚正联合太子刘劭密谋反叛，元嘉三十年（453）刘浚和刘劭杀害了宋文帝，不久刘浚和刘劭就被他们的兄弟孝武帝刘骏击败，并杀死。鲍照很可能是由于王僧达的劝说在元嘉二十八年才幸运地逃脱了这场灾难，否则，鲍照极有可能卷入弑君的暴乱中而被处死。由此可见，鲍照在刘浚幕不仅没有得到升迁，反而却经受了很大的惊吓。元嘉三十年（453）到大明六年（463），鲍照在孝武帝刘骏朝廷做过几任小官，尽管也曾经担任中书舍人这样的官职，也是因为孝武帝出于对世家大族成员的不信任，为了制约世家大族，鲍照才有了这样的机会。实际上，鲍照在猜忌和嫉妒心理极其严重的孝武帝身边，往往只能写“鄙言累句”[①]的文章来打消孝武帝对他的猜忌。可以想象，鲍照在这样的环境里会产生怎样的想法呢？要么退隐山林，要么就得受这窝囊气，要想成就一番大业实在是不可能的事情。大明八年（464）孝武帝去世后，鲍照到荆州刺史临海王刘子顼在江陵的军幕担任参军两年，最后死于争夺皇权的内乱之中。鲍照济世有为的理想和用事不能的现实构成了一对不可调和的矛盾。

在漫长的“三起三落”的仕宦生涯中，颜延之仕与隐的矛盾尤其突出。义熙元年（405）少年孤贫的颜延之第一次出仕担任后将军吴国内史刘柳行参军，不久辅佐豫章公世子刘义府，刘裕登基后，又顺理成章地成为太子舍人，因其文辞藻丽，进而受到权臣谢晦和傅亮的赏识，春风得意的颜延之，心中自然萌发了强烈的仕宦欲望，于是交结庐陵王刘义真，特别是在“颜周儒学辩论”中尽情展示了自己的儒学才华。古人云，乐极生悲，否极泰来。任何事情都有一定的极点，倘若操之过急，只会过犹不及。颜延之这样频繁地表现自己，同样遭到了来自朝廷重臣的打压，并把他远贬始安郡，从颜延之迁赴始安郡途中写的《祭屈原文》和《陶征士诔》中就可以看到，颜延之把自己和屈原相提并论，诗人心中的牢骚和愤懑溢于言表，刚刚建立的信心一夜之间化为乌有，开始在陶渊明身上寻找自己的归隐之路。元嘉三年，在经受了远走他乡的贬谪之苦后，颜延之再次回到了象征权力和名利的宋文帝朝廷，先是被征为中书侍郎，不久转为太子中庶子，后

① 苏瑞笼《鲍照诗文研究》，中华书局 2006 年版，第 248 页。

又领步兵校尉，这种短时间内官职的变化，暗示其仕途畅达官运亨通。使颜延之再一次成为朝廷上下关注的焦点。从元嘉三年（426）到元嘉十一年（434）的八年时间里，颜延之有时间和谢灵运一起从容地唱和，回忆他们的贬谪生活，也经常和同僚互相调侃，享受尊贵的宫廷生活，更多的时候陪伴在宋文帝的身边游览赋诗，一切看起来都是那么美好。然而，随着宋文帝开始患病，善于专权、心狠手辣、不可一世的刘义康出现在刘宋朝廷，颜延之的日子越来越不好过，无奈之下他也写诗规劝刘义康，并且和刘义康党羽进行面对面的斗争，结果是被贬永嘉，万分愤怒的颜延之作《五君咏》抒发自己的怨恨，好在宋文帝出面保护，颜延之才回到颜家巷屏居七年。这七年里，本来以儒学著名的颜延之，不得不拜访僧人，钻研佛学，撰写佛学理论，以此来疏导自己在官场遭受的种种不适和打击。元嘉十七年（440），吉星高照的颜延之奇迹般地再一次出现在宋文帝朝廷，屏居七年使颜延之学会了从容应对各种事情，到元嘉二十九年颜延之上表请求解职的十二年里，颜延之先后担任刘浚咨议参军、御史中丞、国子博士、秘书监、光禄勋、太常等职，可以说颜延之的仕宦生涯达到了高峰。就是这样，在元嘉二十二年（445）因买别人的田地不肯给钱，颜延之被尚书左丞荀赤松弹劾，并且被短时间免官，特别是在元嘉二十九年（452），颜延之忧惧即将爆发的夺位之争，主动提出解职申请，愿意早一点离开这让人心惊肉跳的充满血腥味的刘宋宫廷。

简言之，“出仕”和“归隐”的矛盾是“元嘉三大家”的仕宦生涯的共同点，由于皇权与士族之间天然的矛盾，导致谢灵运悲惨的结局，鲍照欲仕不能，欲退不得，进退失据的两难处境是低级士族在刘宋朝廷遭受的冷遇和白眼所致，颜延之虽然善于权变，达到了仕宦生涯的顶峰，但是，像过山车一样“三起三落”的经历，过得实在让人心跳。分析可见，险恶的政治遭遇，使谢、鲍、颜不得不到自然山水中寻找心灵的安慰，并把更多的精力放在文学创作上，也造就了三位诗人突出的文学地位。

二、各具特色的狂傲性格

人们一般认为，性格决定命运。“元嘉三大家”跌宕起伏的仕宦生涯和谢、鲍、颜三人狂傲的性格密切相关。汉语字典给出“狂”有八个义项：1. 狗发狂。2. 疯狂、疯癫。3. 疯狂、狂放。4. 狂妄、傲慢，尤其指狂妄无知的小人。5. 志向高远，如《论语·子张》：“狂者进取。”6. 猛烈。7. 乱。8. 姓。“傲”也有四个义项：1. 骄傲、傲慢。2. 轻视、恃才傲物。3. 急躁，《管子·乘马》：“成于务，失于傲。”4. 倔、倔强。如果我们从宽泛的意义来探讨“狂傲”性格的内涵，应该包括：1. 疯狂、狂放。2. 狂妄、傲慢。3. 志向高远。4. 恃才傲物。5. 急躁。6. 目空一切。在“元嘉三大家”身上，“狂傲”的性格的内涵并不相同。为此，我们通过具体分析三位诗人性格形成的相关因素，来了解三大家各自的狂傲个性。

人的性格形成受多种因素影响，而父母遗传、家庭生活的小环境、社会大环境等在一个人成长中尤为关键。就父母影响而言，受遗传基因控制，人们在个性形成过程中，父母遗传对他们的影响是渗入骨髓的，可以说在相貌、气质、个性等方面一个人更多接受来自父母方面的信息。家庭生活的小环境，主要指人们所处的家庭生活习惯、家庭文化传统以及他们经常交往的各个阶层的人物等，作为一种外在的影响，家庭环境对一个人性格的变化有不可忽视的作用。社会大环境，主要指人们生活的社会政治、经济、文化构成的大背景，社会对人的性格的影响程度主要看人们对社会的参与程度，如果人们处在政治、经济、文化的中心位置，那么，他们的性格所受的社会影响就会很大，反之，就会小的多。“元嘉三大家”性格的形成也离不开以上三个方面的影响。

（一）从父母遗传来看，关于谢灵运父母的历史文献很少，谢母在书法方面有一定的修养，可能谢灵运继承了她的一些个性特征，其父谢瑍“不慧”，谢玄曾说：“我乃生瑍，瑍那得生灵运。”[①]从遗传学上讲，谢玄的遗传基因在谢瑍身上变为隐性基因，而到谢灵运身上才变成显性基因，应该说谢灵运继承了他祖父谢玄天才的灵性。更值得注意的是，谢灵运四岁就被送往道馆寄养，十五岁才回到家中，可以说，在谢灵运性格形成的关键期，没有温暖的父爱和母爱，冰冷的道馆里更多是清规戒律，笔者认为，这种父爱、母爱的缺失很容易使人的性格变得敏感、焦虑，容易从一个极端到另一个极端，谢灵运狂傲性格的背后就隐藏着这种失去根基的沧桑感，人们称他为“谢客”，也隐含着谢灵运早年失去父母关爱、客居道馆的意思。鲍照父亲史无明载，可能在鲍照幼年时就已经去世，其母亲在鲍照《请假又启》有相关描述，而据丁福林《鲍照年谱》考订，鲍照《请假又启》作于宋孝建三年（456），这一年鲍照已经四十一岁[②]，这样看来，鲍照真正享受了母爱的滋养，因此，鲍照的性格中没有那种大起大落的起伏，鲍照的狂傲仅限于青少年时期，当他踏入仕途以后，他的狂傲个性已经发生了变化。颜延之父亲名颜显，作过护军司马[③]，遗憾的是颜父在颜延之很小时就离开了人世，颜延之母亲史籍未载，从《宋书》所记，颜延之“少孤贫”[④]来看，颜母也在颜延之小时候就

① [梁]沈约《宋书》，中华书局2000年版，第1743页。
② 丁福林《鲍照年谱》，上海古籍出版社2004年版，第110，123页。
③ [梁]沈约《宋书》，中华书局1974年版，第1891页。
④ [梁]沈约《宋书》，中华书局1974年版，第1891页。

去世了，可见颜延之狂傲性格的形成一定程度上也和他父母早亡有关系。

（二）从家庭生活环境来分析，谢灵运受家庭环境影响表现在多个方面。首先，谢氏家族的显赫门第为谢灵运恃才傲物增加了底气。曾祖谢安、祖父谢玄在东晋末年相继执掌军政大权，“淝水之战”的胜利，使谢氏一门声望日隆，这才使谢灵运在其诗文中，不厌其烦、理直气壮地炫耀家族的功德。其次，谢氏家族浓郁的家庭文化为谢灵运狂傲性格的形成提供了条件。谢氏家族历来重视家庭式的文义赏会，以此来培养谢氏子弟的文学才能。谢安和其子侄的“东山之游”、谢混和谢灵运等人的“乌衣之游”、《世说新语》所记录的谢安教育子弟的生动故事等，都是我们耳熟能详的事例。这样的家庭文化培养和造就了谢灵运的文学才能。再次，与谢氏家族子弟以及好友的交往助长了谢灵运的狂傲之气。在谢氏子弟中和谢灵运关系密切的首先是谢瞻，谢灵运和谢瞻性格大致相同，就像谢混在“乌衣之游”批评两人时说：“阿远刚躁负气，阿客博而无检。”[①] 阿远是谢瞻，阿客是灵运，无论“刚躁负气”还是“博而无检”，共同之处就是狂傲，我们经常讲“物以类聚，人以群分”，大概是说，性格相近的人关系都比较近，同时又相互影响。另外，谢灵运和谢惠连关系也十分密切，据《诗品》记载，谢灵运每每见到谢惠连，总会文如泉涌。据《宋书》记载，谢灵运曾经与族弟谢惠连、东海何长瑜、颖川荀雍和泰山羊璇之“以文章赏会，共为山泽之游，时人谓之四友”[②]。谢灵运在和谢氏子弟以及友人的交往中自然而然养成了恃才傲物的个性。鲍照的家庭生活环境和谢灵运迥然不同，本课题通过多方论证，把鲍照的家庭定位在低级士族，也就是说，鲍照所处的家庭环境不能说十分贫寒，但是也只能勉强度日，因此，少年鲍照更多关心能否通过自己的努力摆脱贫困的处境。其《侍郎报满辞阁疏》中说：“幼性猖狂，因顽慕勇。”[③] 鲍照自称他生性狂傲、愚顽而仰慕兵勇。这里所说的“猖狂”实际上就是“狂者进取”之义，也是他志向高远的表现。家庭中对鲍照个性影响的有两个人，一个是他的妹妹，从《请假又启》和《登大雷岸与妹书》来看，其妹文采郁郁，彼此引为文学知己，从这里也可以看到鲍照家有一定的文化传统；另一个是他的妻子，从《梦还乡》和《伤逝赋》中可以看到，鲍照对妻子的一片真心，在妇女地位不被重视的时代，专门写诗描绘琴瑟和谐的夫妻生活，并且一往深情地悼念去世的妻子，这在古代诗人中也属于凤毛麟角。从这两个人对鲍照的影响看，她们不可能助长鲍照目空一切的狂傲个性，只

① ［梁］沈约《宋书》，中华书局 1974 年版，第 1591 页。
② ［梁］沈约《宋书》，中华书局 1974 年版，第 1774 页。
③ 钱仲联《鲍参军集注》，上海古籍出版社 1957 年版，第 62 页。

能是鼓励鲍照不断进取，因此，鲍照在元嘉十二年（435）向临川王刘义庆献诗，谋求出仕的时候，有人反对他，并且劝阻他说："卿位尚卑，不可轻忤大王。"在这些人看来，鲍照的做法有些荒唐可笑，有些桀骜不驯，但是鲍照的答语却显得"狂傲"："千载上有英才异士，沉没而不闻者，安可数哉！大丈夫岂可遂蕴智能，使兰艾不辨，终日碌碌，与燕雀相随乎？"在鲍照的话里，把自己放在英才之列，并表明自己向临川王刘义庆献诗是大丈夫所为，字里行间还透露出对阻止他进仕的人的鄙视。可见这种狂傲的实质还是志向高远的表达。颜延之生活的家庭环境，我们无法准确地表述，从"少孤贫，居负郭，巷室甚陋"这几句话来看，到颜延之这一代，已经没有了曾祖颜含时的声望和家族地位，颜延之过着孤独、贫寒的生活。在这种无人可倚又非常贫困的生活中，少年乃至青年的颜延之就谈不上什么"狂傲"，但这也影响到他成年后的行为。

（三）从社会大环境来看，"元嘉三大家"都出生在东晋末年，他们主要生活在元嘉时期，因此，元嘉社会政治对三位诗人的性格影响很大。刘宋时期，宋武帝刘裕和宋文帝刘义隆为了恢复皇权统治，对门阀士族采取打压和拉拢的两面手法，并通过让宗室王子出任刺史等要职，来控制地方行政管理权，为了抑制门阀士族还有意识地任用寒门有才华的庶人担任官职。元嘉三大家中，谢灵运属于门阀士族子弟，是刘宋帝王打压和拉拢的对象，来自对谢灵运的打压是多方面的，诸如，元熙元年杀门人桂兴被免官、元熙二年降谢灵运的封爵、永初三年把谢灵运远贬永嘉、元嘉五年谢灵运又因恣游欢宴被劾免职、元嘉十年在广州被处弃世刑。同时，谢灵运也被多次拉拢提拔，诸如，义熙八年后，谢灵运所任官职有：刘裕太尉参军、秘书丞；刘道怜咨议参军，中书侍郎；世子（刘义符）中军咨议、黄门侍郎，刘义符左卫率；散骑常侍，太子左卫率；元嘉三年后曾经担任宋文帝秘书监、侍中，元嘉八年后曾担任临川内史。刘宋王朝对谢灵运这种忽左忽右、将信将疑的态度，使谢灵运无所适从，作为谢氏家族的子弟，又有出众的文学才华，真正放下架子屈从于刘宋王朝是不可能的，但是，要像曾祖谢安、祖父谢玄真正成为手握重权的大臣，那也是一种幻想，谢灵运处在这种高不成低不就的窘境，就会形成一种"悲剧式"的狂傲。鲍照属于低级士族，是刘宋帝王利用的对象。鲍照一生历仕：文帝、孝武帝、前废帝，四王国：刘义庆府、刘义季幕、刘浚幕、子顼幕。出仕即为王国侍郎，官历太常博士、中书舍人和藩王侍郎，参军记室。鲍照大部分时间在幕府任职，可以说鲍照就是一个藩府文吏。他的职责就是为幕主服务：陪幕主游览、奉命为幕主写诗作赋、按照幕主的意愿编辑各类书籍。鲍照所居官职就决定了他一生只能过一种郁闷的生活，因此，鲍照的作品中透露出诗人对社会现实关注和对百姓痛苦的关心，当然，作为一位诗人，鲍照也有其狂傲的地方，诚如其《拟行路难》（其四）中说："人生亦有命，安能行叹复坐愁？"其《拟行路难》（其六）中又说："丈夫生世会几时？安能蹀躞垂羽翼。"都是自我勉励式的诉说，字里行间自有一股傲气。其《代挽歌》又说："傲岸平生中，不为物所裁。"这是诗人不流时俗的写照，其《代放歌行》中说："小人自龌龊，安知旷士怀？"表达诗人对小人的鄙视。由此，我们认为，鲍照性格中自有其狂傲的一面，但只是"文人式"的狂傲。颜延之的家庭出身就决定了他和刘宋王朝有一种天然的亲近感。因为，他非门阀士族，就自然避开了刘宋王朝对他更多的猜忌，而皇权政治的复兴暗合了颜延之心目中以儒学治国的政治模式，因此，不论是颜延之与何尚之的调侃之语，还是颜延之所谓："颜延之未能事生，焉能事死？"[①] 的狂傲之词；不论是颜延之责怪何偃说："身非三公之公，又非田舍之公，又非君家阿公，何以见呼为公？"[②] 的机智诙谐之语，还是颜延之一生嗜酒纵诞的狂傲之举，我们发现，颜延之的狂傲，某种程度上包含着得意和自豪的意味，是仕宦生涯成功的自豪表达。

三、复杂多变的心路历程

元嘉三大家的思想变化过程，也可以说是三大家的心路历程。在儒、释、道盛行的晋宋思想界，三大家的心路历程随着他们接触的各种学说的变化而变化。具体地讲，谢灵运四岁到十五岁这十几年里生活在道馆，心灵的起点自然是道教的清规戒律；十五岁回到建康到义熙元年（405）首次踏入仕途的六年时间里，谢灵运生活在建康乌衣巷谢安故居，从"乌衣之游"的内容看，这一时期谢灵运应该比较系统地学习了儒家经典；从义熙元年（405）到义熙八年（412）八年时间里，谢灵运在刘毅帐下做大司马行参军、卫军从事中郎、记室参军等军队文职。其间，义熙七年，二十七岁的谢灵运随刘毅军队到江州，在庐山见到了当时名声远播的净土宗师慧远。谢灵运开始对佛教有了一定的了解。从义熙八年（412）到永初三年（422）十年时间里，谢灵运曾担任刘裕太尉参军、秘书丞；刘道怜咨议参军，后转中书侍郎；世子（刘义符）中军咨议、黄门侍郎，刘义符左卫率；起为散骑常侍，任太子左卫率。其间义熙九年（413）应慧远之邀作《佛影铭》，义熙十三年慧远去世后谢灵运又为之作诔，义熙十四年（418）谢灵运开始参与翻译《华严经》。由此可见，这一时期，谢灵运已经从对佛教大师的崇拜和敬仰，

① [梁] 沈约《宋书》，中华书局 1974 年版，第 1893 页。
② [唐] 李延寿《南史》，中华书局 1974 年版，第 880–881 页。

逐渐对佛典进行研究，并且具备了翻译佛经的能力。从永初三年（422）到元嘉十年（433），谢灵运主要担任永嘉太守、秘书监、侍中、临川内史。其间永初三年（422）秋到景平元年（423）谢灵运与诸道人辨竺道生首倡的"顿悟说"，从景平元年（423）到元嘉三年（426）谢灵运与昙隆、法流共游始宁，参加佛教修行。元嘉八年（431）谢灵运在京师与慧严、慧观共同改治《大般涅槃经》，著《十四音训叙》，元嘉十年，在广州被杀时，谢灵运还特意将自己的美髯施给祇洹寺，作维摩诘像的胡须，并赋《临终诗》一首，表示要自己"送心正觉前"，永远皈依佛法。从这一时期看，谢灵运的佛学活动十分频繁，而且已经由翻译佛经发展到参与佛学辩论，改治佛经等。谢灵运的心路历程是以接触道教开始，并接受儒学教育，最后以佛学为其归宿，在他人生的每一阶段又表现出儒、道、佛交互出现的复杂的思想状态。

鲍照的心理变化过程也和他的仕宦生涯紧密相连。从元嘉十二年鲍照初仕刘义庆，到元嘉二十一年刘义庆去世，近九年多时间里，鲍照跟随刘义庆辗转于荆州、江州、广陵、建康等地，交游广泛。其中，在元嘉十二年到元嘉十三年之间，鲍照和沙门释惠休交往，作《秋日示休上人》和《答休上人》；元嘉十六年（439）四月刘义庆迁任江州后，鲍照随刘义庆到庐山礼佛。鲍照随刘义庆游庐山时，作《登庐山》《登庐山望石门》《从登香炉峰》诗三首。并奉刘义庆的命令作《佛影颂》。可见，鲍照在刘义庆幕时，受到来自佛教方面的影响比较大，他的登庐山组诗中也透露出一定的净土信仰、般若空观以及涅槃境界。但是，佛教对鲍照思想的影响仅此一时期，此后便戛然而止。元嘉二十年（443）其《野鹅赋》可见，鲍照在离开刘义庆幕时心情十分复杂，开始产生隐逸的念头。元嘉二十二年（445）七月鲍照改依刘义季，到元嘉二十四年八月刘义季去世后离开，这一时期，在其《代棹歌行》中表现出对官场束缚和漂无定所的厌倦。元嘉二十四年（447）鲍照入刘浚幕，到元嘉二十八年（451）作《侍郎报满辞阁疏》辞去侍郎之职大约四年时间里，鲍照诗作以奉命之作居多：元嘉二十六年（499）作《从拜陵登京岘》《代白纻舞歌辞》《蒜山被始兴王命作》，元嘉二十七年（450）作《征北世子诞育上表》，透过这些诗作可以看到，这一时期鲍照情绪稳定，积极向上是其思想的主调，特别是他元嘉二十七年写的《代陈思王白马篇》就是歌颂忠勇报国、捐躯赴难的边塞游侠。元嘉二十八年（451）鲍照辞去侍郎之职，到宋明帝泰始元年（465）十二月，时任子顼参军的鲍照也被乱兵所杀[①]。在人生的后期，鲍照的思想顺着儒、道两条线平行发展。这时期鲍照和友人唱和的作品不断

① [梁] 沈约《宋书》，中华书局 2000 年版，第 1480 页。

增加，如元嘉二十八年（451）作《日落望江赠荀丞》、元嘉二十九年（452）作《和王义兴七夕》，元嘉三十年作《和王护军秋夕》，宋建孝三年（456）作《与谢尚书庄三连句》和《与荀中书别》等；同时也有关注现实的作品，如宋孝武大明元年（457）作《代陈思王京洛篇》表达忧馋畏讥的情感，同年的《代白头吟》寄托其不遇自伤之情，同年的《采桑》讽刺孝武帝宫闱渎乱；此外，大明六年（462）作《登翻车岘》《登黄鹤矶》《游思赋》等包含着一定的道学意蕴。纵观鲍照一生的心路历程，儒家思想是一条贯穿始终的红线，在其出仕初期曾经明显受到佛教的影响，但是在其人生的后期则更多倾向于道家和道教的隐逸和成仙思想，当然儒、道、佛有时也交织在一起，形成了鲍照思想的复杂性。

颜延之的心路历程和他起伏不定的仕宦生涯一起波动。义熙元年（405）颜延之担任后将军吴国内史刘柳行参军，到刘义隆元嘉元年（424）被贬始安，这一时期颜延之不仅以深厚的儒学修养"连挫续之"，而且在宋武帝朝中也一路绿灯，自然颜延之的思想更多积极进取的精神，尽管被傅亮和徐羡之出为始安太守[①]，在迁赴始安途中作《为张湘州祭虞帝文》和《祭屈原文》抒发了才高遭忌的牢骚和愤懑，但是，颜延之并没有像谢灵运那样就此萌生了归隐的念头。元嘉三年（426）复出，到元嘉十一年（434）的共八年时间里，其中元嘉三年（426）作《答谢监灵运》第一次表现出对仕途的逃避心态。但是大部分时间里颜延之陪伴宋文帝身边，忠君思想十分突出，如元嘉十年初夏作《应诏观北湖田收诗》，元嘉十一年三月作《应诏宴曲水诗序》《三月三日曲水诗序》等明显具有歌功颂德的味道。元嘉十一年到元嘉十七年颜延之退居颜家巷，元嘉十二年拜访求那跋陀罗[②]，后来，颜延之著《释达性论》《重释何衡阳》《又释何衡阳》三篇反对何承天等人，同时作《庭诰》以儒家理论来劝诫家人和子弟，可见这一时期，颜延之的理论创获主要在佛教和儒学方面。元嘉十七年颜延之复出，到孝建三年去世，在颜延之人生的后期十分谨慎，经常对儿子说："恭敬撙节，福之基也；骄佷（应为横）傲慢，祸之始也。况出粪土之中，而升云霞之上。傲不可长，其能久乎。"[③]儒家思想成为他晚年的精神支柱。总结颜延之一生的心路历程，儒学思想主宰了其一生的命运，颜延之一生都在忠实地践行儒家思想。佛教对于他来说仅仅停留在理论阐述的层面，这种理论认识并没有真正成为指导他行动的思想，颜延之仅仅把佛学当作一个研究对象，也对佛教形成了一定的认识。颜延之赞美

① [梁] 沈约《宋书》，中华书局 1974 年版，第 1892 页。
② [梁] 释慧皎撰，汤用彤校注《高僧传》，中华书局 1992 年版，第 131 页。
③ [唐] 李延寿《南史》，中华书局 1974 年版，第 881 页。

道家隐逸和天道治国思想，但是，道教对颜延之的影响并不明显。

第二节　彪炳史册的诗歌创作

追随学术界流行的观点，我们把“中古”界定为汉魏六朝时期，上起汉末建安时期，下及陈代灭亡。时间跨度大约从汉献帝永汉元年（189）到陈代灭亡（589），前后大约四百年左右的时间。中古历史跌宕起伏。东汉末年，四海幅裂，魏、蜀、吴鼎足而立。西晋时期，江山又归一统，到东晋帝王偏安江左，南北对峙开始形成。接下来宋、齐、梁、陈前终后继，命浅祚薄。中古文学蔚为壮观。伴随着中古历史的不断演进，文学领域诗人文士层出不穷，诗文创作精彩纷呈。为了清晰说明“元嘉三大家”诗文创作成就，我们把“三大家”放在中古文学这一大背景下，探寻“元嘉三大家”创作的源头，分析“元嘉体”诞生的过程，关照“元嘉三大家”创作的影响。

一、对前代诗歌创作的传承

要深入研究“元嘉三大家”的师承关系，我们先看钟嵘《诗品》给出的信息，关于谢灵运的师承关系：“（谢灵运）其源出于陈思，杂有景阳之体。”[①] 陈思即陈思云曹植，是建安诗人，景阳是太康诗人张协的字。关于鲍照的师承关系：“（鲍照）其源出于二张，善制形状写物之词，得景阳之諔诡，含茂先之靡嫚。”[②] 其中景阳是指张协，“茂先”是太康前驱诗人张华的字。关于颜延之的师承关系：“（颜延之）其源出于陆机。”[③] 综合以上情况，影响三大家的主要诗人是：建安诗人曹植、太康文学的先驱张华、太康诗人张协、陆机等。这种直线式的推论不尽客观，但是钟嵘以其敏锐的视角、丰富的阅历来点明这种师承关系，虽然不能完全让人信服，却有一定的道理。为此，我们把探索的目光锁定在这些诗人生活和创作的时代，通过扫描这些诗人的生平人格和创作来寻觅三大家在诗歌创作方面的传承和创新。

（一）“三曹七子”作为一个文学现象，最早最全面的表述是刘勰《文心雕龙》：“自献帝播迁，文学蓬转，建安之末，区宇方辑。魏武以相王之尊，雅爱诗章；

① [清] 何文焕《历代诗话》，中华书局 1981 年版，第 9 页。
② [清] 何文焕《历代诗话》，中华书局 1981 年版，第 14 页。
③ [清] 何文焕《历代诗话》，中华书局 1981 年版，第 13 页。

文帝以副君之重，妙善辞赋；陈思以公子之豪，下笔琳琅；并体貌英逸，故俊才云蒸。仲宣委质于汉南，孔璋归命于河北，伟长从宦于青土，公干徇质于海隅，德琏综其斐然之思，元瑜展其翩翩之乐，文蔚、休伯之俦，于叔、德祖之侣，傲雅觞豆之前，雍荣衽席之上，洒笔以成酣歌，和墨以藉谈笑，观其时文，雅好慷慨，良由世积乱离，风衰俗怨，并志深而笔长，故梗概而多气也。”[①] 其一，刘勰总述建安诗人所处的历史背景，认为汉献帝刘协两次迁都，导致文学之士四处漂流，到建安末年，天下才安定下来。其二，突出介绍“三曹”不仅爱好文学，而且尊重人才的情况，指出魏武帝曹操虽然居于丞相和魏王之尊，却雅好文学，文帝也以“副君之重”而擅长辞赋，曹植以公子之豪迈更是才华横溢，所以远近文人纷纷聚集在“三曹”的周围。其三，如数家珍地讲“七子”等文士的情况，王粲从汉南劝降了刘琮，便归附了曹操，陈琳在袁绍灭亡后也投奔了曹操，徐干从青州就一直跟随曹操，刘桢从东平前来托身曹操，应玚有志于创作，阮瑀则风度翩翩，凡七子都是才华横溢的文士。其四，刘勰从经久战乱、风俗衰败、人心哀怨的时代风气出发，认为“三曹七子”的诗文风格是激昂慷慨。由于谢灵运对曹植的承传关系，我们简单介绍曹植的生平和诗歌特征。曹植，字子建，沛国谯人，曹操第三子。生于汉献帝初平三年（192），卒于魏明帝太和六年（232），曾封陈王，谥号“思”，世称“陈思王”。据《晋书》记载，少年曹植心性聪颖，才思敏捷，曹操认为诸儿子中“最可定大事”，但是曹植性情散漫，不守礼节，曹操几次想立为太子未果。青年曹植也因任情使气为曹操所不满，曹植二十三岁时，曹操征讨孙权，留他镇守邺城，但是曹植不以为然，后来又因他乘车行于驰道，开禁止打开的司马门而出，惹得曹操很不高兴，又后来曹仁被关羽包围，曹操令曹植带兵去解救曹仁，曹植却大醉而不能行。曹丕即位以后，曹植依然我行我素，备受猜忌和迫害，不为曹丕所用。曹叡即位以后，仍然备受打击，最后忧郁而死。曹植在诗歌发展中的突出贡献是他创作了“骨气高奇，词采华茂”[②] 的诗作。

（二）太康（280—289）是晋武帝司马炎的年号。钟嵘《诗品序》：“太康中，三张、二陆、两潘、一左，勃尔复兴，踵武前王，风流未沫，亦文章之中兴也。”其中“三张”指张载、张协、张亢，“二陆”指陆机、陆云，“两潘”指潘岳、潘尼，“一左”指左思。他们是太康时期代表诗人。对于太康诗歌的特点，沈约《宋书》评曰：“降及元康，潘、陆特秀，律异班、贾，体变曹、王，缛旨星绸，繁文绮

---

① 向长清《文心雕龙浅释》，吉林人民出版社 1984 年版，第 384–385 页。
② 徐达《诗品全译》，贵州人民出版社 1990 年版，第 39 页。

合，缀平台之逸响，采南皮之高韵，遗风余烈，事极江右。”[①] 沈约通过与曹植、王粲比较，认为太康诗人在词采方面的特点是“缛旨星绸，繁文绮合”，换言之，指太康诗人铺排词采。刘勰《文心雕龙》则曰：“晋世群才，稍入轻绮。张、潘、左、陆，比肩诗衢，采缛于正始，力柔于建安；或析文以为妙，或流靡以自妍。此其大略也。”[②] 这是刘勰对晋代诗坛所做的简略概括。从总体诗风看，晋代诗人逐渐流于轻巧、绮丽；从诗坛实力来看，张载、张协、陆机、陆云、潘岳、潘尼、左思比肩而誉，驰骋诗坛；从诗风的演变看，他们作品的文采比正始繁缛，风力比建安柔弱，追求巧妙对偶，音韵流靡。刘勰《文心雕龙》又曰：“晋虽不文，人才实盛：茂先摇笔而散珠，太冲动墨而横锦，岳、湛曜联璧之华，机、云标二俊之采，应、傅、三张之徒，孙、挚、成公之属并结藻英，流韵绮靡。”[③] 这里刘勰重点谈晋代文士的才华：张华的文笔犹如抛珠散玉，左思的赋作就像多彩的织锦，潘岳、夏侯湛联璧放彩，陆机、陆云以“二俊”驰名，应贞、傅玄、傅咸、张载、张协、张亢、孙楚、挚虞、成公绥等人也都文辞清新华美，流畅绮丽。正如业师姜剑云教授《太康文学研究》概括地说：“太康文学，散珠横锦，流韵绮靡。”[④]

根据太康诗人对元嘉三大家的影响程度，我们重点讨论张华、张协、陆机三人。张华，字茂先，范阳方城人（今河北固安县南）。生于魏明帝太和六年（232），卒于晋惠帝永康元年（300）。据《晋书》记载，张华少时孤贫，学业精进，辞藻华丽，阮籍叹为“王佐之才”。魏时任著作郎、长史等职。入晋后任黄门侍郎。惠帝时历任太子少傅、侍中、后官至司空。后因拒绝赵王伦等的篡权阴谋被害。业师姜剑云先生概括张华个性特征时总结道：“其一，才奇勋著，名高望重。其二，亦儒亦道，弥缝补阙。”[⑤] 钟嵘评价张华诗歌特点时说：“其源出于王粲，其体华艳，兴托不奇，巧用文字，务为妍冶。虽名高曩代，而疏亮之士，犹恨其儿女情多，风云气少。谢康乐云：‘张公虽复千篇，犹一体耳。’今置之中品疑弱，处之下科恨少，在季、孟之间矣。”[⑥] 张协，字景阳，信都人（今河北省冀县）[⑦]。生卒年皆不可考。据《晋书》记载，张协少有俊才，曾任秘书郎、华阴令、中书侍郎、

① [梁] 沈约《宋书》，中华书局 2000 年版，第 1778 页。
② 向长清《文心雕龙浅释》，吉林人民出版社 1984 年版，第 85 页。
③ 向长清《文心雕龙浅释》，吉林人民出版社 1984 年版，第 85 页。
④ 姜剑云师《太康文学研究》，中华书局 2003 年版，第 1 页。
⑤ 姜剑云师《太康文学研究》，中华书局 2003 年版，第 21、26 页。
⑥ 徐达《诗品全译》，贵州人民出版社 1990 年版，第 71 页。
⑦ 姜剑云师《太康文学研究》，中华书局 2003 年版，第 32 页，对张协籍贯有翔实考订。

河间内史等职。晋惠帝末年，辞官归隐吟咏自娱。后朝廷征为黄门侍郎，托疾不就，卒于家中。其诗钟嵘《诗品》列为上品评曰："其源出于王粲。文体华净，少病累。又巧构形似之言。雄于潘岳，靡于太冲，风流调达，实旷代之高手。词采葱蒨，音韵铿锵，使人味之，亹亹不倦。"[①] 张协诗今存《咏史》《杂诗》《游仙诗》等十五首，《杂诗》十首是其代表。陆机，字士衡，吴郡吴县华亭人（今上海市松江县）。生于魏元帝景元二年（261），卒于晋惠帝太安二年（303）[②]，据《晋书》记载，陆机少时曾经担任吴国牙门将，吴亡，居家勤学。太康末年（289），与弟弟陆云来到洛阳，文才倾动一时。入晋以后，历任太子洗马、著作郎、中书郎等职。后来成都王表为平原内史，故世称陆平原。大安二年，为成都王率兵征讨长沙，兵败被杀。陆机诗文较多，《赴洛道中作》《拟明月何皎皎》等是较好的诗篇，其《文赋》《叹逝赋》《吊魏武帝文》是其代表性作品。钟嵘《诗品序》说："其源出于陈思。才高词赡，举体华美。气少于公干；文劣于仲宣。尚规矩，不贵绮错，有伤直致之奇。然其咀嚼英华，厌饫膏泽，文章之渊泉也。张公叹其大才，信矣！"[③] 可见，陆机诗源于曹植，才气高妙词藻宏富，诗体华丽秀美。而文章气骨少于刘桢，文采逊于王粲。作诗崇尚音律，不看重纵横铺陈，以免妨碍直率表达奇妙的情致。他在使用华词丽句和重彩描绘方面开一代诗风。

（三）以上分析可见，曹植、张华、张协、陆机等四位诗人要么"词采华茂"，要么"巧用文字"，要么"巧构形似之言"，要么"词藻宏富"。下面我们就从词采的角度来研究三大家对曹植、张华、张协、陆机的传承。首先，谢灵运对曹植和张协的传承。曹植《公宴诗》："明月澄清影，列宿正参差。秋兰被长坂，朱华冒绿池。潜鱼跃清波，好鸟鸣高枝。"诗人写曹丕和客人游宴时，明月高照，群星闪烁，鱼跃清波，鸟鸣高枝的美好景致。其中"澄""被""冒""跃""鸣"等表现出"词采华茂"的特点。"澄"表现月光的皎洁，"被"是"披"之意，形象地表达秋天的兰草密密麻麻地长满了山坡，"冒"描写荷花刚刚长出水面的情态，"跃"传达出鱼儿在水里跳跃的样子，"鸣"是写鸟儿在树林里鸣叫，这些诗句放在一起，就是一幅充满生机的秋夜风景画。曹植《侍太子坐诗》又云："白日曜青春，时雨静飞尘。寒冰辟炎景，凉风飘我身。清醴盈金觞，肴撰纵横陈。齐人进奇乐，歌者出西秦。"曹植写和诸子参加曹丕的筵宴，歌颂曹丕才华横溢，有美酒、美食、美女，筵宴其乐无比。其中"曜""静""辟""飘""盈""纵"

① 徐达《诗品全译》，贵州人民出版社 1990 年版，第 56–57 页。

② 姜剑云师《太康文学研究》，中华书局 2003 年版，第 52 页，对陆机生年有相关推论。

③ 徐达《诗品全译》，贵州人民出版社 1990 年版，第 51 页。

"进""出"等动词显示出曹植在词采方面的功力。"曜"突出阳光照耀的景象，"静"本来是形容词，曹植这里描绘雨水使得"飞尘"落地静了下来，"辟"写宴会上用冰块来解暑气，"飘"形象地说明凉风款款吹来，让人感到十分舒服，"盈""陈""进""出"则表现了美酒、美食、美乐、美人以各自的方式出现在宴会上，渲染出这样的宴会娱人口舌和耳目。张协《杂诗》十首，不仅"巧言切状"而且"词采华丽"，对景物的刻画达到了神似的地步，如《杂诗》(其一)："房栊无行迹，庭草萋以绿。青苔依空墙，蜘蛛网四屋。"其中一字一句都值得品味，"房栊无行迹"是写天长日久无人居住，房栊已经变得没有当初刚建成时的形状了，一个"无"字放在"行迹"前面，巧妙地点出房子的破败。"庭草萋以绿"是指庭院里已经长满了绿草，在"以绿"前面着一"萋"字，给人以庭院的绿草不仅茂密而且凄楚，说明院子已经长时间无人顾及了。"青苔依空墙"写庭院的墙上长满了青苔，"依"字生动地表达出青苔在雨后依附墙面生长的状态，这样写不仅符合青苔的生长习性，而且让人产生了一种凄凉的感觉。"蜘蛛网四屋"中的"网"可做两种解释，一是动词，蜘蛛网笼罩了整个屋子。或为名词，四面墙壁上都是蜘蛛网，这种多解性为读者留下更多的想象空间。

受曹植和张协在用词上"形似"的影响，谢灵运在诗歌创作中用词新意迭现。如，谢灵运《平原侯植》："朝游登凤阁，日暮集华沼。倾柯引弱枝，攀条摘蕙草。徙移穷骋望，目极尽所讨。西顾太行山，北眺邯郸道。"其中"登""集""引""摘""穷""尽""顾""眺"等动词的使用别有情趣。"登"写早晨宾客登上绘有彩凤的阁楼，并且传达出宾客喜悦的心情；"集"指傍晚宾客聚集在华丽的池畔，也说明宾客众多，热闹非凡；"引"指倾斜的树干长出了细嫩的枝条，这里"引"字的使用实在绝妙，这一个字就形象地把细嫩的枝条顺着树干长出的情态描摹的淋漓尽致；"摘"指人们拽着藤条采摘香草，这里为什么不用"采"而用"摘"呢？因为众宾客都是文雅之士，"摘"不仅表明动作小心翼翼，也点出只是摘取了几片香草；"穷"指站在高坡放眼观望，所见都是会心的景色，同时表明远望的范围十分宽广；"顾"是指转身看西面是太行山，"眺"是指远望北面是通往邯郸的大道，"顾"和"眺"形象地传达出宾客们观望时的神态。比较可见，谢灵运在用词上沿袭了曹植的准确描摹的手法。再看谢灵运《从斤竹涧越岭溪行》云："岩下云方合，花上露犹泫。透迤傍隈隩，迢递陟陉岘。"其中"岩下云方合，花上露犹泫"选材精当，对偶工整，极富艺术性。云的聚合本是无常的，花上露珠的晶莹光洁也是短暂的，但诗人却抓住了两者瞬间的美来写，动词"合"有聚合之义。"泫"即露珠晶莹貌。可谓传神至极。"透迤傍隈隩，迢递陟陉岘"写在弯弯曲曲的山路上慢慢前行，终于跳过山涧急流。其中"傍"字写出了诗人紧紧倚靠在水涧旁的山边，传达出诗人小心翼翼的神态，“陟”表现出诗人在艰难地行走。在谢灵运的诗中，不仅有曹植和张协的“巧似”或“形似”，而且还有一定的禅意。

其次，鲍照对张华和张协的传承。从诗歌字词锤炼方面，鲍照对张华和张协的承袭比较明显。《先秦汉魏晋南北朝诗》收入张华诗作有《门有车马客行》《轻薄篇》《游侠篇》《博陵王宫侠曲二首》《游猎篇》《壮士篇》《萧史曲》《纵横篇》《苦寒行》《真人篇》《励志诗》《祖道赵王应诏诗》《太康六年三月三日后园会诗》《诗》《上巳篇》《答何劭诗三首》《情诗五首》《感婚诗》《杂诗三首》《拟古诗》《游仙诗四首》《赠挚仲洽诗》《招隐诗二首》《荷诗》及七首同样以《诗》为标题的诗。一共三十一首，这些诗表现出张华诗歌的特点：“巧用文字”。如《游猎篇》曰：“岁暮凝霜结，坚冰冱幽泉。厉风荡原隰，浮云蔽昊天。”前两句中“凝”和“冱”都有凝结的义项，为了在上下句中不重复出现，诗人在第二句选择了“冱”，可见其用词巧妙。同时“荡”和“蔽”比较，前者有涤荡，劲吹的含义，后者却是强调遮蔽，一正一反也很精巧。其《上巳篇》曰：“密云荫朝日，零雨洒微尘。”其中“荫”一般指树荫，这里用遮蔽之意。巧就巧在，树荫是日光照射下形成的，而诗人却用“荫”字强调密云遮蔽太阳后形成的阴影。其《答何劭诗三首》：“春草郁郁滋，荣观虽盈目。”其中“郁郁滋”生动地描绘出春草繁茂和在阳光照耀下的质感。张协诗歌的特点也是“巧构形似之言”，如《杂诗》(六)：“凄风为我啸，百籁坐自吟。”其中“为”字的使用不仅把“凄风”拟人化，而且在诗人和“凄风”之间构建了一种联系；“坐”字则是写诗人状态，反衬出“百籁”自在的鸣叫。《杂诗》(三)：“腾云似涌烟，密雨如散丝。”其中用“涌烟”来写“腾云”，用“散丝”来比喻“密雨”让人回味无穷。《杂诗》(四)：“轻风摧劲草，凝霜竦高木。”诗中“摧”表现秋风尽管是很小、很轻，也会摧折劲草，而“竦”则有高耸之意，本来太阳照射下凝霜会立即融化，诗人这里用“竦”字来说明树上的凝霜结得很厚。

在“巧用文字”的启发下，鲍照用词炼字不仅巧妙，而且逼真。其《登庐山望石门》：“瑶波逐穴开，霞石触峰起。”其中用“逐”字表现潭水流到山洞激起层层浪花，“触”字描绘山峰披着绚烂的霞光；其《从登香炉峰》：“青冥摇烟树，穹跨负天石。”其中用“摇”字写被雾气裹住的树木一派清冥含混的景象，增加了雾气的质感。用“跨”字描摹直插云霄的山峰遥远而不可及，同时赋予山峰的动态。其《登庐山》：“松磴上迷密，云窦下纵横。”写登庐山时所看到的景象，其中“上”和“下”使用非常巧妙，“上”是指往上走山路就在密密麻麻的树林中迷失了，“下”是指诗人俯瞰山下云雾纵横。通过比较可以看出张华、张协和鲍照之间在“巧用文字”方面明显的承传关系。

最后，颜延之对陆机的传承。从《诗品序》对陆机诗歌特点的概括可知，一是词藻宏富，诗体华丽秀美。二是，作诗崇尚格律，不看重纵横铺陈。他在使用华词丽句和重彩描绘方面开一代诗风。《先秦汉魏晋南北朝诗》收入陆机乐府四十一首，诗五十六首，一共九十七首。我们把陆机《赴洛道中作》和颜延之《北使洛》进行比较来研究颜延之对陆机诗歌创作上的传承。陆机《赴洛道中作》其一：“总辔登长路，呜咽辞密亲。借问子何之，世网婴我身。永叹遵北渚，遗思结南津。行行遂已远，野途旷无人。山泽纷纡余，林薄杳阡眠。虎啸深谷底，鸡鸣高树巅。哀风中夜流，孤兽更我前。悲情触物感，沈思郁缠绵。伫立望故乡，顾影凄自怜。”全诗可以分为三层，第一层前六句，写诗人辞别亲人远赴洛阳。第二层中间八句，写诗人路途所见之景。第三层最后四句，写诗人的感怀。全诗表达出诗人路途的孤独和悲伤以及对故乡的思念。《赴洛道中作》其二：“远游越山川，山川修且广。振策陟崇丘，安辔遵平莽。夕息抱影寐，朝征衔思往。顿辔倚高岩，侧听悲风响。清露坠素辉，明月一何朗。抚机不能寐，振衣独长想。”诗人从概括路途遥远写起，接着描绘出诗人在山丘、平原行走的过程；傍晚孤身一人入眠，第二天还得早早出发；诗人在山岗靠着岩石站立，任凭寒风吹过，到了夜里只见明月当空照耀，树叶上的清露闪着清辉。想到自己还有很长的路要走，辗转反侧不能入睡。

颜延之《北使洛》：“改服饬徒旅，首路局险艰。振楫发吴洲，秣马陵楚山。涂出梁宋郊，道由周郑闲。前登阳城路，日夕望三川。在昔辍期运，经始阔圣贤。伊瀔绝津济，台馆无尺椽。宫陛多巢穴，城阙生云烟。王猷升八表，嗟行方暮年。阴风振凉野，飞云瞀穷天。临涂未及引，置酒惨无言。隐悯徒御悲，威迟良马烦。游役去芳时，归来屡徂諐。蓬心既已矣，飞薄殊亦然。”首先，写沿途所经之地。诗人更换衣服踏上了北上的路途，道路曲折很难行走；摇动船桨从吴州出发，骑马登上楚山。又从古代梁国和宋国曾经建都的郊外出发，来到古代的周国和郑国曾经建都的地方。早晨来到阳城，傍晚就看到了三川。其次，写故国的萧条和惨败。诗人以往错过了好运，没有见到先圣前贤；可是来到“伊水”和“瀔水”，却没有渡口，来到“阿房宫”也是残垣断壁；宫殿的墙壁有动物的巢穴，城阙偶尔升起云烟；诗人在岁暮出行，野外寒风阵阵，飞云遮住了寒冬的天空；在路途进退不定，面对酒杯惨淡无言；一路远行人困马乏，诗人也暗自悲伤；这次行役本该按时归来，但是却耽误了归期。最后表达诗人的心情。面对故国的萧条和惨败，诗人内心感到时事变换如“转蓬”，表达诗人世事变迁的悲凉心情。

综合探讨这两首诗的艺术特点可以发现和钟嵘的评价甚是吻合：一是“词藻宏富”。陆机诗曰：“山泽纷纡余，林薄杳阡眠。虎啸深谷底，鸡鸣高树巅。哀风中夜流，孤兽更我前。”诗中“山泽”“林薄”“深谷”“哀风”“孤兽”等词都宏大繁富很有冲击力。颜延之诗曰：“阴风振凉野，飞云瞀穷天。临涂未及引，置酒惨无言。隐悯徒御悲，威迟良马烦。”诗中“阴风”“飞云”“凉野”“穷天”等词意境高远，想象空间开阔。二是诗体华丽秀美。陆机诗曰：“振策陟崇丘，安辔遵平莽。夕息抱影寐，朝征衔思往。顿辔倚高岩，侧听悲风响。清露坠素辉，明月一何朗。”隔句最后一字押“昂”韵，读起来节奏感很强，而且每两句都是比较工整的对句，显示出陆机诗体的精致秀美。而“顾影凄自怜”这样的诗句后人已经把它固化为使用频率很高的成语。颜延之诗曰：“改服饬徒旅，首路局险艰。振楫发吴洲，秣马陵楚山。涂出梁宋郊，道由周郑闲。前登阳城路，日夕望三川。”每两句后最后一个字押“安”韵，读来流畅自然，和陆机“振策陟崇丘，安辔遵平莽。夕息抱影寐，朝征衔思往。顿辔倚高岩，侧听悲风响。清露坠素辉，明月一何朗。”有异曲同工之妙。沈约《宋书》曰：“延之与同府王参军俱奉使至洛阳，道中作诗二首，文辞藻丽，为谢晦傅亮所赏。”[①] 指的就有这首诗。

二、诗体新变的结晶“元嘉体”

“元嘉体”语出宋代严羽《沧浪诗话·诗体》：“以时而论，则有建安体（汉末年号，曹子建父子及邺中七子之诗），黄初体（魏年号，与建安相结，其体一也）、正始体（魏年号，嵇、阮诸公之诗）、太康体（晋年号，左思潘岳二张二陆诸公之诗）、元嘉体（宋年号，颜、鲍、谢诸公之诗）……。”[②] 严羽只是简单根据宋文帝年号“元嘉”把颜延之、鲍照、谢灵运诗歌加以概括，其意义在于提示人们，刘宋时期存在这样一种文学现象。但真正从内容到艺术特色加以论述“元嘉体”的应该是刘勰《文心雕龙·明诗》：“宋初文咏体有因革，老庄告退，而山水方滋。俪采百字之偶，争价一句之奇，情必极貌以写物，辞必穷力而追新，此近世之所竞也。”[③] 根据刘勰的评论和总结，我们对“元嘉体”作出的界定是：所谓“元嘉体”是指上起晋宋之交，下及大明、泰始之际，以谢灵运、鲍照、颜延之为代表的诗人们继承了前人诗歌创作风格，开拓性地创造出以描写山水景物为

① [梁] 沈约《宋书》，中华书局 1974 年版，第 1891 页。
② [清] 何文焕《历代诗话》，中华书局 2004 年版，第 689 页。
③ 周振甫《文心雕龙今译》，中华书局，2005 年版，第 60 页。

主，讲究全篇对偶藻采，争取诗句的奇突警策，尽力刻画山水形貌，力求用辞新颖别致的一种别开生面的新诗体。因宋文帝的年号为“元嘉”，故目之“元嘉体”。从中国古代诗歌发展史的角度，来审视“元嘉体”诗人们的山水诗创作，我们不难发现谢灵运、鲍照在山水诗创作上取得了巨大的艺术成就，颜延之虽然山水诗不多，但也秉承了元嘉体“尚巧似”的诗风。他们的功绩在于发现了自然山水的审美价值，力图以山水形象地阐发玄理，寓玄理于景物之中，使自然山水在诗歌中获得独立的地位，自“元嘉体”产生之后，中国的山水诗蓬勃地发展起来。“元嘉体”诗的新变有以下数端：

首先，“元嘉体”诗摆脱了山水景物在公宴、游览、送别诗中的附庸地位，把山水景物作为主要描写对象，换言之，元嘉三大家在他们的诗歌中真正赋予山水景物以独立的地位。在谢灵运的山水诗中，诗人把全部注意力集中到人与大自然的交流过程中，赋予了自然山水以审美意义。谢灵运是第一位全力创作山水诗的诗人，现存诗近百首，其中三十八首可称得上较为完整的山水诗。谢灵运的优秀山水诗有《石壁精舍还湖中作》《登江中孤屿》《过始宁墅》《登池上楼》《初去郡》等。鲍照的山水诗不仅使山水景物成为独立的审美对象，而且熔汉魏两晋诗歌的抒情特色与谢灵运工于写景为一炉，重视诗歌写景与抒情的妙合，使山水诗具有更多的动人力量。鲍照山水诗的优秀之作有《登庐山》《登庐山望石门》《从登香炉峰》和《登翻车岘》等二十余篇。颜延之的山水诗所存不多，但同样具有山水景物独立审美的特征，如《登景阳楼诗》《独秀山诗》等也是写山水景物的优秀诗篇。同时，在“元嘉三大家”的山水诗创作中，结合时间与气候的变化，时间与空间的交替形成了大全景式的山水构图。谢灵运《登永嘉绿嶂山》：“涧委水屡迷，林迥岩愈密。眷西谓初月，顾东疑落日。践夕奄昏曙，蔽翳皆周悉。”表现溪涧深林晨昏之间，东西上下周悉无遗的兴味。鲍照《浔阳还都道中作》：“鳞鳞夕云起，猎猎晚风遒。腾沙郁黄雾，翻浪扬白鸥。登舻眺准甸，掩泣望荆流。绝目望平原，时见远烟浮。”诗中用“眺”“望”“绝目望”“时见”等动词描绘诗人从“浔阳”到“建康”所见之景。颜延之写的中国诗歌史上第一首咏岳阳楼的诗《始安郡还都与张湘州登巴陵城楼作诗》：“江汉分楚望，衡巫奠南服。三湘沦洞庭，七泽蔼荆牧。经涂延旧轨，登闉访川陆。水国周地险，河山信重复，却倚云梦林，前瞻京台囿。清雾霁岳阳，曾晖薄澜澳。凄矣自远风，伤哉千里目。万古陈往还，百代劳起伏。存没竞何人，炯介在明淑。请从上世人，归来执桑竹。”开篇四句诗人用“三湘”“七泽”之典写出了巴陵城“水国周地险”的特点，接着诗人极目远望将视角从景物拉开，分三个层次：遥远的大背景，基本可感的中前景，可见的小背景，对城楼周围的山水景物进行了细致的描绘。

其次，“元嘉体”诗人用精致的笔法描绘具体的山水，形成了“元嘉体”诗“贵巧似”的特征。《诗品》品评“元嘉三大家”时均用到“尚巧似”一词，颜延之“其源出于陆机，尚巧似”[①]，谢灵运“杂有景阳之体，故尚巧似”[②]，鲍照“善制形状写物之词……然贵尚巧似”[③]。“巧似”即以巧妙的文笔把景物描写得活灵活现。谢灵运《石壁精舍还湖中作》曰：“林壑敛暝色，云霞收夕霏。芰荷迭映蔚，蒲稗相因依。”本诗写自石壁精舍至湖中一天的游观乐趣，描摹山中湖上的美妙景色。作者将写作重点放在早晚山水的变化上，尤其用“敛”“收”这样带有延时意味的动词，极写夜色和晚霞的细微变化，“芰荷迭映蔚，蒲稗相因依”即言芰荷的光色姿态相互映照，像稻草般的蒲稗相互依靠。谢灵运《过始宁墅》曰：“山行穷登顿，水涉尽洄沿。岩峭岭稠叠，洲萦渚连绵。白云抱幽石，绿筱媚清涟。”六句诗分为三联，每联均依先后次序，分别铺排各种景致，由远及近，生动地描绘山水景物。颜延之《登景阳楼诗》曰：“风观要春景，月榭迎秋光，沿波被华若，随山茂贞芳”，既有对景阳楼本身的描摹，又有对周围环境的渲染。颜延之的《从军行》曰：“峤雾下高鸟，冰沙固流川。”巧言雾浓使飞鸟低飞，冰厚使江水凝结。颜延之《赠王太常》曰：“庭昏见野阴，山明望松雪。”用工整的对仗表现陵庙被树木覆盖，山上的松树雾气缭绕的景象。鲍照《登庐山望石门》曰：“鸡鸣清涧中，猿啸白云里。”野鸡在山涧鸣叫，猿猴在山顶啸叫，一鸡，一猿，一上，一下，一清，一白，一云，一涧，巧妙地组合在一起，描绘出一幅山水风景画。鲍照《登庐山》曰：“悬装乱水区，薄旅次山楹。千岩盛阻积，万壑势回萦。巃嵸高昔貌，纷乱袭前名。”前两句写行程，后四句写山貌，采用铺排手法，描写庐山峰岩聚积，沟壑纵横。

再次，“元嘉体”发展了佛教“即色——游玄”的结构，形成了“景物——玄言尾巴”的诗歌结构形式。“即色——游玄”的运思结构源于支遁（道林）的“即色游玄”的思想，吕澂先生在其《中国佛学源流略讲》中说：“在支道林的《大小品对比要钞序》中，可以看出‘即色游玄’思想的中心内容是：‘夫至人也，览通群妙，凝神玄冥，灵虚响应，感通无方。’认为，把心摆在最神秘的地方‘凝神玄冥’，就可以应付一切。”[④]说得明白一点，“即色游玄”主张万物在于主体的心灵之中，是心灵的一种空寂虚灵的境界。这种佛教哲学被谢灵运接受以后，在某种程度上就把“即色——游玄”，转化为一种创作思想和诗歌结构：“景物——

① 徐达《诗品全译》，贵州人民出版社 1990 年版，第 94 页。
② 徐达《诗品全译》，贵州人民出版社 1990 年版，第 61 页。
③ 徐达《诗品全译》，贵州人民出版社 1990 年版，第 104 页。
④ 吕澂《中国佛学源流略讲》，中华书局 1979 年版，第 52 页。

玄言尾巴”。即从自然之美的描绘到人生玄理的阐发。在谢灵运的山水诗中这种结构比比皆是。《于南山往北山经湖中瞻眺》：“朝旦发阳崖，景落憩阴峰。舍舟眺迥渚，停策倚茂松。侧径既窈窕，环洲亦玲珑。俯视乔木杪，仰聆大壑淙。石横水分流，林密蹊绝踪。解作竟何感，升长皆丰容。初篁苞绿箨，新蒲含紫茸。海鸥戏春岸，天鸡弄和风。抚化心无厌，览物眷弥重。不惜去人远，但恨莫与同。孤游非情叹，赏废理谁通。”诗人早晨从南山出发，坐船经过巫湖，然后停船上岸，来到长满松树的山林，晚上在北山憩息。在往北山途中，诗人看到山上的小路曲曲折折，环绕小山的水流玲珑剔透；从山顶俯视高大树木的树梢，抬头聆听山涧中淙淙流水；涧中水流遇到石头就分流，树林茂密道路就会阻隔。春天大地解冻，夏天雷雨大作，草木丰茂；嫩竹初生，蒲草开花，海鸥在岸上嬉戏，锦鸡在和风中徜徉；在这充满生机和活力的大自然中，诗人和景物同一，诗人的心情也随之欣悦，但让诗人遗憾的是这样的自然美景无人与他分享，得出了“不惜去人远，但恨莫与同。孤游非情叹，赏废理谁通”这样的玄想。这种“景物——玄言尾巴”的结构，在谢灵运山水诗中普遍存在，但是鲍照的山水诗却摆脱玄言尾巴，这和鲍照对玄言诗全方位的改制有关（详见第三编），颜延之的山水诗不多，在他的山水诗中没有看到这种情况出现。

三、“元嘉体”的诗歌史意义

如果我们认真思考“元嘉体”的诗歌史意义，可以从以下角度展开，首先从整个中国诗歌史的角度考虑，“元嘉体”应该是沟通先秦两汉山水文学和唐宋山水文学的一座金桥。这种穿越时空的大跨度比较，虽然有时候并不严谨，但是，正是这种比较却更能认识到被比较者的意义和作用，我们在接触中国文学时，唐宋山水文学以其特有的风貌和迷人的魅力往往首先吸引了我们的眼球，至于唐宋山水文学的渊源我们很少考虑。实际上，唐宋山水文学是在“元嘉体”的基础上发展起来的。严格意义上讲，先秦两汉山水文学并没有独立地发展起来，但是，此一时期已经有了山水文学的萌芽。《诗经》中就有以景物风光起兴的句子，汉乐府中如《饮马长城窟行》也有“青青河畔草”这样的诗句，曹操《观沧海》被认为是我国最早的山水诗，楚辞《招魂》《涉江》也有景色描写；汉大赋中左思《三都赋》写实景，孙绰的《游天台山赋》描摹山水，文人五言诗如《古诗十九首》也有景物描写。“元嘉三大家”吸收并总结了以上这些山水描写的经验，经过潜心创作，形成了一种新的诗体“元嘉体”。由于“元嘉体”的出现，山水作为一种新的文学题材出现在中国文学的百花园中。到唐代，王维、孟浩然等人融合了陶诗的自然和谢诗的工细形成了山水田园诗派；李白学习谢灵运和鲍照，带着一股豪气描绘华夏壮美山河；杜甫吟咏山川景物的诗篇《望岳》《登高》等也有十分感人的力量。从中唐到宋代，山水文学的体裁更多转向游记散文，韩愈的纪游诗《山石》、柳宗元的山水游记《永州八记》、范仲淹的游记散文《岳阳楼记》等都是山水文学的精华。

其次，从中古诗歌发展的角度考虑，“元嘉体”的意义还在于扭转了东晋以来淡乎寡味的玄言诗的诗风、结构方式和观览景物的方式。“元嘉体”之前的玄言诗或是游仙诗，在结构上大都采用较为简单的线性结构，嵇康《四言诗》等大多是简单的线性结构。而“元嘉体”诗人则采用了立体的全方位的表现手法，诗的气势更加宏大复杂。汉魏以来的诗歌中如曹植《杂诗》曰：“俯视清水波，仰看明月光。”嵇康《四言赠兄秀才入军诗》曰：“仰落惊鸿，俯引渊鱼。”到一般玄言诗，反复运用俯仰的角度平行地表现所见景物，并使之成为罗列景物一种方式。王羲之《兰亭诗》：“仰视碧天际，俯瞰绿水滨。”袁峤之也有：“四眺华林茂，俯仰晴川涣。”到“元嘉体”诗人开始采用上下左右等多角度观览方式，从而使山水诗具有更加丰富的内容。

复次，从美学的角度讲，“元嘉体”的产生，是“元嘉三大家”以审美的眼光观照自然的结果。“元嘉体”的出现，引导人们以审美的眼光看待山水自然，并能够从自然审美中获得愉悦。在人类历史发展过程中，有两种最基本的关系，一种是人与社会或者说是人与人的关系，这种关系是人类社会最复杂的关系，在诗歌创作中反映人与社会的这种关系的方式就是通过“诗言志”或者“诗缘情”来实现，这在我国古代从《诗经》开始就已经得到了体现；另外一种关系是人与自然的关系，这种关系反映在诗歌中就是对自然的审美，“元嘉体”的出现才真正在诗歌中表达人和自然的关系，因此，从某种意义上说，“元嘉体”具有划时代的意义。

第三节　超越时空的激赏品评

一、钟嵘给三大家的定位

南朝文学评论家钟嵘对“元嘉三大家”评价较为系统。本节我们尝试从钟嵘的评论研究“元嘉三大家”的文学地位。钟嵘是梁代人，他的《诗品》是我国最早的一部关于五言诗的理论批评专著，也是我国诗话的开山鼻祖。其《诗品》把谢灵运归于上品评曰：“其源出于陈思，杂有景阳之体，故尚巧似；而逸荡过之。

颇以繁芜为累。嵘谓若人兴多才高，寓目辄书，内无乏思，外无遗物，其繁富，宜哉！然名章迥句，处处间起，丽典新声，络绎奔会。譬如青松之拔灌木，白玉之暎尘沙，未足贬其高洁也。”①钟嵘对谢灵运五言诗的评论归结为：其一，谢灵运的五言诗源于曹植，参杂张协的诗风，所以景物描写尚“巧似”，但是超脱放逸却超过了张协。其二，谢灵运思路敏捷，诗才高妙，情感丰富，所见之物都能入诗。其三，谢诗中名篇佳句，随处可见；华美典雅的新词丽句，相继涌现。就像青松秀拔于灌木，白玉辉映着沙粒，无损于他的高洁。其缺点是繁文缛采。《诗品》把鲍照归于中品评曰：“其源出于二张。善制形状写物之词。得景阳之諔诡，含茂先之靡嫚。骨节强于谢混，驱迈疾于颜延。总四家而擅美，跨两代而孤出。嗟其才秀人微，故取湮当代。然贵尚巧似，不避危仄，颇伤清雅之调。故言险俗者多以附照。”②钟嵘对鲍照的评论要点是：其一，在诗歌的传承上，鲍照继承了张协的奇异和张华的绮靡诗风，善于形象地描绘事物的形貌，其诗骨力比谢混强健，而奔逸超过了颜延之。其二，鲍照兼有司马相如、班固、子建、仲宣四家的长处，因此他的诗能够跨宋齐两代而独立标举，由于出身卑微，他的秀慧诗才并不被时人看重。其三，鲍照十分重视对景物的逼真描绘，操调险急，有伤清和雅正，但是后来主张险仄诗风的人都学习鲍照。《诗品》把颜延之归于中品评曰：“其源出于陆机。尚巧似。体裁绮密，情喻渊深。动无虚散，一句一字，皆致意焉。又喜用古事，弥见拘束，虽乖秀逸，是经纶文雅才。雅才减若人，则蹈于困踬矣。汤惠休曰：‘谢诗如芙蓉出水，颜如错彩镂金。’颜终身病之。”③钟嵘品评颜延之的要点是：其一，颜延之继承了陆机的诗风，善于巧妙地描绘景物，从而使诗体华美繁密、情致深远，字字句句都有出处，没有散漫芜累的缺点。其二，颜延之用典违背了诗歌秀美轻逸的要求，虽然表现了诗人的博学宏才，但是也伤害了诗歌的自然之美。综合钟嵘对三大家的品评，我们认为，元嘉三大家在诗歌创作上很好地继承了建安和太康诗人的创作风格，在描绘景物方面都具有“尚巧似”的倾向，谢灵运诗“华美典雅”、鲍照诗“操调险急”、颜延之诗“错彩镂金”，《诗品》将汉魏至齐梁一百二十二位诗人分等列品，以诗人的成就高低，分为上、中、下品，上品十一人，中品三十九人，下品七十二人，谢灵运在上品，鲍照和颜延之都在中品，钟嵘在《诗品序》里说：“谢客为元嘉之雄，颜延年为辅。”④再加上后起的鲍照，“元嘉三大家”在诗歌史上占有不可忽视的地位。

① 徐达《诗品全译》，贵州人民出版社 1990 年版，第 60–61 页。
② 徐达《诗品全译》，贵州人民出版社 1990 年版，第 104 页。
③ 徐达《诗品全译》，贵州人民出版社 1990 年版，第 94 页。
④ 徐达《诗品全译》，贵州人民出版社 1990 年版，第 8 页。

二、皎然对三大家的品评

对“元嘉三大家”的激赏和评论，自刘宋以后就不绝于耳，尤其是到了唐宋，由于刘宋到唐宋几百年的历史跨度，使得人们能够用一种审美的眼光来看待“元嘉三大家”。诗人李白《送舍弟》：“他日相思一梦君，应得池塘生春草。”其《赠从弟南平太守之遥》又说：“梦得池塘生春草，使我长价登楼诗。”杜甫《岳麓山道林二寺行》：“久为谢客寻幽惯，细学周颙免兴孤。一重一掩吾肺腑，山鸟山花吾友于。”白居易《读谢灵运诗》：“吾闻达士道，穷通顺冥数。通乃朝廷来，穷即江湖去。谢公才廓落，与世不相遇。壮士郁不用，须有所洩处。洩为山水诗，逸韵谐奇趣。大必笼天海，细不遗草树。岂惟玩景物，亦欲摅心素。往往即事中，未能望兴谕。因知康乐作，不独在章句。”杜甫《春日忆李白》说：“白也诗无敌，飘然思不群。清新庾开府，俊逸鲍参军。渭北春天树，江东日暮云。何时一樽酒，重与细论文。”[①]诸如此类的诗歌在唐宋时代还很多，这里不一一列举，这就表明谢灵运、鲍照在唐宋时期深受人们的喜爱。

为了全面完整地了解唐代和宋代文人对“元嘉三大家”诗歌的看法，我们对历代诗话调查发现，唐宋诗话偏重于对谢灵运和鲍照的品评。这里重点透视唐代诗僧皎然《诗式》中的相关内容。《诗式》是上承钟嵘《诗品》下启司空图《二十四诗品》的诗学力作。在《诗式》中皎然对历代作家做了高下之分。对于谢灵运，皎然品评曰：“康乐公早岁能文，性颖神彻，及通内典，心地更精，故所作诗，发皆造极，得非空王之道助耶？夫文章天下之公器，安敢私焉！曩者尝与诸公论康乐为文直于情性，尚于作用，不顾词采而风流自然，彼清景当中，天地秋色，诗之量也；庆云从风，舒卷万状，诗之变也。不然，何以得其格高，其气正，其体贞，其貌古，其词深，其才婉，其德宏，其调逸，其声谐哉？至如《述祖德》一章、《拟邺中》八首、《经庐陵王墓》《临池上楼》，识度高明，盖诗中之日月也，安可攀援哉？惠休所评‘谢诗如芙蓉出水’，斯言颇近矣。故能上蹑风骚，下超魏晋，建安制作，其椎轮乎？”[②]皎然自称为谢灵运十世孙，而且又是一位僧人，因此对谢灵运的品评从佛学入手并竭尽溢美之辞。其一，皎然认为，谢灵运诗作之所以达到非常的高度，都是因为他研究佛典以后使他的心性更加聪颖的缘故。其二，皎然从谢灵运的性情出发，认为谢诗之所以在诗气、诗体、诗貌、诗

---

① 韩成武 张志明《杜甫诗全译》，河北人民出版社 1997 版，第 22 页。

②［清］何文焕《历代诗话（上）》，中华书局 1981 年版，第 29–30 页。

词、诗才、诗德、诗调、诗声等方面独具特色，就是谢灵运性情风雅所致。其三，皎然还列举了谢灵运的诗篇，具体表述其“出水芙蓉”的诗学内涵。对于鲍照皎然品评曰：“诗人皆以征古为用事，不必尽然也。今且于六义之中，略论比兴。取象曰比，取义曰兴。义即象下之意。凡禽鱼、草木、人物、名数、万象之中义类同者，尽入比兴，《关雎》即其义也。如陶公以‘孤云’比‘贫士’；鲍昭以‘直’比‘朱丝’，以‘清’比‘玉壶’。时久呼比为用事，呼用事为比。”[①] 很明显，皎然把鲍照放在对用事的认识中，来进行品评。其一，皎然认为征古不一定就是用事，并认为取象就叫作比，取义才为兴。其二，以鲍照为例，鲍照诗中用“直”来比“朱丝”，用“清”比“玉壶”，其格调自然较高，在篇幅不长的《诗式》中，皎然重点介绍了谢灵运，并且也对鲍照也有较高评价，但是对“元嘉三大家”中的颜延之只字未提，可见，在唐代，颜延之的地位已经急转直下，甚至落在了鲍照之后，这也说明颜延之在元嘉时期的文学地位已经开始动摇。此外，到了宋代，严羽《沧浪诗话》谈到“诗体”时说：“元嘉体（宋年号。鲍、颜、谢诸公之诗）。”[②] 在诗话史上第一次真正把谢灵运、鲍照、颜延之放在一起，认为他们的诗歌创作形成了相同的特色，并且把三大家的诗歌创作命名为“元嘉体”。严羽《沧浪诗话》中“诗评”指出：“谢灵运之诗，无一篇不佳。”还说：“颜不如鲍，鲍不如谢。”[③] 可见在宋代，当人们只是对三大家流传下来的作品进行评价，不再受诗人家庭出生和社会地位影响时，鲍照明显取代了颜延之的位置。

三、方东树心中的三大家

明代的文学批评流派繁多，门户林立，对“元嘉三大家”的评论也是林林总总，难以尽述，到清代文学批评成就斐然，叶燮《原诗》、刘熙载《艺概》等是较为系统的批评理论著作。而清代对“元嘉三大家”品评要数方东树《昭昧詹言》较为系统。方东树，字植之，别号副墨子，安徽桐城人，生于清乾隆三十七年（1772），卒于清咸丰元年（1851）。《昭昧詹言》是他晚年的著作，以“古文文法”通于诗，用宋代严羽“工妙别有能事”的观点来品评诗歌。我们先看方东树对“元嘉三大家”历史地位的评鉴。关于谢灵运《昭昧詹言》曰：“谢公蔚然成一祖，衣被万世，独有千古，后世不能祧，不敢抗，虽李、杜甚重之，称为‘谢公’，

① [清] 何文焕《历代诗话（上）》，中华书局 1981 年版，第 29–30 页。
② [清] 何文焕《历代诗话》，中华书局 2004 年版，第 689 页。
③ [清] 何文焕《历代诗话》，中华书局 2004 年版，第 696 页。

岂假借之哉！且诸谢翼翼，如叔源、宣远，体格俱相似，而康乐独称宗，即惠连固且逊之，政可于此深惟其故。”[①] 方东树对谢灵运的整体品评立足于“敬畏”两字，因为他认为谢灵运乃万世之祖，即使像李白和杜甫这样的伟大诗人也对谢灵运毕恭毕敬，尽管谢氏一门人才辈出，唯独灵运称宗。这一评论不仅可以看出李白、杜甫对谢灵运的学习和传承，而且可以看到谢灵运在清代依然有深刻的影响。《昭昧詹言》品评鲍照时说：“李、杜皆推服鲍明远，称曰‘俊逸’，盖取其有气，以洗茂先、休奕、二陆、三张之靡弱。今以士衡所拟乐府古诗与明远相比，可见。”[②] 方东树品评鲍照的第一条内容，就从鲍照诗的“俊逸”特征说起，并且强调李白、杜甫都推服鲍照，通过和士衡拟乐府比较看到鲍照诗歌已经脱去了“靡弱”之气。《昭昧詹言》品评颜延之时说：“颜诗凝厚典质，钩深持重，力足气完，差与康乐相埒，但功力有余，天才不足，而奇观意外之妙，不及谢精警，又不及明远俊逸奇峭警拔，所谓词足尽意而已。”[③] 这里我们首先要看到，在方东树《昭昧詹言》中，对颜延之的品评并没有像谢灵运和鲍照那样单列一卷，而是把颜延之放在卷五“大谢”后面，作为“大谢”部分的附录，而且仅仅有十五条内容，这和谢灵运八十条、鲍照六十九条相比确实少了点。从方东树的话语中，我们感到颜延之身上的官宦气息很浓，他的诗风明显带有宫廷“凝厚典质”和“钩深持重”的味道，“力足气完”“功力有余”“天才不足”之语未免有点过头，但也点到了颜延之的痛处。此处方东树把颜延之排在了谢、鲍之后。从诗的格调来对比，《昭昧詹言》品评谢灵运诗歌格调时说：“谢公全用《小雅》《离骚》意境字句，而气格紧健沉郁。”[④] 品评颜延之诗歌格调是说：“颜比于谢，几于有‘山无草木，树无烟霞’之病。”[⑤] 品评鲍照诗歌格调时说：“宁生而典，一变熟滑陈旧，平易浅率之病，而笔势振迅足以驱使纸上，但见生气。”[⑥] 从方东树对“三大家”诗歌格调的品评看，谢灵运诗歌格调“紧健沉郁”，颜延之诗歌缺乏灵性，鲍照诗歌则在平易中“但见生气”，可见“三大家”诗歌格调还是有一定的区别。从字法来看，谢灵运的字法：“谢公思深气沉，无一字率意漫下。学者当先求观于此。”[⑦] 颜延之的字

① [清] 方东树《昭昧詹言》，人民文学出版社 1961 年版，第 126 页。
② [清] 方东树《昭昧詹言》，人民文学出版社 1961 年版，第 164 页。
③ [清] 方东树《昭昧詹言》，人民文学出版社 1961 年版，第 159 页。
④ [清] 方东树《昭昧詹言》，人民文学出版社 1961 年版，第 129 页。
⑤ [清] 方东树《昭昧詹言》，人民文学出版社 1961 年版，第 160 页。
⑥ [清] 方东树《昭昧詹言》，人民文学出版社 1961 年版，第 165 页。
⑦ [清] 方东树《昭昧詹言》，人民文学出版社 1961 年版，第 127 页。

法："颜诗全在用字密，典则楷式，其实短浅。其所长在此，病亦在此。"[①] 鲍照字法："故不如明远，字字典，字字练，步步留境象，深固奥涩，语重法密，气往势留，响沉句峭，可为楷式。"[②] 方东树对待"三大家"字法的态度迥然不同，谢公"无一字率意漫下"，鲍诗"字字典""字字练"，颜诗"全在用字密"，可见，方东树对谢、鲍多持赞赏态度，如他还说："鲍、谢两雄并峙，难分优劣。"[③] 并把谢灵运称"谢公"，而对颜延之则多加诟病。这也从一个侧面反映出在清代人们对待"元嘉三大家"的态度。谢灵运、鲍照双雄并峙，颜延之有所损抑。尽管后世人们对"元嘉三大家"褒贬不一，但是后人学习、模仿、借鉴、品评"三大家"，谢、鲍、颜在中国文学史上，特别是中国山水文学的发展史中占有重要地位。

① [清] 方东树《昭昧詹言》，人民文学出版社 1961 年版，第 160 页。
② [清] 方东树《昭昧詹言》，人民文学出版社 1961 年版，第 167 页。
③ [清] 方东树《昭昧詹言》，人民文学出版社 1961 年版，第 169 页。

第二编（上）

元嘉三大家作品玄学意蕴解读

“玄学”是魏晋时期存在的哲学思潮，形成“玄学”的主要哲学理论是《老子》《庄子》和《周易》，后人称之为“三玄”。到了元嘉时期，虽然玄学思潮已经渐渐隐退，但是在人们的玄谈中又加入了佛学，又称“四玄”。由于受当时儒道佛思潮的影响，在元嘉三大家的作品中包含着儒学、道学、佛学等多重意蕴，笔者借用“玄学”一词，就是想从儒、道、佛三个方面对元嘉三大家的作品进行多角度解读。

第1章

元嘉三大家作品佛学意蕴解读

由前面对元嘉三大家思想文化背景以及他们人格精神考述可知，谢、鲍、颜三位作家受佛教的影响非常明显，但是，仔细考量，我们发现三大家受佛教影响的程度又不同。谢灵运一生和佛教结下了不解之缘；鲍照只是在辅佐刘义庆时期，受信仰佛教的刘义庆影响，一度时期关注佛教；而颜延之并不信仰佛教，只是对佛学理论进行过较为深入的研究。当我们仔细研读三大家的作品时发现，在他们的诗文创作中，明显受到佛学义理的影响，因此，要想对元嘉三大家的作品有一个深刻的理解和整体把握，就必须细细品味三大家作品中所蕴含的佛学意蕴。

第一节　谢灵运山水诗佛学意蕴解读

关于谢灵运山水诗的诞生，涉及许多方面。例如，历代诗歌中关于山水景物描写的发展，东晋中后期玄言诗（也称游仙诗）的出现，刘宋诗坛风气的变化，谢氏"素退"家风的影响，谢灵运游历过的青山秀水的启发，诗人的诗学追求及其诗歌写作技巧的不断创新等。本节重点分析影响谢灵运山水诗创作的主要因素，并且对谢灵运在各个时期创作的主要山水诗的佛学意蕴进行解读。

一、谢灵运山水诗诞育的多元文化因子

（一）"素退"家风

谢氏家族的"素退"家风对谢灵运隐逸思想的形成是深入灵魂的。考察谢氏家族，谢灵运曾祖谢安、谢安弟谢万、谢灵运祖父谢玄、族兄谢瞻等都曾以"素

退”闻名。

谢安在出仕前，长期隐居在家，初辟司徒府，除佐著作郎，都称病推辞，在会稽，他与王羲之、许询、支遁游览山水，吟咏属文，没有打算出仕，连不谙国事的妻子也为之心急[①]。后来谢安“虽受朝寄，然东山之志始末不渝”[②]。最后在东晋朝廷的内部倾轧中，淡出政界，远归故里，隐逸东山，平静地度过了他的晚年。《世说新语·排调篇》记录了关于谢安隐逸的故事：“谢公（安）始有东山之志，后严命屡臻，势不获已，始就桓公司马。于时人有饷桓公药草，中有‘远志’，公取以问谢：‘此药又名“小草”，何一物而有二称？’谢未即答。时郝隆在坐，应声答曰；‘此甚易解，处则为远志，出则为小草。’谢甚有愧色。”[③]郝隆的答语委婉地道出谢安隐逸的真正目的，那就是说隐逸时无人知其小，但可能会想其大，出仕时即小矣！故时人争处，谢安概莫能外。

谢安的弟弟谢万，“工言论，善属文”，曾经撰写《八贤论》叙述渔父、屈原、季主，贾谊、楚老、龚胜、孙登、嵇康四隐四显，但是他以隐逸者为贤，出仕者为劣，隐逸者要高于出仕者[④]。谢万对隐逸的态度不言自明。

祖父谢玄出仕前一直高卧东山，尽享隐逸的乐趣，朝廷多次征召，谢玄都置若罔闻，不予理睬，以遨游山水垂钓江湖为好。后来还是谢安举荐，正值朝廷求良将以镇北疆，才于太元二年（377）拜为建武将军，监江北诸军事。在淝水之战中，破苻坚大军，立下赫赫战功。晚年托病辞归，希望“从亡叔安退身东山，以道养寿”，未得朝廷允许，谢玄隐逸之志不能实现，在忧患中不久病死。

此外，谢灵运族兄谢瞻对其弟谢晦炫耀其官高位显的行为，几乎不能容忍，告诫谢晦不能因为位高名显，就得意忘形，要注意保持谢氏“素退”的传统家风。

谢灵运隐逸有深刻而广泛的社会和家庭的思想根源，对于他的隐逸思想的形成，我国古老的隐逸传统影响到了谢灵运，老庄的隐逸思想无疑占有主导地位，特别是葛洪和杜明师的影响较为直接，当时的隐逸之风和谢氏家族的隐逸家风对谢灵运的影响更为明显，谢灵运隐逸思想的形成直接促使他两次归隐故乡始宁，尽享舒适恬淡的山居生活，从而诞育了对后世影响深远的水灵鲜活的山水诗赋。

（二）慧远“法性说”

作为一代高僧，慧远的人格、品行、思想都高于世人。慧远不仅博通易学玄

① ［唐］房玄龄《晋书》，中华书局 1974 年版，第 2072 页。
② ［唐］房玄龄《晋书》，中华书局 1974 年版，第 2076 页。
③ 徐震堮《世说新语校笺》，中华书局 1984 年版，第 430–431 页。
④ ［唐］房玄龄《晋书》，中华书局 1974 年版，第 2086 页。

理和儒学经典，而且德行淳厚，心性弘达，思想深邃[①]。他的般若实相学认为，客观世界是虚幻不真实的，在“有”和“无”的关系上持辩证的观点。慧远倡导僧肇《崇本论》中所谓“常处有而不染，不厌有以空观”，以及僧肇《般若无知论》中所谓“智虽事外，未始无事；神虽事表，终日域中”的思想。慧远《沙门不敬王者论》指出：“如令一夫全德，则道洽六亲，泽流天下，虽不处王侯之位，固已协契皇极，在宥生民矣。”主张出家人可不敬王，保持独立人格又能“泽流天下”。值得注意的是，由于慧远在佛学和文学方面的成就以及他的人格魅力，谢灵运十五岁在建康时便已倾心于远在庐山的慧远。义熙八年（412）四月，时为刘毅记室参军，并刚转卫军从事中郎的谢灵运，有机会第三次到庐山，见到心仪已久的慧远法师，这次相见，虽然慧远因其心杂未能收为弟子，但是两人却结下了深厚的友谊。义熙九年（413），慧远撰写了《万佛影铭》[②]并派遣弟子道秉远赴建康，邀请谢灵运亦撰写《佛影铭》，谢灵运受请在这年秋冬之际“援笔兴言，情迫其概”撰成《佛影铭》，高度称赞慧远在庐山建台立佛像的壮举，瞻礼佛影能够使弱丧迷途者、阐提无缘者知返与觉悟。义熙十二年（416）慧远去世后，谢灵运又作《庐山慧远法师诔并序》怀念慧远法师。元熙二年，即永初元年（420），慧远去世四年以后，谢灵运再撰写《庐山法师碑》，回忆慧远大师的佛教人生。

随着研究的深入，我们越来越觉得慧远对谢灵运的影响深刻而广泛。要搞清楚谢灵运的般若思想以及对他本人在创作中的影响，我们还必须从研究慧远般若思想和他的文学创作入手。在般若学方面，慧远的贡献表现在他对“缘起性空”理论的进一步深化。慧远《大智论钞序》云：“无性之性，谓之法性。法性无性，因缘以之生。生缘无自相，虽有而常无。常无非绝有，犹火传不息。”[③]慧远认为，“生缘无自相”，“法性”无处不在，山河大地都是“法性”的体现者。慧远《万佛影铭》云：“神道无方，触像而寄。”“廓矣大象，理玄无名。体神入化，落影离形。迴晖层岩，凝映虚亭。在阳不昧，处暗愈明。”“茫茫荒宇，靡劝靡奖。谈虚写容，拂空传像。相具体微，冲姿自朗。”慧远又认为，神道寓于山水自然之中，山水自然因有神道更加神奇，神道无边，神理无名，体悟神理到化境，才能领悟山水自然之妙，用大智洞照山水自然，就可获得般若智慧，获得美的享受。在“缘起性空”和“佛性无处不在”的思想指导下，慧远通过游览和诗歌创作来表现自然山水。据庐山诸道人《游石门诗》序载，隆安四年（400）仲春，慧远率众游山，

① ［梁］释慧皎《高僧传》，中华书局 1992 年版，第 211 页。
② 参见《广弘明集》卷十五。
③ 参见僧佑《出三藏记集》卷十。

"于时交徒同趣三十余人，咸拂衣晨征，怅然增兴……于是拥胜倚岩，详观其下，始知七岭之美，蕴奇于此……各欣一遇之同欢，感良辰之难再，情发于中，遂共咏之云尔"。其中慧远《游庐山》或曰《庐山东林杂诗》是他现存唯一的诗作：

> 崇岩吐清气，幽岫栖神迹。希声奏群籁，响出山流滴。有客独冥游，径然忘所适。挥手抚云门，灵关安足辟。流心叩玄扃，感至理弗隔。孰是腾九霄，不奋冲天翮。妙同趣自均，一悟超三益。

这首诗的重要性表现在：首先，般若思想在诗歌中的渗透。诗中"流心叩玄扃，感至理弗隔"就是强调览物之情和般若之理的融合。其次，由此诗可以看出谢灵运对慧远山水诗的学习和借鉴。诗中"妙同趣自均，一悟超三益"和谢灵运《从斤竹涧越岭西溪行》中"观此遗物虑，一悟得所遣"相比有异曲同工之妙。再次，从结构模式上看，慧远这首诗是由山水描写最终归为说理，谢灵运的山水诗也是在山水描写后以写自己的感悟。而这些诗比谢灵运现存最早的山水诗，永初年间的《从游京口北固应诏》整整早了二十年。无疑，慧远的山水诗作为谢灵运山水诗创作提供了颇具灵性的基因。我们可以肯定地讲，谢灵运继承了慧远、支遁等般若空思想，来关照自然山水，把般若空思想中的概念运用于山水诗创作中，作为诗歌的意象。谢灵运《登江中孤屿》："云日相辉映，空水共澄鲜。表灵物莫赏，蕴真谁为传。"诗中"空"和"灵"是般若学中常用的概念，作者把他们用在诗中，"空"不是没有，而是物色之本体，既了悟了本体，体现"空"义的物色就出现在人们面前了。如果我们做一个形象的比喻，就像初生的婴儿一样，谢灵运的山水诗，在相貌和精气上都是慧远诗歌因子的遗传。

（三）游仙诗的山水描写

建安时期，随着个体自我意识的加强，文人游仙诗日趋成熟，形成了以曹氏父子为代表的魏晋游仙诗发展的第一阶段，此时的游仙诗充满着对神仙方术的质疑与长生幻想的矛盾，这是源于建安诗人生于乱世之中，激发了他们济世成名的功业之心；但时不我待、生命短促的宿命给他们带来了功业难酬的悲怆之感。于是，在功业难酬与生命难保的矛盾中，游仙诗体现出了诗人强烈的自我意识，即渴望个人价值的实现。谢灵运的人生之旅仿佛建安诗人，在多次遭受沉重的政治打击后，谢灵运只能到山林之中和诗歌之内，寻找在政治生涯中失去的自我。无疑，建安诗人引导谢灵运走进了山水诗创作中，谢灵运山水诗中藏有建安游仙诗的影子。游仙诗创作的代表人物是正始时期的嵇康和阮籍，谢灵运的山水诗承袭了他们在游仙诗中阐发玄学思想的方法，并且在创作中进行了独到的创新和发挥。在嵇、阮为代表的竹林时期，玄学已不再注重对本末有无的论证，而是把注意力集中到了名教与自然关系的探讨。嵇康有感于现实的丑恶，其《与山巨源绝交书》云："非汤武而薄周孔"，"越名教而任自然"，其《代秋胡歌诗》其五云："绝智弃学，游心于玄默。"诗人通过玄学形而上的思辨关照自然，追求心与道冥的境界。阮籍的《咏怀诗》中描写神仙人物、神仙境界的诗篇占有很大的比重，如《咏怀诗八十二首》其十云："焉见王子乔，乘云翔邓林。独有延年术，可以慰我心。"其三十二又云："去者余不及，来者吾不留。愿登太华山，上与松子游。"谢灵运对嵇康和阮籍游仙诗的承袭，表现在谢灵运用山水诗创作来体现玄学和自然山水的关系，同时，谢灵运从山水中体悟出玄理，和嵇康与阮籍的游仙诗比较，谢灵运摆脱了在诗歌中通过对神仙人物和仙境的直接概括，表达玄理的陈旧模式，而是从具体生动的山水景物中生发玄理感悟。可以说谢灵运的山水诗，把嵇康和阮籍游仙诗中的描写对象从天上转到人间，从虚无概括转到真实描绘，从无端抒发玄理转到通过对山水自然的详细描绘的基础上有感而发，这就是游仙诗到谢灵运山水诗的转变。

唐代著名僧人、诗学家皎然在他的诗学专著《诗式》中指出："康乐公早岁能文性颖神澈，及通内典，心地更精，故所作诗，发皆造极，得非空王之道助邪？"[①]这段话比较清楚的解释是，谢灵运少时就能写文章，心性聪明，神思清澈，到了精通佛教经典以后，心性更加深邃，因此他所写的诗，生发到了极点，都是佛学的帮助。那么他通内典的经历怎样呢？其一，少年信佛阶段。其《山居赋》自注云："自弱龄奉法，故得免杀生之事。"[②]所谓"弱"即幼小，"弱龄"，亦即童年时代。可见其在刚刚懂事时就开始接触并信仰佛法。其次，与慧远的交往阶段。"隆安三年（399）谢灵运拜访慧远'希门人之末'"。"元兴元年（402）谢灵运参加了慧远在庐山主持的立誓结社活动"。"义熙七年（411）到义熙八年（412）谢灵运有入庐山见远公的可能"[③]。东晋义熙九年（413）前后，则应远公之请，作《佛影铭》，对慧远的佛教自然观表示认同。义熙十三年远公卒后又为之作诔。其三，与慧严、慧观交往阶段。据姜剑云师在《谢灵运与慧严慧观》一文中的推论可知，义熙十四年（418）谢灵运在建康和慧严、慧观开始翻译《华严经》。《华严经》的翻译从义熙十四年（418）三月到永初三年（422）六月，历时四年三个

① 李壮鹰《诗式校注》，齐鲁书社 1987 年版，第 90 页。
② ［梁］沈约《宋书》，中华书局 1974 年版，第 1764 页。
③ 姜剑云师《谢灵运与慧严、慧观》，河北大学学报（社科版），2005 年第 6 期，第 83 页。

月，经历了翻译、校对、润文三个阶段。元嘉八年在京师建业与释慧严、慧观共同改治《大般涅槃经》，著《十四音训叙》。其四，与竺道生交往阶段。姜剑云师在《谢灵运与“涅槃圣”竺道生》一文中指出，隆安三年（399）谢灵运拜访慧远“希门人之末”；元兴元年（402）谢灵运参加了在庐山慧远主持的立誓结社活动；在以上两次逗留庐山期间谢灵运不仅和慧远交往，而且在庐山可能初次和竺道生晤面。义熙四年（408）到元嘉五年（428）约二十年中竺道生一直住止建康青园寺，在都城进行了有声有色的，几乎是轰轰烈烈的佛学活动，期间，谢灵运断断续续任职京官的时间大约十年，这期间二人不能没有交往。刘宋永初三年（422）秋到景平元年（423）秋出守永嘉时，谢灵运与诸道人辨竺道生首倡的“顿悟说”，两人也有直接的交往。元嘉九年，谢灵运赴任临川，途经庐山，滞留一月有余，可能和竺道生切磋交流他参与改制的北本《大般涅槃经》，也是和竺道生的诀别[①]。其五，与昙隆等修行阶段。景平元年（423）秋至元嘉三年（426）春，谢灵运第一次隐居始宁修建石壁精舍，与昙隆、法流诸人共游，亲自参加佛教修行。其六，临终皈依佛法阶段。元嘉十年在广州被杀时，谢灵运还特意将自己的美髯施给祇洹寺，作维摩诘像的胡须，并赋《临终诗》一首，表示要自己“送心正觉前”，永远皈依佛法。上列情况可见，谢灵运的佛教活动主要集中于义熙七年（411）后，尤以出守永嘉之后较为繁密，频繁的佛学活动使他有机会接触各种佛教典籍，而且所接受的佛典范围较广，其中应该主要包括以下四类：

其一，弥陀净土信仰类。慧远是弥陀净土的积极提倡与修行者，谢灵运对慧远的信服，以及二人之间的交往，表明谢灵运对弥陀净土的接受。宣扬弥陀净土的佛经，翻译较早、影响较大的有曹魏康僧铠译的《无量寿经》三卷，姚秦鸠摩罗什翻译的《阿弥陀经》一卷[②]，以及刘宋时畺良耶舍译《观无量寿经》一卷，其中以鸠摩罗什的译本影响最大。

其二，般若类。谢灵运注解了《金刚经》；罗什在元兴三年（404）翻译的《大品经》，义熙二年（406）翻译的《法华经》《维摩经》（这两部虽非般若类经典，却包含了鲜明的中观派思想）；义熙四年（408）翻译的《小品般若经》，都是当时在社会上影响较为广泛的般若类经典，无疑这些般若类经典也影响了谢灵运。

其三，涅槃佛性类。涅槃类经典主要有义熙十三年（417）至义熙十四年（418）

① 姜剑云师《谢灵运与“涅槃圣”竺道生》，《广州大学学报》，2005年第9期，第14–15页。
② 任继愈主编的《佛教史》认为，此经译于402年，见《中国佛教史》第一卷，中国社会科学出版社1981年9月，第1版。

佛驮跋陀罗所译的六卷本《大般泥洹经》，该经在元嘉六年（430）左右传至扬州；慧观、慧严、谢灵运依六卷本改治了昙无谶本《大般涅槃经》，该本对昙无谶本在文字上、品目上稍加改动。

其四，禅法类。谢灵运在慧远法师诔文中说："乃延禅众，亲承三昧。"主要指《般舟三昧经》所宣扬的禅法，谢灵运对此应该有所了解。同时鸠摩罗什翻译的《禅经》以及佛陀跋陀罗所译的《达摩多罗禅经》以其在当时的影响也不能排除其对谢灵运的影响。

根据谢灵运的生平，谢灵运创作的分期可确定为六个阶段：①守永嘉前（422年以前），这一时期的创作以应答、酬赠为主；②守永嘉时（422—423），这一时期的创作以山水诗为主；③隐居始宁时（423—426），这一时期的创作以山水诗为主；④任秘书监（426—428），这一时期主要修撰《晋书》，有诗作；⑤再隐始宁时（428—431），这一时期的创作以山水诗为主；⑥任临川内史至终（431—433），诗作不多。本节主要解读山水诗作集中的中间四个阶段的谢灵运山水诗代表作品。

二、贬守永嘉时（422—423年）的山水诗解读

景平元年（423）夏秋之际，谢灵运创作《辨宗论》。《辨宗论》是谢灵运研习佛学的标志。创作《辨宗论》之前，谢灵运的佛学修养主要表现在与慧远的交往中，谢灵运的许多与佛教有关的文章都与慧远有关。但谢灵运真正研修佛学，却是被外放永嘉，在道生法师提出顿悟成佛、一阐提皆有佛性的理论之后，谢灵运创作了《辨宗论》提出自己的佛学见解。在守永嘉时的山水诗有《过瞿溪山饭僧》《石室山》《登永嘉绿嶂山诗》《登池上楼》《晚出西射堂》《游赤石进帆海》《游南亭》《郡东山望溟海》《游岭门山》《登江中孤屿》《白石岩下径行天》《过白岸亭》。其中许多诗作表达了谢灵运对佛学的理解。先解读集中体现其佛学思想的《过瞿溪山饭僧》：

> 迎旭凌绝嶝，映泫归溆浦。钻燧断山木，掩岸墐石户。结架非丹甍，藉田资宿莽，同游息心客，暖然若可睹。清宵飏浮烟，空林响法鼓。忘怀狎鸥鲦，摄生驯兕虎，望岭眷灵鹫，延心念净土。若乘四等观，永拔三界苦。

开篇两句写旭日、高山、清泉、流水构成的僧人们生活的清新背景。"钻燧

断山木，掩岸墐石户。结架非丹甍，藉田资宿莽”描写僧人的居所和他们简朴的生活。“同游息心客，暖然若可睹”这两句出自谢灵运所作的《佛影铭并序》：“远观表相，就近暖景。匪质匪空，莫测莫领。倚岩辉林，傍潭鉴井。借空传翠，激光发冏。金好冥漠，白毫幽暖。”此处之佛影指北天竺月氏国那竭呵城南一个石室中，佛感化毒龙后应毒龙之请所留下的影子，该影像在远处看较为清楚，但是越接近越淡然，直至消灭不见。该铭的序文云：“法显道人至自祇洹，具说佛影，偏为灵奇。”谢灵运在这段铭文中描述了佛影“匪质匪空”即既非质实也非虚无的状态，远观可见其身呈金色，眉间白毫，切近来看则淡然不明。这种非实非虚的观照，基本上反映的是大乘中观派的观点。接着写僧人们的活动：“清霄扬浮烟，空林响法鼓。忘怀狎鸥鲦，摄生驯兕虎。”晴朗的碧空，白烟袅袅，幽静的山林，法鼓阵阵，僧人们以慈悲为怀，与鸟兽为友。最后写诗人的感受：“望岭眷灵鹫，延心念净土。若乘四等观，永拔三界苦。”诗人向往灵鹫山等佛教圣地，希望超出生死流转的欲界、色界、无色界，进入极乐之净土。《石室山》与《登江中孤屿》以景、情、理结合的方式完整地再现了诗人于自然景物中兴悟佛理的过程。其《石室山》：“青旦索幽异，放舟越坰郊。莓莓兰渚急，藐藐苔岭高。石室冠林陬，飞泉发山椒。虚泛径千载，峥嵘非一朝。乡村绝闻见，樵苏限风霄。微戎无远览，总笄羡升乔。灵域久韬隐，如与心赏交。合欢不容言，摘芳弄寒条。”其中的佛学意旨是，没有人欣赏景物的鲜活和空灵，更没有人能领悟到山水景物中隐含的佛理。只有诗人在佛学的指引下，才能体味到人与景之间心灵的交流，山水空灵亮丽，诗人的心里也空灵放达，由此，使得诗人感到极大的愉悦。其《登江中孤屿》：

> 江南倦历览，江北旷周旋。怀新道转迥，寻异景不延。乱流趋正绝，孤屿媚中川。云日相辉映，空水共澄鲜。表灵物莫赏，蕴真谁为传？想象昆山姿，缅邈区中缘。始信安期术，得尽养生年。

诗中“云日相辉映，空水共澄鲜”是谢灵运山水诗中佛学意蕴最浓的经典名句。其佛学意蕴有三点：首先，一般认为，日可以照云，人们很少关照云去映日，谢灵运这里关注“云”和“日”之间相辅相依的关系，是佛教因缘说在句中的衍化。其次，空和水的问题。这里“空”和“水”是两个概念，不能理解为“空水”，因为句中有“共”字，如果是一个词，就无所谓“共”了。从“空”来看，这里是指佛教“缘起性空”中的“空”，在佛教中，“空”就是“真”，是事物的本质，诗人写“空”是“澄鲜”，这里蕴含深刻的意义，一方面，诗人想说，佛学思想是“澄鲜”的，即诗人对佛学的理解感到新鲜，有神趣。另一方面，对佛学思想一般人很少能够领略其真意，佛学义理就像山中的泉水，新鲜空灵，让人心清神静，却少有人问津。再次，诗人描写景物的鲜丽，想从生机勃勃的自然中体味其佛理神趣。景物所包含的灵性一直得不到欣赏，其所蕴含的理趣即所谓的“真”也无人给以传达。对于呈现在世人面前的表象世界来说，它们的存在是不真实的，因为它们没有自性，是因缘聚合而成的，所以只能称作“假有”，所谓的“真”是体悟到现象界的不真实，现象界的空寂本性。其《游赤石进帆海》：“首夏犹清和，芳草亦未歇。水宿淹晨暮，阴霞屡兴没。周览倦瀛壖，况乃陵穷发。川后时安流，天吴静不发。扬帆采石华，挂席拾海月。溟涨无端倪，虚舟有超越。仲连轻齐组，子牟眷魏阙。矜名道不足，适己物可忽。请附任公言，终然谢天伐。”其佛学意蕴是，《辨宗论》所明确的以理为人生最高指引，使自己的行为符合理的要求，在适性不违理中获取人生的终极意义。研修佛理使得诗人的生命意义得到了安顿与保证，从而明确地解决了永嘉赴任以来仕与隐之间的矛盾。归隐不单纯是老于山林而是一种自然而然的生命最佳实现形式，诗人的心灵由此获得了最大程度的自由，使得诗人的行为与情感最大程度的符合理的要求，佛理是支撑诗人归隐的指南。再看《登永嘉绿嶂山诗》：

> 裹粮杖轻策，怀迟上幽室。行源径转远，距陆情未毕。澹潋结寒姿，团栾润霜质。涧委水屡迷，林迥岩逾密。眷西谓初月，顾东疑落日。践夕奄昏曙，蔽翳皆周悉。蛊上贵不事，履二美贞吉。幽人常坦步，高尚邈难匹。颐阿竟何端，寂寂寄抱一。恬如既已交，缮性自此出。

所谓念佛三昧禅观中的“观”不是一般的思维观察活动，而是指在佛教“正智”的指导下，对特定对象的观察思维活动。在观想念佛的过程中，“入斯定者，昧然忘知，即所缘以成鉴。鉴明则内照交映而万像生焉”[①]。进入念佛三昧的人们，以所攀缘的对象为镜。明镜洞照，交相辉映，万象俱生。于是，人们“玄音之叩心，听则尘累每消，滞情融朗”。也就是说，观想念佛之声叩动着人的心扉，专注聆听即会消除尘世之累赘烦恼，化解内心的积淤滞塞，使之忽然开朗，充满愉悦。谢灵运这首诗的景象、色彩和诗人内心情感变化的描绘，就是按照这个禅观的程序来写的。诗人观照的山林景象，先是涧水绕山，林深岩密，使人难分初月还是落日，加之黄昏，四周一片幽暗，正当这一切让人感到十分迷茫、不知所措

① 参见《广弘明集》卷三十。

的时候，突然，诗人的笔锋一转，在这幽暗的景象之中诗人坦然信步，并沉湎于寂思冥想之中，从而使心智恬适开朗，人生真谛昭彰明晰。

三、初隐始宁时（423—426 年）的山水诗解读

这一时期诗人的佛教活动极为频繁，《山居赋》中记载，谢灵运不仅有与佛教僧侣之间的交往，与俗家信佛者范泰之间也往来唱和。谢灵运此时的诗文，其佛学义理主要是以《维摩诘经》为代表的缘起性空观。正是这一理论导致了谢灵运此时山水诗的景物的空灵澄澈，以及诗人悟理之后心境的宁静淡泊。其间的山水诗《初去郡》《石壁精舍还湖中作》《石壁立招提精舍》《南楼中望所迟客》《田南树圆激流植援》《从斤竹涧越岭溪行》《于南山往北山经湖中瞻眺》就表现了般若空观思想。先解读《初去郡》：

彭薛裁知耻，贡公未遗荣。或可优贪竞，岂足称达生。伊余秉微尚，拙讷谢浮名。庐园当栖岩，卑位代躬耕。顾己虽自许，心迹犹未并。无庸方周任，有疾像长卿。毕娶类尚子，薄游似邴生。恭承古人意，促装返柴荆。牵丝及元兴，解龟在景平。负心二十载，于今废将迎。理棹遄还期，遵渚骛修坰。溯溪终水涉，登岭始山行。野旷沙岸净，天高秋月明。憩石挹飞泉，攀林搴落英。战胜臞者肥，鉴止流归停。即是羲唐化，获我击壤情。

这首诗的佛学意蕴是，在诗人从仕途解脱以后，于是内心就产生了屏除一切杂念之后的清静，在这种清静心境下，诗人笔下就出现了“野旷沙岸净，天高秋月明。憩石挹飞泉，攀林搴落英”这样的诗句，由于诗人放弃世俗功名，诗中石、泉、树、花就与人更亲近，这种自由的生活与天地之理融为一体更让诗人感到欣悦。诗中“净”字，不仅指旷野沙岸之净，也指诗人心性之净，不杂欲念，更指没有了仕宦险恶，人生道路之净。诗中“明”字不仅写月色，极言诗人心绪的旷朗。而且，“飞泉”和“落英”也都是极具禅意的意象。整首诗表达了去除贪欲，不攀外援，可以在自然中修养真心。他这段时间优秀山水诗代表作是《石壁精舍还湖中作》：“昏旦变气候，山水含清晖。清晖能娱人，游子憺忘归。出谷日尚早，入舟阳已微。林壑敛暝色，云霞收夕霏。芰荷叠映蔚，蒲稗相因依。披拂趋南径，愉悦偃东扉。虑澹物自轻，意惬理无违。寄言摄生客，试用此道推。”以谢灵运对般若空观的理解来解读此诗，我们可以发现，诗人在景物描写方面能够刻画出

景物缘起之后的存在状态及其空灵本质，并且注意把握景物之间的关系，在因缘相依中把握其变化与特色。暮色降临本是时间的变化，但诗人却从林壑的由明至暗的变化中捕捉到了时间与景物的关系，从而别具匠心地用“林壑敛暝色”生动地、拟人化地表现出了这种关系。荷与菱的茂盛、蒲与稗的勃勃生机也都是由其相互依偎相互映衬中展现出来的。在体悟了缘起性空、一切事物即为空，不可执着之后，诗人的心境就变得轻快愉悦。其《石壁立招提精舍》：

> 四城有顿踬，三世无极已。浮欢昧眼前，沉照贯终始。壮龄缓前期，颓年迫暮齿。挥霍梦幻顷，飘忽风雷起。良缘迨未谢，时逝不可俟。敬拟灵鹫山，尚想祇洹轨。绝溜飞庭前，高林映窗里。禅室栖空观，讲宇析妙理。

诗人开始就引用佛教典故说明佛理的精妙就在于认识到世间苦难太多太深，人们被虚浮短暂的欢乐所昧，看不清眼前事物的真相，而深邃的佛理却能洞穿事物的始终。诗人感到，人们年轻时不理会时光短暂，到老了才觉得人生如白驹过隙，忽然而已。其实人事就像一场大梦，当你醒来时，一切都在飘忽朦胧间飞驰而过。良辰美景依然在，但是时间却如流水，一去不复返。诗人修招提精舍是向往灵鹫山和祇洹精舍，在诗人的招提精舍周围有瀑布飞流，树林掩映，确实是修炼和讲经的好去处。这首诗首先对现世的浮欢进行分析，否定了人生的现世生活，认为其中充满了不幸和灾难。继而对自己已近暮年的人生旅程产生忧虑，感到已流逝的岁月仿佛像梦幻一样，用生命易于流逝这一事实来印证人生如梦的佛教义理。然后笔峰一转，指出只要能立即挣脱世俗的束缚而又不坐待时逝，最后的解脱还是可以得到的。而这最后的解脱便是一心向佛，除情去俗。读谢灵运的这首诗，使我们仿佛看到一个智者在观察、认识和思考人生。这种情感也抒发于《于南山往北山经湖中瞻眺》：“朝旦发阳崖，景落憩阴峰。舍舟眺迥渚，停策倚茂松。侧径既窈窕，环洲亦玲珑。俯视乔木杪，仰聆大壑淙。石横水分流，林密蹊绝踪。解作竟何感，升长皆丰容。初篁苞绿箨，新蒲含紫茸。海鸥戏春岸，天鸡弄和风。抚化心无厌，览物眷弥重。不惜去人远，但恨莫与同。孤游非情叹，赏废理谁通。”这首诗的佛学意蕴在“石横水分流，林密蹊绝踪”两句。意即水流遇到石的阻遏因而分流而下。树木茂盛，林中的小路被淹没了踪迹。水与石的特色是由对方造成的，林与蹊的关系也呈现了明显的因果关系。各个景物在相互间的依存关系中去掉了单纯存在所伴随的粗糙与质直，而是在依存中增添了灵动与活力。谢灵运归隐始宁之后的山水诗创作的特点是心灵的宁静。但不能说谢灵运此时完全静穆，完全寄托于佛理之中不存任何冲突。缺少知音，渴求被理解与承认是谢灵运此时最大的矛盾。其《从斤竹涧越岭溪行》：

> 猿鸣诚知曙，谷幽光未显。岩下云方合，花上露犹泫。逶迤傍隈隩，迢递陟陉岘。过涧既厉急，登栈亦陵缅。川渚屡径复，乘流玩回转。苹萍泛沈深，菰蒲冒清浅。企石挹飞泉，攀林摘叶卷。想见山阿人，薜萝若在眼。握兰勤徒结，折麻心莫展。情用赏为美，事昧竟谁辨。观此遗物虑，一悟得所遣。

首先，从开头至“攀林”等十四句，着重描写诗人从斤竹涧越岭溪行的具体经过及途中的所见所闻。首两句交待出发的时间为初夏的清晨。三四句转而写景，选材精当，对偶工整，极富艺术性。云的聚合本是无常的，花上露珠的晶莹光洁也是短暂的，但诗人却抓住了两者瞬间的美来写，动词“合”有聚合之义。“泫”即露珠晶莹貌。可谓传神至极。五至十句则详写游览的行程，从弯弯曲曲的山路上慢慢前行，终于跳过山涧急流，登上栈桥，其间路途虽说险峻，但爬山涉水之后，一种愉悦感却油然而生。第十一至十四等句又转写自然美景，苹萍和菰蒲是水中的常见植物，而诗人匠心独运，着“泛”和“冒”两个动词，写活了它们的清新之态。因此诗人觉得自然之物实在是可亲可爱，所以他才不由自主地伸出双手来接飞流的瀑布，在手掌中留下清凉的水珠，然后又摘一把新出的嫩芽，倍感无比的欣慰。诗人所选取的景物，不论是云、露，还是飞泉、绿芽，也都为极具禅意的诗歌意象。其次，从“想见山阿人”到“折麻心莫展”四句，诗人由眼前的美景突然想起挚友庐陵王刘义真。以前两人曾志同道合，共同欣赏过山山水水，可惜现今斯人已逝，诗人不觉顿添许多悲凉之叹；虽然摘花在手，可赏心之人又在何处？不过，这种哀叹是短暂的，因为诗人要“遗情舍尘物”而进入一个理性世界。再次，末尾四句，特别是“观此遗物虑，一悟得所遣”又为议论之笔，即诗人的悟理表述。至于所悟的内容，正是山水中蕴含的佛理才让诗人从念友的悲凉中解脱出来，从而使谢灵运的身心达到了某种自得的境地。

四、再隐始宁时（428—431 年）的山水诗解读

谢灵运再隐始宁墅时的山水诗《入东道路》《石门新营所住四面高山回溪石濑修竹茂林》《登石门最高顶》《发归濑三瀑布望两溪》《石门岩上宿》等会受到大乘空观和涅槃思想的影响。谢灵运此时的代表作是《石门新营所住四面高山

回溪石獭茂林修竹》：

跻险筑幽居，披云卧石门。苔滑谁能步，葛弱岂可扪。袅袅秋风过，萋萋春草繁。美人游不还，佳期何由敦？芳尘凝瑶席，清醑满金罇。洞庭空波澜，桂枝徒攀翻。结念属霄汉，孤景莫与谖。俯濯石下潭，仰看条上猿。早闻夕飙急，晚见朝日暾。崖倾光难留，林深响易奔。感往虑有复，理来情无存。庶持乘日车，得以慰营魂。匪为众人说，冀与智者论。

诗人登上山崖的幽舍，栖身之处白云缭绕。苔藓湿滑无人能走，葛条细嫩一拉即断。袅袅秋风吹过，萋萋春草生长，但是友人出游还未归来。筵席积满灰尘，又有美酒等候，但是友人还是等不来。洞庭湖波浪滔滔，诗人攀枝眺望，也不见友人乘船归。诗人对友人的思念，像到天河一样遥远，心中充满孤独、苦闷和忧愁。接着诗人把眼光又转向山中景物：潭下清泉、树上猿猴、早晨清风、傍晚的落日，这些景物是清美的，又是和谐的。最后写从美景中获得的体悟，情感浓烈就会产生忧虑，用理节情就会坦然，平时这么想也这么做，觉得心灵安定，但这些想法无可言说，只能希望和高人辩论。全诗不仅真实地传达了诗人的情感，而且表现了诗人自觉地以理节情，在现实生命与自己所信奉的最高真理之间达成默契，诗人直率地道出了对时间流逝，生命迁逝的敏感，但这种悲伤的情绪很快就被诗人在理的层面上的思考消解了。他说当你想到以前那些悲伤的事情时，你就担心它们还会再来，可是假如某一天你突然觉悟了，你就能一下摆脱这些忧虑了。诗中“感往虑有复，理来情无存”是蕴含佛学义理很深的句子，要理解这两个句子。

我们要对佛教十二因缘说有个大概了解。在佛教教义里，有十二因缘之说，用来解释人生为何会充满生灭流转的痛苦，这十二因缘，根据赵朴初先生《佛教常识答问》为：无明缘、行缘、识缘、名色缘、六入缘、触缘、受缘、爱缘、取缘、有缘、生缘、老死缘。十二因缘主要着力于人由于“无明”，即认识上不符合佛教对诸事物、现象苦、空、无常的看法而生种种贪爱执着，由此生出种种烦恼即惑，由惑而造种种惑业。烦恼和惑业引出人生的不断流转。这种生灭流转被认为是苦的，要脱离苦海则必须断除种种惑业，除去“无明”，并通过佛教智慧般若使人的认识符合佛教教义。谢灵运特别重视理，期望通过以理节情的方式来斩断生灭流转的根源，达到去除惑业的境界。这样，“感往虑有复，理来情无存”可作如下解释：对流逝之人之物的感怀只会使人产生更多的烦恼，使人堕入生灭流转的痛苦中，应该以理节情，断除种种“无明”情识，以便获得解脱。“无明”

是一切痛苦的根源，要断除“无明”，就必须借助般若智慧。诗中“匪为众人说，冀与智者论”表达的是谢灵运自己也需要和他人交流。至此，也可以明白其前期诗歌中为什么会有那么多对“赏心”与知交的渴望。但正是这样一种自信才能使得谢灵运坚定地在归隐路上行进。由此来看，谢灵运这次隐居始宁，心情是较为沉静的。突出地反映了他这种心境的还有《登石门最高顶》：

晨策寻绝壁，夕息在山栖。疏峰抗高馆，对岭临回溪。长林罗户穴，积石拥阶基。连岩觉路塞，密竹使径迷。来人忘新术，去子惑故蹊。活活夕流驰，噭噭夜猿啼。沈冥岂别理，守道自不携。心契九秋干，目玩三春荑。居常以待终，处顺故安排。惜无同怀客，共登青云梯。

清晨诗人拄杖在峭壁嶙峋的大山深处踯躅而行，傍晚栖息在这大山里。这里远峰与山顶的道馆遥遥相对，而山岭下，溪涧曲折，泉水潺潺；山顶道馆的周围长满了茂密的森林，道馆门前的台阶两旁是高耸的巨石；岩石高高低低堵塞了道路，山中的竹林翠绿茂密。在这竹林深处，刚来的人不知该从何处走，离去的人也记不清原先走过的路。到了夜晚，诗人听到涧水潺潺奔流，夜猿不停地噭噭鸣叫。在这样静谧的环境里，诗人想到虚静息冥是道之本意，守道悟理自然坚贞不渝。生活就像秋天的树林和春天的绿叶，其实是太平常不过了，诗人希望自己能够平静地度过平常的日子。世上的事要顺乎自然，诗人也想同希望守道的人一起得道成仙。这首诗不仅包含着得道成仙的观点，而且包含着深刻的佛学意蕴，那就是对生命终极归宿的认同使诗人沉静自然地对待现实生活，诗人不执着于尘世纷繁，亦不执着于一己生命。放弃种种执着，断除惑业与“无明”，以此来体证佛教义理，以达到最终解脱。

五、远贬临川时（431—433 年）的山水诗解读

元嘉八年（431）谢灵运又与慧严、慧观等在都城建康共同改治《大般涅槃经》；并向慧睿请教“经中诸字并众音异旨”，由此而著《十四音训叙》，条例梵汉，使文字有据，曾注《金刚般若经》，申述大乘空观思想。431 年，谢灵运驰赴京师自理，接连被外放临川，流放广州，最终殒命于广州。谢灵运出任临川内史时的山水诗共有五首：《初发石首城》《道路忆山中》《入彭蠡湖口》《登庐山绝顶望诸峤》《入华子冈是麻源第三谷》。这一时期，谢灵运的诗歌带有某种自觉的总结意识，他对自己一生中的思想与行为做了一番总结。诗歌中虽然少见“理”字，

但诗中描写景物的句子大量减少，情感的抒发，理的表达相应的多了起来。外放临川之际，谢灵运已感到自由生活的终结，由此，对人生的最终归宿关切起来。谢灵运对自己生命中最后的时光有什么打算呢？《初发石首城》给出了答案：

白圭尚可磨，斯言易为缁。遂抱中孚爻，犹劳贝锦诗。寸心若不亮，微命察如丝。日月垂光景，成贷遂兼兹。出宿薄京畿，晨装抟曾飔。重经平生别，再与朋知辞。故山日已远，风波岂还时。迢迢万里帆，茫茫终何之。游当罗浮行，息必庐霍期。越海凌三山，游湘历九嶷。钦圣若旦暮，怀贤亦凄其。皎皎明发心，不为岁寒欺。

诗歌的佛学意蕴有二：首先，“游当罗浮行，息必庐霍期”，诗人想到慧远早年别师而下，本欲往罗浮山隐居修行，但经过庐山时，“见庐峰清净，足以息心”遂止于庐山。在这里，谢灵运希望能够像慧远那样隐居修行。在当时情况下，谢灵运的这一想法可以解释为，他希望在佛理中寻找出路。想到自己和慧远大师的那段深厚的友谊，以及慧远曾经给他的信赖和影响，又想到宋文帝对他“以文义见接”的轻视，以及仕途的险恶，选择前者就很自然了。其次，“越海凌三山，游湘历九嶷”表达的还是诗人对摆脱凡尘隐逸深山的愿望。诗人希望遨游于山水之中，放弃凡尘的物念，才会使自己心灵得以解脱。在前往临川途经庐山时，谢灵运于山中盘旋良久，淹留月余，充分说明谢灵运对佛家修行生活的向往。诗人以戴罪之身急切的渴望能以实际行动趋向自己最终理想，但由于已经没有了这种自由，只能在山水中继续寻求安慰。《入华子岗是麻源第三谷》曰：“南州实炎德，桂树陵寒山。铜陵映碧涧，石磴泻红泉，既枉隐沦客，亦栖肥遁贤。险径无测度，天路非术阡。遂登群蜂首，邈若升云烟。羽人绝髣髴，丹丘徒空筌。图牒复摩灭，碑版谁闻传。莫辩百世后，安知千载前。且申独往意，弄月乘潺湲。恒充俄倾用，岂为古今然。”

这首诗是诗人在临川内史任上时出游所作，诗中先是大量的景物描写，有桂树、寒山、碧涧、石磴、红泉。读来也清新自然。接着是对隐沦客、肥遁贤、羽人、丹丘、空筌等得道成仙之事进行叙述，行文中指出得道成仙的渺茫，功名仕宦亦属虚幻。“且申独往意，弄月乘潺湲”，“独往意”是诗人甘愿独处，“乘潺湲”是诗人愿意游隐山林。谢灵运认识到现实生命是空无的，只有在自然山水中趋向佛教所指引的解脱途径才是永恒。谢灵运于情理中的挣扎在《临终诗》中有了总结：

龚胜无余生，季业有终尽。嵇公理既迫，霍生命亦殒。凄凄后霜柏，纳纳冲风菌。邂逅竟几何，修短非所愍。恨我君子志，不获岩下泯。送心正觉前，斯痛久已忍。唯愿乘来生，怨亲同心朕。

诗中写龚胜、李业、嵇公、霍生都是历史上忠于皇室的大臣，但是他们的结局都很悲惨；于是表白自己就像凌霜松柏，志向高尚贞节，也备受仕途险恶的折磨，同时感叹生命就像“冲风菌”遇到打击就会马上凋谢，人生短暂，世人都是如此，用不着诗人担忧。让他在死前遗憾的是，他入仕时就有的隐逸山林的高洁志向却未能实现，自己也不能长眠于自己故乡的林泉之下。这首诗的佛学意蕴表现在“送心正觉前，斯痛久已忍。唯愿乘来生，怨亲同心朕”这四句。诗人临死之前才感到应该皈依佛门，真正领悟佛学的精髓，想当初如果早早皈依佛门，就不会有这样的下场，现在只能痛心不已。我们知道为了弥补自己对佛门的敬重，谢灵运在临刑前，将他的髭须施给了南海祇洹寺，作维摩诘像的胡须。这一举动表明，诗人只能把皈依佛门的愿望寄托在来生。这样自己就能够泯灭恩仇，消除累执，获得最终的解脱，享受来生的幸福。

第二节　鲍照山水诗的佛学意蕴解读

从现有资料看，鲍照不是一个虔诚的佛教徒，但是，在佛教炽盛的元嘉时期，鲍照本人不受佛教的影响也是不可能的。据《宋书》载：“十六年，（刘义庆）改授散骑常侍、都督江州、豫州之西阳、晋熙、新蔡三郡诸军事、卫将军、江州刺史，持节如故。”[①] 鲍照作为刘义庆藩府的侍郎，随刘义庆到江州任职。又据《宋书·州郡志》载：“（江州刺史），初治豫章，成帝咸康六年，移治寻阳，庾翼又治豫章，寻迁寻阳。”[②] 可见当时江州治所在寻阳，而佛教和道教圣地庐山距离寻阳不远。鲍照曾随刘义庆登庐山。这次庐山朝圣之行，鲍照写下了《登庐山》《登庐山望石门》《从登香炉峰》三首诗，后来又写了《佛影颂》以及《从庾中郎游园山石室》，从这五首诗产生的特殊的佛教背景看，它们本身应该蕴含着较为深刻的佛学意蕴。

① ［梁］沈约《宋书》，中华书局 1974 年版，第 1477 页。
② ［梁］沈约《宋书》，中华书局 1974 年版，第 1086 页

一、净土信仰

佛教与自然山水的密切联系表现在美丽的自然风景不仅为佛教徒生存、传教、悟道提供了场所，也是佛教徒怡情养性和寄托情感的地方。他们在静观山水景物的同时，逐渐关注自然山水本身千姿百态的物象变化，并且被大自然的天然造化所陶醉。于是，自然景物也变成了审美对象，也成了佛教悟理禅道的意象来源。东晋孝武初年，慧远见庐山清静、秀美便居住龙泉精舍，东晋太元十一年（386），桓伊为慧远创建东林寺，此后三十余年，慧远住息庐山，栖隐修持传教，并广泛吸引南方僧俗人物，同修净土，游览歌咏，从而使庐山成为当时佛教的一方圣土。慧远《庐山记》载："其山大岭，凡有七重。圆基周回，垂五百里。风雨之所摅，江山之所带。高岩仄宇，峭壁万寻。幽岫穿崖，人兽两绝。天将雨，则有白气先抟；而缨络于山岭下，及至触石吐云，则倏忽而集。或大风振岩，逸响动谷；群籁竞奏，其声骇人。此其化不可测者也。"慧远以审美的眼光关照庐山的自然风貌，描绘不同气候条件下庐山千姿百态的物象变化，庐山景观具有了独立的审美价值，同时也成了体玄悟道的圣地。逯钦立《先秦汉魏晋南北朝诗》辑录慧远《游庐山》就是先从审美的角度描绘僧人在云雾缭绕的峭壁和秀美的山峰栖息游观的情景，然后写"妙同趣自均，一悟超三益"的人生感悟。鲍照元嘉十六年随刘义庆登庐山，虽然不可能和慧远法师与众僧人游庐山相提并论，但是，我们知道刘义庆是一位虔诚的佛教徒，鲍照此时的诗作应该更多倾向于从佛学的角度展开对庐山的审美。鲍照的《登庐山》先写登庐山的经过："悬装乱水区，薄旅次山楹。"点明诗人整顿行装，穿过大江，来到庐山。接着写登庐山见到的景物：

> 千岩盛阻积，万壑势回萦。巃嵸高昔貌，纷乱袭前名。洞涧窥地脉，耸树隐天经。松磴上迷密，云窦下纵横。阴冰实夏结，炎树信冬荣。嘈嚝晨鹍思，叫啸夜猿清。深崖伏化迹，穹岫閟长灵。

诗人尽情描写庐山美景，这里峰峦叠嶂，沟壑纵横，山峰耸立云霄，山涧泉水流淌；树木漫山遍野，小路在茂密的松树林中消失，山洞里云雾缭绕；山的背阴处还有夏天都不融化的冰雪，苍翠的树木到冬天依然郁郁葱葱；清晨鹍鸡叽叽喳喳地鸣叫，夜晚猿猴在清空里长啸，大山深处依然留有僧人走过的痕迹，空旷的山洞里隐者曾在那里修炼。最后诗人谈自己的感受："乘此乐山性，重以远游情。方跻羽人途，永与烟雾并。"单从结尾来看，鲍照受"游仙诗"的影响，在云雾缭绕的庐山自然联想到古代仙人。也正是由于这一个结尾，人们往往认定这首诗的主题是侧重谈仙道的，实际上“这种道教式的联想只是一个附带的玄外之音，而非本诗的主调”[①]。诗人本性喜欢山水，又钟情于游览，登上庐山佛教圣地，这首诗中自然包含鲍照对佛学的一些理解。

从诗的开头两句来看，“悬装”一词表明诗人游览时带的行装很多；“水区”一词包括江水和湖泊，诗人是通过长江又经过鄱阳湖到庐山的，开篇就表露出诗人朝圣的虔诚。接着诗人用对句来描绘沿途所见到的庐山景色，“千岩”对“万壑”，“洞涧”对“耸树”，“松磴”对“云窦”，“阴冰”对“炎树”，这些都是庐山特有的景物，鲍照又用“阻”“回”“窥”“隐”“迷密”“纵横”“结”“荣”等词把这些意象连接起来，写出岩石的气势，沟壑的深险，流水深入地脉，松树上窥苍天。寥寥数笔，勾勒出庐山峰峦叠嶂，沟壑纵横的粗犷特点，佛陀在世时曾说，“山岩石室，露地穰积”[②]是宴坐修炼的最好场所，鲍照描绘的庐山景致和佛家修行的要求是十分吻合的。

诗中提及庐山盛夏依然有“阴冰”，隆冬树木依然郁郁葱葱，表明庐山独特的气候特点，同时让人想到，庐山确实是超凡脱俗的神秘之地。慧远曾经长住庐山三十多年，据《高僧传》记载，东晋安帝元兴元年，慧远和弟子刘遗民、周续之等人，在无量寿佛像前建斋立誓，慧远发愿往生净土，表明慧远希望成佛的紧迫感。鲍照在此突兀出现“阴冰”“炎树”之句，似有找到了心灵之归宿，表现出超脱苦难现实的急切愿望；而鹍鸡的鸣叫和猿猴的长鸣则打破了山林的静寂，使清凉的画面出现了生机；由此自然而然引出了曾经在庐山修行的僧人。鲍照对佛教圣地的感受，是从庐山特有的景物描写中表达出来的，在清冷孤寂的庐山，诗人探寻到曾经在这里修行的僧人的足迹，“深崖”和“穹岫”让我们联想到曾经居住在这里的僧人以鹍鸡、猿猴为伴，远离尘世的喧嚣，一心修习佛法。诗中“乘此乐山性”语出《论语》：“智者乐水，仁者乐山。”[③]诗人喜好山水，以儒家的“山水比德”观念来体会佛家居于世外修行的行为，鲍照把儒教和佛道调和在了一起。“永与烟雾并”中，“烟雾”一词寓意深刻，它首先抓住了庐山的景物特点，因为庐山下临鄱阳湖，鄱阳湖的水汽受太阳光照蒸发起来，在庐山形成了独特的烟雾笼罩的景观。其次，修佛者以烧香拜佛表示虔诚，这里的“烟雾”更多代指“佛教”，诗人着一“并”字，表达自己愿意永远住息庐山修习佛法。

---

① 苏瑞隆《鲍照诗文研究》，中华书局 2006 年版，第 199 页。
② [东晋] 僧伽提婆译《中阿含》卷三十六，见《大正新修大藏经》卷一，1990 年版，第 657 页。
③ 杨伯峻《论语译注》，中华书局 1980 年版，第 62 页。

净土（Buddhaksetra）是大乘佛教传说佛所居住的世界，又称“佛国”，和世俗众生所居住的“秽土”相对[①]。从《从登香炉峰》这个题目可以看出，这首诗是鲍照随从刘义庆登庐山香炉峰时所作。鲍照开头就引用典故来赞美刘义庆：“辞宗盛荆梦，登歌美凫绎。徒收杞梓饶，曾非羽人宅。”诗人从辞赋经典赞美荆州和云梦，《诗经》赞美鲁侯保卫凫山和绎山写起，意在颂扬刘义庆在江州的作为，据《诗集传》载：“鲁侯之功，保有凫绎，遂荒徐宅，至于海邦。”[②]诗人认为，鲁侯虽然聚集了各种人才，但是鲁侯所管辖的地方毕竟不是仙人居住的地方，言外之意是刘义庆管辖的江州，却有庐山这样的佛教圣地。接着诗人从刘义庆游览庐山的角度集中笔力描绘庐山香炉峰的美景：“罗景蔼云扃，沾光扈龙策。御风亲列涂，乘山穷禹迹。含啸对雾岑，延萝倚峰壁。”诗人随刘义庆的车驾沐浴着山中的阳光来到庐山；乘着清风走过崎岖的山路，游历大禹曾经走过的地方；看到大雾笼罩的山岗，刘义庆拽着峭壁上的藤萝倚靠石壁啸唱，这是鲍照给刘义庆定格的一个特写镜头，可见当时刘义庆暂时脱离了让他烦恼的官宦生活，放松自得的心情，也说明刘义庆来到佛教圣地感到非常兴奋。接着鲍照把注意力放在描绘景物上：

青冥摇烟树，穹跨负天石。霜崖灭土膏，金涧测泉脉。旋渊抱星汉，乳窦通海碧。谷馆驾鸿人，岩栖咀丹客。殊物藏珍怪，奇心隐仙籍。高世伏音华，绵古遁精魄。萧散生哀听，参差远惊觌。

被雾气裹住的树木一派清冥含混的景象，直插云霄的山峰遥远而不可及；被霜雪覆盖的峭壁有淙淙泉水流出，山涧中的潭水连着地下的泉水；清澈见底的潭水倒映着星汉，钟乳石山洞里的碧波连通大海。鲍照描绘庐山圣地自然美景时，就杂染了一定的佛教“净土”思想。诗人用大量笔墨描写大雾笼罩山岗，山峰直插云霄，泉水汩汩流淌，潭水清澈见底。诗中“青冥摇烟树，穹跨负天石。霜崖灭土膏，金涧测泉脉。旋渊抱星汉，乳窦通海碧”，是纯粹写景的句子，诗人通过“青冥”“烟树”“天石”“霜崖”“土膏”等意象描绘出一方幽清脱俗的净土，应该说，这种描写和佛教“净土宗”有一定的联系；特别是诗中的色彩描写，“烟树”之“青”“霜崖”之“白”“金涧”之“黄”，让人联想到佛教寺庙里通常出现的色彩。

---

① 转引自普慧《南朝佛教与文学》，中华书局2002年版，第59页。

②《钦定四库全书》，中华书局点校本，经部，诗类，诗集传，卷十九。

二、般若空观

般若学与自然山水的联系尤其紧密，吕澂认为：“所谓般若就其客观方面说是性空，就其主观方面说是大智（能洞照性空之理的智慧），把主观客观两方面联系起来构成一种看法，谓之‘空观。’”[①] 山水自然为僧人摆脱世俗烦恼，践行般若空观提供了很好的环境和条件，因此，治般若学的僧人往往对自然山水情有独钟。

鲍照《从庾中郎游园山石室》就包含着般若空思想。石室一般被认为是佛教高僧修习佛经的地方，鲍照以园山石室为描写对象本身就寄托了诗人对佛家修佛的向往之情。诗开篇写道：“荒涂趣山楹，云崖隐灵室。”走过人迹罕至的荒野，来到山顶的居室才可以看到隐藏在悬崖峭壁之中的石室。说明石室远离世俗红尘。接着写从远处看到的石室的景象：“冈涧纷萦抱，林障沓重密。昏昏磴路深，活活梁水疾。”穿过山岗的涧水从石室旁流过，石室的周围长满了茂密的树林；松树相夹的小路幽暗隐秘，绕过山梁的泉水鲜活地流淌。这又表明作者向往佛家修行的圣洁之地。走近石室可以看到：“幽隅秉昼烛，地牖窥朝日。怪石似龙章，瑕壁丽锦质。”幽暗石室的角落有一缕阳光射入，石室的窗户朝着东方；石室外怪石嶙峋，室内墙壁却光洁如玉。诗人用比喻句赞美石室内的景象，让人联想起，谢灵运在《佛影铭》中描述的佛影“匪质匪空”即既非质实也非虚无的状态，远观清晰，近看则淡然不明。鲍照写石室，也是从远望和近观这一程式来写，远观石室外有“龙章”一样的怪石，近看室内却是光洁如玉。

我们可以这样说，鲍照在有意识地模仿谢灵运的《佛影铭》，这种非实非虚的观照，基本上反映的也是大乘中观派的观点。接着诗人又写道：“洞庭安可穷，漏井终不溢。沉空绝景声，崩危坐惊栗。神化岂有方，妙象竟无述。”鲍照用洞庭湖水没有穷尽，而漏井里的水永远不会溢出作比喻，说明石室蕴含的自然神趣；同时，诗人想象在这绝妙的景色中凭空一声响，也会使正襟危坐在石室的人感到惊悸；诗人用自然声响来反衬石室周围的静谧，惊叹石室天然造化的神功，慨叹这奇妙的景观实在无从叙述。最后诗人指出：“至哉炼玉人，处此长自毕。”这种以道教式的联想结尾，我们仍然可以看作是诗人一种习惯性的写法，也不是这首诗的主调。因为对于信仰佛教的僧人来说，在这样远离世俗生活又得天然造化的美景的石室修行，无疑也是实践“空观”思想的绝佳选择，鲍照极力赞美石室及其周围的美景，虽然我们不能说鲍照就是着意写空观思想，但是说其受到佛

① 吕澂《中国佛学源流略讲》，中华书局 1979 年版，第 46 页。

教“空观”思想的影响应该不是过分之词，因为佛道交融的现象在六朝诗人的作品中也是司空见惯的。

此外，鲍照在《佛影颂》也包含这种空观思想。《佛影颂》曰：“形生粗怪，神照潭寂。验幽以明，考心者迹。六尘烦苦，五道绵剧。乃炳舟梁，爰悟沦溺。色丹貌缋，留相琼石。金光绝见，玉毫遗觌。俾昏作朗，効顺去逆。”全文有三层意思：第一层，前四句写佛影形状粗疏让人感到惊异，神采朗朗使人感到寂静。它不仅可以使人明白深奥的事理，还可以洞测人们的心形；第二层，中间四句写对于世俗的烦恼和艰辛，佛影就像小船和桥梁一样能够普度众生，启悟沉沦者和陷于困境者；第三层，最后六句写佛影呈赤色，相貌像华美晶莹的美玉；罕见的金色光彩是大师描绘而成；佛影不仅能使昏暗变得明朗，而且也能给信仰佛教的人们带来和美的生活。

三、涅槃境界

涅槃也译作泥日、泥洹等，意译灭、灭度、寂灭、解脱、圆寂等，原意为火熄灭或风吹散的状态，佛教用以作为修习所要达到的最高理想境界。小乘一般以“灰身灭智，捐形绝虑”为涅槃；大乘空宗以“诸法实相即是涅槃”；有宗则把涅槃说成具“常、乐、我、净”四德的永生常乐之佛身，以众生皆有佛性为涅槃之根据①。

反映鲍照涅槃思想的是他的《登庐山望石门》。关于庐山石门，逯钦立《先秦汉魏晋南北朝诗》选录的庐山诸道人《游石门诗》序载，“石门山在精舍南十余里，一名障山。基连大岭，体绝众阜，辟三泉之会，并立而开流，倾岩玄映其上，蒙形表于自然，故因以为名。此虽庐山之一隅，实斯地之奇观。皆传之于旧俗，而未见者众。将由悬濑险峻，人兽迹绝。迳迴曲阜，路阻行难，故罕经焉。”隆安四年（400）仲春，慧远率众游山，“于时交徒同趣三十余人，咸拂衣晨征，怅然增兴……于是拥胜倚岩，详观其下，始知七岭之美，蕴奇于此……各欣一遇之同欢，感良辰之难再，情发于中，遂共咏之云尔”。庐山诸道人《游石门诗》：“超兴非有本，理感兴自生。忽闻石门游，奇唱发幽情。褰裳思云驾，望崖想曾城。驰步乘长岩，不觉质有轻。矫首登灵阙，眇若凌太清。端坐运虚论，转彼玄中经。神仙同物化，未若两俱冥。”这首诗开篇以概括性的句子导入，重点写庐山诸道人游石门的情景和感受，诗人通过对诸道人登上山顶，就像升入天宇的神仙的描

① 普慧《南朝佛教与文学》，中华书局2002年版，第70–71页。

绘，反衬出石门的高峻。鲍照的《登庐山望石门》开篇先谈自己的身份："访世失隐沦，从山异灵士。"诗人先称自己既不同于隐者，和"灵士"也不一样，接着描绘石门盛景：

明发振云冠，升峤远栖趾。高岑隔半天，长崖断千里。氛雾承星辰，潭壑洞江汜。崭绝类虎牙，巑岏象熊耳。埋冰或百年，韬树必千祀。鸡鸣清涧中，猿啸白云里。瑶波逐穴开，霞石触峰起。回互非一形，参差悉相似。倾听凤管宾，缅望钓龙子。

黎明时分，诗人登上云雾笼罩的山顶，从山顶俯视远处自己登山的小路；高耸的石门山峰遮住了一半天空，嶙峋峭壁阻挡了远去的道路；烟雾缭绕遮住了星辰，深壑的潭水流入江中；远远望去石门的险峰既像虎牙山，又像熊耳山；山峰背阴的冰雪可能过了百年，深壑潭边的树木也逾千年；山鸡在清澈的山涧鸣叫，猿猴在云雾中长啸；潭水流到山洞激起层层浪花，山峰披着绚烂的霞光；石门的风景，交错重叠，参差不齐，可以远远看到吹箫的僧人。最后诗人认为："松桂盈膝前，如何秽城市。"庐山松桂就在眼前，为什么还要生活在污浊的城市呢？鲍照在对庐山石门景色描绘的基础上，表达自己对清洁宁静的佛教圣地的向往。仔细玩味诗中的"鸡鸣清涧中，猿啸白云里。瑶波逐穴开，霞石触峰起"这四句，我们可以看到，"鸣鸡""啸猿""瑶波""霞石"是构成画面的主要意象，"鸣鸡"站在大山低处清冽的泉水边，"啸猿"引颈于山峰顶端的白云里，这一上一下，给人以视觉上的强烈冲击，"瑶波"后用"逐"字，表现流水自然分流的状态，"霞石"后着一"触"字，写活了霞光渐渐移动的特点；关键是四句诗中分别写了四种颜色，"青色""白色""暗青""红色"，诗人在着意营造一个清凉的境界，当然在清净鲜洁的山林中独处静思，也是修炼禅法，获得涅槃的一条途径。业师姜剑云先生在《谢灵运与"涅槃圣"竺道生》一文中指出："竺道生于永初三年（422）至景平元年（423）上半年提出了'顿悟成佛'说，从而在僧俗界引起了一场激烈而持久的关于顿、渐悟之争的大讨论。约于元嘉五年（428）提出了'阐提成佛'说，所谓'珍怪之辞'，惊世骇俗，从而招来了滞文旧僧的围攻。"姜先生同时指出："竺道生一生曾三次上庐山，第三次上庐山的时间在元嘉七年（430）至元嘉十一年（434）。"[①] 元嘉十六年，鲍照作《登庐山》组诗的时候，正是涅槃圣竺道生提出"顿悟说"和"一阐提"人皆得佛性的佛学理论引起佛教界激烈争论余音

① 姜剑云《谢灵运与"涅槃圣"竺道生》，《广州大学学报（社会科学版）》2005 年第九期，第 9 页。

未了之时，离元嘉十一年冬十月庚子，竺道生“于庐山精舍升于法座”之日也仅隔了四年多时间，从此次佛教界争论的激烈程度看，鲍照在写此诗时应该有感于“涅槃圣”竺道生对佛学孜孜以求的精神以及在佛学理论方面的创新，特别是也可能目击竺道生“升于法座”的精舍，回忆竺道生三上庐山的佛学经历，因而才在此诗中描绘出一幅奇崛、清洁、隐秘、云雾缭绕，连接天宇的涅槃境界。

第三节　颜延之诗文的佛学意蕴解读

颜延之的佛学活动主要集中在元嘉十一年以后，太祖下诏让他“思愆里间”的七年时间里。颜延之利用这一闲暇时间，曾经向求那跋陀罗请教佛法；并且和当时倡导“顿悟说”的高僧竺道生有来往；后来，沙门慧琳著《白黑论》以毁其法，何承天著《达性论》以攻慧琳，颜延之著《释达性论》《重释何衡阳》《又释何衡阳》三篇反对何承天，根据《释达性论》中“足下婴城素坚，难为飞书，而吾自居忧患，情理无托”这样的句子，又知颜延之和何衡阳的论辩也是发生在颜延之“自居忧患”的七年之中。此外，颜延之还撰写了《通佛影迹》《通佛顶齿爪》《通佛衣钵》《通佛二叠不燃》等佛学著作，可见颜延之对佛学研究是深入而广泛的。纵观颜延之现存的佛学文论和诗文创作，他的佛学思想主要表现在以下几个方面。

一、治心为本

颜延之《庭诰二章》有别于《庭诰》(后有专论)，是颜延之关于佛、道和玄学进行比较并且表达自己佛学观点的一篇论述性文章。颜延之从“道”“佛”和“玄”三者不同之处出发，认为“道教”从天道立论，“佛教”关注人的心性，“玄学”研究事物之理，三者的出发点虽然不同，但是它们最终归结于一体，“玄学”也包括“言道”“论心”和“校理”三个方面，在此基础上，颜延之重点对佛学的本质进行了探讨。《释文纪》卷十五收录明梅鼎祚辑颜延之《庭诰二章》:

> 达见同善，通辩异科，一曰言道，二曰论心，三曰校理，言道者本之于天，论心者议之于人，校理者取之于物，从而别之。由涂参陈要，而会之终致可一。若夫玄神之经，穷明之说，义兼三端，至无二极。但语出梵方，故见猜世学，事起殊伦，故获非恒情，天之赋道，非羌胡华，人之禀灵岂限外内，一以此思，可无臆裁。
>
> 为道者盖流出于仙法，故以练形为上；崇佛者本在于神教，故以治

心为先。练形之家，必就深旷，反飞灵，糇丹石，粒芝精，所以还年却老，延华驻彩，欲使体合纁霞，轨遍天海，此其所长。及伪者为之，则忌灾祟，课粗愿，混士女，乱妖正，此其巨蠹也。治心之术必辞亲偶，闭身性，师净觉，信缘命。所以反壹为主，克成圣业，智邈大明，志狭恒劫，此其所贵。及诡者为之，则藉发落，狎菁华，傍荣身，谋利论，此其甚诬。物有不然，事无不弊，衡石日陈，犹患差忒，况神道不形，固众端之所假，未能体神而不疑神无者。以为灵性密微，可以积理知洪变，欻怳可以大顺待，照若镜天，肃若窥渊，能以理顺，为人者可与言有神矣！若乃罔其真，而青其弊是未加心照耳[①]。

颜延之指出，佛教“语出梵方”和传统道教、儒学不同，因为它来自不同的地域和国度，但是不管是哪个民族，天道是一样的，人的灵性也不局限在是内还是外。作者在比较道、佛的区别时认为，修道者崇尚“成仙”“养生”之法，以修炼人的外形为主，而修佛者以“神教”为本，修炼“心性”为先；为了修炼外形，修道者要到深山旷野，反归自然，服食丹药、灵芝，得以返老还童，青春永驻，从而使身体像云霞一样飞翔于仙境；但是，伪道家却“忌灾祟”“课粗愿”“混士女”“乱妖正”，这是道家的“巨蠹”。至于修炼佛法，必须辞别亲戚和妻子，摒弃一切杂念，进入清净的境界，相信因缘，才可以成就“圣业”，洞明大智；也有伪僧人，他们落发出家，但是仍然“狎女妓”“傍荣身”“谋私利”，这是佛家的“巨蠹”。接着，颜延之进一步指出对佛学曲解的原因。由于世界万物都有其“不然”的一面，各种事情都有弊端，随着时间的推移，就连石头也会发生变化，更何况佛教神道没有一定的形状，各种各样对佛学的曲解由此而产生，最主要的原因是人们不能体察佛教以“心”为本的“神理”；颜延之认为，佛教所说的“精灵”隐秘微妙，“积理”才能知其变，如果“照若镜天，肃若窥渊”，明白其中的道理，就可以体会到“精灵”的存在；如果不用心领悟佛教的义理，就不能把握佛教的真谛，可见“治心”是佛教的真正目的。

二、神灵为尊

元嘉十一年，何承天作《与宗居士书》把慧琳作《白黑论》之事告诉宗炳，这样，释慧琳、何承天与颜延之、宗炳之间发生了一次儒佛论争。释慧琳、何承

①《钦定四库全书》，中华书局点校本，集部，总集类，《释文纪》卷十五。

天站在反对佛教的立场上，何承天写了《答宗居士书》(《释均善论》)《答颜光禄》《重答颜光禄》《报应问》《达性论》；颜延之和宗炳站在维护佛教的立场上，颜延之有《释何衡阳达性论》《重释何衡阳达性论》《又释何衡阳达性论》；宗炳作《答何衡阳书》《又答何衡阳书》《明佛论》等。首先，颜延之针对何衡阳的观点，提出了以“神”为尊的一元论。何衡阳认为，天和地为两仪，天、地、人称为“三才”；列举“庶类”，称为众生，他反对佛教“三才”没有包括“氓隶”，说到“众生”，圣人又在“众生”之上；认为如果圣人和众生都受到儒家教化，使他们都达义识正，就会“倍害自和”，天下太平。颜延之《重释何衡阳达性论》中指出：

> 夫藉意探理，不若析之圣文。三才之论，故当本之三画，三画既陈，中称君德，所以神致太上，崇一元首。故前谓自非体合天地，无以元应斯弘，知研其清虑，未肯存同，犹以兼容周弃，广载不遗，笃物之志，诚为优赡。恐理位杂越，疑阳遂众。若恻隐所发，穷博爱之量；耻恶所加，尽佑直之正，则上仁上义，吾无间然。

首先，颜延之认为，探讨“三才”应该从佛学经典来分析，“三才”源于“三画”，这里的“三画”是指“三界”，佛教认为，三界中的一切事物都是由心所造的，因此颜延之说“神致太上，崇一元首”，就是说神是至高无上的主宰，以此来反对何衡阳先前所谓“自非体合天地，无以元应斯弘”的观点。颜延之说：“今方使极者为师，不极者为资，扶其敬让，去其忮争，令壐斧铸刀，利害寝端，驱百代之民，出信厚之途，则何萌不滋，何善不援？而诬以不算，未值其意。”他认为，如果以“圣人”为师，“下民”向“圣人”学习，让“下民”敬让“圣人”，去掉“下民”之间的争斗，让“下民”隐藏起刀斧，都走上诚信忠厚的道路，下民就会有“仁爱”和“善行”。颜延之结合儒家“仁爱”和佛家“善行”来说明“圣人”在“众生”之上的原因，并且进一步提出“天”“地”“人”三才又合于“神灵”。他说：“三才等列，不得取偏才之器。众生为号，不可滥无生之人。故此去氓隶，彼甄圣智，两籍俱举，旨在于斯。”颜延之认为，“天”“地”“人”三才并列，不能偏取“下民”，言外之意是三才合于“神灵”。

其次，颜延之还提出了“神不灭”的思想。佛教理论认为，“‘神’是存在于此岸世界和彼岸世界的一种‘精极而灵者’，‘感物而非物，故物化而不灭；假数而非数，故数尽而不穷’。‘物’指身形，‘数’指寿命，形死寿尽而神不灭”①。何

① 杜继文《佛教史》，江苏人民出版社 2006 年版，第 160 页。

衡阳却认为，人死以后就像草木变成烟灰一样就不存在了，怎么能说人死后精灵在天呢？并指出报应是必然之理，只要行善，必得善报，“报应”和人的“贤慧”和“愚蠢”有关；要想天下太平，关键是“树德”；欲念滋生是遭致报应的原因。颜延之《重释何衡阳达性论》中反对何衡阳“精灵同于燃烧的草木，既然无形就不会存在”的观点，并列举孔仲尼对“神灵”问题采取“不答”的态度，也没有对其进行辨别的事例，颜延之肯定精灵是存在的，他和孔子的“不辨之答”不同，指出何衡阳虽然酷爱钻研，但还是不了解佛学的义理，以致“明月废照，世智限心”。

再次，颜延之指出：“近释报施，首称气数者，以为物无妄然，各以类感。感类之中，人心为大，心术之动，隶历所不能得，及其积致于可，胜原而当，断取世见，据为高证。常善以救，善亦从之，势犹影表，不虑自来。”[①] 他认为，“首称气数者，以为物无妄然，各以类感”，“类感”是指神灵和人之间的感应，而这种感应和人的“心性”有直接关系，人的“心性”最为重要，同时还指出，“心术之动，隶历所不能得”，也就是说人的心性可以达到一般经历所达不到的地步。然后列举庄周和孔卿的观点，认为圣人对因果报应也持赞成态度。佛教理论认为，“‘十二因缘’是历涉过去、现在和未来三世的因果链条，现世的果必然有过去世的因，现世的因必然引出未来世的果”[②]，因此，颜延之认为，因果报应是“长美遏恶，反民大顺”，只有“尊冠百神”来世才能过平安幸福的生活。

三、教化为用

何衡阳认为“大德”就是“生”，“不异之生”谓“众”，众品之中有“愚”和“慧”之分，并引儒家观点提出，人役使万物得到滋养，万物被人使役来养人，从古至今可以说是十分顺达；但是后来事端萌发，人的欲望不能禁止，生灵遭受残害，天理也不存了；圣明的君主设立“侯物之教，谨顺时之经”以“开仁育识”，但是也慢慢地又消隐了。颜延之《重释何衡阳达性论》中指出：

> 又知以人生虽均被大德，不可谓之众生，譬圣人虽同禀五常，不可谓之众人。夫不可谓之众人，以茂人者神明也。今已均被同众，复何讳众同，故当殊其特灵，不应异其得生。徒忌众名，未亏众实，无似蜀梁

① 《钦定四库全书》，中华书局点校本，集部，总集类，《汉魏六朝百三家集》卷六十七。
② 杜继文《佛教史》，江苏人民出版社 2006 年版，第 17 页。

逃畏，卒不能避；所谓役物为养，见役养人者，欲言愚慧相倾，惛算相制，事由智出，作非出天理。是以始矜萌起，终哀郁灭，岂与足下刍豢百品，共其指归？

颜延之认为，虽然人生来都享有天地之“大德”，但是不能把所有人都称为“众生”，就像圣人虽然也有和常人一样的地方，但是不能把圣人也称为“众生”，圣人之所以为圣人，是因为他们禀赋“神明”，颜延之用“天理”反对何衡阳所谓“役物为养，见役养人”，把世间之事归结于人的愚昧和智慧的观点；颜延之又指出：“凡动而益流，下民之性，化而裁之，上圣之功。谨为坻防，犹患逾盗，况乃罔不备设，以充侈志，方开所泰，何议去甚？故知惨物之谈，不得与薄夫同忧。”他认为，下民好动而“益流”，教化下民是圣人的功劳，即使百般防御，还会有盗窃之类的事情发生，何况一点也不防备，那只能“以充侈志”，因此，“惨物之谈”不能和下民同忧，因为他们性情顽劣，“好生情博”。

这里颜延之强调佛教“化民”的作用，指出“薄夫”和“圣人”的区别，进一步说明“圣人”在“众品”之上；颜延之又说：“乐杀意偏，好生情博，所云与道为心者，博乎生情，将使虚排率遂，跖实莫反，利泽通天，而不为惠，庸适恩止麛卵，事法豺獭邪？推此往也，非唯自已，不复往咎市鄽乎？”他认为，杀人成性者意念偏激，喜好众生者情感博大，佛教“治心”为上，就是要人都有爱人之心，这样“跖盗”就不会谋反，可以“利泽通天”；相反，如果人们不做“善事”，而是“恩止麛卵，事法豺獭”，这样不仅救不了自己，更别说普渡众生了；接着用具体事例说明修炼心性的重要：“庖厨且市庖之外，非无御养。神农所书，中散所述，公理美其事，仲彦精其业，是亦古有其传。今闻其人，何必以刲刳为禀和之性，焰瀹为翼善之具哉？”作者列举“庖厨”“神农”“中散”“公理”“仲彦”等的事例，进一步说明以“刲刳为禀和之性”，以“焰瀹为翼善之具”，不是为善治民的办法。又说：“若以编户难齐，忧论未立，是见二叔不咸，虑周德先亡，傥能伸以远图，要之长世，则日计可满，岁功可期。”由于“众生”之中各家各户情况不同，又没有倡导佛教，结果是“二叔不咸”“周德先亡”；如果能从长远考虑，以佛教教化“下民”，经过长期的修习佛法就可以收到好的效果。对于颜延之的这篇文章，郭预衡先生认为：“通俗质朴，道理说得很透”，“旨在持论，不假虚辞。而且不是抽象地说理，也没有多少玄学的说教。”[①]颜延之继承了佛教的基本思想，其中自然有其唯心的一面，对此，我们还是应该正确对待。

① 郭预衡《中国散文史》，上海古籍出版社2000版，第458页。

第2章

元嘉三大家作品道学意蕴解读

元嘉三大家受道教和道家思想的影响，我们在前面进行了较为细致的考述。谢灵运自幼接受道教清规戒律，道家思想尤其是庄子的思想对谢灵运影响很深；鲍照不仅深受道家思想的影响，道教对他的影响尤其深刻；颜延之虽然并不信奉道教，但是道家思想对他也产生了一定程度的影响。在谢灵运的山水诗中，蕴含着道家抱朴见素的思想，阐发道家性适自然的观念，营造道家妙出自然的境界。鲍照的诗歌中则表现出以求仙傲尘世、以天道解心忧、以隐逸求超脱的道学意蕴。颜延之的诗文中可以看到，诗人推崇以天道治国、表达怀古情节、溢美隐逸品格。

第一节　谢灵运山水诗道学意蕴解读

本节的“道学”范畴主要指道教以“道”教化众生的理论学说和实践方法[①]，其中包括被道教奉为经典的老子和庄子的学说。

一、晋宋之际道学义理的演化

晋宋之际，道教的发展具有新的特点，道教从民间进入了上层社会生活，老庄思想对当时的思想界产生了持久的影响，特别是受庄子隐逸观念的启迪，隐逸成为士人修身养性的绝佳途径，“山林之中非有道也，而为道则必入山林，诚欲远彼腥膻，而即此清静也”[②]，于是许多士人隐逸山林，以养生为好。

---

① 卿希泰 唐大潮《道教史》，江苏人民出版社 2006 年版，第 1 页、第 70–71 页。

② 王明《抱朴子内篇校释》，中华书局 1986 年版，第 167 页。

此一时期，道教的主要代表人物葛洪认为，道家之教“务在全大宗之朴，守真正之源”[①]，他又指出，“内保养生之道，外则和光于世，治身而身长修，治国而国太平”[②]，葛洪重道而不废儒，提倡儒道互补。同时，葛洪强调忠孝仁信在长生成仙中的重要性，他认为，“若德行不修，而但务方术，皆不得长生”[③]，而德行的内容又以忠、孝为主。在道学义理上，与原始道教相比，葛洪提出了通过修炼和服食仙丹而长生不死，以及用“外儒内道”来调和儒道之间的关系等新的观点。当时，最有影响的道教组织是钱塘杜氏道团。其创始人为杜明师杜昺，据《云笈七签》中《洞仙传·杜昺传》记载：“……救治有效，百姓咸附焉。……远近道俗，归化如云。十年之内，操米户数万。”[④]杜氏道团沿袭五斗米道的教规，以弘扬巫鬼道术为主。从义理层面看，杜氏道团奉行的天师道强调“形神并重”“炼形存神”，以求长生不死、即身成仙。

刘宋时期，道士陆修静收集“上清、灵宝、三皇各派经典，‘总括三洞’汇归一流。他编制的《三洞经书目录》，为道教经典的编纂创立了体例和原则”[⑤]。受当时社会上盛行的佛教思潮的影响，陆修静及其相关的道教派别，如上清派和灵宝派等摆脱了天师道巫鬼道术的窠臼，在道学义理上，主张“存思存神”，强调精气神的修炼，较之葛洪神仙道教的理论又进了一步。

二、谢灵运对道学义理的接受

钟嵘《诗品》曰：“初，钱塘杜明师夜梦东南有人来入其馆，是夕，即灵运生于会稽。旬日而谢玄亡。其家以子孙难得，送灵运于杜治养之。十五方还都，故名‘客儿’。”[⑥]然而谢灵运这十年的活动失载，据其诗文判断，他可能广泛涉猎了儒家、道家的典籍，特别是老子、庄子等人的著作，也可能开始研习一些佛教经典。另外，既然是入了道馆，修炼也应该是他的一门功课，这也和道家授徒学道和养生修炼的传统有关[⑦]。谢灵运《登江中孤屿》中“始信安期术，得尽养生年”，

---

① 王明《抱朴子内篇校释》，中华书局 1986 年版，第 167 页。

② 王明《抱朴子内篇校释》，中华书局 1986 年版，第 135 页。

③ 王明《抱朴子内篇校释》，中华书局 1986 年版，第 47 页。

④ [宋] 张君房《云笈七签》卷一一一，《洞仙传》，书目文献出版社 1995 年版，第 794 页。

⑤ 卿希泰　唐大潮《道教史》，江苏人民出版社 2006 年版，第 52 页。

⑥ [清] 何文焕《历代诗话》，中华书局 1981 年版，第 9 页。

⑦ 有关谢灵运早年的道馆生活情况，亦可参考姜剑云师《谢灵运与钱塘杜明师》，《中国道教》，2005 年第 3 期，第 45–47 页。

《石壁精舍还湖中作》曰，“寄言摄生客，试用此道推”，《登永嘉绿嶂山》曰，“恬如既已交，缮性自此出”，这些思想正是其早年修炼养生经历的反映。那么，谢灵运思想中的道学成分究竟有哪些呢？

一方面，据韩国学者李光哲《谢诗用典之探析》一文的考证成果：“谢诗中用典出自《诗经》183 次，《周易》63 次，《论语》60 次，《左传》39 次，《尚书》32 次，《礼记》28 次，《孟子》12 次，《韩诗》3 次，《史记》47 次，《汉书》28 次，《国语》39 次，《老子》25 次，《庄子》91 次，《淮南子》19 次，《韩非子》9 次，《楚辞》173 次……”① 由此看来，谢灵运诗歌用典最多出自《诗经》，其次是《楚辞》，再次就是《庄子》，但是李光哲先生是从谢灵运全部诗歌入手考察的，如果单单考察谢灵运的山水诗，无疑用典最多的出自《庄子》，这说明谢灵运山水诗中的道学成分主要是庄子的思想。

另一方面，据《山居赋》叙述，谢灵运确实对庄子情有独钟。他在赋中说：“哲人不存，怀抱谁质。糟粕犹在，启縢剖帙。见柱下之经二，睹濠上之篇七，……验前识之丧道，抱一德而不渝。”② 又自注曰：“庄周云：‘轮扁语齐桓公，公之所读书，圣人之糟粕。’縢者，《金縢》之流也。柱下，《老子》。濠上，《庄子》。二、七，是篇数也。云此二书最有理，过此以往，皆是圣人之教，独往者所弃。”③ 所以，方东树在《昭昧詹言》卷五云：“读庄子熟，则知康乐所发全是庄理。”又云：“看来康乐全得力一部《庄子》。其于此书，用功甚深，兼熟郭注。”④ 即此可见，谢灵运不仅接受了在当时影响较大的老庄隐逸哲学所蕴含的“抱朴见素”“性适自然”等义理，而且向秀、郭象《庄子注》蕴含的“内圣外王”“处身行事称情自往”“应物顺事而哀乐不入”“情与理会，与化同体”⑤ 等义理也成了谢灵运思想中的合理因子，当然，葛洪、陆修静、杜明师思想中养生求道、存思存神、强调精气神的修炼，也是谢灵运道学思想的构成因素。

三、体证道家抱朴见素的思想

谢灵运的山水诗作《过白岸亭》《游赤石进帆海》《田南树园激流植援》《石门新营所住，四面高山，回溪石濑，茂林修竹》《登石门最高顶》《还旧园作见

① 转见白振奎《陶渊明谢灵运诗歌比较研究》，上海辞书出版社 2006 年版，第 105、117 页。
② [梁] 沈约《宋书》，中华书局 1974 年版，第 1770 页。
③ [梁] 沈约《宋书》，中华书局 1974 年版，第 1770 页。
④ [清] 方东树《昭昧詹言》第 5 卷，人民文学出版社 1961 年版，第 138–139 页。
⑤ 马晓坤《文化视野中的陶渊明　谢灵运诗境研究》，浙江大学出版社 2005 年版，第 57 页。

颜范二中书》《于南山北山经湖中瞻眺》《从斤竹涧越岭溪行》《道路忆山中》等大多作于两次隐居故乡始宁时，其时，诗人营建别墅、四方游赏，足迹遍及故乡的山水。他的山水诗中虽然主要是自然风景的实际描绘，但是，在意象的选择、意境的营造上渗透了个体的审美理想。其时，诗人的审美旨趣则更多倾向于以老庄隐逸为核心的道学思想。

谢灵运山水诗道学意蕴首先表现在消解人生焦虑，体证“抱朴见素”的思想。晋宋之际，游览、采药、吟诗已经成为被崇尚隐逸的文士推崇的生活方式，他们通过这种方式提升和陶冶自己的心性，从而形成一种有效的人生智慧。谢灵运《山居赋》云：“入涧水涉，登岭山行”写其游山，“艺菜当肴，采药救颓”写其种菜、采药。其诗《过白岸亭》则是通过描写山水来消解内心焦虑：

> 拂衣遵沙垣，缓步入蓬屋。近涧涓密石，远山映疏木。空翠难强名，渔钓易为曲。援萝聆青崖，春心自相属。交交止栩黄，呦呦食萍鹿。伤彼人百哀，嘉尔承筐乐。荣悴迭去来，穷通成休戚。未若长疏散，万事恒抱朴。

此诗于景平元年（423），谢灵运从永嘉辞官归隐会稽始宁，与隐士王弘之、孔淳之等交游时所作。谢灵运归隐有其复杂的政治原因：永初三年（422）五月，武帝刘裕卒，少帝刘义符即位，徐羡之和傅亮专权。《宋书》卷六十一《刘义真传》载：“徐羡之等嫌义真与灵运、延之昵狎过甚，故使范晏从容戒之，义真曰：‘灵运空疏，延之隘薄，魏文帝云鲜能以名节自立者。但性情所得，未能忘言于悟赏，故与之游耳。’”[①] 于是徐羡之等以为灵运、延之“构扇异同，非毁执政”，出灵运为永嘉太守，延之为始安郡。这一突如其来的政治变故，给谢灵运造成了极大的心灵创伤。本来谢灵运于义熙元年（405）二十一岁入仕，任司马德文大司马行参军至任永嘉太守，已历时十八年，心中期待的升迁到头来却是遭贬谪，过惯了繁华的都市生活却不得不过冷清的边郡日子，从炙手可热的最高政治圈一下子调到了荒远的边郡，谢灵运的内心充满了焦虑和苦闷，他只能把自然山水作为转移情感和散怀避世的场所。

从结构来看，这首诗分为两部分：第一部分为前十句，记游之言，诗人游览白岸亭，细赏密密的石子和流淌的溪水，远观苍翠欲滴的树木，聆听青崖间的天籁之音，内心与山水景物融为一体；第二部分为后六句抒情言理之笔，诗人从自

① ［梁］沈约《宋书》，中华书局 1974 年版，第 1636 页。

已被贬永嘉之亲身经历，联想到古人因辱而悲，因宠而乐，生死无常的故事，进而想到归隐山林，抱朴守一。

“抱朴见素”是老庄思想的精髓，文选德解释说：“‘见素’者，当见素守真，不尚文饰也。‘抱朴’者，当抱其质朴，以示下，故可法则。”[①]《庄子·天道》曰：“朴素而天下莫能与之争矣。”这是对老子“见素抱朴”的注脚。谢诗《过白岸亭》曰：“未若长疏散，万事恒抱朴。”诗人表达的是掸去蒙尘垢物，还原清净真我的思想。谢灵运《游赤石进帆海》写道：“周览倦瀛壖，况乃陵穷发。川后时安流，天吴静不发。”作者写对偏僻贫瘠之地的厌倦，抒发自己对所处官场的不满，接着写帆海的平静和安宁，想象这才是自己真正安放心灵的好处所。“溟涨无端倪，虚舟有超越”，“虚舟”一词意味深长。本来道家就尚“虚”贱“有”，以“虚”为贵，“虚舟”则指空舟，即谓没有载物之舟，引申为心无外物。诗人认识到，只要自己心无外物，就可以超越现实，自己的心性就可以获得自由。“仲连轻齐组，子牟眷魏阙”，此句用典。“仲连”句，指战国时期鲁仲连有功于齐国而不受封爵，并且说：“吾与富贵而屈于人，宁贫贱而轻世肆志焉。”[②]“子牟”句，典出《庄子·让王》：“中山公子牟谓瞻子曰：‘身在江海之上，心居乎魏阙之下，奈何？’”[③]两句用两典，对比鲜明，作者赞美鲁仲连，这就是谢灵运“抱朴见素”和全身远祸的人生智慧。

四、阐发道家性适自然的观念

谢灵运的山水诗的道学意蕴还表现在以“空明虚静”的心境体现“性适自然”的思想。崇“清”是道家一贯的思想价值取向，《老子》第十九章说，“昔之得一者，天得一以清，地得一以宁，神得一以灵”，强调尚德可以使天下“清”；第四十五章说，“躁胜寒，静胜热，清静为天下正”，认为天下“清”才能“正”。曹丕把尚“清”的思想从老子那里导入对作品的评价，他在《典论·论文》中云：“文以气为主，气之清浊有体，不可力强而致。”[④]葛洪进一步论证气之清浊是造成作品高下的原因，他在《抱朴子·辞义》中云：“夫才有清浊，思有修短，虽并属文，参差万品。”[⑤]宗炳则在《画山水序》中提出了“圣人含道应物，贤者澄怀

① 文选德《〈道德经〉诠释》，湖南人民出版社 2005 年版，第 107 页。
② 胡大雷《谢灵运鲍照诗选》，中华书局 2005 年版，第 31 页。
③［清］郭庆藩撰，王孝鱼点校《庄子集释》，中华书局 1961 年版，第 979 页。
④ 郁沅　张明高《魏晋南北朝文论选》，人民文学出版社 1996 年版，第 14 页。
⑤ 郁沅　张明高《魏晋南北朝文论选》，人民文学出版社 1996 年版，第 213 页。

味象”[①]的审美意趣。谢灵运把老庄道学中“空明虚静”的求“道”心境转化为山水诗创作心境，又营造出新鲜的意象和空灵的诗境，创作的思绪流程也浸染了道家“清”的色彩。日本学者小西升《谢灵运山水诗考》一文统计发现，谢诗中用“清”字41次[②]。从另一角度看，谢灵运山水诗，也在着意体悟“虚静以体道”和“澄怀味象”的思想。他的山水名作《游南亭》云：

> 时竟夕澄霁，云归日西驰。密林含馀清，远峰隐半规。久痗昏垫苦，旅馆眺郊歧。泽兰渐被径，芙蓉始发池。未厌青春好，已观朱明移。戚戚感物叹，星星白发垂。乐饵情所止，衰疾忽在斯。逝将候秋水，息景偃旧崖。我志谁与亮，赏心惟良知。

一方面，谢灵运以一种“虚静”心理进入创作状态，着意描写南亭的清爽。雨后傍晚的“澄霁”，丛林充溢的“馀清”，长满小路的“泽兰”，初发嫩芽的“芙蓉”，营造出一种清澄的诗境。另一方面，在这样空灵的境界里，诗人感悟到“人生短暂，当及时归隐”，这是一种充满“清”味的人生哲理。复检谢诗，可见谢灵运喜好构建日、水、月等意象交相辉映的空灵诗境，如《登江中孤屿》曰，“云日相辉映，空水共澄鲜”，《夜发石关亭》曰，“亭亭晓月映，泠泠朝露滴”，《道路忆山中》曰，“濯流激浮湍，息阴倚密杆”等都流露了诗人“虚静”的创作心境和澄怀体“清”的创作旨趣。

“性适自然”是要求人与自然冥合的一种状态，它和“抱朴见素”具有相同意蕴，同时，这一观念更强调人和自然的和谐契合。谢诗《道路忆山中》曰，“得性非外求，自已为谁纂”，强调诗人的心性要与自然相与为一，自我主宰的方式就是冥合自然，物我同一。谢诗《游南亭》曰，“逝将候秋水，息景偃旧崖”，“偃”是仰卧、倒伏、停息之意，句中隐含“隐士托山林，遁世以保真”（张华《招隐诗》）的思想，诗人避世隐居就是为了性适自然，“与化同体”。

谢诗《登石门最高顶》曰，“心契九秋干，目玩三春荑”，表明诗人的心已经淡出尘世，放弃了让他找不到自我而备受伤害的仕宦生活。联系诗中“连岩觉路塞，密竹使径迷。来人忘新术，去子惑故蹊”等诗句，我们看到，在险恶丛生的仕途中，诗人到底该走那条路，连自己也困惑不解。而“目玩三春荑”中的“玩”字则深化了诗旨，“目”是用来看、瞧、盯、视的，用目来“玩”，就说明诗人不

① 叶朗《中国美学史大纲》，上海人民出版社1985年版，第207-208页。
② 转见白振奎《陶渊明谢灵运诗歌比较研究》，上海辞书出版社2006年版，第117页。

再看、盯、瞧，也不再执着什么，这个“玩”字表明，诗人与自然相知相交，人和景不再对立，两者甚至会心地交流。

五、营造道家妙出自然的境界

谢灵运山水诗的道学意蕴还表现在以“道法自然”的观念营造“妙出自然”的境界。《老子》第一章言“妙”曰，“故常‘无’，欲以观其妙；常‘有’，欲以观其徼”，亦即“妙”可以把握“道”之“无”，这里“无”指道的无限性。而“徼”则是把握“道”之“有”。“妙”对“道”的把握离不开“自然”，“道法自然”，所以“妙”又出于自然。

要明确谢灵运“道法自然”的观念，就要探析谢诗中的“情感”成分。一方面，张国星先生在《佛学与谢灵运的山水诗》一文中指出：“诗中的这些理语正是诗人由纷繁交扰的情绪向澄明恬静的心境转变发展的终端，是诗人情感活动的重要组成部分。”[①]暗合了郭象所谓“情与理会”的义理，可见谢诗中充溢着潜回流转的情感因素。另一方面，沈约《宋书》云：“灵运之兴会标举，延年之体裁明密。”[②]钟嵘《诗品》评谢诗时亦云：“嵘谓若人兴多才高，寓目辄书，内无乏思，外无遗物，其繁富，宜哉！”[③]谢诗也体现出情感浓烈的个体灵性。换言之，诗人以充满情感的灵性，形象地描绘自然山水，表现“道”之妙处。

谢诗《游南亭》“泽兰渐被径，芙蓉始发池”，写“春到草自青”的景色变化。“被”字，形象地写出芳草在小路旁渐渐长出的情态；“发”字，也描绘出小荷刚露尖尖角的芳姿。《老子》云：“人法地，地法天，天法道，道法自然。”[④]自然本身也是道的存在形态，谢灵运准确地感知并巧妙的描摹自然的景象和变化就是在表现“自然之道”。如明代陆时雍《诗镜总论》云：“‘白云抱幽石，绿筱媚清涟’不琢而工。‘皇心美阳泽，万象咸光昭’不淘而净。‘杪秋寻远山，山远行不近’不修而妩。‘猿鸣诚知曙，谷幽光未显’、‘岩下云方合，花上露犹泫’不绘而工。”[⑤]可以说“道法自然”的思想契合艺术灵感产生的规律，二者相得益彰，造就了谢灵运山水诗“清水芙蓉”的天然品格。

同时，诗人追求一种“妙出自然”的道学境界。《庄子》云：“东郭子问于庄

---

① 张国星《佛学与谢灵运的山水诗》，《学术月刊》1986 年第 11 期，第 68 页。

② [梁] 沈约《宋书》，中华书局 1974 年版，第 1778 页。

③ [清] 何文焕《历代诗话》，中华书局 1981 年版，第 9 页。

④ 朱谦之《老子校译》，中华书局 1984 年版，第 103 页。

⑤ [明] 陆时雍《诗镜总论》，《历代诗话续编》本，中华书局 1983 年版，第 1406 页。

子曰：‘所谓道，恶乎在？’庄子曰：‘无所不在’。”①谢灵运“兴多才高”，巧妙地把握“无所不在”之“道”，在看似平淡的诗句中生发出天然妙趣：一是田园之妙。谢诗《田南树园激流植援》“激涧代汲井，插槿当列墉”，写诗人引溪水到田宅，植木槿为篱笆之事，“激涧”指清澈鲜活的溪水，“木槿”则是可开红、白、紫三色花的一种植物，作者准确地捕捉到了这两个意象的动感和色彩缤纷的特征，营造出生动的田园妙趣。二是山居之妙。此诗曰，“群木既罗户，众山亦当窗。靡迤趋下田，迢递瞰高峰”，则言密林就在门前，窗户面对群山，俯瞰田径蜿蜒，仰视高峰绵延，大山深处的田宅和自然融为一体，这样的居所少了几分俗气，多了几分“清”韵，这一多一少使山居之妙顿然而生。三是仙境之妙。谢诗《登石门最高顶》云：

> 晨策寻绝壁，夕息在山栖。疏峰抗高馆，对岭临回溪。长林罗户穴，积石拥阶基。连岩觉路塞，密竹使径迷。来人忘新术，去子惑故蹊。活活夕流驶，噭噭夜猿啼。沉冥岂别理，守道自不携。心契九秋干，目玩三春荑。居常以待终，处顺故安排。惜无同怀客，共登青云梯。

“晨策寻绝壁，夕息在山栖”，写山居之高；“疏峰抗高馆，对岭临回溪。长林罗户穴，积石拥阶基”，写树林之广、山峰之危；“连岩觉路塞，密竹使径迷。来人忘新术，去子惑故蹊”，写岩石之多、竹林之密；“活活夕流驰”，写流水之鲜；“噭噭夜猿啼”，写夜境之寂；“心契九秋干，目玩三春荑”，写心态之静；“居常以待终，处顺故安排。惜无同怀客，共登青云梯”，写“处身行事称情自往”“应物顺事而哀乐不入”之理②。在这远离尘世的大山深处，山峰对峙，树木环绕，竹林繁茂，溪水清鲜，夜来群山空寂，诗人来去无迹，这是何等美妙之仙境！正如《庄子·齐物论》云，“吾丧我”。谢灵运置身这样的美妙境界，目的就是要把自己从功名利禄、是非善恶、自身形骸中解脱出来，以达到与天地精神独往来的精神境界。

第二节　鲍照诗歌中的道学意蕴解读

道教发展到晋宋之际，在社会上流传最广的是天师道，特别是经过葛洪改革

---

①［清］郭庆藩撰　王孝鱼点校《庄子集释》，中华书局1961年版，第979页，第748页。
② 马晓坤《文化视野中的陶渊明、谢灵运诗境研究》，浙江大学出版社2005年版，第57页。

的天师道，注重通过服食草药和仙丹以获得长生不死、羽化成仙。致使当时社会上服食各种丹药养生成为一种风气，鲍照在他的诗歌作品中生动地描写了自己服食五石散的情况，以及想象自己升入琼宇天宫的神仙生活。同时，鲍照的道学思想也深受元嘉后期流行于上层社会的道士陆修静的道学思想影响。为了适合上层门阀士族的需要，陆修静对道教原有的教义、教规和内容进行了改革，他编撰的《灵宝经目》，使当时盛行的上清派和宝灵派在形式和义理上更注重修道者自身精气神的调理和即身成仙的向往。

一、以求仙傲尘世

天师道提倡通过服食丹药获得长生不死，或游仙于天宫，或漫游于尘世，或逍遥于大山，道教徒接近自然山水的这种生活方式逐渐成为一部分诗人作家获取写作素材的一条途径，从鲍照的诗歌作品中的《遇铜山掘黄精》《讲易》《代升天行》《行药至城东桥》等的内容看，涉及鲍照曾经修道和服食丹药的一些信息。和佛教相比鲍照一生受道教影响可能更大一些，作为人生失意时的一种安慰和归宿，成仙思想在鲍照的诗文中表现的非常明显。诗人的《代升天行》是一首游仙诗，《文选颜鲍谢诗评》卷三评曰："予以鲍明远诗辄续之曰：'语神仙则白日升天，不以为无若从，尾句之意，则寓言借喻君子有高志，远意拔出尘埃之表者，视世之卑污苟贱之人，直如禽虫之吞啄腐腥耳。''五图九钥'：据《文选》注引《抱朴子》：五岳真形图，郑玄《易经注》：'齐鲁间藏器之管曰钥，又以藏经丹有九转。'"[①]可见鲍照因厌世转而求仙，他对道家求仙经历的想象，只是表明自己高洁的品质超出了世人。

诗作开篇是对世俗生活的描绘："家世宅关辅，胜带宦王城。备闻十帝事，委曲两都情。倦见物兴衰，骤睹俗屯平。翩翩若回掌，恍惚似朝荣。穷涂悔短计，晚志重长生。"意在叙述诗中主人住在京都附近，刚刚长大成人就在王城做官；经常听到汉朝历代皇帝的情况，对长安和洛阳的情况也很熟悉；看惯了事物的兴衰，也明白人间的艰难；事物变化就在翻掌之间，朝荣夕衰也是眨眼之间的事情；主人后悔做官不是长久之计，年老应该求长生。可见，在人生的后期，鲍照把人生志向归到了道家的修炼成仙上了。接着鲍照通过想象开始写求仙的生活：

从师入远岳，结友事仙灵。五图发金记，九籥隐丹经。风餐委松宿，

①《钦定四库全书》，中华书局点校本，集部，总集类，《文选颜鲍谢诗评》卷三。

云卧恣天行。冠霞登彩阁，解玉饮椒庭。暂游越万里，少别数千龄。凤台无还驾，箫管有遗声。

诗人叙述进入大山拜师修行，和同伴一起供奉神仙；并通过修习道家的经典看到了五岳真形图，在道家藏书的地方找到了炼丹的秘籍；在大山深处风餐露宿，自由往来，头顶霞光进入金碧辉煌的楼阁，摘下玉佩在香气缭绕的仙境饮酒；眨眼之间就游历万里之遥，短暂分别好像过了数千年；修炼的道人一去不复返，只留下箫管的声音。鲍照对求仙经过的描绘无疑带有主观色彩，字句中也透露出他对游仙生活的向往。最后作结："何当与尔曹，啄腐共吞腥。"诗人指出不愿意和世俗的人一起追腥逐臭。

鲍照《行药至城东桥》也是和道教服食丹药求长寿有关的一首诗。开篇写景："鸡鸣关吏起，伐鼓早通晨。严车临迥陌，延瞰历城闉。蔓草缘高隅，修杨夹广津。迅风首旦发，平路塞飞尘。"诗人从守卫城门的小吏鸡鸣起床敲鼓报告时辰，并打开城门让行人通行写起，诗人看到各种整装待发的车驾准备上路远行；诗人又登上城楼，看到山坡上长满了绿茵茵的小草，道路两旁是高大的白杨；大风吹来，道路也被尘土笼罩。接着转入对市井生活的描写："扰扰游宦子，营营市井人。怀金近从利，抚剑远辞亲。争先万里途，各事百年身。开芳及稚节，含彩吝惊春。"诗人认为，有的人怀抱金玉专营投机，有的人辞别亲人外出求官，他们不顾路途遥远，一生都在忙碌；面对春暖花开的景象，他们很少驻足观赏。最后诗人慨叹："尊贤永照灼，孤贱长隐沦。容华坐销歇，端为谁苦辛。"诗人认为尊贵的贤圣永远生活在荣耀之中，而贫贱之人只能长久沦落凡尘；荣华不可能人人都享有，何必如此辛苦呢？全诗虽然没有涉及服食丹药的情况，只是写诗人在行药的路上看到的情景，可见诗人正是从道家求仙思想出发，站在道教隐逸出世的角度来对待营营逐利和扰扰求官之人的。

鲍照《代阳春登荆山行》也有求仙的意味。先写登山情况："旦登荆山头，崎岖道难游。早行犯霜露，苔滑不可留。"太阳刚刚升起，诗人就开始登荆山，山路崎岖很难行走；路边草丛上的露水晶莹透亮，路面的苔藓光滑难行。再写登高所见到的景色：

极眺入云表，穷目尽帝州。方都列万室，层城带高楼。奕奕朱轩驰，纷纷缟衣流。日氛映山浦，暄雾逐风收。花木乱平原，桑柘绵平畴。攀条弄紫茎，藉露折芳柔。

诗人极目远眺，帝州的景象尽收眼底，方形的都市排列着整齐的屋室，都城里阁楼高耸；朱红的车驾来往，忙碌的人们川流不息；诗人看到太阳映照着山边的水池，水池里升腾起的水雾又被风吹散；平原地带繁花似锦，桑树和柘树绵延不绝，树枝上刚刚发出的嫩芽散发出迷人的芳香。最后是诗人的感受："遇物虽成趣，念者不解忧。且共倾春酒，长歌登山丘。"这么美好的景物，对于那些耽于世俗欲念的人来说不会解除他们的忧愁；我们趁此良机痛饮美酒登高而歌。这首诗的道学意蕴，一方面表现在通过熙熙攘攘的都市和迷人的自然美景的对比，反衬世俗生活的污浊；另一方面"遇物虽成趣，念者不解忧"，强调只有不染尘世烦恼的人才能享受自然美景。

二、以天道解心忧

在道家出世思想的影响下，鲍照写给尚书左丞荀万秋的《日落望江赠荀丞》透露出诗人"进"与"退""超然物外"和"咨嗟恋景"的矛盾。鲍照从游子的忧愁写起："旅人乏愉乐，薄暮忧思深。"诗人长期漂泊在外受尽思乡之苦，尤其是临近黄昏这种忧愁更加浓烈。于是诗人转而写日落时分远望江阴见到的景象："日落岭云归，延颈望江阴。乱流灇大壑，长雾匝高林。林际无穷极，云边不可寻。惟见独飞鸟，千里一扬音。推其感物情，则知游子心。"诗人仰望天空，太阳落山，云朵飘散；再俯视地面，小河汇入大江，树林里大雾弥漫；然后上下关照，天空广渺无际，树林一望无边；唯独一只飞鸟飞行在茫茫天际，诗人从孤独的小鸟又想到了自己漂泊的艰辛。最后诗人才提及他的朋友荀万秋："君居帝京内，高会日挥金。岂念慕群客，咨嗟恋景沉。"诗人想到当时任尚书左丞的朋友陪伴在皇帝身边，不惜金钱招待同僚和贵宾；怎么会想起漂泊在外的诗人呢？可以设想，诗人描绘落日时分江阴景物，暗示出鲍照超然物外的情怀，也衬托出诗人孤独漂泊的愁苦，这就可以看出诗人旷达和忧思的矛盾心理。

道家学说把自然山水摆在了很高的地位，并认为人也是自然的一部分，道就蕴含在自然之中，只要人的精神和自然融为一体，人的心灵就能获得精神愉悦；自然山水和道家修行的这种相互依存的关系，导致修道者对大自然产生了天然的亲近感，他们对自然界的一草一木都十分珍爱，对自然界的变化也十分敏感。受道家这种思想的影响，鲍照笔下的大自然别有一番生趣。

《登黄鹤矶》正是鲍照和自然融为一体的杰作。据《明一统志》卷五十九载："江夏武昌……黄鹤矶边，江峻山险，当荆吴江汉之冲要，南抵五岭，北连襄汉，襟山带江，江南要区。”[①] 黄鹤矶在武昌，它的上面有黄鹤楼。诗人开篇就描绘了一个由落叶、江水、大雁、秋风构成的广阔的江南秋景图：“木落江渡寒，雁还风送秋。”按照一般的气候规律，北方的寒气袭来，树木开始落叶，大雁南飞预示着深秋已经到来；诗中“木落”，虽然不见落叶，你可以想到落叶；“江渡寒”意味很浓，值得品味；因为我们习惯说“渡江”，很少说“江渡”，这样“寒渡江”似能说通；那么“寒”又指什么呢？从句意看，这里的“寒”应该是寒气或寒流；因此解读“木落江渡寒”，应该从后往前来分析，即寒气渡过长江，树叶开始凋零；更耐人寻味的是“寒”用“渡”来描绘，显然是采用了拟人的手法，给人的感觉是寒气来的缓慢，也已经不那么寒了，这符合武昌的气候特点；“雁还风送秋”一句也采用拟人手法，“雁还”表明大雁的家本来就在南方，因此说大雁回来了，“风送秋”婉转地表达“北风给我们送来了‘秋天’这样的礼物”，可见武昌的秋天温和而清爽，很受人们欢迎。难怪《池北偶谈》卷十二《唐诗本六朝》云：“孟襄阳‘木落雁南度，北风江上寒’本鲍明远‘木落江渡寒，雁还风送秋’。”[②]看来鲍照这两句诗受人推崇自有过人之处；接着诗人描绘自己从武昌辗转到江陵沿途的风景：“临流断商弦，瞰川悲棹讴。适郢无东辕，还夏有西浮。三崖隐丹磴，九派引沧流。泪竹感湘别，弄珠怀汉游。”诗人登上黄鹤矶临江弹奏，却弹断了琴弦，俯瞰大江却传来阵阵悲伤的渔歌；诗人因为要到江陵不能东归，只好乘坐小船向西到夏水；沿途峭壁上有红色石崖，许多河流汇入长江；诗人想起“湘夫人”[③]和“二女献珠”[④]的典故，进而感到自己孤独和凄凉。最后两句包含深刻的道学意蕴：“岂伊药饵泰，得夺旅人忧。”从字面看来，即使有音乐和美食也不能解除游人的愁苦。

但是深入探究我们会发现诗中“药饵”和《老子》中关于“乐饵”的论述有关：“执大象，天下往。往而不害，安平太。乐与饵，过客止。道之出口，淡乎其无味，视之不足见，听之不足闻，用之不足既。”[⑤]陈鼓应先生解释说：“执守大‘道’，天下人都来往，来往而不互相伤害，于是大家都平和安泰，音乐和美食能

①《钦定四库全书》，中华书局点校本，史部，地理类，总志之属，《明统一志》卷五十九。

②《钦定四库全书》，中华书局点校本，杂家类，杂说之属，《池北偶谈》卷十二，《唐诗本六朝》。

③《钦定四库全书》，中华书局点校本，子部，小说家类，琐记之属，《博物志》卷八，晋张华《史补》：“尧之二女，舜之二妃，曰湘夫人。舜崩，二妃啼，以涕挥竹，竹尽斑。”

④《钦定四库全书》，中华书局点校本，经部，诗类，《六家诗名物疏》卷四：“《韩诗传》云，郑交甫过汉皋，遇二女，妖服，佩两珠，交甫与之言曰，愿请子之佩，二女解佩与交甫，而怀之去十步，采之即已亡矣！回顾二女亦即亡矣！”

⑤ 陈鼓应《老子今注今译》，商务印书馆 2003 年版，第 207 页。

使过路人停步。而道的表述却淡的没有味道，看它却看不见，听它却听不着，用它却用不完。”[①] 也就是说，鲍照在诗中所言是道家祖宗老子的观点，质言之，诗的最后两句的意思是，音乐美食不能解忧，只有道家的“天道”才是解忧的良方。

三、以隐逸求超脱

鲍照把道家隐逸、适已任情的思想融入了自已的思想和性格中，特别是在他后期的创作中表现比较明显。他的《答客》就是这方面的代表作。诗人从自已幽居写起：“幽居属有念，含意未连词。会客从外来，问君何所思？澄神自惆怅，嘿虑久回疑。谓宾少安席，方为子陈之。”诗人说自已幽居有一定的意图，但是幽居的意图不好用语言来表达；正好赶上有客人从外地来探访诗人，问诗人想些什么呢？于是诗人凝神静气惆怅良久，然后给客人讲述自已的情况。接着诗人从自已的出身、爱好、性格一一道来：“我以荜门士，负学谢前基。爱赏好偏越，放纵少矜持。专求遂性乐，不计缉名期。欢至独斟酒，忧来辄赋诗。声交稍希歇，此意更坚滋。”诗人家境贫寒，靠自已的学识出仕；尽管爱好和习惯不合时俗，诗人还是顺从自然放纵自已，以适合自已的性情为乐，不计较自已的名声；喜欢自斟自饮，烦恼忧愁时就写诗作赋；尽管朋友越来越少，但是自已的性格并没有改变。最后感叹人生：“浮生急驰电，物道险弦丝。深忧寡情谬，进伏两暌时。愿赐卜身要，得免后贤嗤。”

诗人点化《庄子·知北游》：“人生天地之间，若白驹过郤忽然而已，注然勃然，莫不出焉；油然漻然，莫不入焉”[②] 的句子，说明人生在世就像飞驰的雷电一样快，人情事理就像弦丝一样稍有不慎就会出危险；诗人深知自已性情不好，无论出仕还是隐居都不合习俗；最后请求客人给他提出处世的秘诀，以免后人嗤笑。从鲍照自叙自已的性情可知，道家适已任情，追求隐逸，顺应自然等思想深深地扎根在他的心灵深处。

鲍照对道家出世思想的认同感，是在他多年远离故土游宦他乡的过程中，由于对故乡的思念以及位居下僚的苦闷生活逐渐形成的。《浔阳还都道中作》中可以看到道家出世思想在鲍照身上逐渐明朗起来。作者先写自已随刘义庆从浔阳回京都建康的行程：“昨夜宿南陵，今旦入芦洲。客行惜日月，崩波不可留。侵星赴早路，毕景逐前俦。”昨天夜里还住在南陵，今天早晨已经到了芦洲；陆路

① 陈鼓应《老子今注今译》，商务印书馆 2003 年版，第 208 页
② 陈鼓应《庄子今注今译》，中华书局 1983 年版，第 570 页。

行走珍惜时光，水路也不停留，晨星闪烁就上路，天色已晚也不停歇。可以想象当时诗人回京都的急切心情。接着诗人写沿途所见："鳞鳞夕云起，猎猎晚风遒。腾沙郁黄雾，翻浪扬白鸥。登舻眺淮甸，掩泣望荆流。绝目望平原，时见远烟浮。倏忽坐还合，俄思甚兼秋。"傍晚白云朵朵，北风劲吹；车来车往沙尘遍野，船只前行惊飞白鸥；站在船头向淮甸眺望，只见远处江河奔流，站在平原放眼望去，可见天边云雾茫茫；云雾时开时合，也不知行程是远还是近。

在古代以车架和船只为交通工具，诗人从浔阳到建康，时而坐车时而坐船，其间辗转多次，十分辛苦。从描写中可以看出，诗人已经厌倦了这种游宦生活。最后鲍照道出了他的苦衷："未尝违户庭，安能千里游？谁令乏古节，贻此越乡忧？"诗人认为，没有遵守道家出世的节操，才留下了游宦的忧愁。在鲍照难以承受远游的苦楚的时候，就从道家那里寻找人生的指导。

此外，鲍照《和王丞》中的隐逸思想也很明显。全诗前六句："限生归有穷，长意无已年。秋心日迥绝，春思坐连绵。衔协旷古愿，斟酌高代贤。"诗人回忆和王丞的交往，表达两人之间情深谊长，赞美王丞的美德可与古代圣贤相比。接着写郊游："遁迹俱浮海，采药共还山。夜听横石波，朝望宿岩烟。明涧子沿越，飞萝予萦牵。"两人一起在海上泛舟，在深山采摘草药，享受大自然给他们带来的无穷乐趣。最后诗人写自己的隐逸之志："性好必齐遂，迹幽非妄传。灭志身世表，藏名琴酒间。"这四句表明诗人不再追求浮名，而是要过一种饮酒弹琴的隐逸生活。

第三节　颜延之诗文的道学意蕴解读

颜延之的道学思想的形成和他本人崇尚"玄学"有关，如前文所述，据《南齐书·陆澄传》载陆澄《与王俭书》说："颜延之为祭酒，黜郑置王，意在贵玄，事成败儒。"颜延之和精通玄理的何尚之情深义笃，而玄学的要义就是道学义理的衍化。从颜延之的作品中可以看出，颜延之对道家思想的认识和接受往往和玄学结合在一起，他强调道家思想在国家治理中的作用，并通过对道家隐逸思想的表达来缓解自己在仕途中遭受的各种苦痛。我们通过对颜延之诗文的具体分析，寻绎他诗文中的道学意蕴。

一、推崇天道治国

颜延之代表作《应诏宴曲水作诗》基本以《庄子》的道学义理统领全文，来写宋文帝秉承道家治国的策略取得的功绩。

第一，概括宋文帝的功绩："道隐未形，治彰既乱。帝迹悬衡，皇流共贯。惟主创物，永锡洪算。仁固开周，义高登汉。"其中"道隐未形"就是讲"道"无名、无为和无部位，概括说就是"大道无形"。正如《庄子·则阳》所说："万物殊理，道不私，故无名，无名故无为，无为而无不为。"[①]这是道家的一种宇宙观，强调万物有不同的理则，道不偏私，所以无名称，无所名称就无所干预，无所干预就没有什么做不成的。诗人以道家这种思想为出发点，认为世事纷乱反而治理彰显，指出宋文帝忠厚仁义，像汉高祖一样以义取天下，他的功绩在于顺应天道，按照时世变化，"明法正义"，"随风乘流"，达到"万国共贯"，创建了"永锡难老"的大业。进一步讲，"道隐未形"还和老子、王弼的思想有关。老子曰"大象无形"，又曰"道隐无名"，王弼曰"有形则亦有分，有分者不温则凉，故象者形者非大象也"，又曰"夫道物以之成而不见形，故隐而无名也"。可见颜延之对道家一脉相承的思想的系统掌握。

第二，诗人写宋文帝福泽天下四方敬贺。颜延之认为宋文帝治国以天下为怀："祚融世哲，业光列圣。太上正位，天临海镜。制以化裁，树之形性。惠浸萌生，信及翔泳。"诗人写宋文帝以《庄子·则阳》所说的"君不私，故国治"[②]的道家对国君治国的要求，君临天下，福泽长久，大业光照先代圣贤。其中"太上正位，天临海镜"出于"一心定，天地正"[③]的观点，表达宋文帝以民为本，以变求治，树立形性，恩惠万物，圣德上及飞鸟，下及鱼虫。道家认为："天道运而无所积，故万物成；帝道运而无所积，故天下归。"[④]也就是说顺应不停顿的"天道"和"帝王之道"，天下才会归顺。颜延之在诗中说："崇虚非征，积实莫尚。岂伊人和，寔灵所贶。日完其朔，月不掩望。航琛越水，辇赆逾嶂。"诗人从道家的观点出发，说明宋文帝顺应帝王之道，上天就赐予太平盛世，于是夷族乘船坐车争相前来献宝纳贡。

第三，写太子和藩王的情况。颜延之在诗中也从"德"和"礼"等方面来写太子的品行："帝体丽明，仪辰作贰。君彼东朝，金昭玉粹。德有润身，礼不愆器。柔中渊映，芳猷兰秘。"诗人认为太子衣着金玉，以臣子的职分居于东宫，有德明礼，生性中和，品德像幽兰一样芳洁，他的品行符合《庄子·缮性》提出的修治本性应该达到的标准："夫德，和也，道，理也。德无不容，仁也；道无不理，

① 陈鼓应《庄子今注今译》，中华书局 1983 年版，第 692 页。
② 陈鼓应《庄子今注今译》，中华书局 1983 年版，第 692 页。
③ 陈鼓应《庄子今注今译》，中华书局 1983 年版，第 340 页。
④ 陈鼓应《庄子今注今译》，中华书局 1983 年版，第 336–337 页。

义也；义明而物亲，忠也；中纯实而反乎情，乐也；信行容体而顺乎文，礼也。礼乐偏行，则天下乱矣。"[1]接着诗人写刘义康和藩王的情况："昔在文昭，今惟武穆。于赫王宰，方旦居叔。有睟叡蕃，爰履奠牧。宁极和钧，屏京维服。"诗人说过去高祖之子为王，就像文王之子昭，现在文帝之子为王就像武王之子穆，事都有成；藩王的职责是作为宰辅辅佐君王，彭城王义康为司徒，就要像周旦以叔父的名分辅佐成王一样辅佐文帝；江夏王义恭、衡阳王义季也能够镇守他们的郊牧；无论是王宰还是藩封都要用礼仪以和邦国，政典以均万民。《庄子·山木》一文中市南子给鲁侯的答语说："今鲁国独非君子皮邪？吾愿君刳形去皮，洒心去欲，而游于无人之野。"[2]诗人以此为出发点，委婉的劝告刘义康和藩王要忠于职守不能有非分之想，才能避免祸患。

第四，写宴会的情况。颜延之通过记述曲水宴会来说明宋文帝治国顺应天道："朏魄双交，月气参变。开荣洒泽，舒虹烁电。化际无间，皇情爰眷。伊思镐饮，每惟洛宴。"《庄子·天运》说："天有六极五常，帝王顺之则治，逆之则凶。九洛之事，治成德备，临照下土，天下戴之，此为上皇。"[3]道家认为天有其道，帝王顺应它便能安治。诗人把日月更迭，气候变化，春季万物复苏，雨水降下，彩虹出现，雷电闪烁，看作是宋文帝顺天之治，上天赐予的吉祥之兆，因此，应该像古代周公选择洛邑庆贺一样，宋文帝也在水边饮宴，功成而德备，天下拥戴，这就是上皇之治。接着诗人描绘了宴会的场面："郊饯有坛，君举有礼。幕帷兰甸，画流高陛。分庭荐乐，析波浮醴。豫同夏谚，事兼出济。"祭祀天地设有祭坛，君王的举动也被记录下来；幕帐搭建在长满兰花的山岗，水边搭建高大的阶梯；人们争相敬献乐曲，就连水波上也漂浮着酒的甜味。"分庭荐乐"典出庄子："分庭抗礼。"这里指争相歌颂宋文帝以道治国的功绩。最后写宋文帝恩泽："仰阅丰施，降惟微物，三妨储吏，五尘朝黻。途泰命迍，恩充报屈。有悔可悛，滞瑕难拂。"诗人曾被贬谪，也被擢升官职，君王还是把丰厚的爵禄恩赐给诗人，诗人感到愧对君王，要悔改自新。

二、表达怀古情结

颜延之的"隐逸"情结体现在《始安郡还都与张湘州登巴陵城楼作》之中：

---

① 陈鼓应《庄子今注今译》，中华书局 1983 年版，第 402 页。
② 陈鼓应《庄子今注今译》，中华书局 1983 年版，第 502 页。
③ 陈鼓应《庄子今注今译》，中华书局 1983 年版，第 361 页。

江汉分楚望，衡巫奠南服。三湘沦洞庭，七泽蔼荆牧。经涂延旧轨，登闉访川陆。水国周地险，河山信重复。却倚云梦林，前瞻京台囿。清芬霁岳阳，曾晖薄澜澳。凄矣自远风，伤哉千里目。万古陈往还，百代劳起伏。存没竟何人，炯介在明淑。请从上世人，归来艺桑竹。

首先，前四句写湘州的地理形势："江汉分楚望，衡巫奠南服。三湘沦洞庭，七泽蔼荆牧。"长江和汉水流经湘洲，南面有衡山和巫山；湘水、沅水、长江流入洞庭湖，水雾笼罩着巴陵郊外。其次，交待登临经过："经涂延旧轨，登闉访川陆。"沿着前人的足迹，登上城楼观看湘洲的景色。"经涂延旧规"一句典出《周礼》曰，"国中经涂九轨"。《说文》曰，"延长也"。又曰，"闉城曲重门也，旧轨谓张劭也"。再次，写登临所见到的风景："水国周地险，河山信重复。却倚云梦林，前瞻京台囿。清芬霁岳阳，曾晖薄澜澳。"水泽之地，表里山河；云梦之泽仿佛京都苑囿，清雾笼罩岳阳楼，阳光照耀着湘洲的山和水。最后抒情："凄矣自远风，伤哉千里目。万古陈往还，百代劳起伏。存没竟何人，炯介在明淑。请从上世人，归来艺桑竹。"远风吹来让人感到凄凉，极目远眺又让人伤心。

诗人置身于历史的时空背景之中，抒发时间流逝真正留给后人的是高洁的品格，因此，诗人愿意学习前人，归隐家中种植桑竹。从对湘州的自然风景的描绘方法来看，诗人视野极为开阔，对山河、水泽、阳光、云雾的描写都和湘州的岳阳楼、云梦泽联系起来，勾勒出湘州山河表里云雾笼罩的景象，同时为后面抒情定下了浑厚苍茫的基调。诗中虽然没有使用道家的典故，但是诗人在结尾抒发的是隐居故里的隐逸情结。《北使洛》是颜延之的代表作，其中也蕴含着世事变迁的悲凉之感：

改服饬徒旅，首路局险艰。振楫发吴洲，秣马陵楚山。涂出梁宋郊，道由周郑闲。前登阳城路，日夕望三川。在昔辍期运，经始阔圣贤。伊瀔绝津济，台馆无尺椽。宫陛多巢穴，城阙生云烟。王猷升八表，嗟行方暮年。阴风振凉野，飞云瞀穷天。临涂未及引，置酒惨无言。隐悯徒御悲，威遅良马烦。遊役去芳時，归来屡徂諐。蓬心既已矣，飞薄殊亦然。

沈约《宋书》曰："（颜延之）为豫章世子中军行参军，义熙十二年，高祖北伐，有宋公之授，府遣一使庆殊命，参起居，延之与同府王参军俱奉使至洛阳，道中作诗二首，文辞藻丽，为谢晦傅亮所赏。”[①]《北使洛》是其中一首。首先写沿途所经之地：“改服饬徒旅，首路局险艰。振楫发吴洲，秣马陵楚山。涂出梁宋郊，道由周郑闲。前登阳城路，日夕望三川。”诗人更换衣服踏上了北上的路途，道路曲折很难行走；摇动船桨从吴州出发，骑马登上楚山[②]。又从古代梁国[③]和宋国[④]曾经建都的郊外出发，来到古代的周国[⑤]和郑国[⑥]曾经建都的地方。早晨来到阳城[⑦]傍晚就看到了三川[⑧]。其次，写故国的萧条和惨败：“在昔辍期运，经始阔圣贤。伊瀔绝津济，台馆无尺椽。宫陛多巢穴，城阙生云烟。王猷升八表，嗟行方暮年。阴风振凉野，飞云瞀穷天。临涂未及引，置酒惨无言。隐悯徒御悲，威遅良马烦。遊役去芳時，归来屡徂After聳。”诗人以往错过了好运，没有见到先圣前贤；可是来到“伊水”和“瀔水”，却没有渡口，来到“阿房宫”（秦国的宫殿）也是残垣断壁；宫殿的墙壁有动物的巢穴，城阙升起云烟；诗人在岁暮出行，野外寒风阵阵，飞云遮住了寒冬的天空；在路途进退不定，面对酒杯惨淡无言；一路远行人困马乏，诗人也暗自悲伤；这次行役本该按时归来，但是却耽误了归期。最后表达诗人的心情：“蓬心既已矣，飞薄殊亦然。”据《文选注》载：“庄子谓惠子曰：‘夫子拙于用大，则夫子犹有蓬之心也夫。’郭象曰：‘蓬非直达者。’曹植《吁嗟篇》曰：‘吁嗟此转蓬，居世亦然之。’”[⑨]面对故国的萧条和惨败，诗人内心感到时事变换如“转蓬”，表达诗人世事变迁的悲凉心情。

三、溢美隐逸品格

在颜延之《赠王太常僧达》一诗中，诗人从王僧达的品行、才华和居住的地方三方面来写王僧达：

玉水记方流，璇源载圆折。蓄宝每希声，虽秘犹彰彻。聆龙暸九泉，

① [梁] 沈约《宋书》，中华书局 1974 年版，第 1891 页。
② 秣马：用粟喂马。
③ 古国名，战国魏迁都大梁，今河南开封附近，《孟子·尽心》：“不仁哉！梁惠王也。”
④ 古国名，周代诸侯国，建都于今河南商丘，《左传·僖二二年》：“楚人伐宋以救郑。”
⑤ 古国名，始祖后稷，居于邰，今陕西武功。《诗·大明》：“自彼殷商，来嫁于周。”
⑥ 古国名，周宣王弟友封国，初定都于今陕西华县。《史记·郑世家》：“友初封于郑。”
⑦《汉书》曰：“汝南郡有阳城县。”
⑧ 黄河、洛川、伊水称为三川。
⑨《钦定四库全书》，中华书局点校本，集部，总集类，《文选注》卷十二。

闻凤窥丹穴。历听岂多任，唯然觏时哲。舒文广国华，敷言远朝列。德辉灼邦懋，芳风被乡耋。侧同幽人居，郊扉常昼闭。林闾时晏开，亟回长者辙。庭昏见野阴，山明望松雪。静惟浃群化，徂生入穷节。豫往诚欢歇，悲来非乐阕。属美谢繁翰，遥怀具短札。

诗人从美玉入题写王僧达的品行。诗人认为，纯洁的水流蕴含美玉，潺潺泉水隐藏珍珠；真正的宝物往往不出名，虽然隐秘但是终会彰显；贤人就像千金珠玉一样，只有到九重之泉和骊龙的颔下去寻找，圣哲也像凤鸟一样，在丹穴才能找到；一般的官吏可以经常见到，但是诗人希望目睹时贤圣哲；王太常的文词灿然有彩，陈述的语言超过了同僚；他的品德照耀邦国，名声遍及乡野；他幽居在偏僻的地方，"郊扉"白天也紧闭；但是林中的院门有时会开着，门外有长者的车留下的车辙；傍晚从庭院可以看到幽暗的山野，白天可见到山顶的松树和白雪；他静静地思考人生，研究从生到死的道理；安逸过去欢乐就会终止，音乐停下悲伤就会到来；本想赞美王太常，惭愧自己文词杂乱，只能写这封短信，表达对他遥远的怀念。

这首诗中采用道家的典故，"蓄宝每希声"中"希声"典出《老子》，"太音希声"。用以说明王僧达的贤德，及其在当时的威望。"聆龙瞭九泉"典出《庄子》，其曰，"夫千金之珠，必在九重之泉，骊龙颔下"，用以说明王僧达隐居于大山深处。"静惟浃群化"典出《庄子》，其曰，"已化而生又化而死也"，说明王僧达对生死问题的思考。从整首诗看，诗人对王僧达的人品、居住地以及思考的问题的叙述，更多是道家提倡的行为和习惯。

在《和谢监灵运》中，颜延之写自己的遭遇："弱植慕端操，窘步惧先迷。寡立非择方，刻意藉穷栖。伊昔遘多幸，秉笔侍两闺。虽惭丹腰施，未谓玄素睽。徒遭良时诐，王道奄昏霾，人神幽明絶，朋好云雨乖。吊屈汀洲浦，谒帝苍山蹊。倚岩聽绪风，攀林结留荑。跂予间衡峤，曷月瞻秦稽。皇圣昭天德，丰泽振沉泥。惜无雀雉化，何用充海淮。去国还故里，幽门树蓬藜。采茨葺昔宇，翦棘开旧畦。物谢时既晏，年往志不偕。亲仁敷情昵，兴玩究辞栖。芬馥歇兰若，清越夺琳珪。尽言非报章，聊用布所怀。"

诗人从小就羡慕圣贤的品德和操守，但是因为害怕却迷失了方向，只好孤独自立，刻意尚行，离世易俗，栖居山谷；昔日作为文臣事于"上台"（指朝廷）和东宫；虽然因为不能报答君恩感到惭愧，但是从来没有违背君王；王道昏暗世道纷乱，诗人因为和刘义真交好而被贬远郡；时乱不获，好友也云飘雨散；（诗人被贬为始安郡）沿途在汀州吊唁屈原，在苍山拜谒舜帝陵墓；靠着岩石听秋冬之绪风，攀上树木，采摘香草；衡山高大挺拔，诗人何时能看到秦望山和会稽呢？（《会稽记》曰，秦望山在州城正南。《史记》曰，始皇登之望南海。《越绝书》曰，禹救水到大越上，茅山大会计更名茅山，曰，会稽。言外之意是何时能回归）；宋文帝仁爱德高，四海所崇，拯救了乱世；痛惜没有“雀雉化”（典出《国语》，其曰，赵简子叹曰，雀入于海为蛤，雉入于淮为蜃。）为什么还要把诗人贬到海淮呢？离开始安郡回到故里，幽居家中种草植蘂；采集茅草修建昔日的旧房，剪去荆棘开垦出一片种菜的畦地；事物代谢，时间推移，诗人的意志已经衰退。

谢灵运来信陈述友情，彻底辞别栖息的地方；他的品德比兰若还芳香，声音比美玉还清越；往来的书信不能尽言，借此表达诗人对谢灵运的怀念。这首诗选用道家“刻意藉穷栖”的典故，《庄子》曰，“刻意尚行离世易俗，此山谷之士，非俗之人，枯槁赴渊者之所好也”。意在说明诗人曾经想做“山栖”的山谷隐士。全诗不仅表达自己失意和归隐的心情，也赞美谢灵运的隐逸行为。

颜延之与陶渊明曾经有过两次交往，《宋书·隐逸传·陶潜传》载：“颜延之为刘柳后军功曹，在寻阳，与潜情款。后为始安郡，经过，日日造潜，每往必酣饮致醉。”[①] 陶渊明去世后颜延之写的《陶征士诔》由序和诔文组成，歌颂陶渊明的隐逸品德。

首先，盛赞陶渊明舍官归隐的行为。一方面，颜延之在序文中指出：“夫璇玉致美，不为池隍之宝，桂椒信芳，而非园林之实，岂其深而好远哉！盖云殊性而已，故无足而至者，物之藉也；随踵而立者，人之薄也。”诗人以在“池隍”和“园林”都是罕见的“璇玉”和“桂椒”比喻陶渊明的“深而好远”的特殊隐逸品格；诗人回忆古代的隐士：“若乃巢、高之抗行，夷、皓之峻节，故已父老尧、禹，锱铢周、汉，而绵世浸远，光灵不属。至使菁华隐没，芳流歇绝，不其惜乎。”虽然巢父、子高、伯夷、四皓的“抗行”“峻节”超过了尧、禹，周、汉也少见，但是随着时间的推移，都“光灵不属”了；诗人又写现在：“虽今之作者，人自为量，而首路同尘。辍途殊轨者多矣，岂所以昭末景，泛余波。”指出现在有人也走隐逸之路，但是大多数半途而废，只是古代隐逸的“末景”和“余波”；诗人通过古今对比，只有陶渊明舍弃官爵和荣华而过隐居生活可以和上古隐士媲美。另一方面，颜延之在诔文中先写陶渊明的卓然独立和对门第的蔑视：“物尚孤生，人固介立。岂伊时遘，曷云世及？嗟乎若士，望古遥集。韬此洪族，蔑彼名级。”事物崇尚“孤生”，人坚守独立；（像陶渊明这样的隐士）怎

① [梁] 沈约《宋书》，中华书局 1974 年版，第 2288 页。

么会随时遇到或每个时代都有呢？陶渊明和古代的隐士遥遥相应，尽管他出生名门大族（陶渊明的曾祖陶侃曾为大司马），但是他却蔑视“名级”；接着写陶渊明的个性：“睦亲之行，至自非敦。然诺之信，重于布言。廉深简洁，贞夷粹温。和而能峻，博而不繁。依世尚同，诡时则异。有一于此，两非默置。岂若夫子，因心违事。”“布言”[①]用典，写陶渊明对待亲友和善，对待朋友诚信，他的个性方正、贞洁，平和又不失严谨，博学而不繁杂；有时迁就时俗与旁人苟同，有时违背时俗以异为准则；以超然的态度对待一切事物，顺着自己的本性，违弃世事。又写陶渊明的理想和追求：“畏荣好古，薄身厚志，世霸虚礼，州壤推风。孝惟义养，道必怀邦。人之秉彝，不隘不恭，爵同下士，禄等上农。”可见陶渊明不慕虚荣，心尚淳古，不贪图享受，追求自己的理想；就连当权者对陶渊明都虚心礼遇，州县也推崇他的高风亮节；合乎礼仪奉养父母，合乎道义怀念家乡；陶渊明位卑禄薄，但是他的秉性却不狭隘，不卑恭。诗人赞颂了陶渊明独行特立、蔑视权贵、崇尚俭朴、怀道养性、退官归隐的高尚品格，是世人学习的典范。

其次，描绘陶渊明美好的隐居生活。一方面，在序文中主要概括了陶渊明的个性：“有晋征士寻阳陶渊明，南岳之幽居者也。弱不好弄，长实素心，学非称师，文取指达。在众不失其寡，处言愈见其默。”南岳：这里指庐山，在江西省九江市东。长：年长。诗人叙说陶渊明是庐山的隐居者，小时候不喜欢嬉戏，年长却有淳朴的心性，在学不标榜师法，为文又能表达意旨，在众人当中不失其独特的操守，人们发表议论时又表现出沉默。接着写他出仕前的情况：“少而贫病，居无仆妾，井臼弗任，藜菽不给。母老子幼，就养勤匮。远惟田生致亲之议，追悟毛子捧檄之怀。”陶渊明小时候家里贫穷，自己又多病，生活起居没有仆人和妾妓，汲水和舂米都不能胜任，平常食用的野菜和豆类都不够用；自己竭尽全力奉养父母，抚养儿子，经常想“田过致亲”的事情[②]，也不会忘记“毛子捧檄”[③]的故事。再写出仕的情况：“初辞州府三命，后为彭泽令，道不偶物，弃官从好，遂乃解体世纷，结志区外，定迹深栖，于是乎远。”陶渊明曾多次辞去州府的征聘，后来才做了彭泽令，又因他的道德操守和与世俗不和谐，抛弃官职而顺从自己的爱好，于是摆脱了世俗的纷扰，立志世外到山林深处隐居。又写隐居生活：“灌畦鬻蔬，为供鱼菽之祭，织絇纬萧，以充粮粒之费。心好异书，性乐酒德，

---

①《汉书·季布传》：“得黄金百，不如得季布诺。”

② 见《韩诗外传》卷六十七：齐宣王曾文田过：君与父谁重？田过回答说，父比君重，因为事君是为得禄，而爵禄是为养亲。

③ 见《后汉书》卷六十：东汉人毛义，当母亲在世时，得到派他做县令的檄文，非常欢喜。后来母亲死去，再征召他，他便不去了。

简弃烦促，就成省旷。殆所谓国爵屏贵，家人忘贫者与？有诏征为著作郎，称疾不到，春秋若干。”诗人浇灌田地出卖蔬菜，来买鱼和豆祭祀祖先，编织蒿草做成席子卖掉，来充当饮食的费用，喜欢阅读奇书，性好饮酒，过着简约旷达的生活，就是所谓，有修养的人连爵位都能放弃[①]，人格高尚的人在他贫困时能使家人也忘掉贫困。有人征他为著作郎，陶渊明称自己有病都没有去。颜延之对陶渊明朴素的生活持赞赏的态度。另一方面，诔文却接着抓住陶渊明的隐居生活进行了生动描绘：“度量难钧，进退可限。长卿弃官，稚宾自免。子之悟之，何悟之辩！赋辞归来，高蹈独善。亦既超旷，无适非心。”先写陶渊明胸襟广阔，仕宦和隐退都是他的操守而定；昔日司马相如弃官，汉代稚宾因病辞官，陶渊明能从他们身上悟到弃官归隐的道理，他还写《归去来兮》赞美归隐田园，这都是陶渊明旷达所致。接着生动描绘家乡的美景：“汲流旧巘，葺宇家林。晨烟暮蔼，春煦秋阴，陈书辍卷，置酒弦琴。居备勤俭，躬兼贫病。人否其忧，子然其命。隐约就闲，迁延辞聘。非直也明，是惟道性。”陶渊明家乡有高山流水，树林环绕，春和景明，炊烟袅袅的自然风景，陶渊明置身其中，读书、饮酒、弹琴，过着悠闲自得的生活。

再次，表达对陶渊明逝世的悲伤之情。一方面，序文先简单交待陶渊明的逝世：“元嘉四年月日，卒于寻阳县之某里，近识悲悼，远士伤情。冥默福应，呜呼淑贞。夫实以诔华，名由谥高。苟允德义，贵贱何算焉？若其宽乐令终之美，好廉克己之操，有合谥典，无愆前志。故询诸友好，宜谥曰：‘靖节征士’。”记述陶渊明去世的时间、地点、经过和作者作此诔的原因，以及生前好友赠与陶渊明“靖节征士”的过程。另一方面，诔文具体描述了陶渊明逝世的原因和经过：“纠缠斡流，冥漠报施。孰云与仁，实疑明智，谓天盖高，胡愆斯义，履信曷凭，思顺何置？年在中身，疢维痁疾，视死如归，临凶若吉。药剂弗尝，祷祀非恤，傃幽告终，怀和长毕。呜呼哀哉，敬述靖节，式尊遗占，存不愿丰。没无求赡，省讣却赙。轻哀薄敛，遭壤以穿。旋葬而窆，呜呼哀哉。”陶渊明不满世道的不公，中年患病以后不服药而身亡，表现出陶渊明顺其自然的达观态度，也表达了作者的悲伤。接着表达沉痛的追思。诔文曰：“深心追往，远情逐化。自尔介居，及我多暇。伊好之洽，接阎邻舍，宵盘昼憩，非舟非驾。念昔宴私，举觞相诲，独正者危。至方则碍，哲人卷舒。布在前载，取鉴不远。吾规子佩，尔实愀然。中言而发，违众速尤。迕风先蹶，身才非实。荣声有歇，睿音永矣。谁箴余阙。呜呼哀哉！仁焉而终，智焉而毙，黔娄既没，展禽亦逝，其在先生，同尘往世，旌

①《庄子·天运》：“至贵国爵屏焉。”

此靖节，加彼康惠，呜呼哀哉！”

生前颜延之和陶渊明曾经一起饮酒，相互知赏，建立了深厚的友情，陶渊明去世，颜延之感到无比悲痛，行文之中可见颜延之对陶渊明的无限哀思。由于颜延之和陶渊明彼此了解，加之陶渊明身处乱世，却能不同流合污、独善其身、自甘平淡，在陶渊明去世这样的特殊背景下，颜延之对陶渊明的敬仰之情、哀痛之情结合在一起，从而在文中形成了一股回肠荡气的情感激流，颜延之的隐逸思想也表露无遗。

第3章

元嘉三大家作品儒学意蕴解读

仔细研读元嘉三大家的作品，我们就会发现，谢灵运山水诗中也表现出诗人济世救民的情怀，但是诗人生不逢时，一心想成就大业的宏伟志向，被用事不得的无奈和隐而欲仕的苦闷所折磨。鲍照的诗歌中不仅表现出诗人渴望出仕的儒家追求，而且还蕴含着“百忧”中的责任意识以及忠君思想和忧民情怀。颜延之继承儒家经典《论语》和《礼记》等的思想，在他的作品中赞颂守节重义的品格、申说父慈子孝的观点、提出忠孝择友的准则、明确仁恕节俭的要求。

第一节　谢灵运山水诗儒学意蕴解读

晋末宋初，佛、道思想盛行，儒学独尊的状态被打破，但儒学作为我国统治思想的地位却并未丧失[①]。儒学依靠其得天独厚的学术优势，通过对佛学和道学的吸收，从而使元嘉文化依然沿着以儒为主，兼收众学的方向发展。作为元嘉文学的领袖人物，谢灵运自然受儒学思想的影响。

其一，尊孔重儒思想政策的影响。刘宋时，尊孔祭孔成为刘宋各级政府的例行公事，各级官吏积极倡导儒学，重视儒学教育。儒家经典的研习没有因社会动荡而中断，谢灵运和所有士人一样，攻治五经也是他的必修课程。

其二，自由学术环境的影响。宗白华先生曾指出：“汉末魏晋六朝是中国政治上最混乱、社会上最痛苦的时代，然而却是精神史上极自由、极解放，最富于智慧、最浓于热情的一个时代。因此，也就是最富于艺术精神的一个时代。”“社会秩序的大解体，旧礼教的总崩溃、思想和信仰的自由、艺术创造精神的勃发，

---

① 刘振东《中国儒学史·魏晋南北朝卷》，广东教育出版社 1998 年版，第 566 页。

使我们联想到西欧十六世纪的‘文艺复兴’。”[①]在社会动乱和精神自由的夹缝中生长起来的谢灵运，面对动荡不安的政坛和飘忽不定的生死，强烈地认识到自我的存在，并从不同的角度重新思考人生。他对自我的大胆肯定，使他形成了积极入世，建功立业的济世意识。

其三，丰富的儒学内涵的影响。刘宋时期，一些儒学者不拘儒者之节，杂采老庄之说，他们大谈儒道兼修、儒道调和，希望把互相对立的儒道两家会通起来，不仅要实现个人的济世理想，而且用以安顿饱受创伤的心灵，为自己寻求安身立命之所，以期达到“达则兼善天下，穷则独善其身”的目的。在这种文化背景下，谢灵运山水诗的主题自然出现了“儒”“道”兼容的多元化倾向。

其四，谢氏家族儒学传统的影响。《晋书·谢鲲传》曰：“鲲父衡，以儒素显，仕至国子祭酒。”[②]一方面，谢灵运的先辈就是晋代大儒学家，谢衡因为崇尚儒学而出名。到谢灵运时代，《宋书·谢弘微传》也称其兄弟谢弘微“性严正，举止必循礼度”，说明谢弘微依然具有儒家风度。另一方面，谢混在评价谢灵运时也指出：“康乐诞通度，实有名家韵。若加绳染功，剖莹乃琼瑾。”“绳染”之说，也是从儒家角度出发，对谢灵运提出的要求。就谢灵运而言，一如他在致从兄谢瞻的诗中所说：“伊昔昆弟，敦好闾里，我暨我友，均尚同耻。仰仪前修，绸缪儒史，亦有暇日，啸歌宴喜。”意即当年谢灵运同他的谢氏子弟一道在乌衣巷研习的一项重要内容就是修习儒史。

可见，谢氏家族的儒学教育在谢灵运心中留下了深刻的印记。谢灵运山水诗所蕴含的儒学意蕴，主要包括谢灵运的济世救民的情怀、用世不得的无奈、隐而欲仕的苦闷三个方面。

一、济世救民的情怀

谢灵运的济世思想体现在他的人生理想之中。《述祖德诗》中有“达人贵自我，高情属天云。兼抱济物性，而不缨垢氛”，从这些诗句中可以看到，谢灵运虽然标榜“达人”，崇尚“贵自我”和飘然出世的高情逸志，但是，这种“达人”并不是只贵自我，不关世情，而是要兼抱“济物之性”，在国家和人民濒于危难之际，能够毅然放弃清谈，以治国之道，济世之情，救民于水火之中。然后，不沾染世俗尘秽，谢绝荣华富贵，依然隐匿山林湖海之中，去做自己的“达人”。反

---

① 宗白华《论〈世说新语〉和晋人的美》，人民出版社 1987 年版，第 136 页。

②［唐］房玄龄《晋书》，中华书局 1974 年版，第 1377 页。

映谢灵运济世行为的山水诗是他在永嘉担任太守时写的《白石岩下径行田》：

小邑居易贫，灾年民无生。知浅惧不周，爱深忧在情。莓蔷横海外，芜秽积颓龄。饥馑不可久，甘心务经营。千顷带远堤，万里泻长汀。州流涓浍合，连统塍埒并。虽非楚宫化，荒阙亦黎萌。虽非郑白渠，每岁望东京。天鉴倘不孤，来兹验徽诚。

这是诗人任永嘉太守时，目睹永嘉大灾之年的惨状，愤笔而为之作。前四句写永嘉小县平时就很贫困，到了灾年人民难以生存。诗人深知自己本来缺乏治理州县的经验，制定规章又会有失偏颇，然而自己对百姓的关切之情确实是深沉的。中间八句写草莓、水蓼等杂草长遍了靠海的地区，已到秋季，但田地仍旧荒芜。百姓遇到这样大的饥荒，不能一直这样下去无人过问，必须尽快想办法解决这一关系百姓生死的大问题，那就是兴修水利工程，如果海堤大坝护卫千顷良田，万里田野水泄畅通，各乡村水渠交汇，田埂界堤连成一片，那么，灾患就可以得到解决。最后六句中，诗人认为他这样做虽然比不上楚丘宫室的教化，但也为了灾荒之年的百姓做了一点好事。

诗人认为，他主持修建的水利工程虽然不能和历史上有名的郑国渠与白渠相比，但是可以使永嘉百姓受益，自然这里的百姓每年都会遥望京城建康，感念朝廷的皇恩。如果上苍想看诗人是否有为，那就等待来年检验吧！全诗抒发了旱灾之下，爱民忧民的深沉情怀以及救民富民的良好愿望。并指出拯救灾民克服干旱的根本办法在于兴修水利，诗人还描绘了计划中宏大的灌溉系统建成后乡村之远景，这都是谢灵运济世理想的体现。

在谢灵运早期的诗作中，我们也能看到他理想得不到实现时引发的感慨。《彭城宫中直感岁暮》云："草草眷物徂，契契矜岁殚。楚艳起行戚，吴趋绝归欢。修带缓旧裳，素鬓改朱颜。晚暮悲独坐，鸣鶗歇春兰。"诗中先写诗人看到在岁末彭城周围的草木衰落凋零，本来就感到人事变幻无常，但是当他听到楚歌吴曲时，顿感个人生世的悲凉；进一步想到自己衣裳依旧而朱颜已改。诗歌结尾转写自己一年已过，却一事无成，只能在年终的夜晚凄凉地独自坐在家中，听鹈鸟开始鸣叫，看春兰也已经枯萎。这从另一个侧面体现了谢灵运急于济世而无所作为的忧愁和焦虑。

他在《行田登海口盘屿山》中描写更为具体："齐景恋遄台，周穆厌紫宫。牛山空洒涕，瑶池实欢悰。年迫愿岂申，游远心能通。大宝不欢娱，况乃守畿封。羁苦孰云慰，观海藉朝风。莫辨洪波极，谁知大壑东。依稀采菱歌，仿佛含颦容。

遨游碧沙渚，游衍丹山峰。”此诗是诗人巡视农田时登海口盘屿山的所见所感。前八句主要用典和抒情。春秋时的齐景公留恋他的遄台，西周第五代天子周穆公却不喜欢帝王居住的宫殿；齐景公登牛山而洒泪哀叹人生了然空无，而传说中周穆公曾西游瑶池，实在是欢乐之事；一年又一年时间催人老，但是诗人济世之宏愿却没有实现，或许出门远游于山水之中，能够通达心顺；皇帝位都不会使人感到高兴，更何况让我来担任永嘉太守呢。后八句主要写游览所见。旅居永嘉之苦怎么可以说一种安慰呢？诗人只能凭借清晨吹来的海风登上盘屿山来消解心中的苦闷；只见远处波涛滚滚，大浪冲天，水天相接，至于这波涛汹涌的大海的东边到底又是什么样子，那就更不能知晓了。远远的海面上依稀传来动人的歌声，又让人想象到采菱女子那姣好的面容。遨游碧草如茵的小沙丘，遥望晚霞映照的美丽的山峰，这也是让人感到惬意的事情。

诗中的济世思想有几个方面：其一，人生苦短愿望难伸的苦闷。谢灵运成就大事业的愿望早已有之。他在《述祖德》中云：“达人贵自我，高情属天云。兼抱济物性，而不缨垢氛……惠物辞所赏，励志故绝人。苕苕历千载，遥遥播清尘。清尘竟谁嗣，明哲垂经纶。委讲辍道论，改服康世屯。屯难即云康，尊主隆斯民。”诗中感念先人、光大祖业、立不世之功是谢灵运的志向所在，加之他本人自幼聪慧，少年得宠于同族，才华出众，自视甚高。他放肆地臧丕人物，时常发表滔滔宏论以示志存高远，企望自己也能像先辈那样“负荷世业，尊主隆人”。受显赫的家庭背景的影响，他追求的最高的人生理想用一句话说就是“兼抱济物性，而不缨垢氛”，即谓既要救世济物，又不为官场名利所熏染，从而保持独立的品格。但现实是谢灵运被贬为永嘉太守，离他实现宏图大志的梦想越来越远，他不由地发出了“年迫愿岂申，游远心能通”的感慨，即言年岁大了人生志愿不能得以伸展，只好出门远游来排遣“羁苦”之郁闷，以通达内心。其二，对农事的关心。虽然说诗人到永嘉之后“肆意遨游”，“民间听讼，不复关怀”，但是，“听讼”和“为政”是两回事。谢灵运到永嘉也有政绩。我们认为，谢灵运的志向远非做好永嘉太守能及，从诗中也可以看出，他的志向高远，在诗人看来做永嘉太守，到农田巡视是浪费时间，反而担心大志难成。谢灵运不为“小事”的做法好坏姑且不论，但是，他一生始终想建立像他祖辈一样的功勋，实现其济世理想是值得称道的。

二、用事不得的无奈

谢灵运山水诗的儒学意蕴还表现在他仕途失意与不甘失意，厌倦仕途又不能忘情于世事的矛盾之中，归结起来这种矛盾实质上就是“仕”与“隐”的矛盾，是济世之志与用世不得的矛盾，可以说这种矛盾在他的许多山水诗中都有体现。“仕”“隐”矛盾的一个方面是仕途失意与不甘心失意。谢灵运的仕途充满了坎坷与不得意，空抱济世之志不得伸，徒怀济世之才而无用武之地。对这种现状，他不能泰然处之，而是充溢着不甘心。我们再分析谢灵运山水诗名篇《登池上楼》：

潜虬媚幽姿，飞鸿响远音。薄霄愧云浮，栖川怍渊沉。进德智所拙，退耕力不任。徇禄反穷海，卧痾对空林。衾枕昧节候，褰开暂窥临。倾耳聆波澜，举目眺岖嵚。初景革绪风，新阳改故阴。池塘生春草，园柳变鸣禽。祁祁伤豳歌，萋萋感楚吟。索居易永久，离群难处心。持操岂独古，无闷征在今。

此诗作于宋少帝景平元年（423）初春，因为朝廷内部矛盾，谢灵运被贬为永嘉太守。这对谢灵运来说是一次很大的打击，加之他身体一直有病，长途劳顿后来到永嘉，不久便患病在床。第二年春，谢灵运身体痊愈后，曾经登楼观景，写下《登池上楼》。

前六句写道，深潜水底的龙总是以为他隐潜的姿态美好，高飞的鸿雁也认为他鸣叫的声音听起来响亮，传得很远；诗人因为自己仕宦多年但是未能实现济世夙愿，所以好像就连高飞云天的大雁也不如，心里感到十分惭愧。但是诗人又不能断然归隐山林，所以好像自己又没有颜面看到深潜水底的蛟龙。想修炼自己的道德和行为，真正干一番大事，然而自己的智商又达不到那个程度；那么退隐山林从事农耕，自己又没有健康的体魄。以上六句写诗人复杂的矛盾心理，表达外放永嘉的无奈、无为和无趣的感受。

中间十句写道，为追求官位利禄不得不返回到这偏僻的海滨地区，卧病在床只能目睹冬季树叶落尽的空林。卧床养病，已有时日，整天窝居于斗室，外面是何季节已经不甚明了；现在，掀开窗子暂且偷偷地看一看这春天的美景。侧耳聆听池水的微波荡漾，举目远眺远处险峻的高山。初春的阳光已经涤荡了残余的冬风；一个明丽的春天已经替换了死气沉沉的冬天。池塘边上生出了密密的春草，随着季节的变换，园中的鸟儿也变换了。这十句形象地描绘了诗人病愈登楼所见到的窗前春意盎然的景色。

最后六句写道，面对此景想起《诗经 · 豳风 · 七月》的诗句：“春日迟迟，采蘩祁祁，女心悲伤，殆及公子同归。”同时也想起《楚辞 · 招隐士》的诗句：“王孙游兮不归，春草生兮萋萋。”暗示自己迁谪海滨的感伤情怀。独居的日子无所事事，每每感到度日如年；离群索居会更使人思念自己的亲人和朋友，心情反而急不可待。但是，即使是过这种孤独的生活，诗人也要效仿古人贞节之举，以表归隐之志。这部分由春景联想到古代诗句感怀自己外放永嘉的凄凉心情，同时仕而未建功立业的不满之情溢于言表。全诗洋溢着一种不甘心于不能仕进而退居田园的苦闷。功尚未成，岂能自退，因而充满了进退失据的痛苦。

“仕”“隐”矛盾的另一方面是厌倦仕途又不能忘情于世事的矛盾。谢灵运厌倦仕途在《富春渚》中有明显的表现：“……溯流触惊急，临圻阻参错。亮乏伯昏分，险过吕梁壑。”这四句的字面意思是，诗人因逆流而行触及暗礁险地使他胆战心惊，在临近岸边又因自己的无知和失误再一次受到阻隔停滞不前，由于诗人确实没有过人的胆略和气魄，庆幸自己涉险渡过了危险的地方。表明了诗人对仕途的厌倦，因为仕途充满了艰危险恶。在《七里濑》中诗人写道：“孤客伤逝湍，徒旅苦奔峭。”惊浪急流，危崖峭壁，在谢灵运的笔下，不仅是旅途中所见到的自然景物，更是世路艰危的形象比拟。但是，事实上谢灵运又不能忘情于仕途，不能忘却世事。《入东道路》这首诗作于他第二次回故乡始宁隐居时期，描写东归途中所见所感：

整驾辞金门，命旅惟诘朝。怀居顾归云，指途泝行飙。属值清明节，荣华感和韶，陵隰繁绿杞，墟囿粲红桃。鹭鹭翚方雊，纤纤麦垂苗。隐轸邑里密，缅邈江海辽。满目皆古事，心赏贵所高。鲁连谢千金，延州权去朝。行路既经见，愿言寄吟谣。

前四句写，整顿车驾辞别建康都城，接到皇命诗人即踏上归程，思念故乡始宁，因此仰望蓝天上朵朵白云也好像正在向自己的故乡的方向流动；诗人沿着归乡的道路顶着扑面而来的尘土急速前行。

中间八句的意思是，那时正是清明时节，在这暖融融的春天里，草木茂盛，鲜花开放。绿杞长到满山遍野，红桃遍布村村落落。山间锦鸡鹭鹭地鸣叫，农田里的麦苗绿油油地生长。眼前的村落繁密而兴旺，远处的江海缅渺遥远。

最后六句的意思是，眼前的景色让人浮想联翩，诗人赞赏古代那些高洁之士。鲁仲连助赵破秦，却谢绝平原君送他的千金谢礼；吴王想把王位传给小儿子季札，季札却避而不受。

诗人想表达对归隐的向往。纵观全诗，事实上谢灵运非常留恋尘世凡俗，并不真正愿意去过高蹈隐居的生活。“隐轸邑里密，缅邈江海辽”，诗人看到一个接一个村庄从眼前掠过，不由地感慨自己入江海渐深，而离皇都越来越远，可以看出他对朝廷的留恋。尽管他表白自己“怀居顾归云，指途溯行飙”，由于思念故乡而归心似箭，但诗中并没有归隐夙愿终于得遂的喜悦。有的却是对世俗生活、对朝廷的留恋，史实也证实了谢灵运不能忘却世事，他这次回归故乡始宁，并不是完全出于自愿，而是文帝暗地使人授意令其自请解职，原因是谢灵运不满于文帝“唯以文义见接”而肆意出游不理政事所致。

意欲归隐，又留恋朝廷、仕途，个中原因，并不是谢灵运热衷利禄，迷情宦海，而是怀有一番济世宏愿，他很想在政治舞台上有所作为，以实现平生的远大抱负——济世“惠物”，他隐而复仕，即本于此。表现诗人出仕和归隐矛盾的诗还有《从游京口北固应诏》：

> 玉玺戒诚信，黄屋示崇高。事为名教用，道以神理超。昔闻汾水游，今见尘外镳。鸣笳发春渚，税銮登山椒。张组眺倒景，列筵瞩归潮。远岩映兰薄，白日丽江皋。原隰荑绿柳，墟囿散红桃。皇心美阳泽，万象咸光昭。顾己枉维絷，抚志惭场苗。工拙各所宜，终以反林巢。曾是萦旧想，览物奏长谣。

此诗作于元嘉四年（427）二月间，是谢灵运以侍中的身分陪随宋文帝巡幸丹徒（即京口，今江苏镇江），所作的一首应制之作。前四句写玉玺是指皇帝的大印，它还告诉人们要诚实守信，皇帝的车帐也是皇权的象征；这些事物都是为教化万民而立，而“道”却以其内在的理超越一切。中间十二句写诗人曾经听说尧在治理国家之后的汾水之游，今天诗人就亲眼目睹了皇帝驾马遨游；胡笳的声音从春意盎然的小山上传出，皇帝的车驾登上了山顶；诗人搭设帐篷躺着看山景，排开酒席远望返回的潮水；远处的山峰和青青草地相映衬，灿烂的阳光照耀着江边的高地；平原与低湿地上的柳树正在吐芽，村落与园囿中的桃花正在烂漫地怒放；皇恩就像阳光雨露，照耀世间之物。最后六句写诗人想到自己错被皇帝看重而在朝为官，但是诗人的志向却未能实现，看到场圃禾苗都觉得惭愧万分。精通为官之道者让其作官，拙于仕宦者让其归隐，诗人认为自己是后者，只宜归隐山林过闲适的日子。

这首诗的儒学意蕴表现在：其一，颂扬朝廷，以美其入世之志。诗开头就描写“玉玺”和“黄屋”以示皇帝的尊贵；而且用典来颂扬皇德，“汾水游”典出《庄子·逍遥游》：“尧治天下之民，平海内之政，往见四子藐姑射之山，汾水之阳，窅然丧其天下焉。”[①] 指尧无为而治后的出游。“尘外镳”典出《庄子·大宗师》：“芒然彷徨乎尘垢之外，逍遥乎无为之业。”[②] 借指宋文帝的此次出游。诗中“皇心美阳泽，万象咸光昭”是对皇德的歌颂。这些都从另一方面表现出诗人出世济世的一种情怀。其二，描摹景物，以抒其济世之情。诗中描写皇帝巡游的场景：随驾出游的乐队、胡笳奏出的声音、登上山顶的皇帝的车驾、皇帝巡游搭设的帐篷、皇帝休息吃饭的酒席；同时诗人也描写了皇帝巡游时的自然美景：远处山峰、青青草地、灿烂的阳光、江边的高地、吐芽的柳树、烂漫的桃花无不显示出勃勃生机，让人想到太平盛世的兴盛景象。其三，婉转说理，以明其不用之愤。诗中说：“顾己枉维縶，抚志渐场苗。工拙各所宜，终以反林巢。”就是写诗人枉被朝廷挽留而做官，但面对场圃禾苗诗人觉得白食俸禄深感惭愧。善于仕宦者和拙于仕宦者各有应该做的事，诗人只宜返回林中隐居。这里的隐居实际是谢灵运不被重用的一种反抗。《宋书》记载，谢灵运第二次回到京都，“既自以名辈才能应参时政，初被召，便以此自许。既至，文帝唯以文义见接，每侍上宴，谈赏而已”[③]，谢灵运对此耿耿于怀。

三、隐而欲仕的苦闷

隐而欲仕，是谢灵运隐居的一大特点。表现在谢灵运即使是寄情山水也很难乐而忘忧，在他游赏山水之后，忧思非但没有忘却，反而愈加迫切起来，这首先在《郡东山望溟海》中有深刻的表现：

“开春献初岁，白日出悠悠。荡志将愉乐，瞰海遮忘忧。策马步兰皋，绁控息椒丘。采蕙遵大薄，搴若履长洲。白华皜阳林，紫虈晔春流。非徒不弥忘，览物情弥遒。萱苏始无慰，寂寞终可求。”

此诗作于景平元年（423）春，前四句，写春季是一年的开始；太阳冉冉而升，诗人登上东山居高鸟瞰，洗刷心胸郁闷，希望获得快乐而忘掉忧愁。中间六句，写诗人策马信步兰皋，收缰在山丘休息。沿着草丛采摘香草，在水边草地拔取杜若花。白色花朵在绿色的树林的映衬下洁白耀眼；白芷花在春光里灿然开放。

① 陈鼓应《庄子今注今译》，中华书局 1983 年版，第 25 页。
② 陈鼓应《庄子今注今译》，中华书局 1983 年版，第 193 页。
③［梁］沈约《宋书》，中华书局 1974 年版，第 1772 页。

最后四句，写看到这些景物诗人不但没有消除忧虑，反而忧愁更强烈了。忘忧草也没用，寂寞避世，才能无忧无虑。

纵观全诗，其儒学意蕴有二：其一，对春日景象的生动描绘，表明诗人内心的晴朗明快，以及其积极向上的思想基调。诗人写了“白日”“花草”等意象，还写自己在这大好春景中的一系列的活动。其二，乐中之忧。诗中“白日出悠悠”写太阳慢慢升起，和诗人无所事事的处境以及乐中有忧的心态相对照。“策马步兰皋，绁控息椒丘”两句寓意深刻，一般来说策马扬鞭以示一帆风顺，这里有策马但却用了“绁控”一词表明诗人仕途受阻，无奈只能歇马“椒丘”这也是诗人乐中生忧的原因。

这样的乐而不忘忧的情怀在《游南亭》中也有表现：“时竟夕澄霁，云归日西驰。密林含馀清，远峰隐半规。久痗昏垫苦，旅馆眺郊歧。泽兰渐被径，芙蓉始发池。未厌青春好，已观朱明移。戚戚感物叹，星星白发垂。乐饵情所止，衰疾忽在斯。逝将候秋水，息景偃旧崖。我志谁与亮，赏心惟良知。”前十句写夏日傍晚大雨过后天气晴朗，白云远去，太阳在西边将要落山。雨后密林中散发出清新的气味；遥远的山峰已隐去了一半太阳。长时间淫雨绵绵使人感到潮湿阴暗；诗人在旅馆向郊外的路上望去，只见香草长满了路径，芙蓉花在池中刚刚开花。还没来得及体味春日美好的景致，却看到夏日已经来临。后八句是诗人感叹物换星移时光易逝，白发垂垂人生易老。人们钟情音乐与美食，但是衰老和疾病也会突然来临。待到秋水上涨时就离开这里，隐居于故乡山水之中。

诗人的志向与谁表达？知诗人者唯有诗人的朋友。纵览全诗，我们感到诗人从时节、景物的变化中，更加伤感地意识到，时光在白白地逝去，深深地慨叹自己还未有所作为，已经“早生华发”。可见谢灵运用世之情是何等执着，山水也不能使他沉缅其中，乐而忘忧。

《南楼中望所迟客》也是这类诗：“杳杳日西颓，漫漫长路迫。登楼为谁思，临江迟来客。与我别所期，期在三五夕。圆景早已满，佳人殊未适。即事怨睽携，感物方凄戚。孟夏非长夜，晦明如岁隔。瑶华未堪折，兰苕已屡摘。路阻莫赠问，云何慰离析。搔首访行人，引领冀良觌。”

此诗作于景平二年（424）孟夏。诗题的意思是，诗人在故居始宁墅附近的门楼等待迟到的客人。前四句写太阳在遥远的西边正在下落，道路漫漫而长远使人感到窘迫；诗人登上故居的门楼就是为了等待迟来的客人。中间十句写客人与诗人分别时约定了见面的日期是十五月圆之时；然而月亮已经又圆了，诗人所等待的客人还未到来，诗人只能埋怨当时为何要离别，现在目睹一轮圆月心中生出了凄凉和哀伤；夏夜比之冬夜相对要短，但诗人好像等了一年；屡次摘花，准备赠客，花也不堪忍受了。最后四句写道路遥远，山川阻隔，音信全无，更别提离别的相思之苦了；诗人焦急烦躁地向过路人打听朋友何时到来，急切期待和朋友会面的美好时刻。

全诗的儒学意旨是：登楼望客来，说明诗人是念旧情而思念客人，也可能是诗人在隐居中急切想知道外面的世界现在已是什么样子，虽然隐居但是难忘世事；诗作从不同侧面来写等待之焦急，等客之难也是极写隐居之难和隐居而不忘忧；想象客来景，说明隐居之累和他对世事生活的不可割舍。在谢灵运的山水诗中包含着深刻的儒学思想，他不仅具有“济世情怀”，而且在他“仕”与“隐”的矛盾中，在他“济世”之隐的过程中我们看到诗人的用事为民、乐而不忘忧的儒学精神。我们读谢灵运的诗歌，总会感觉到由于他理想的人生远远超出了他现实的人生，他总是和现实不协调，从而走上归隐之路，然而谢灵运的归隐中包含着壮志未酬的无奈和郁不得志的苦闷。

第二节　鲍照诗歌中的儒学意蕴解读

儒家思想的核心就一个字“仁”，孔子说“仁者，爱人”，此后历代儒家代表人物对“仁”进行了全方位的构建，“仁”的内容不断扩充和丰富，“仁”逐渐成了中国人世界观的主要内容，以致将万物想象成富有同情、怜悯、博爱的生命存在，人生活在天地慈爱的怀抱之中，当然，每个人就应该以博大的仁爱之心对待万物。“仁”在实质上更强调为成就一个温馨善良的和谐世界而积极努力，同时，对个体和社会的关注，对圣君的忠诚献身是每个个体应有的责任。鲍照生活在一个儒家思想不断恢复的历史时代，儒家“仁爱”思想是鲍照作品中表现最为明显的思想倾向。具体表现在他积极出仕、对社会的担忧及其责任意识、忠君思想和“忧民”情怀三个方面。

一、渴望出仕的儒家追求

由于家庭背景和性格特点的影响，在文学、哲学等方面，鲍照先天缺乏系统的理论，也没有形成一定的理论观点，他的儒学思想主要体现在具体的文学作品之中。鲍照一生高扬儒家济世的大旗，在他诗歌创作中“济世有为”是一贯的主题。

《拟行路难》（其四）是一首对人生命运思考的诗。鲍照开头引用日常所见的事实：“泻水置平地，各自东西南北流。”把水倒在平地上，水就向东西南北各个方向流去，在这里，诗人形象地比喻每个人有每个人的人生轨迹，这也是对客观事实的概括。接着诗人又从命运的角度感叹人生："人生亦有命，安能行叹复坐愁？"意在指出人生靠命运的安排，因为失意就叹息和忧愁也没有用。但是仔细分析这个句子，其中的意味很多：这里诗人或者是为了安慰失意者，要他们振作起来；或者是为了告诉想成就一番大业者，要他们顺应命运的安排，不必为了过分渴求某种东西而东奔西走；或者是激励平庸者，不能慨叹大好时光的流逝，要抓住时机，实现自己的理想。

鲍照对人生的思考是深刻的，他本人渴望建功立业，虽然各种条件限制了他的发展，一生并不如意，但是他积极入世的思想更加强烈，因此，句中更多包涵着诗人对自己遭遇的愤愤不平，从这个意义上讲，接下来的句意就很清晰了："酌酒以自宽，举杯断绝歌《路难》。心非木石岂无感？吞声踯躅不敢言。"因为对自己遭遇的不满只能饮酒来自我宽慰，但是饮酒使诗人对自己的遭遇更加感到悲愤，以至于连唱《行路难》也哽咽不已。诗人慨叹自己也是有血有肉的男儿，对于不公正的待遇并不是毫无感觉，而是迫于某种压力自己只能忍气吞声不敢言语。行文中鲍照入世建功的精神和来自社会的各种阻碍形成了一对矛盾。

联系鲍照《拟行路难》第十八首中"余当二十弱冠辰"之句来判断，鲍照二十岁时是元嘉十年（433），当时鲍照正要担任临川王义庆的王国侍郎，他处在寻求出路的艰难时期，因此这首诗就表现了鲍照积极入世和难以实现愿望的矛盾。

在《拟行路难》（其六）中延续了这种思想。诗歌开头："对案不能食，拔剑击柱长叹息。丈夫生世会几时？安能蹀躞垂羽翼。"诗人在进退无据，前途渺茫的时候，食不知味，夜不能寐，只能拔剑击柱长长地叹息，大丈夫生在世上就是短暂的几十年，怎能安于平庸放弃自己的理想呢？诗人的愤怒和对世事的不平表露无遗。接着诗人在万般无奈的情况下，选择了弃官回家："弃置罢官去，还家自休息。朝出与亲辞，暮还在亲侧。弄儿床前戏，看妇机中织。"诗人一早起来辞别了亲朋，到傍晚就回到了家中，一边在床前和自己的小儿子嬉戏，一边看着妻子在织布机上纺织；然而诗人终究不甘寂寞："自古圣贤尽贫贱，何况我辈孤且直！"诗人从失意的情感中走了出来，把自己和古代圣贤相比较，指出要像古代圣贤那样，就不能贪图荣华富贵，孤傲和正直也是诗人得以自豪的品质。诗人既要追求自己的理想，又不放弃做人的准则，并对自己的前途也充满希望。

他在《拟行路难》（其十八）中先写自己已经看透了人生："诸君莫叹贫，富贵不由人。"一种安于现状，听任命运摆布的样子，但是，诗人马上又认识到否极泰来，大丈夫就应该有所作为："丈夫四十强而仕，余当二十弱冠辰。莫言草木委冬雪，会应苏息遇阳春。"可见诗人对自己的前途还是抱有很大的希望；最后诗人虽然好像又借酒消愁："对酒叙长篇，穷途运命委皇天。但愿樽中九酝满，莫惜床头百个钱，直得优游卒一岁，何劳辛苦事百年。"把自己的命运归结到皇天的安排，也像是劝告人们要即时行乐，不需要一生苦苦追求。实际上，字里行间诗人不甘心沦落、济世有为的壮志依然可见。

纵观全诗，诗人旷达和奋进的矛盾、消极厌世和积极入世的矛盾交错在一起，安于现状，听任命运的摆布只是暂时的自我安慰，诗人真正的思想依然是积极进取和不懈抗争。

二、百忧之中的责任意识

作为一个藩府文人，鲍照一生并不得志，但是鲍照的心头却萦绕着对社会现实的"百忧"，透过鲍照的种种忧虑，我们看到他所具有的儒家的社会责任意识。在《代结客少年场行》中，诗人开篇写少年游侠的形象和远游的原因："骢马金络头，锦带佩吴钩。失意杯酒间，白刃起相仇。追兵一旦至，负剑远行游。去乡三十载，复得还旧丘。"诗中少年跨下骑着佩戴金色络头的大青马，身上带着锋利的宝剑；因饮酒引起事端，和仇敌以刀相对；又因躲避官兵追杀，带剑远行；离开家乡三十年后，才又回到故乡。接着鲍照写游侠回到故乡洛阳后的所见和所感："升高临四关，表里望皇州。九衢平若水，双阙似云浮。扶宫罗将相，夹道列王侯。日中市朝满，车马若川流。击钟陈鼎食，方驾自相求。"诗人以游侠眼光登高观望洛阳城内外，只见九条宽阔平坦的大道，宫门前的两座门楼好像浮在云端；王侯将相出入宫中，日中市场和朝廷人来人往，街上车水马龙；权贵人家列鼎而食，权贵们并驾齐驱又相通一气，官官相护。最后是游侠的感受也是诗人的内心独白："今我独何为，坎壈怀百忧。"游侠面对繁华的都市，感到孤独和不平。

《乐府解题》曰："《结客少年场行》言轻生重义，慷慨以立功名也。"[①]说明诗中的主人公轻生死，重义气，以慷慨立功作为他的人生理想；虽然鲍照一生并未有行侠仗义之举，但是行侠少年慷慨立功的志向和返乡后的不得志，实际上是鲍照自己人生理想的写照；诗中游侠的"百忧"也是鲍照对现实社会的担忧。

这种思想也表现在《代东门行》中，诗人从离别的场面入手："伤禽恶弦惊，倦客恶离声。离声断客情，宾御皆涕零。涕零心断絶，将去复还诀。一息不相知，何况异乡别。"写受伤的鸟禽怕听到弓弦的响声，疲惫的游子厌恶听到离别的声

①《钦定四库全书》，中华书局点校本，集部，总集类，《乐府诗集》卷六十六。

音；离别不仅使游子伤心，而且听到这种声音主仆都会伤感涕零；不忍离去的感情使得游子再一次返回和家人告别；短时间的分离都会让人难奈，何况游子长时间远游他乡呢？诗人接着写游子离开家乡远游的情况：

遥遥征驾远，杳杳落日晚。居人掩闺卧，行子夜中饭。野风吹草木，行子心肠断。食梅常苦酸，衣葛常苦寒。丝竹徒满坐，忧人不解颜。长歌欲自慰，弥起长恨端。

太阳渐渐落山，游子的车驾依然缓慢地行走；半夜家里人已经掩门入睡，但是游子却还忍饥挨饿；原野的风吹着草木，游子的心里更加思念故乡；梅子不可能当饭吃，葛衣也不能挡寒风；即使听到江南丝竹之声，思乡的游子也不会露出笑容；本来想用歌声来安慰自己，反而感到更加愁苦。鲍照后期生活在临海王子顼幕，诗中可以看到子顼兴兵作乱前诗人就像受伤的鸟禽听到弓箭的响声一样十分害怕。这实际上是诗人对刘宋王朝前途命运的担忧和儒家深刻的社会责任意识。

鲍照对现实生活的关注还表现在《代白头吟》中对人际关系的评论："直如朱丝绳，清如玉壶冰，何惭宿昔意？猜恨坐相仍。人情贱恩旧，世议逐衰兴，毫发一为瑕，丘山不可胜。"诗人指出，有的人的性情就像琴弦一样直，心性就像冰玉一样纯洁；但是现在因为不断的猜忌和怨恨，就不管以往的情谊了；人们不再看重故交之间的恩情，而是根据人的社会地位的高低发表对人的看法；在交往中可能因为一点小事，彼此之间就形成了天大的隔阂。

诗人征引《诗经》《史记》《汉书》《国语》等经典中的典故，进一步说明人们只从表面现象来判断事物，结果好人就被贬黜："食苗实硕鼠，玷白信苍蝇。凫鹄远成美，薪刍前见陵。申黜褒女进，班去赵姬升，周王日沦惑，汉帝益嗟称。"诗中先说，啃食田间禾苗的肯定是硕鼠，玷污白洁的也一定是苍蝇，这一点很好判断；但是凫鹄从千里飞来吃了池塘的鱼鳖，啄了田园的稻谷，因为它从远处来，人们反而以凫鹄为贵；皇帝用大臣就像用木柴生火一样，前面加上去的都被燃烧了，后面加上去的往往居于上面；周幽王先娶申女为皇后，后来看到褒姒美貌就废掉了申女；汉成帝即位先宠幸班婕妤，但是赵飞燕入宫后，班婕妤就失去宠幸；周幽王为了取悦褒姒结果遭致灭亡，汉成帝的结局更让人感叹。

诗人列举古今事例最后得出："心赏犹难恃，貌恭岂易凭。古来共如此，非君独抚膺。"真心喜欢都靠不住，表面恭敬就更不能作为相信的凭据了；古往今来都是这样，并不是只有哪一个人才会如此。鲍照对这种喜新厌旧、不重恩情的现象持反对的态度，也说明鲍照对于现实的忧患意识。

三、忠君思想和忧民情怀

鲍照的边塞诗是鲍照诗作中创作成就很突出的一部分，它对唐代军旅诗歌的形成和发展有明显的影响。鲍照是否亲自参战还不好说，但是他做过参军之类的军队文职官员还是可以肯定的，因此，鲍照边塞诗的产生可能和鲍照在军队的经历有直接的关系，他不仅描绘成边将士英勇征战报效国家的行为和气节，而且对他们不能受到封赏及其受到的不公正待遇也表现出同情和不平。

《代东武吟》是鲍照以汉代一位老军人的口气写的一首诗。诗人从说唱者的角度开头："主人且勿喧，贱子歌一言。"以引起注意。接着叙述军人的经历：军人出生寒门，承蒙汉室的恩泽；早年随军塞外远征，不畏长途跋涉多次奉命征战；频繁的战事耗尽了自己的精力，但是为国立功的夙愿一直没有减弱；结果将军战死，士兵也很少活了下来；随着时事变换，谁也不记得他的功劳了。接着诗人笔锋一转开始叙述主人公退归故乡以后的凄凉生活："少壮辞家去，穷老还入门。腰镰刈葵藿，倚杖牧鸡豚。昔如韝上鹰，今似槛中猿。徒结千载恨，空负百年怨。弃席思君幄，疲马恋君轩。愿垂晋主惠，不愧田子魂。"老人晚年靠种植葵藿饲养家畜谋生；昔日战场上如雄鹰一样矫健的战士现在却像笼中迟缓的猿猴；诗人慨叹老军人一生戎马生涯换来的却是永久的怨恨；最后诗人说："弃席思君幄，疲马恋君轩。愿垂晋主惠，不愧田子魂。"鲍照用晋文公和田子方的两个典故，说明故人恋旧主，希望君王降恩泽于老人，以告慰老人一片忠诚的心灵。从鲍照对老军人经历的叙述，可以看出诗人对为国立功的军人持赞颂的态度，对老人晚年的不幸遭遇感到无比同情。

《代出自蓟北门行》也表达了同样的思想。这首诗写刘宋王朝和北魏之间的战争。诗人从战争开始写起："羽檄起边亭，烽火入咸阳。"边防传来战事爆发的告急文书，战火烧到了咸阳城；接着写我军应战的情况："征师屯广武，分兵救朔方。"军队集结在广武，分兵向朔方进发；然后诗人又写北虏的情况："严秋筋竿劲，虏阵精且强。"北虏士兵手拿强弓劲弩，敌阵也是固若金汤；在国难当头的情况下，诗人集中笔力来写刘宋王师争战的情况："天子按剑怒，使者遥相望。雁行缘石径，鱼贯渡飞梁。箫鼓流汉思，旌甲被胡霜。疾风冲塞起，沙砾自飘扬。马毛缩如猬，角弓不可张。"刘宋皇帝仗剑亲征，使者往来快速传递情报；刘宋军队像雁阵一样，穿过山路跨过桥梁；诗人对战场险恶的气候进行了详细描绘，战鼓声声激发出士兵的斗志，旌旗猎猎浸染朔北的寒霜；寒风骤然而起，沙石四处飞扬；马鬃冻成了刺猬的样子，弓箭结冻很难拉开；结尾诗人提出："时危见臣节，世乱识忠良。投躯报明主，身死为国殇。”国家危难之际才能看到大臣的节操，世事混乱才能识别出忠良；捐躯就是为了报答圣明的君主，战死也是为了自己的国家，其中寄托了诗人的济世为国的愿望。

《代苦热行》是以元嘉二十三年刘宋将领宗悫攻克林邑的真实战例来写的一首诗。开头就写道：“赤阪横西阻，火山赫南威。身热头且痛，鸟坠魂来归。”南方的“赤阪”使人身体发热，“火山”就连鸟儿也飞不过去；接着写恶劣的自然气候和环境：“汤泉发云潭，焦烟起石圻。日月有恒昏，雨露未尝晞，丹蛇踰百尺，玄蜂盈十围，含沙射流影，吹蛊病行晖。瘴气昼熏体，菵露夜沾衣，饥猿莫下食，晨禽不敢飞。毒泾尚多死，渡泸宁具腓？”滚烫的泉水蒸发出的热气使得石头上也是湿漉漉的；在这潮湿闷热的气候条件下，“丹蛇”“玄蜂”“射影”“飞蛊”等有剧毒的动物到处出没；而且“瘴气”四处弥漫，“菵露”随处可见。在这种环境里就连饥饿的猿猴也不敢找食吃，树上的鸟儿更不敢飞过，历史上经过这里的士兵大多患病甚至死亡；鲍照认为：“生躯蹈死地，昌志登祸机。戈船荣既薄，伏波赏亦微。爵轻君尚惜，士重安可希。”士兵怀着报国的志向来到这死亡之地，皇室应该给予相应的奖赏。整首诗主要写了南方瘴疠之地的险恶，反衬士兵尽节征伐的艰难，从诗中也可以看到，鲍照对忠义之士敢于面对困难不惜牺牲自己保家卫国的精神的褒扬和赞颂。

和忠君报国一脉相承，鲍照诗中的儒学意蕴还集中表现在他对济世有为的士兵的描写和赞颂。《代陈思王白马篇》开篇写道：“白马骍角弓，鸣鞭乘北风。要途问边急，杂虏入云中。”戍边士兵跨上战马携带弓箭，扬鞭策马风驰电掣飞奔边疆；在要塞询问边事，听说北虏已经到了云中郡。

开篇诗人就直接描写了一位英姿飒爽和急切为国征战的士兵形象。接着诗人生动地描绘了边塞的情况：“闭壁自往夏，清野经还冬。侨装多阙绝，旅服少裁缝。”边塞一年到头坚壁清野，士兵连征战的服装都很缺乏；诗人又把关注的目光投向士兵临死前的悲壮氛围：“埋身守汉境，沉命对胡封。薄暮塞云起，飞沙披远松。含悲望两都，楚歌登四墉。”暮冬时节，边塞风起云涌，四周的松树也裹满了沙土；在四面被北虏围困的情况下，勇士死前还悲伤地望着自己的家乡，士兵死后仍然要埋在边境守卫国家；最后，诗人从士兵的角度谈自己的感受：“丈夫设计误，怀恨逐边戎。罢别中国爱，邀冀胡马功。去来今何道？卑贱生所钟。但令塞上儿，知我独为雄。”士兵悔恨自己当初抛弃家人，不顾一切奔赴边疆，一心想杀敌立功；但是自己出身卑微，身死国难却一无所获，现在还有什么可说的呢？最后诗人呼应开头，只要边塞的士兵都知道惟有“我”是英雄就可以了；这是鲍照军旅诗一贯的主题，一方面诗人赞美士兵的英勇和无畏，另一方面又为他们得不到封赏和荣誉而感到悲伤。

第三节　颜延之诗文的儒学意蕴解读

在颜延之的思想中儒家思想是一条主线，这不仅是颜延之家族一脉相传的尊儒家风，也是颜延之修身、治国、平天下的精神动力，在颜延之的仕宦生涯中，他一直以对君王的忠信和对佞臣的斗争来极力维护刘宋王朝的统治，即使经过了多次仕途的波折，颜延之对皇室的忠心没有改变。在思想和意识形态领域，颜延之通过对儒家经典《论语》和《礼记》等的讲解，以及郊庙歌辞的制作来巩固儒家思想的雅正地位；在家庭教育中，颜延之专门写了以儒家思想为内容的教育家人和子弟的《庭诰》一文，进一步在家庭延续儒家“仁孝”思想；尽管在屏居家中的七年时间里，颜延之出于对自己精神苦闷的疏导也对佛教进行了深入研究，并且在与何承天的辩论中形成了自己一套较为完善的佛教理论，但是，这并不能影响颜延之儒学思想在其作品中的表现。

一、颂赞守节重义的品格

“诔者，累也。累其德行，旌之不朽也”①。诔文最初是上级表彰下级德行并致哀悼之辞，但是后世诔文为哀祭之文，“巧于序悲，易入新切”②，同辈互诔，门生故吏诔其师友者，不乏其篇。据《南史·宋本纪·前废帝纪》载：“（子业）自造《孝武帝诔》及杂篇章。”③ 又据《宋书·恩幸传·戴明宝传》载，武陵国典书令董元嗣在元嘉三十年（453）被杀，孝武帝即位后“使文士苏宝生为之诔焉”④。又《宋书·沈昙庆传》记载沈昙庆父亲沈发卒，“吴兴太守王韶之为之诔焉”⑤。可见帝王将相都很重视诔文的写作。元嘉时期的诔文一般分为正文和序言两部分，散、韵结合，将叙事、议论、追思、赞美辉映一体，大都发自肺腑，感人至深。颜延之的诔文代表了元嘉诔文的最高成就，其中颜延之写的《阳给事诔》歌颂了阳给事守节重义和忠君报国的精神。

《宋书》和《阳给事诔》序文对阳给事殉节一事都有记述。沈约《宋书》记载，

① 向长清《文心雕龙浅释》，吉林人民出版社 1984 年版，第 132 页。
② 向长清《文心雕龙浅释》，吉林人民出版社 1984 年版，第 134 页。
③［唐］李延寿《南史》，中华书局 1975 年版，第 71 页。
④［梁］沈约《宋书》，中华书局 1974 年版，第 2306 页。
⑤［梁］沈约《宋书》，中华书局 1974 年版，第 1539 页。

"永初三年，索虏嗣自率众至方城，虏悉力攻滑，台城东北崩，壞王景度出奔，司马阳瓒坚守不动，众溃抗，抗节不降为虏所杀，少帝追赠给事中尚书令，傅亮议瓒家在彭城，宜即以入台绢一百匹粟二百斛赐给，文士颜延年为之诔焉"[①]。《宋书》抓住事件发生的关键，简单地交待了事件发生的经过，点明了阳给事是因为守节重义而死。

颜延之的《阳给事诔》序比《宋书》更加详细地描绘了事件发生的过程："惟永初三年十一月十一日，宋故宁远司马、濮阳太守彭城阳君卒。呜呼哀哉！瓒少禀志节，资性忠果，奉上以诚，率下有方。朝嘉其能，故授以边事。永初之末，佐守滑台。值国祸荐臻，王略中否。獯虏间衅，劘剥司兖，幽并骑弩，屯逼巩洛。列营缘戍，相望屠溃。瓒奋其猛锐，志不违难。立乎将卒之间，以缉华裔之众。罢困相保，坚守四旬，上下力屈，受陷勍寇。士师奔扰，弃军争免。而瓒誓命沈城，佻身飞镞，兵尽器竭，毙于旗下。非夫贞壮之气，勇烈之志，岂能临敌引义，以死徇节者哉。景平之元，朝廷闻而伤之，有诏曰：'故宁远司马濮阳太守阳瓒，滑台之逼，厉诚固守，投命徇节，在危无挠。古之烈士，无以加之。可赠给事中，振恤遗孤，以慰存亡。'追宠既彰，人知慕节，河汴之间，有义风矣。逮元嘉廓祚，圣神纪物，光昭茂绪，旌录旧勋，苟有概于贞孝者，实事感于仁明。末臣蒙固，侧闻至训，敢询诸前典，而为之诔。"

序文具体描写了阳给事出守边城是因为他对于皇室忠诚而且治军有方，接着叙述了在宋武帝朝面临内忧外患相交迫的窘境下，阳给事临危受命，远征獯虏。并且主要描写了阳给事率领将士临危不惧，英勇杀敌，坚守滑台四个多月，最终被敌人攻陷，阳给事拼命保卫城池，在兵器用尽，士兵全部阵亡的情况下，英勇殉节。颜延之序文用"非夫贞壮之气，勇烈之志，岂能临敌引义，以死徇节者哉"这样包含强烈情感的句子，突出了阳给事贞洁勇烈和守节重义的品格。

而诔文对阳给事的品行、远征的背景、牺牲时的氛围的描写更主要的是表现阳给事忠君报国的思想。其一，赞扬阳给事的品行："贞不常祐，义有必甄。处父勤君，怨在登贤。苫夷致果，题子行间。忠壮之烈，宜自尔先。旧勋虽废，邑氏遂传。惟邑及氏，自温徂阳。狐续既降，晋族弗昌。之子之生，立绩宋皇。拳猛沈毅，温敏肃良。如彼竹柏，负雪怀霜。如彼騑驷，配服骖衡。"颜延之认为，阳给事像松柏一样坚贞不屈，又像老马一样忠实，为刘宋王朝立下了丰功伟绩。其二，叙述阳给事远征的背景："边兵丧律，王略未恢。函陕堙阻，瀍洛蒿莱。朔马东骛，胡风南埃。路无归轊，野有委骸。帝图斯艰，简兵授才。是命阳

① ［梁］沈约《宋书》，中华书局 1974 年版，第 1608 页。

子，佐师危台。憬彼危台，在滑之垧。周卫是交，郑翟是争。昔惟华国，今实边亭。恁巇结关，负河萦城。金柝夜击，和门昼扃，料敌厌难，时惟阳生。”滑台是历史上有名的兵家必争之地，在国难当头之际，阳给事毅然领命远征，他不惧朔北寒风凛冽，尸体遍野，道路不通的险恶环境，带领士兵英勇拼杀，不仅表现了阳给事坚忍不拔的精神，同时突出了阳给事报效刘宋朝廷的勇气。其三，渲染阳给事牺牲的悲壮气氛：“凉冬气劲，塞外草衰。遏矣獯虏，乘障犯威。鸣骥横厉，霜镝高翚。轶我河县，俘我洛畿。攒锋成林，投鞍为围。翳翳穷垒，嗷嗷群悲。师老变形，地孤援阔。卒无半菽，马实拑秣。守未焚冲。攻已濡褐。烈烈阳子，在困弥达。勉慰痍伤，拊巡饥渴。力虽可穷，气不可夺。义立边疆，身终锋栝。呜呼哀哉。贲父殒节，鲁人是志。洴督效贞，晋策攸记。皇上嘉悼，思存宠异。于以赠之，言登给事。疏爵纪庸，恤孤表嗣。嗟尔义士，没有馀喜。呜呼哀哉。”

诔文详细地描绘了阳给事在兵尽粮绝的时候，仍然坚持英勇杀敌的气概的细节，渲染了阳给事牺牲的悲壮气氛，并且谈到宋武帝对他的奖赏和悼念，行文中表现出颜延之深受阳给事壮怀激烈英勇就义的事迹感染。

《阳给事诔》和《陶征士诔》相比较，前者以表彰阳给事的卓然壮举，以及对国家的忠诚，后者赞颂陶渊明独善其身、俭朴自然的生活态度，从文章内容看，尽管颜延之本人和阳给事以前没有交往，但是颜延之表达自己对阳给事的赞美和崇敬，就像他写的《赠谥袁淑诏》一样，颜延之对那些忠于国家社稷的忠勇之士，多持高度赞赏的态度，这是颜延之诔文中儒学思想的具体体现。

二、申说父慈子孝的观点

颜延之于元嘉十一年罢官家居，到元嘉十七年刘湛被杀，刘义康被外放江州刺史，不久，颜延之为中庶子，御史中丞。在这七年之中，“闲居无事，为《庭诰》之文”[①]。颜延之这年五十岁，故文中有“吾年居秋方”之句。开篇叙述写此文的缘由及其目的：“庭诰者，施于闺庭之内，谓不远也。吾年居秋方，虑先草木，故遽以未闻，诰尔在庭。”在此之前他已经立有家规，《庭诰》是颜延之平时积累下来的做人的心得。

文中语言简洁，议论条理。作者先论“公”和“私”：“道者识之公，情者德之私。公通，可以使神明加向；私塞，不能令妻子移心。是以昔之善为士者，必捐情反道，合公屏私。”颜延之认为，“识道”为“公”，“怀情”为“私”，“公通”

①［梁］沈约《宋书》，中华书局1974年版，第1893页。

可以感动神明，“私塞”不能感动妻子和儿子；因此，过去的士人往往抛弃私情，恪守道德，人有几尺身躯，应该以公道为本，人有几十年的寿命，也应该以俸禄为量，古代圣贤多有不朽的言论，颜延之承袭儒家思想结合自己的人生体验来告诫家族子弟做人的基本道理。

一方面，儒家认为，“孝悌也者，其为仁之本与”[①]。强调“仁”植根于孝，孝悌是人们行为的基础，同时提出，“弟子，入则孝，出则悌，谨而言，泛爱众而亲仁。行有余力，则以学文”[②]。作为道德培养的一种方法，儒家为人们从家庭走上社会提出了一种谨慎谦虚的行为规范。

在《庭诰》中颜延之把孝悌作为教育子弟的非常重要的内容首先提了出来，继承了儒家孝悌观，又加入了他本人的体会，从而使“孝悌观”产生了新的内涵。颜延之把“父慈”和“子孝”联系起来，认为“兄友”和“弟悌”也是相互影响的，提出“欲求子孝必先慈，将责弟悌务为友。虽孝不待慈，而慈固植孝；悌非期友，而友亦立悌”，他不仅强调孝顺父母，敬爱兄长的重要性，而且发展了儒家思想，进一步提出了“父慈”和“兄友”是“子孝”“弟悌”的一个条件，“孝”不一定非要“慈”，但是“慈”可以植“孝”，“悌”不一定非要“友”，但是“友”可以立“悌”。他同时提出只有“和”，才能“信”，只有“信”，才会“恩意相生，情理相出”，颜延之的孝悌观念在儒家强调“孝”和“悌”的基础上提出了“慈”和“友”，从事物的两个方面立论，发展了儒家孝悌观念。

另一方面，颜延之认为，做人要以德为本，对于人们的赞誉，应该谨慎对待，言论高于世人，更要默默无闻，被人器重，更应该谦虚。作者根据儒家“以能问于不能，以多问于寡；有若无，实若虚，范而不校”[③]的儒家论点为基础，提出了自己关于谦虚谨慎的三方面认识：其一，“不以所能干众，不以所长议物，渊泰入道，与天为人者，士之上也”，也就是说，不以己之长炫耀于众人，不以己之识议论事物，顺应天道自然是最高境界。其二，“若不能遗声，欲人出已，知柄在虚求，不可校得，敬慕谦通，畏避矜踞，思广监择，从其远猷，文理精出，而言称未达，论问宣茂，而不以居身，此其亚也”，意思是如果人不能被别人认可，又想让人称赞自己，关键在于谦虚向别人学习，不可无礼强求，敬慕别人就要谦虚而通达，要杜绝自高自大矜持炫耀，能够广泛思考，细心选择，从长远着眼，即使文理精出，也要谦虚地表达自己尚未通达，即使自己对答自如也有

① 杨伯峻《论语译注》，中华书局 1980 年版，第 2 页。
② 杨伯峻《论语译注》，中华书局 1980 年版，第 4–5 页。
③ 杨伯峻《论语译注》，中华书局 1980 年版，第 80 页。

见识，也不能以此自居，这是其二种境界。其三，“若乃闻实之为贵，以辩画所克，见声之取荣，谓争夺可获，言不出于户牖，自以为道义久立，才未信于仆妾，而曰我有以过人，于是感苟鋭之志，驰倾觖之望，岂悟已挂有识之裁，入修家之诫乎。记所云：‘千人所指，无病自死’者也。行近于此者，吾不愿闻之矣”。

颜延之认为，如果认为真才实学是简单的辩论就能获得；如果听到别人的赞誉就感到荣光，并觉得争名夺利可以获得别人的敬重；如果你的言论就连家人都不能理解，就自以为是一个有道义的人；如果你的才能就连仆妾都不相信，而说你有过人的本领，于是产生了不切合实际的志向和愿望，怎能领悟有识之士的批评呢？这是做人最应该注意的。否则结果会千人所指，无病自死，这种情况最不足取。

三、提出忠信择友的准则

《庭诰》提出“流言谤议，有道所不免，况在阙薄，难用算防。接应之方，言必出己。或信不素积，嫌间所袭，或性不和物，尤怨所聚，有一于此，何处逃毁。”意思是流言蜚语在所难免，有时也很难防范，这是因为平时缺乏信任，彼此就有隔阂，或者是因为性情不好形成了积怨，于是就产生了流言谤议。儒家认为“君子求诸已，小人求诸人”[①]，强调对自身的严格要求，并且提出“躬自厚而薄责于人，则远怨矣”[②]。《庭诰》以此提出了杜绝流言的办法：“苟能反悔在我，而无责于人，必有达鉴，昭其情远，识迹其事。日省吾躬，月料吾志，宽默以居，洁静以期。”如果能自我反省，不责怪他人，有旷达坦荡的情怀，经常反省自已，做到宽厚少言就能平静和美地生活。

颜延之《庭诰》谈到“忠信”问题时说：“夫信不逆彰，义必幽隐，交赖相尽，明有相照。一面见旨，则情固丘岳，一言中志，则意入渊泉。”意思是如果没有信任，就谈不上道义，如果彼此信任那么感情就会很牢固，友谊也会长久。很明显颜延之接受了儒家提出的“与朋友交，言而有信”[③]的观点，认为守信用是交友的前提。接着《庭诰》又指出，“以此事上，水火可蹈，以此托友，金石可弊”，意思是以守信对待上级，可以赴汤蹈火，以忠信来托付朋友，金石也可以抛弃。此外，《论语》提出益友和损友的区别时说：“益者三友，损者三友，友直、友谅、

① 杨伯峻《论语译注》，中华书局 1980 年版，第 166 页。
② 杨伯峻《论语译注》，中华书局 1980 年版，第 165 页。
③ 杨伯峻《论语译注》，中华书局 1980 年版，第 5 页。

友多闻，益矣。友便辟，友善柔，友便佞，损矣。”①

《庭诰》进一步发挥《论语》的观点，谈到择友时说：“习之所变亦大矣。岂唯蒸性染身，乃将移智易虑，故曰：‘与善人居，如入芷兰之室，久而不闻其芬。’与之化矣。‘与不善人居，如入鲍鱼之肆，久而不知其臭。’与之变矣。是以古人慎所与处。”指出人的习性受到周围事物的影响，也会随之发生变化，如果与友善的人交往会变得善良，和恶人相处就会变坏。

四、明确仁恕节俭的要求

颜延之在对待下民的态度上就提出了仁恕的观点，他在《庭诰》中说：“含生之氓，同祖一气，等级相倾，遂成差品，遂使业习移其天识，世服没其性灵。至夫愿欲情嗜，宜无间殊，或役人而养给，然是非大意，不可侮也。”意思是氓隶之民是由于等级不同才沦为差品，因此可以通过教化改变他们的认识和秉性，他们的情感和欲望和我们一样，使役他们而给他们生活给养，但是不能侮辱他们。对待氓隶之民应该有“仁恕之心”。

《庭诰》指出：“若能服温厚而知穿弊之苦，明周之德；厌滋旨而识寡嗛之急。”就是说富人生活温饱，但要体会穷人无衣遮体的苦痛；富人有滋味之享受，也要知道穷人食不果腹的窘迫。颜延之以儒家“人而不仁，如礼何”②的观点提出帮助氓隶之民是“仁恕之功”，并要做到“罚慎其滥，惠戒其偏”。“温，良，恭，俭，让”③是儒家修身的基本要求，节俭也是颜延之在《庭诰》中提出的一项治家准则，他说“浮华怪饰，灭质之具；奇服丽食，弃素之方”，意思是浮华怪异的服饰是灭质之具，华丽的服装和精美的食物会使人忘掉朴素的生活，接着指出，“动人劝慕，倾人顾眄，可以远识夺，难用近欲从”，意思是要得到别人的羡慕和关注，可以用自己的远见卓识来获得，不能用华丽的服饰来赢得。颜延之吸收《论语》思想，又提出了新的观念，《庭诰》蕴含着丰富的儒学意蕴。

---

① 杨伯峻《论语译注》，中华书局 1980 年版，第 175 页。
② 杨伯峻《论语译注》，中华书局 1980 年版，第 80 页。
③ 杨伯峻《论语译注》，中华书局 1980 年版，第 6 页。

第二编（中）

元嘉三大家文体创变新论

对于元嘉三大家作品的艺术特点，学界先贤时哲多有论述，其中不乏真知灼见，但是对于谢灵运赋体的创变、鲍照对玄言诗的改制和对诗体的拓展以及颜延之公牍文的新变，学界并没有人论及，为了全方位认识元嘉三大家在诗文创作艺术方面的成就，本编立足以上三个问题对三大家在文体创变方面做一创新意义的探索。

第4章

谢灵运赋的融通和创变

对于赋的界定是一个很复杂的问题，文学史上的“赋”有不同的含义，有人称“不歌而诵谓之赋”①，或曰“铺陈其事而直言之”，骚体赋家“体物以写志”，散体赋家“铺采摛文”②。费振纲《全汉赋》中不仅收录了以赋名篇的作品，也有七体、对问等作品，但在汉魏六朝，辞赋与七体、对问有别，因此本文所讲辞赋主要指以赋名篇的赋作。刘宋一朝，宋武帝行伍出生，却爱好文学③，宋文帝对“文义”喜爱有加，当时宫廷献赋成为一种风尚。元嘉二十九年（452），南平王铄献赤鹦鹉，宋文帝“普招群臣为赋”④，与者有袁淑、谢庄。孝武帝尤以能文著称，谢庄、颜延之颇为孝武帝爱重。谢灵运、谢惠连、鲍照、傅亮等或君王近臣，或藩邸僚属都是元嘉著名的赋家。承魏晋之余绪，藉君主之崇尚，与士人共趋，元嘉赋在六十多年形成独特的风貌。以谢灵运为代表，一改散体大赋铺张夸饰的赋风，完成了从写观望之景到写亲身体验之景的历史性转变；以谢惠连和谢庄为代表，开始用短章小品之赋体来抒发一己之心事，从而使赋带有浓厚的抒情性，因而揭开了赋体文学的新篇章；以鲍照为代表，开创了骈赋的先河。严可均《全宋文》共收元嘉辞赋七十六篇，元嘉赋家在其中所占的比例为：谢灵运赋 10 篇，占元嘉赋比例为 18%，鲍照赋 10 篇占元嘉赋比例 13%，谢惠连赋 5 篇占元嘉赋比例 6%，谢庄赋 4 篇（其中 2 残篇）占元嘉赋比例 5%。

由此可以看出，在元嘉赋作中，谢灵运依然以一人独占 18% 的比例，位居第一，鲍照赋作位居第二，另辟专章讨论，谢惠连和谢庄赋作不多却很有特色，

---

①《钦定四库全书》，中华书局点校本，史部，正史类，《前汉书》卷三十。

② 向长清《文心雕龙浅译》，吉林人民出版社 1984 年版，第 105 页。

③ 参见《南齐书·王俭传》：“宋武帝好文章，天下悉以文采相尚。”

④［梁］沈约《宋书》，中华书局 1974 年版，第 2167 页。

限于篇幅，只能忍痛割爱。谢灵运不仅是我国山水诗的创始人，而且也是元嘉时期著名的辞赋作家。本章拟从赋体变化的角度对谢灵运重要赋作进行系统而全面的分析。

第一节　对前代赋体的承袭和发展

因为任何事物的变化都是有一定基础的，特别是对于赋体的变化来讲，赋体的创变离不开赋体本身在刚刚产生时的基本模式。人们在论及汉大赋体制的形成时，总认为汉帝国的强大是汉大赋出现的原因之一，不可否认政治对文学的影响是直接和明显的，古往今来都是如此。但是从文学自身发展的规律来看汉大赋的形成，这里就有一个突破、创变和革新的过程。我们明显看到是汉大赋对文采的自觉追求，进而才从前代经典的窠臼脱颖而出，从而打破垄断多时的历史散文、哲理散文、和政论散文的界限，形成了自身的特点。正是因其创新和突破，汉大赋在当时才具有了强大的生命力和划时代的意义。当然，任何文体的变化都离不开作家本身的才华和变革精神，从宋玉、枚乘、司马相如，到班固、张衡、扬雄等都是这样的作家，到了刘宋时期，谢灵运以其突出的文学才华和先锋的变革精神承担起了对赋体的进一步创新和变革。

一、对汉大赋结构体制的承袭

追溯大赋的源头，人们一定根据清代程廷祚《骚赋论》中对宋玉的肯定之辞，认为宋玉的《高唐》《神女》《风赋》等作品是穷造化之精神尽万物之变态的佳作，然而在规模体制与结构章法上，枚乘的《七发》无疑以其清晰的层次、多种艺术表现手法的应用而成为汉大赋的标志；到司马相如《子虚》和《上林》又以其铺采摛文和颂赞传统被誉为汉大赋代表；东汉班固的《两都赋》的诞生，为张衡《二京赋》提供了范例，但是张衡却把更丰富的思想和情感渗透其中，篇幅和体制更加宏大。

从另一条线索看，西汉时期就产生了大量的小赋，如刘安《屏风赋》、扬雄《都酒赋》、刘歆《灯赋》以及只有篇目的司马相如《梨赋》、刘向《雅琴赋》《围棋赋》等，这些小赋以咏物为内容，题材也很广泛，以四言为主；到东汉咏物小赋有了更大的发展，杜笃《书护赋》、傅毅《扇赋》、王充《果赋》、班固《竹扇赋》、班昭《缄缕赋》等，出现了骚体咏物小赋。我们列举两汉大赋和小赋的篇目，意在从赋的起源上说明骋辞大赋和抒情小赋两大主流赋体的同步发展，当然，汉代抒情小赋的发展，因其数量和质量无法和汉大赋抗衡，但是这些小赋作品的存在是不可否认的事实。我们顺着这两条线索跟踪下去，就会比较全面地了解每一个时代赋体发展的轨迹，尤其是为本课题研究谢灵运山水纪行大赋和谢灵运的抒情小赋寻找必要的可供参考的研究路径。

就山水纪行赋从酝酿到成熟的历程来看，汉赋宏大的体制为后来者奠定了一个可以倚靠的结实的起点。汉武帝即位到东汉中期，散体大赋称雄赋坛，规模宏大，气势不凡。枚乘《七发》为散体大赋奠基于前，司马相如《子虚》《上林》扬波其后，此后，班固《两都》、张衡《二京》渐次扬名赋坛，扬雄《甘泉赋》《河东赋》《羽猎赋》《长杨赋》皆为大赋。以枚乘《七发》为例，枚乘生活在文景帝时代，初为吴王刘濞的郎中，后为梁孝王的门客；《七发》是借楚太子有病，吴客去问病，用七段话的一问一答所构成的一篇文章，全文首段是序曲，接下来分别写吴客以音乐、饮食、车马、游览、田猎、观涛六个方面来激发楚太子，但是都不奏效，最后写圣人辩士的“要言妙道”才使楚太子的病豁然治愈。

从文章的体制看，《文选》以《七发八首》为题，可见《七发》在结构上八个段落的独立性。再以司马相如《子虚》《上林》为例，司马相如早年为汉景帝的武骑常侍，后来客游于梁，与当时著名的辞赋作家邹阳、枚乘、严忌等人交游，梁孝王死后归蜀，娶临邛富人卓王孙之女卓文君为妻；汉武帝时因乡人杨得意的推荐，被武帝召见，“请为天子游猎赋”。

其《子虚》开篇写楚国使者子虚出使齐国，在应邀参加了齐国国君出猎后，遇到齐国大臣乌有先生和天子的命官忘是公，于是子虚便在他们面前夸耀起楚国的云梦和楚王出猎的盛况；乌有先生听了不服，指责其奢言淫乐多显奢侈，并以齐地疆域辽阔与之争胜；《上林赋》接着写亡是公以天子代表的身份，讲述诸侯国应该纳贡述职，封疆禁淫的道理；接着大肆渲染天子上林苑的广大和出猎的壮观，又写天子对奢侈的幡然醒悟，下令解酒罢猎，以礼治国；最后子虚和乌有在亡是公的批评下离开筵席。

在《史记》和《汉书》中《子虚赋》和《上林赋》是以《天子游猎赋》的名称合在一起的，后来在《文选》中才被分为两篇。从文章的体制上看，此赋的两部分内容也有可分可合的特点，谢灵运对这种在内容上相对独立而在结构上又趋于一致的体制特点的接纳和吸收，微妙地反映在他的山水纪行赋的创作当中，其《山居赋》从山居的原因、始宁墅的地理位置、始宁墅的来历和物产、诗人在山中游览和佛事活动、诗人的山居生活五个方面来写，倘若我们把这五个部分单列为五篇文章，也可以看到其相对独立，同时又是有机整体的独特面貌，由于魏晋大赋的缺失，谢灵运把承袭的目光转移到“汉赋四大家”赋体和规模上，在其山水纪行赋创作中，又扬大赋之余波。

二、对东汉纪行赋范式的融通

东汉以来纪行赋的范式是行途写景、触景忆史、抒发感情。此后这一似已固化的范式被历代赋家一脉相承。刘歆《遂初赋》记述旅途所见抒发一己之慨，有初撰之功，实为纪行赋的发端，其后班彪《北征赋》写自己离开长安北行的所见所感，班彪之女班昭《东征赋》写她随儿子曹成离洛阳东行的经历，蔡邕《述行赋》记录自己京洛之行的所见所感，不断承袭和发展；到魏晋之际，曹植《述行赋》《述征赋》和《东征赋》（在《全宋文》中前两篇是残篇，后一篇可能是完整的）、王粲《初征赋》所写行程有别，所抒之情有异，但是前代纪行赋的范式却一如继往。谢灵运基本沿着对前代纪行赋范式的写作思路，在继承中不断发展。

以班彪《北征赋》的范式为例。作者开篇写自己离京避难的原因："余遭世之颠覆兮，罹填塞之阨灾。旧室灭以丘墟兮，曾不得乎少留。遂奋袂以北征兮，超绝迹而远游。"西汉末年王莽被杀，刘玄即位，后赤眉军攻陷长安，西汉王朝灭亡，世宦出生的班彪不得不逃离长安，踏上北上天水的避难之路。然而"郇邠"的遗迹触发了他的联想："朝发轫于长都兮，夕宿瓠谷之玄宫。历云门而反顾，望通天之崇崇。乘陵岗以登降，息郇邠之邑乡。慕公刘之遗德，及行苇之不伤。彼何生之优渥，我独罹此百殃。故时会之变化兮，非天命之靡常。"诗人从长安出发，经过瓠谷、云门、陵岗，来到咸阳市东的郇邠。郇邠曾是周代远祖公刘的治邑，据《文选》李善注引，《诗经·大雅》中的《公刘》篇叙述其开辟荒地营造房屋之事；其中的公刘作《行苇》篇云："敦彼行苇，牛羊勿践履。"《毛诗序》认为是"周室仁厚，仁及草木"。公刘时期周室的仁和德泽使班彪对自己所处的动乱时事痛心不已，于是发出时世变化，天命无常的感慨。

诗人写义渠旧城时就更为难堪了："登赤须之长坂，入义渠之旧城。忿戎王之淫狡，秽宣后之失贞。嘉秦昭之讨贼，赫斯怒以北征。纷吾去此旧都兮，騑迟迟以历兹。遂舒节以远逝兮，指安定以为期。涉长路之绵绵兮，远纡回以樛流，过泥阳而太息兮，悲祖庙之不修。释余马于彭阳兮，且弭节而自思。日晻晻其将暮兮，睹牛羊之下来。寤怨旷之伤情兮，哀诗人之叹时。"《文选》李善注曰，《史记·匈奴列传》记载，战国时义渠戎王曾与秦昭王之母宣太后淫乱，后为昭王所杀。班彪联系王莽、刘玄为政慌乱招致匈奴南侵，类似的宫闱之乱时有发生，但是却没有人像秦昭王那样北征讨伐，诗人的忧虑在看到失修的祖坟和牧归的牛羊时愈加忧虑。

来到安定又使诗人五味杂陈："越安定以容与兮，遵长城之漫漫。剧蒙公之疲民兮，为强秦乎筑怨。舍高亥之切忧兮，事蛮狄之辽患。不耀德以绥远兮，顾厚固而缮藩。首身分而不寤兮，犹数功而辞愆。何夫子之妄说兮，孰云地脉而生残。登鄣隧而遥望兮，聊须臾以婆娑。闵獯鬻之猾夏兮，吊尉卬于朝那。从圣文之克让兮，不劳师而币加。惠父兄于南越兮，黜帝号于尉佗。降几杖于藩国兮，折吴濞之逆邪。惟太宗之荡荡兮，岂曩秦之所图。"安定绵延起伏的长城又引起了班彪对筑长城者蒙恬的回忆，蒙恬为了秦朝免受匈奴的侵扰，劳民伤财修筑长城，结果宫廷内乱胡亥篡位，蒙恬也吞药自杀。班彪认为秦朝不以德服人，尽管蒙恬有功也被人谴责；当他凭吊了在朝那被入侵的匈奴杀害的北地都尉卬之后，又想起汉文帝对南越王尉佗谋反和吴王刘濞称病不朝采用安抚政策表示称赞。班彪对历史的回忆实际上是针对王莽年间的大行暴力表示不满。

班彪最后写登上高平城楼极目远望边地的景物："隮高平而周览，望山谷之嵯峨。野萧条以莽荡，迥千里而无家。风猋发以漂遥兮，谷水灌以扬波。飞云雾之杳杳，涉积雪之皑皑。雁雍邕以群翔兮，鹍鸡鸣以哜哜。游子悲其故乡，心怆悢以怀伤。抚长剑而慨息，泣涟落而沾衣。揽余涕以于邑兮，哀生民之多故。夫何阴曀之不阳兮，嗟久失其平度。谅时运之所为兮，永伊郁其谁诉。乱曰：'夫子固穷，游艺文兮。乐以忘忧，惟圣贤兮。达人从事，有仪则兮。行止屈申，与时息兮。君子履信，无不居兮，虽之蛮貊，何忧惧兮。'"① 山峰沟谷高低起伏，茫茫原野萧条苍凉，村落家舍不见影迹，朔风劲吹，河水激荡，白云飘遥，积雪皑皑，雁群南飞，鹍鸡鸣叫，一派荒凉静寂的景象，于是引起了作者被迫无奈流落他乡的悲凉之感。

由此我们可以看出，班彪《北征赋》的范式，行途描绘了郇邠、义渠旧城、安定、边地等地的景象。然后触景忆史，在郇邠回忆周代远祖公刘的仁和德泽，在义渠旧城诗人回忆战国时义渠戎王曾与秦昭王之母宣太后淫乱，后为昭王所杀的历史，在安定回忆筑长城者蒙恬最后吞药自杀的史实。最后诗人写登上高平城楼极目远望边地的景物从而引发了流落异地的悲凉之感。

谢灵运的《撰征赋》对班彪的《北征赋》的范式承袭也是明显的，《撰征赋》写诗人在钟岩和查塘回忆永嘉之乱，在石城想起了孙氏的吴国，在步丘追思自己的曾祖谢安，在戏台怀念自己的祖父谢玄等，以睹物、写史、抒情为单元结构，然后依次平行展开，实是顺承了前代赋体发展而形成的纪行范式。

---

①《钦定四库全书》，中华书局点校本，集部，总集类，《文选注》卷九。

三、对汉魏以来山水赋的发展

汉魏以来山水赋得到充分发展，尤其是魏晋时期，赋家已经把山水审美作为赋体创作的一种现实追求。西汉枚乘《七发》写广陵观涛，司马相如《子虚赋》写楚国的云梦大泽；东汉班固《终南山赋》和刘向《祈雨华山赋》则以山为题材。魏晋时期，随着精神领域以老庄思想为主的玄学的盛行，山水自然成为人们自觉的审美对象，曹魏西晋陆机《遂志赋》《逸民赋》写田园山水，曹丕的《沧海赋》，王粲的《游海赋》，应玚的《灵河赋》，庾阐的《海赋》《涉江赋》，孙绰的《望海赋》，潘岳的《沧海赋》等都是以写江海为主的赋作；魏刘祯《黎阳山赋》、晋张协《北邙山赋》、潘岳《登虎牢山赋》、郭璞《巫咸山赋》，孙绰《游天台山赋》都是以写山为主的赋作。

以枚乘《七发》中对江涛的描写为例，诗人先写观涛之前的情况："将以八月之望，与诸侯远方交游兄弟，并往观涛乎广陵之曲江。至则未见涛之形也，徒观水力之所到，则恤然足以骇矣。"观涛时间是八月十五月圆之时，地点在广陵的曲江，诗人写尚未看到江涛已经感到害怕。接着写观涛时的情况："观其所驾轶者，所擢拔者，所扬汩者，所温汾者，所涤汔者，虽有心略辞给，固未能缕形其所由然也。怳兮忽兮，聊兮慄兮，混汩汩兮。忽兮慌兮，俶兮傥兮，浩瀇瀁兮，慌旷旷兮。"

观涛者看到江涛宏伟壮阔的景象，波涛腾跃、骤然而起、播扬激荡、凝聚翻滚，诗人有心描绘，但是无法详尽细致地形容；接着连用七个带兮字的句式，显示江涛的绵延起伏。然后写观涛者的感觉："秉意乎南山，通望乎东海；虹洞兮苍天，极虑乎崖涘。流揽无穷，归神日母。汩乘流而下降兮，或不知其所止。或纷纭其流折兮，忽缪往而不来。临朱汜而远逝兮，中虚烦而益怠。莫离散而发曙兮，内存心而自持。"观涛者凝视从南山而来的波涛，又远眺江涛向东海流去，纵目远望天水相连，四面观望，可见太阳东升，浪头飞速下驰，纷乱曲折地奔泻而不复回；江涛冲到南岸以后就远远地流逝了，观涛者对气势磅礴的江涛久久难以忘怀。

最后写观涛之后人们的感受："于是澡概胸中，洒练五藏；澹澉手足，颒濯发齿。揄弃恬怠，输写淟浊；分决狐疑，发皇耳目。当是之时，虽有淹病滞疾，犹将伸伛起躄、发瞽披聋而观望之也，况直眇小烦懑、酲醲病酒之徒哉？故曰：发蒙解惑，不足以言也。"看到江涛就像五脏六腑被冲刷过一样，手足、发齿、颜面也洗得干干净净，精神上好像也舍弃了惰怠，去除了尘垢和疑虑，耳目晴朗。虽然有疾病，但观涛以后驼背也能伸直，跛脚也能走路，盲人也能睁开眼睛。更何况那些小小的烦恼和饮酒而病的人呢？这段描写虽然是赋文的一个部分，但却影响了后世山水赋的创作。

谢灵运《山居赋》中对巫湖的描写方式在承袭中达到了融通。诗人先写巫湖周围的泉水："因以小湖，邻于其限。众流所凑，万泉所回。氿滥异形，首毖终肥。别有山水，路邈缅归。"可见巫湖在流水的弯曲处，由众水流汇集而成，"氿滥泉"和"肥毖泉"的泉水也流入其中，坐落在始宁墅的山中，别有一番山水天地。接着诗人写巫湖的通道："求归其路，乃界北山。栈道倾亏，蹬阁连卷。复有水径，缭绕回圆。"巫湖临近北山，有栈道和外面相通，湖中的阁楼有水路环绕相连。重点描写巫湖："弥弥平湖，泓泓澄渊。孤岸竦秀，长洲芊绵。既瞻既眺，旷矣悠然。"从湖面、湖岸、湖州等方面写来，着力表现巫湖平静和柔美。最后写巫湖的水源和周围的山峰树木："及其二川合流，异源同口。赴隘入险，俱会山首。濑排沙以积丘，峰倚渚以起阜。石倾澜而稍岩，木映波而结薮。径南漘以横前，转北崖而掩后。隐丛灌故悉晨暮，托星宿以知左右。"

巫湖附近有两条河水合在一起，流过隘口聚会于湖内，湖中有沙丘，湖边山峰耸立，山峰和树木倒映水中，巫湖前面有小路，巫湖北面有北山；巫湖隐蔽在山中，晨暮难分，左右难辨。谢灵运在描写山居生活的基础上，用细腻的笔触描写巫湖，我们会觉得谢灵运可能受到枚乘对江涛描写的影响，只不过壮美的江涛变成了柔美的湖水。

第二节　对赋体内容和形式的创变

谢灵运是一位天生的改革者，他在许多方面都做过革新的尝试，从小处说，谢灵运为了登山方便发明了谢公屐，衣裳器物多改旧制，还喜好戴曲柄笠，这些标新立异之举不仅仅是他为了炫耀名士身份，也是谢灵运灵魂深处的求变意识。往大里讲，谢灵运对玄言诗的改制，对佛教理论的创新，都和他本人的创新心理有关。特别是谢灵运对佛理精深细微的研习，强化了他本人的创新意识，使他的心性增加了理性底蕴，也砥砺了一种融会突破的思想方法。

竺道生提出惊世骇俗的"顿悟"之理和"阐提成佛"时，谢灵运桴鼓相应，在《辨宗论》说"物有佛性，其道有归，所疑者渐教"，提出对渐悟的质疑，认为"顿悟"才是"万滞同尽"的坦途，表现出一位先锋思想者的理论勇气，而佛学自有其对社会、对心性的启迪作用，谢灵运十分重视"顿悟"理念对其创作实践的启示，而他对前代山水纪行赋承袭融通又为这种实践提供了条件，实际上在谢灵运的思想深处，求变就是其山水纪行赋创作的追求。仔细研读谢灵运五篇山水纪行赋，我们不难发现，谢灵运的山水纪行赋创作和他的山水诗创作一样，诗人选择性地接受和消化了前代山水纪行赋的精华，进行了充满挑战意味的创变。

一、去饰取素

夸饰作为一种表现手法，指绘声绘色地描绘景物，并起到穷形尽相的描摹作用，收到奇美的艺术表达效果。但是过分夸饰也会适得其反，《文心雕龙·夸饰》对汉赋过分夸饰指出："至《东都》之比目，《西京》之海若，验理则理无不验，穷饰则饰犹未穷矣。又子云《羽猎》，鞭宓妃以饷屈原；张衡《羽猎》，困玄冥于朔野。娈彼洛神，既非魍魉；惟此水师，亦非魑魅；而虚用滥形，不其疏乎！"[①] 刘勰举例认为，班固写比目鱼，张衡写海神都是夸饰之词，而扬雄和张衡对宓妃和水神的夸饰却与事实相违背，可见过分地夸饰就会增加虚构的成分。

因此，作家在运用夸饰这一创作手段时，对度的把握尤其重要。汉代散体大赋，以铺排渲染为主，表现对象多为外部世界的事物，由于作者始终以旁观者的身份来关照描摹的对象，作者本人的思想感情与所描绘的对象没有形成充分的契合，人和景没有充分地交流，又过多使用排比句式，过分地堆砌词藻，并且用庞大繁杂的句群，甚至句群与句群叠加，层层推进，从不同的角度描绘同一景物，铺排和夸饰让人感到汉大赋的虚拟已到极致。

以枚乘《七发》为例："其始起也，洪淋淋焉，若白鹭之下翔。其少进也，浩浩溰溰，如素车白马帷盖之张。其波涌而云乱，扰扰焉如三军之腾装。其旁作而奔起也，飘飘焉如轻车之勒兵。六驾蛟龙，附从太白，纯驰浩蜺，前后络驿。"作者略形取神，用比喻和夸张描绘江涛纵横开阖波澜迭起的景象，彩绘藻饰过于虚夸；司马相如《上林赋》："汩乎混流，顺阿而下，赴隘陋之口。触穹石，激堆埼，沸乎暴怒，汹涌滂潰。"这是诗人描绘上林八川分流的水势，诗人把水流出山谷，随物赋形的势态，表现得惟妙惟肖，同时，我们也可以看到其夸饰的特征。

作为对夸饰的反动，左思在《三都赋》序言中对汉赋夸饰过度引起失实提出批判："然相如赋《上林》。而引'卢橘夏熟'，扬雄赋《甘泉》，而陈'玉树青葱'，班固赋《西都》，而叹'以出比目'，张衡赋《西京》，而述以游海若。假称珍怪，以为润色，若斯之类，匪啻于兹。考之果木，则生非其壤；校之神物，则

① 向长清《文心雕龙浅译》，吉林人民出版社 1984 年版，第 324–325 页。

出非其所。于辞则易为藻饰，于义则虚而无征。且夫玉卮无当，虽宝非用；侈言无验，虽丽非经。”[①]左思对汉赋的过分夸饰导致的失实之处进行了详细考订，并认为过于夸饰会以词害义，无可征信，这种不合适的夸饰毫无用处，然后左思提出：“美物者贵依其本，赞事者宜本其实。匪本匪实，览者奚信？”[②]强调“美物”和“赞事”的求实态度。刘勰进一步提出避免过分夸饰的方法是：“若能酌《诗》《书》之旷旨，翦扬马之甚泰，使夸而有节，饰而不诬，亦可谓之懿也。”[③]刘勰对夸饰的分寸的要求是“夸而有节，饰而不诬”。

从谢灵运《山居赋》来看，作者吸收了汉大赋传统的手法，层层铺写了始宁墅的地理位置、自然风光、水陆物产、建筑布局以及个人的山居生活，但是其中多属客观性的写真，一如其自序所言：“叙山野草木水石谷稼之事……去饰取素。”[④]这是非常自信的创变信念，而要“废张、左之艳辞”[⑤]，说明他“去饰”的力度和创变的彻底，这种对山水纪行赋的写实性要求似乎比左思的《三都赋》还要严格；如其中写道：“求归其路，乃界北山。栈道倾亏，蹬阁连卷。复有水径，缭绕回圆。弥弥平湖，泓泓澄渊。孤岸竦秀，长洲芊绵。既瞻既眺，旷矣悠然。及其二川合流，异源同口。赴隘入险，俱会山首。濑排沙以积丘，峰倚渚以起阜。石倾澜而峭岩，木映波而结薮。径南漘以横前，转北崖而掩后。隐丛灌故悉晨暮，托星宿以知左右。”[⑥]这一段描写，文笔细腻，刻画逼真，绝少夸饰，很好地体现了谢灵运对赋体创变的基本观念，那就是“去饰取素”。

如果拿谢灵运“去饰取素”和左思的“美物”“赞事”进行比较，我们会明显发现左思指出了汉大赋的夸饰的弊端，但是对于改变汉大赋的夸饰缺点的具体方法仅限于一种求实的写作态度。谢灵运却提出了“去饰”的观点，他认为要改变汉大赋过分夸饰的缺点首先应该去掉夸饰，在赋体发展的过程中无疑是一次大胆的尝试，而“取素”则进一步为赋体的创变提出了具体的途径，可以说“取素”作为一种赋体创作的理念，更多要求作者描绘事物简约的、真实的、本质的和独特的方面，这是赋体创作理论的一次大的变革。

---

①《钦定四库全书》，中华书局点校本，集部，总集类，西晋文纪，卷十八。
②《钦定四库全书》，中华书局点校本，集部，总集类，西晋文纪，卷十八。
③ 向长清《文心雕龙浅译》，吉林人民出版社 1984 年版，第 327 页。
④［梁］沈约《宋书》，中华书局 1974 年版，第 1754 页。
⑤［梁］沈约《宋书》，中华书局 1974 年版，第 1754 页。
⑥［梁］沈约《宋书》，中华书局 1974 年版，第 1767–1768 页。

二、扬弃玄理

东晋时期的山水赋作，受方兴未艾的清谈玄风影响是十分明显的。孙绰《遂初赋序》说："余少慕老庄之道，仰慕风流久矣，却感于陵贤妻之言，怅然悟之，乃经始东山，建五亩之宅，带长阜，倚高林，孰与坐华幕击钟鼓者同年而语其乐哉！"[①]作者的玄思在其《游天台山赋》中得到了充分的表达，美丽的山峦，清澈的涧水蒙上了一层对老庄玄思的感悟，他在《游天台山赋》结尾写道："于是游览既周，体静心闲。害马已去，世事都捐。投刃皆虚，目牛无全。凝思幽岩，朗咏长川。尔乃羲和亭午，游气高褰。法鼓琅以振响，众香馥以扬烟，肆觐天宗，爰集通仙。挹以玄玉之膏，漱以华池之泉，散以象外之说，畅以无生之篇。悟遣有之不尽，觉涉无之有间。泯色空以合迹，忽即有而得玄。释二名之同出，消一无于三幡。恣语乐以终日，等寂默于不言，浑万象以冥观，兀同体于自然。"诗人以玄学之虚无，与佛教之色空作为整篇赋的结尾，把解释佛道、玄学的话语强加于自然景物之上，将写景最终归为说理。在郭璞《江赋》，顾恺之《观涛赋》，庾阐《涉江赋》中也有老庄玄思的杂染。

谢灵运的《山居赋》作于宋文帝元嘉元年（424）灵运四十岁时，《山居赋》的内容以诗人隐居始宁墅的真实生活为主，其中也有抒发玄理的地方："哲人不存，怀抱谁质？糟粕犹在，启滕剖帙。见柱下之经二，睹濠上之篇七。承未散之全朴，救已颓於道术。"并自注曰："柱下，老子。濠上，庄子。二、七是篇数也。云此二书最有理，过此以往，皆是圣人之教，独往者所弃。"这段话表明，谢灵运也秉承魏晋以来以《庄子》和《老子》为玄学思辨的理论渊薮，但是很明显，在谢灵运的心目中，所谓最有理的道家哲学和玄学中已经包含了儒家的"圣人之教"。

同时值得注意的还有比较神仙之学和佛学的地方："贱物重己，弃世希灵。骇彼促年，爱是长生。冀浮丘之诱接，望安期之招迎。甘松桂之苦味，夷皮褐以颓形。羡蝉蜕之匪日，抚云霓其若惊。陵名山而屡憩，过岩室而披情。虽未阶于至道，且缅绝于世缨。指松菌而兴言，良未齐於殇彭。"其自注曰："此一章叙仙学者虽未及佛道之高，然出于世表矣。浮丘公是王子乔师，安期先生是马明生师，二事出《列仙传》。《洞真经》云：'今学仙者，亦明师以自发悟，故不辞苦味颓形也。'庄周云：'和以天倪。'倪者崖也。数经历名山，遇余岩室，披露其情性，

①《钦定四库全书》，中华书局点校本，集部，总集类，《汉魏六朝百三家集》卷六十一。

且获长生。方之松菌殇彭，邈然有间也。”

这里谢灵运重在指出神仙之道之所以“未及佛道之高”有两个原因，一是神仙之道以形体上的修炼为主，即所谓“不辞苦味颓形也”，而这种修炼之事与庄子齐生死、等寿夭的观念相比也有高下之别。二是，学仙者也需要有所“发悟”，但是其目的仍然在长生，可见神仙之道缺乏佛教那样的精致的义理。从以上分析可以看出，谢灵运对玄理已经有了自己独特的看法，并采用扬弃的方式来对待和叙述玄理。一方面，谢灵运所谈的玄理已经深深地打上了他“儒道互补”的烙印。另一方面，谢灵运采用“玄佛互证”的方法，更多地肯定佛学的价值。可以说在《山居赋》中谢灵运对玄理的阐释已经表现出扬弃和发展的态度和精神。《山居赋》中的玄理表达直接和谢灵运当时的佛学研究联系在一起，因此表达玄理的方式已经不再牵强和生硬。

谢灵运的《撰征赋》，写诗人沿途所见历史遗迹，纵论古今之事，评品历史人物的功过得失，描绘出了一幅以建康至彭城沿途为中心的漫长历史画卷，无论叙事还是写景，没有涉及玄理。此外，前代山水纪行赋，描写景物往往从“观”“望”出发，赋家主体和所关照的对象之间有一定的距离，主体和客体之间在情感上有一定的隔阂，这也就导致了在赋作中对玄理的阐释和景物描写相互脱节。谢灵运的山水纪行大赋，描写景物是通过“游赏”山水，并且“生活”在山中，主体和客体之间没有距离，在感情上也是交融的。这类山水游览赋基本上综合了纪行赋与咏物赋两者的特点而成，挣脱了谈无说有的玄言习惯，用心描绘山水美景，达到了较高的境界。

三、用感其心

“用感其心”这一观念出自谢灵运《归途赋》序文，它的含义是赋体创作要抒发内心深处的感怀。纵观刘歆《遂初赋》、班固《北征赋》、班昭《东征赋》和蔡邕《述行赋》，到曹植《述行赋》《述征赋》和《东征赋》，王粲《初征赋》等纪行赋，虽然在描写所见景物的同时，也抒发自己的感慨，但是如果我们仔细分析就会发现这种感慨更多是外在于描写对象的一种感怀。真正有意识地在山水纪行赋中抒发真情实感，还要说是从谢灵运开始的。如在《撰征赋》序中说：“于是采访故老，寻履往迹，而远感深慨，痛心殒涕，遂写集闻，作赋《撰征》。”

谢灵运在《罗浮山赋》序中：“正与梦中意相会，遂感而作《罗浮山赋》。”又在《感时赋》序中说：“夫逝物之感，有生所同。颓年放悲，时惧其速。岂能记怀，乃作斯赋。”三篇赋序强调诗人自己内心的感受，而这种感受又是诗人对事物的有针对性的真情实感。

谢灵运《归途赋》序又说："昔文章之士，多作行旅赋，或欣在观国，或怵在斥徒，或述职邦邑，或羁役戎陈。事由于外，兴不自已。虽高才可推，求怀未惬。今量分告退，反身草泽，经途履运，用感其心。"① 序言中谈到了纪行赋的四种类型，认为前人纪行赋，虽然才气颇高，但是所抒发的并不是自己内心的真情实感，而他这篇《归途赋》的创作宗旨却是十分明确的，那就是"经途履运，用感其心"，注重的是诗人心灵深处的情感抒发。

谢灵运《撰征赋》回顾西晋"内慢神器，外侮戎狄，君子横流，庶萌分析"而遭致灭亡，溢美刘裕"相国宋公，得一居贞，回干运轴，内匡寰表，外清遐陬"，歌颂其曾祖谢安，祖父谢玄"晏皇途于国内，震天威于河外。扫东齐而已宁，指西崤而将泰"的巨大功绩，斥责王敦"怙宠而判违"，谋图篡夺；批评三国吕布"假父子以诈爱，借兄弟以伪恩，相魏武以谲狂，宄谟奋于东藩"的奸诈，感叹项羽"杀义害婴""继贤不策"的失算和最终"对骏骓以发愤，伤虞姝于末词"的悲惨结局；对东晋王朝的前途充满希望，流露出济世救物，干一番事业的政治激情，实际上也是诗人济世救物的真情表达。

四、赋中自注

在赋中自注应该也是谢灵运在赋体创变中的一个突破。为此笔者对《文选》收录的赋和骚做了细致调查，结果表明，《文选》从卷一到卷十九收录十五类赋作。京都类收入八篇，其中张衡《西京赋》《东京赋》和《南都赋》李善引用了薛综注并说："旧注是者，因而留之，并于篇首题其姓名，其有乖缪，臣乃具释，并称臣善，以别之，他皆类此。"② 左思《三都赋序》由李渊林注，《三都赋》由张载作注。郊祀类收入一篇，扬雄《甘泉赋》其中有旧注，但不是自注。耕籍类一篇。田猎类选五篇，其中司马相如《上林赋》和《子虚赋》李善采用了郭璞的注，潘岳《射雉赋》有徐爰注。纪行类三篇，游览类三篇，宫殿类两篇。其中王延寿《鲁灵光殿赋并序》张载注。江海类两篇，物色类四篇，鸟兽类五篇，志类四篇。其中张衡《思玄赋》有别人的旧注，李善引用。哀伤类七篇，论文类一篇，音乐类六篇，情类四篇。

《文选》一共收入五十六篇。其中除了以上说明注释情况之外，其余都是李

①《钦定四库全书》，中华书局点校本，集部，总集类，《宋文纪》卷十。

②《钦定四库全书》，中华书局点校本，集部，总集类，《文选注》卷二。

善注。另外《文选》卷三十四收入枚乘《七发》八首，曹植《七启》八首，《文选》卷三十五收入张景阳《七命》八首，《文选》卷三十三收入屈原《离骚》一首，《九歌》四首，《文选》卷三十二收入屈原《九歌》二首，《九章》一首，《卜居》一首，《渔父》一首，宋玉《九辩》五首，《招魂》一首，刘安《招隐士》一首。以上均是李善注。这样可以说起码在《文选》收录的赋作中没有见到赋中有自注情况。那么，谢灵运《山居赋》中的自注就成了谢灵运赋体创变的一个闪光点。

注文在体例上是对正文的解释和说明，它从属于正文，往往内容不会太多，重点是注释地名、人名、典故等，帮助读者了解正文。但是谢灵运《山居赋》的自注却别有一番意味。

首先，《山居赋》正文是赋体的形式，讲究押韵和对仗，但是自注采用清丽散放，疏朗畅达的文笔，既是对正文的补充和说明，又是生动感人的自得之笔。如其正文说："选自然之神丽，尽高栖之意得。"而自注说："余祖车骑建大功淮、肥，江左得免横流之祸。后及太傅既薨，远图已辍，于是便求解驾东归，以避君侧之乱。废兴隐显，当是贤达之心，故选神丽之所，以申高栖之意，经始山川，实基于此。"自注不仅把"神丽之所"解释为其曾祖灵魂之归宿，婉转地表达谢氏家族的素退家风，为自己隐居寻找到了合适不过的借口。正文说："年与疾而偕来，志乘拙而俱旋。"自注说："性情各有所便，山居是其宜也。"自注补充了正文年龄和疾病之外的原因是性情适宜隐居，诗人随性适己的心理才是更重要的理由。正文说："近东则上田、下湖、西溪、南谷、石埭、石滂、闵硎、黄竹。决飞泉于百仞，森高薄于千麓。"注文说："得石埭，以石为阻，故谓为埭。石滂在西谿之东，从縣南入九里，两面峻峭数十丈，水自上飞下，比至外谿，封墱十数里，皆飞流迅激，左右岩壁绿竹。"注文对正文中的地点作了具体描绘，注文不仅没有正文堆砌地名形成的板滞沉闷，而且给人以迂回婉转的流畅和通达；而最传神的是"水自上飞下"一句，是对正文中"决飞泉于百仞"的说明，但是一个"飞"字，用作动词把水拟人化，凸出水的活力，比把"飞"用在"泉"前面更能给人以视觉上的冲击。

其次，如果说正文讲究语言铺排的话，自注则显得更有大自然的天然生趣。如正文有"塄崩飞于东峭"之句，自注说："塄者谓回江岑，在其山居之南界，有石跳出，将崩江中，行者莫不骇栗。"其中"有石跳出，将崩江中"给读者留下了很大的想象空间，"石"在这里应该指嶙峋的小石山，"跳"字的使用颇具匠心，诗人打破了人的惯性思维翻出新意，静态的石头竟然"跳"了起来，给人以突兀之感，甚是吓人，这是自然的神奇，"崩"字不仅有崩裂的形象而且有奔走的意蕴，说明山石紧靠江边，好像一个阴森的巨人向你走来，自然使人惊骇不已。正文有“崐涨缅旷”，“水回沈而萦浥”；而自注说：“涨者，沙始起将欲成屿，纵横无常，于一处回沈相萦扰也。”自注中“涨”字和“将欲”连在一起，诗人写沙屿的形成过程，是什么使“沙”涨起来呢？诗人形象地表达了自然界变化莫测的力量。

正文有“若乃南北两居，水通陆阻。观风瞻云，方知厥所”之句，而自注说：“两居谓南北两处，各有居止。峰崿阻绝，水道通耳。观风瞻云，然后方知其处所。”自注用散句，解释正文，给人亲切和自然的感受，也是对自然情景的展开。由上面分析可以看出，谢灵运《山居赋》的自注不仅开风气之先，而且具有较高的文学价值。

第三节　谢灵运赋作的迷人魅力

《宋书》全文收录谢灵运《撰征赋》和《山居赋》，《隋书》载：“《赋集》九十二卷，谢灵运撰。”[①] 明张溥辑《汉魏六朝百三家集》卷六十五，收谢灵运赋作十四篇：“《伤己赋》《逸民赋》《入道至人赋》《孝感赋》《感时赋》《怨晓月赋》《江妃赋》《山居赋》《罗浮山赋》《归途赋》《岭表赋》《长溪赋》《撰征赋》《辞禄赋》。”[②] 其中《山居赋》和《撰征赋》是山水纪行赋的杰作，综观谢灵运的赋的创作，我们可以领略经过其长期探索和实践达到的融通创变的特色，及其迷人的魅力。

一、贞观厥美的《山居赋》

《山居赋》是谢灵运描写其祖传故居始宁墅的长篇大赋。有学者从相关资料和本赋内容考察，确定了此赋的写作时间。因为谢灵运《昙隆法师诔》序谈道：“余时谢病东山，承风遥羡，岂望人期，颇以山招。法师至止，鄙人荣役。”谢灵运和昙隆法师于景平二年（424）开始相见于始宁，诔中又有“披法言而共卷者，再历寒暑”之句，说明昙隆在此居住了两年，至元嘉三年（426）谢灵运被诏进京，二人才分别。又因谢灵运在《山居赋》中记载了和昙隆法师郊游之事：“苦节之僧，明发怀抱……是游是憩，倚石构草。寒暑有移，至业莫矫。”以“寒暑有移”和“再

①《钦定四库全书》，中华书局点校本，史部，正史类，《隋书》卷三十五。

②《钦定四库全书》，中华书局点校本，集部，总集类，《汉魏六朝百三家集》卷六十五。

历寒暑”之不同，知其写赋时距昙隆之来游方才一年，此赋作于元嘉元年[①]。

在晋宋时代，由于皇室对土地管理的松懈，各地士族家庭依靠自己家族的经济实力，大兴土木修建各类庄园，孔灵符就在“永兴立墅，周回三十三里，水陆地二百六十五顷，含带二山，又有果园九处”[②]。徐湛之也是“广陵城旧有高楼，湛之更加修整，南望钟山。城北有陂泽，水物丰盛。湛之更起风亭、月观、吹台、琴室、果竹繁茂，花药成行，召集文士，尽游玩之适，一时之盛也”[③]。始宁墅则是谢氏家族的祖先留下的庞大的庄园。

《山居赋》就是谢灵运根据在自己庄园始宁墅居住修养时的情况写的一篇赋作。这篇赋的序言交代写作宗旨：“古巢居穴处曰岩栖，栋宇居山曰山居，在林野曰丘园，在郊郭曰城傍，四者不同，可以理推。言心也，黄屋实不殊于汾阳。……今所赋既非京都宫观游猎声色之盛，而叙山野草木水石谷稼之事，才乏昔人，心放俗外，咏于文则可勉而就之，求丽，邈以远矣。览者废张、左之艳辞，寻台、皓之深意，去饰取素，傥值其心耳。意实言表，而书不尽，遗迹索意，托之有赏。”谢灵运认为隐逸有四种方式：岩栖、山居、丘园、城傍，他是属于山居的隐士；“抱疾就闲，顺从性情”是谢灵运隐退的主要原因；从序文里可以看出，本赋在题材上已突破前人“京都宫观游猎声色之盛”的传统内容，选择“山野草木水石谷稼之事”为本赋的主要描写对象，在表现方法上，摒弃汉大赋“瑰辞丽说”的习惯，采用“去饰取索”方法，在开启元嘉赋写实事、重真情的赋风上，起了先驱者的作用，全赋从五个方面写了谢灵运的隐居生活。

其一，经过仕途的挫折，谢灵运践行佛学“虑淡物自轻”的思想，企求通过隐逸这条途径来缓减仕途的疲劳和不适：“谢子卧疾山顶，览古人遗书，与其意合，悠然而笑曰：夫道可重，故物为轻；理宜存，故事斯忘。……选自然之神丽，尽高栖之意得。仰前哲之遗训，俯性情之所便。奉微躯以宴息，保自事以乘闲。愧班生之夙悟，惭尚子之晚研。年与疾而偕来，志乘拙而俱旋。谢平生于知游，栖清旷于山川。”从行文看出谢灵运忘情于山居养性，对仕宦和宏愿已抛之脑后，但是，当他再次踏入仕途后，随兴之所至，多愆礼度，结果再受打击，可见，此次山居修养只是谢灵运一时之冲动，并没有真正摆脱仕宦的诱惑。

其二，谢灵运详尽地描绘了始宁墅的地理位置：“其居也，左潮右江，往渚还汀。面山背阜，东阻西倾。抱含吸吐。款跨纡萦。绵联邪恒、侧直齐平”。可

① 李雁《谢灵运研究》，人民文学出版社2005年版，第164页。

②［梁］沈约《宋书》，中华书局1974年版，第1533页。

③［梁］沈约《宋书》，中华书局1974年版，第1847页。

见始宁墅山水环绕，环境清幽，得天独厚，美不胜收。然后作者分别从近东、近南、近西、近北、远东、远南、远西、远北八个方位详尽地描述山岳形势、河流走向。

其三，谢灵运历数始宁墅的来历、扩建的经过、整体构成、物产等情况："尔其旧居，曩宅今园，枌槿尚援，基井具存。曲术周乎前后，直陌矗其东西。岂伊临溪而傍沼，乃抱阜而带山。……风生浪于兰渚，日倒景于椒涂。飞渐榭于中沚，取水月之欢娱。旦延阴而物清，夕栖芬而气敷。顾情交之永绝，觊云客之暂如。"文中可见，始宁墅包括园、田、湖、山四大部分；种植秫、粳、麻、麦、粟、菽等，还盛产草、木、竹、鱼、鸟、兽等，种类繁多不胜枚举。

其四，写诗人修建招提精舍，和昙隆、法流二法师在山中之游，叙述仙学者虽未及佛道之高，然出于世表，同时写在山里采拾诸事，最后介绍了园内建的经台、禅室，南山为卜居之地，北山有石壁精舍，重点介绍了巫湖："弥弥平湖，泓泓澄渊。孤岸竦秀，长洲芊绵。……连冈则积岭以隐嶙，举峰则群竦以巀嶭。浮泉飞流以写空，沉波潜溢于洞穴。"谢灵运从湖面、湖岸、湖州、湖的水源等各个方面写来，着力表现巫湖景色秀美，叙述详细，且有人物的活动。

其五，描写诗人的山居生活："春秋有待，朝夕须资。既耕以饭，亦桑贸衣。艺菜当肴，采药救颓。自外何事，顺性靡违。法音晨听，放生夕归。研书赏理，敷文奏怀。凡厥意谓，扬较以挥。且列于言，诫特此推。"作者分别从饮食服药，皈依佛法、欣赏古籍、文学创作、品评古今等方面加以具体陈述。谢灵运家产丰厚，又素具家学传统，藏书丰富，见其生活富足。接着写诗人的心情："暨其窈窕幽深，寂寞虚远。事与情乖，理与形反。既耳目之靡端，岂足迹之所践。蕴终古于三季，俟通明于五眼。权近虑以停笔，抑浅知而绝简。"

可见谢灵运在山居期间的心情是极为矛盾的，一方面，他与自然融为一体，尽情享受自然风光和消闲的自由；另一方面，谢灵运又极为孤独，思想上很不平静，他深深地感到自己的济世宏愿在这样的享受中是不会实现的，于是，他在学术上积极钻研，并且趁山居"多暇日"之机，创作了大量的山水诗。

二、济世救物的《撰征赋》

谢灵运义熙元年（405）入仕。据《宋书》本传载，是年三月，谢灵运即为琅琊王司马德文大司马行参军。五月，为抚军将军刘毅记室参军。第二年，刘毅由历阳移镇姑孰（今安徽当涂县），谢灵运为刘毅记室参军。谢灵运追随刘毅的七年之中，可能除了常规的事情外，谢灵运好像也没有被重用，更大的可能是在等待时机。从义熙八年（412）十一月，刘裕至江陵，谢灵运改依刘裕，为太尉参军；到永初三年（422），出灵运为永嘉太守的这十年中，一件重要的事情是谢灵运劳军彭城撰写了《撰征赋》。

《撰征赋》是谢灵运抒写自己劳军彭城一路所感的纪行赋。根据史料记载，刘裕出征北伐，先于义熙十二年十月北伐围金墉，后秦姚泓弟降。至义熙十三年七月晋军分两路西征关中：其一由沈田子率部入武关，其二由王镇恶、朱超石等自潼关直取长安。八月镇恶破长安，姚泓请降，后秦亡。即《撰征赋》所谓“曾不逾月，二方献捷，宏功懋德，独绝古今”，即写此事。由本赋可知谢灵运此次奉使劳军的时间。一直以来，学界皆以赋序云“以义熙十二年五月丁酉，敬戒九伐，申命六军，治兵于京畿”一段，把谢灵运劳军之事定在义熙十二年刘裕北伐之前。然而以朝廷慰劳大军的惯例，慰劳大军当在凯旋之后。观序文其后又云：“所以钩棘未曜，殒前禽于金墉；威弧始彀，走钑隼于滑台，曾不踰月，二方献捷。宏功懋德，独绝古今。天子感《东山》之劬劳，庆格天之光大，明发兴于鉴寐，使臣遵于原隰。”又赋文亦曰：“讯三翼以鱼丽，襄两服以雁逝。阵未列于都甸，威已振于秦、蓟。洒严霜于渭城，被和风于洛汭。就终古以比猷，考坟册而莫契……庆金墉之凯定，眷戎车之迁时。伫千里而感远，涉弦望而怀期。诏微臣以劳问，奉王命于河湄。”可知谢灵运劳军实在刘裕西征归来后之义熙十三年冬。《撰征赋》是谢灵运济世情感和关注民生表现很集中的一篇赋作，诗人从三个方面表现了其济世情怀。

其一，对西晋王朝的覆亡感到痛心。他在《撰征赋》中云：“皇晋□□河汾，来迁吴楚，数历九世，年踰十纪，西秦无一援之望，东周有三辱之愤，可谓积祸缠衅，固已久矣。况乃陵茔幽翳，情敬莫遂，日月推薄，帝心弥远。”诗人认为，西晋王朝覆亡后，江山分崩离析，无奈迁都吴楚。而东晋朝廷偏安江左已近百年却无所作为。历史上“西秦无一援之望”却一统天下，而“东周有三辱之愤”，就是“积祸缠衅”的缘故。东晋皇室的祖坟远在江北，“陵茔幽翳”，祭奠之敬也因路途阻隔未能实现。随着日月的推移，皇帝恢复中原的愿望越来越淡薄。更让他不能释怀的是永嘉之乱，他在《撰征赋》中云：“览永嘉之紊维，寻建武之缉纲。于时内慢神器，外侮戎狄。君子横流，庶萌分析。”他认为永嘉之乱是因为西晋朝廷的内部纷争和北方戎狄的外部入侵，导致江山社稷的倾覆，结果士族大夫和皇室贵族居无定所，四处漂流，庶民百姓分崩离析。告诫刘宋王朝，前车之鉴乃后世之师。

其二，钦赞刘裕北伐战绩。谢灵运对于北伐将士和北伐之战抱有赞赏的态度，无论是对出征前的准备，还是战争的胜利都有详细的描述。他在《撰征赋》中云：

"惟王建国，辨方定隅，内外既正，华夷有殊。……顺天行诛，司典详刑。树牙选徒，秉钺抗旍。弧矢罄楚孝之心智，戈棘单吴子之精灵。"诗人认为自夏建邦，即安定边隅，内外平定，华夷有别，"顺天行诛，司典详刑"。刘裕选拔精兵强将，手持坚兵利刃，沿路旌旗飘扬。制作弓箭用尽了"楚孝"的心智，打造兵器费尽了"吴子"的精力。意在说明刘裕率师伐后秦准备充分。接着《撰征赋》又写了刘裕率师远征收复洛阳的胜利，也表达了诗人由衷的喜悦："值天祚攸兴，昧弱授机。龟筮元谋，符瑞景征。于是仰祗俯协，顺天从兆，兴止戈之师，躬暂劳之讨。以义熙十有二年五月丁酉，敬戒九伐，申命六军，治兵于京畿，次师于汳上。灵槛千艘，雷辎万乘，羽骑盈涂，飞旍蔽日。别命群帅，诲谟惠策，法奇于《三略》，义秘于《六韬》。所以钩棘未曜，殒前禽于金墉，威弧始彀，走钑隼于滑台，曾不逾月，二方献捷。"谢灵运描述，时值天降洪福，暗授玄机，龟筮元谋，呈现吉祥。于是刘裕就顺从天意和吉祥的征兆，起兵攻打不义之师。在义熙十二年五月丁酉，北伐大军奉命远征。大军在都城周围集结训练，后来又驻扎在"汳上"以待君命。出征场面威武壮观，战舰有千艘，战车有万乘，骑兵挤满了道路，旌旗遮天蔽日。将帅群策群力，战争策略比《三略》还神奇，战术比《六韬》还要精密。所以大军还未到达，敌军已经闻风丧胆，在金墉和滑台两个战场，没过一月就传来捷报。

其三，溢美谢安、谢玄。谢灵运对祖辈在淝水之战中所建立的卓越功勋更是赞美备至。首先，他歌颂东晋的中兴名臣谢安的文治和武略，他在《撰征赋》中云："造步丘而长想，钦太傅之遗武。思嘉遁之馀风，绍素履之落绪。民志应而愿税，国屯难而思抚。譬乘舟之待楫，象提钓之假缕。总出入于和就，兼仁用于默语。弘九流以桔四维，复先陵而清旧宇。却西州之成功，指东山之归予。惜图南之启运，恨鹏翼之未举。"诗人漫步山丘回忆起曾祖谢安，谢安文武兼备，为人磊落大方。由于顺应民愿，淝水之战得到了百姓的普遍支持。当东晋王朝遭遇到前秦苻坚的威胁时，谢安想到了自己有责任担当起抵抗前秦的重任。就像乘船要用船桨，垂钓要用鱼篓。谢安谦和仁义出处自如，取得淝水之战的胜利。有功于朝廷，却隐逸东山。谢灵运认为，功成身退是可取，但社稷一统的愿望未遂，实令人遗憾。其次，他盛赞祖父谢玄。他在《撰征赋》中云："感皇祖之徽德，爰识冲而量渊。降俊明以镜鉴，回风猷以昭宣，道既底于国难，惠有覃于黎元。士颂歌于政教，民谣咏于渥恩。兼《采芑》之致美，协《汉广》之发言。强虎氏之搏翼，瀱云纲于所禁。驱黔萌以蕴崇；取园陵而湮沈。锡残落于河西，序沦胥于汉阴。攻方城而折扃，扰谯、颖其谁任。世阙才而贻乱，时得贤而兴治。……中华免夫左衽，江表此焉缓带。既克黜于肥、六，又作镇于彭、沛。晏皇涂于国内，震天威于河外。扫东齐而已宁，指西峭而将泰。”

谢灵运认为，其祖父维护社稷一统，泽被后世，可比周宣王、管仲。士人赞扬谢玄的德政，黎民百姓用民谣咏唱他的洪恩。《诗经》中的《采芑》和《汉广》颂扬周宣王在平定淮夷、征讨徐戎，北伐玁狁、南克荆蛮的历次战役中所建的功绩。以此来说明谢玄的丰功伟绩。“晏皇涂于国内，震天威于河外。扫东齐而已宁，指西峭而将泰。”诗人认为如果缺少旷世之才来拯救国难，那么终究会出现分崩离析的动乱局面，但是如果有了像周宣王、管仲、谢玄这样的济世之杰，那么，国家就会出现大治而兴盛，人民也可免受凌辱。谢灵运的山水纪行大赋不仅继承了汉大赋的特点，而且在题材、表现手法上都有突破，《撰征赋》以歌颂刘裕的丰功伟绩为出发点，行文中表现出诗人积极用世和成就大业的雄心。

三、新鲜活泼的抒情小赋

东汉中后期，从张衡《归田赋》开始，抒情小赋逐渐兴盛起来，蔡邕的《述行赋》、赵壹《刺世疾邪赋》等新体抒情小赋，闪耀着特异的光芒，在辞赋演变史上开启了魏晋抒情小赋的先河。魏晋时期，抒情小赋成为时代主流，王粲的《登楼赋》悲“世积乱离”；鲁褒《钱神论》、王沈《释时论》、孔稚圭《北山移文》讽社会弊病；曹植《洛神赋》、向秀的《思旧赋》、陆机的《叹逝赋》、潘岳《秋兴赋》、陶渊明《归去来兮辞》等叙述个人情感，丰富了魏晋抒情小赋的内涵。元嘉之际，抒情小赋以傅亮《登龙岗赋》《征思赋》；谢灵运《伤己赋》《逸民赋》《入道至人赋》《孝感赋》《感时赋》《怨晓月赋》《江妃赋》；谢庄《山夜忧吟》和《月赋》；颜延之《行殣赋》；谢惠连《雪赋》等最为有名。谢灵运的抒情小赋和他的山水大赋相得益彰，在表现的内容上更多地倾注了自己的真情实感，表达自己对美好的理想难以实现的愤懑，抒发自己渴求知己赏识的情绪，表现了对隐逸生活的向往。

其一，伤感人事。谢灵运《伤己赋》曰：“嗟夫，卞赏珍于连城，孙别骏于千里。彼珍骏以贻爱，此陋容其敢拟。丁旷代之渥惠，遭谬眷于君子。眺徂岁之骤经，睹芳春之每始。始春芳而羡物，终岁徂而感己。貌憔悴以衰形，意幽翳而苦心。出衾裯而载坐，辟襜幌以回临。望步檐而周流，眺幽闺之清阴。想轻綦之往迹，飡和声之馀音。播芬烟而不熏，张明镜而不照。歌《白华》而绝曲，奏《蒲生》之促调。”[①] 首先，肯定自己和刘义真的人品：“卞赏珍于连城，孙别骏于千

①《钦定四库全书》，中华书局点校本，子部，类书类，《艺文类聚》卷三十四。

里。彼珍骏以贻爱，此陋容其敢拟。丁旷代之渥惠，遭谬眷于君子”，诗人以和氏璧、千里马自喻，以卞和、孙阳比喻刘义真。言说诗人自己和刘义真都具有超人的才智，以及两人之间的真挚友情。其次，用运典故表达离别的感情：“歌《白华》而绝曲，奏《蒲生》之促调。”据谢灵运《山居赋》曰：“秦筝倡而溯游往，唐上奏而旧爱还。”自注：“秦筝倡《蒹葭》篇，唐上奏《蒲生》诗，皆感物致赋。”由此可知“蒲生”来源于曹操《塘上行》：“蒲生我池中，其叶何离离。”曹操诗写“众口铄黄金，使君生别离”的愁苦，谢灵运用以抒发对刘义真的思念之情。再次，睹物思人：“始春芳而羡物，终岁徂而感已。”大地回春万物复苏，让诗人感到万物依旧周而复始地变化，但是自己的好友刘义真却已经不在眼前了。字里行间表现出诗人痛失好友的伤感和时不我待的慨叹。

谢灵运《怨晓月赋》也表达了自己对晓月盈而复亏，美景难再的伤感：“卧洞房兮当何悦，灭华烛兮弄晓月。昨三五兮既满，今二八兮将缺。浮云褰兮收泛滟，明舒照兮殊皎洁。墀除兮镜鉴，房栊兮澄彻。”[①]晓月澄照，引起深居庭内的诗人的欢愉，但明烛一灭再待欣赏时，蓦然伤感于晓月十五月圆，十六月亏。赋中之景，清幽而空灵，若仙境而不久存，其景幽，其情怨，既静谧，又让人心冷而神伤，具有淡淡的凄美和哀怨。表现出诗人对人生短暂的感怀，每句当中用一个“兮”字，使赋作表现出婉转动人的情调。

其二，眷恋故乡。谢灵运《孝感赋》曰：“举高墙于杨潭，眇投迹于炎州。贯庐江之长路，出彭蠡而南浮，于时月孟节季，岁亦告暨，离乡眷壤，改时怀气，恋丘坟而萦心，忆桑梓而零泪，孟积雪而抽笋，王斫冰以鲙鲜，荑柔叶于枯木，起春波于寒川，顾微心之庸褊，谢精灵于昭晰，拥永慕而莫从，曾遐感而靡彻。”[②]“岁亦告暨”谓元嘉九年（432）岁初。暨至，到也。元嘉八年，谢灵运出任临川内史，元嘉九年春，谢灵运乘舟由长江南下，途中作本赋以及《入彭蠡湖口》等诗。赋作一开始就写诗人辗转于“杨潭”和“炎州”，奔波于“庐江”和“彭蠡”，透露出一种疲于奔命的心态。接着写对故乡的眷恋：“离乡眷壤，改时怀气，恋丘坟而萦心，忆桑梓而零泪。”诗句中表达出诗人由于远离故乡而思乡的心情更加迫切，一想到家乡的丘坟就会泪流满面。接着通过写景物变化：“孟积雪而抽笋，王斫冰以鲙鲜，荑柔叶于枯木，起春波于寒川。”意在说明黑暗过去就是光明，苦难过去就是幸福，可见诗人当时正在经历着人生的苦难，渴望时来运转。最后是谢灵运的感悟：“顾微心之庸褊，谢精灵于昭晰，拥永慕而莫从，

①《钦定四库全书》，中华书局点校本，子部，类书类，《艺文类聚》卷一。
②《钦定四库全书》，中华书局点校本，子部，类书类，《艺文类聚》卷二十。

曾遐感而靡彻。”说明诗人曾经误入歧途，是佛理使他发悟。整篇赋作重在写诗人面对人生挫折时更加充满了对家乡的眷恋。

而《逸民赋》则是作者对隐逸生活的赞美：“于天唯舍唯用，其见也则如游龙，其潜也则如隐凤。来无所从，去无所至，有酒则舞，无酒则醒，不明不晦，不昧不贞。萧条秋首，葳蕤春中，弄琴明月，酌酒和风。御清风以远路，拂白云而峻与，指寰中以为期，望系外而延伫。”① 如果说前首赋是对故乡的思念，则此首赋则是对无忧无虑、自由自在生活的羡慕。清风明月，琴韵酒舞，白云龙凤，一方清丽缥缈之境，有着来去无由、不分明晦，弄琴酌酒之人。但如此梦境，作者只能“指寰中以为期，望系外而延伫”，那种幽怨在欣羡中愈益幽怨。

其三，赋中释“道”。谢灵运《江妃赋》在《汉魏六朝百三家集》中分两篇：《江妃赋》曰：“招魂定情，洛神清思，覃曩日之敷陈，尽古来之妍媚，矧今日之逢迎，迈前世之灵异，姿非定容。服无常度，两宜观嚬，俱适华素，于时升月隐山，落日映屿，收霞敛色，回飙拂渚。每驰情于晨暮，矧良遇之莫叙，投明璜以申赠，觊色授而魂与。沈分湘岸，延情苍阴，隔山川之表里，判天地之浮沉，承嘉约于往昔。宁更贰于在今。傥借访于交甫。知斯言之可谌，兰音未吐，红颜若晖，留眄光溢，动袂芳菲。散云辔之络绎，按灵辎而徘徊，建羽旌而逶迤，奏清管之依微。虑一别之长绝，眇天末而永违。”②《又江妃赋》：“小腰微骨，朱衣皓齿，绵视腾来，靡容腻理，嗟佳人之眇迈，眺霄际而皓语，惧展爱之未期，抑倾念而蹔伫。天台二娥，宫亭双媛，青袿神接，紫衣形见。或飘翰凌烟，或潜泳浮海，万里俄顷，寸阴未改，事虽假于云物，心常得于无待。”③

而在《艺文类聚》中是把以上两篇揉合在了一起，其辞曰：“招魂定情，洛神清思，覃曩日之敷陈，尽古来之妍媚。矧今日之逢迎，迈前世之灵异。小腰微骨，朱衣皓齿，绵视腾采，靡肤腻理，姿非定容。服无常度，两宜欢颦，俱适华素，于时升月隐山，落日映屿，收霞敛色，回飙拂渚。每驰情于晨暮，矧良遇之莫叙，投明璜以申赠，觊色授而魂与。嗟佳人之眇遇，眺霄际而告语。惧展爱之未期，抑倾念而暂伫。天台二娥，宫亭双媛，青袿神接，紫衣形见。或飘翰凌烟，或潜泳浮海，万里俄顷，寸阴未改。事虽假于云物，心常得于无待。况分岫湘岸，延情苍阴，隔山川之表里，判天地之浮沉，承嘉约于往昔。宁更贰于在今。傥借访于交甫。知斯言之可谌，兰音未吐，红颜若晖，留眄光溢，动袂芳菲。散云辔

①《钦定四库全书》，中华书局点校本，子部，类书类，《艺文类聚》卷三十六。
②《钦定四库全书》，中华书局点校本，集部，总集类，《汉魏六朝三百家集》卷三十六。
③《钦定四库全书》，中华书局点校本，集部，总集类，《汉魏六朝三百家集》卷三十六。

之络驿，案灵辎而徘徊，建羽旌而逶迤，奏清管之依微。虑一别之长绝，眇天末而永违。”[①]

从《汉魏六朝百三家集》和《艺文类聚》收录的《江妃赋》看，有两点不同：一是《汉魏六朝百三家集》把对江妃的描写从正文中分了出来，成为两部分；而《艺文类聚》却是把两者合了起来。二是《汉魏六朝百三家集》中“沈分湘岸”一句，到《艺文类聚》成为：“况分岫湘岸”，其余皆同。

谢灵运《江妃赋》基本围绕《庄子·天道》中的藐姑山神人展开赋文，全篇从几个方面表达谢灵运对《庄子》中的“道”的理解：其一，营造了一个清丽缥缈、澄彻空灵的艺术意境，是“道”的“广广乎其无不容也，渊渊乎其不可测也”[②]的艺术再现和生动解释。其二，塑造了一个美丽无比的江妃形象，其行动是“万里俄顷、寸阴未改。事虽假于云物，心常得于无待”，她与《庄子·逍遥游》中“肌肤若冰雪，绰约若处子，不食五谷，吸风饮露，乘云气，御飞龙，而游乎四海之外”[③]的藐姑山神人一样，美丽非凡，自由自在，人难接触。因此，江妃也可看作是谢灵运追求的“道”的化身。其三，《江妃赋》生动地描绘了作者意欲与江妃相交而惊惧难成的情况：“投明璜以申赠，觊色授而魂与。嗟佳人之眇遇，眺霄际而告语。惧展爱之未期，抑倾念而暂伫。”其中连用“投、觊、嗟、眺、惧、抑”六个动词，把谢灵运复杂矛盾的心情展露无遗。

由此，我们可以领悟到谢灵运“情用赏为美”的审美理想，以及谢灵运独特的山水空灵的审美追求。诚如《入道至人赋》所言：“爰有名外之至人，乃入道而馆真，荒聪明以削智，遁支体以逃身。于是卜居千仞，左石穷悬，幽庭虚绝，荒帐成烟。水纵横以触石，日参差于云中。飞英明于对溜，积氤氲而为峰。推天地于一物，横四海于寸心，超埃尘以贞观，何落落此胸襟。”[④]谢灵运适此仙境就是为了“乃入道而馆真”，是为了“超埃尘以贞观”，从而求得“推天地于一物，横四海于寸心”的落落胸襟，求得精神上的审美悟道的自由，实现《江妃赋》中“事虽假于云物，心常得于无待”的境界。

---

①《钦定四库全书》，中华书局点校本，子部，类书类，《艺文类聚》卷七十九。

② 陈鼓应《庄子今注今译》，中华书局 1983 年版，第 354 页。

③ 陈鼓应《庄子今注今译》，中华书局 1983 年版，第 21 页。

④《钦定四库全书》，中华书局点校本，子部，类书类，《艺文类聚》卷三十六。

第5章

鲍照对玄言诗的改制及其对诗体的拓展

玄言诗是魏晋玄学结出的果实。老庄说“意之所随者，不可以言传也”[①]，强调意义指向的模糊性给语言表达带来了困难，为此《周易》提出了通过“象”这一中介来解决语言在表达圣人思想时存在的不足，所谓“圣人立象以尽意”[②]就是这个意思。王弼进而提出“得意而忘象”[③]的观点，这实际上也是满足于对抽象意义的获得，而抛弃对具体事物的关照。荀粲“言不尽意”的言论更加明确强调对意的追寻不能依靠语言，言外之意是要通过体悟才能把握圣人的思想。向秀和郭象向往“独化于玄冥之境”，骨子里也是非常浪漫的本体探索。质言之，思想家们关注的是以悟道得意的终极目标。这种以道为本，自然无为，空虚玄妙的思想使人们摆脱了对眼前事物的关注和执着，开始追求现实社会之外的东西，从而解决了魏晋士人面对社会冲突给他们带来的精神苦痛，使他们摆脱了纲常礼教的压抑和束缚。伴随着魏晋士人个性的觉醒和对自由的精神境界的追求，玄言诗就在他们超脱的胸襟里萌芽起来。

王羲之《兰亭诗》：“群籁虽参差，适我无非新。”这种对大自然中存在的天籁之声的体悟，表现出诗人自由活泼的心灵以及脱离现实生活的愉悦。嵇康《五言诗》之二：“渊淡体至道，色化同消息。”描绘诗人体会玄理的情怀给诗人带来的妙处。张华《赠挚仲治》：“恬淡养虚幻，沈精研圣猷。”描绘诗人怡养玄妙的心境，用心钻研深奥的玄理；王胡之《赠谢安诗》其二：“矫翰伊何？羽仪鲜洁。清往伊何？自然挺彻。易达外畅，职鉴内察。思乐寒松，披条映雪。”这是诗人用玄理来描绘谢安的精神品位，赞颂谢安精研熟虑、高洁俊朗的性格。谢安《与

---

① 陈鼓应《庄子今注今译》，中华书局，1983年版，第356页。

② 周振甫《周易译注》，中华书局，1991年版，第249页。

③ 楼宇烈《王弼集校释》，中华书局，1980年版，第615页。

王胡之诗》第六章："朝乐朗日，啸歌丘林。夕玩望舒，入室鸣琴。五弦清激，南风披襟。醇醪淬虑，微言洗心。幽畅者谁，在我赏音。"诗人用蕴含玄理的景物意象，描绘虚妙清淡的生活，表达一种旷达超世的情怀。在以上所举实例中，可以看出玄言诗以玄思写山水的特点。钟嵘《诗品》评价说："永嘉时，贵黄、老，稍尚虚谈，于时篇什，理过其辞，淡乎寡味。"针对玄言诗的弊端，谢灵运进行了不同反响的改制，学术界多有论说，本章着力研究鲍照在玄言诗改制方面做出的努力。

从诗歌发展的角度，审视鲍照的山水行役诗创作，其主要贡献在于改变了玄言诗人以玄对山水的观念，开始用审美的眼光描绘山水[①]，使自然山水在诗歌中获得独立的地位，可以说鲍照在玄言诗向山水诗过渡的过程中起到了桥梁的作用，他对玄言诗的改制使山水诗真正脱掉了"玄言尾巴"。鲍照出生于寒族，自称"负锸下农"，"废耕学文"，一生曾任职于临川王义庆，衡阳王义季，始兴王刘睿、临海王刘子顼等藩府，后任太学博士之类官职，一生坎坷穷困，郁不得志，玄、儒、佛等思想对他也产生了影响，但是其山水诗作更多体现出现实情感和山水景物的结合。

第一节　鲍照对玄言诗的全面改制

鲍照对玄言诗的改制主要表现在他的山水诗已经完全摆脱了玄言诗的表达模式，形成了一种崭新的山水诗体。鲍照山水诗也是在继承和创新中形成的。前代关于描写山水的诗作对他影响很大。如《诗经》中以景物风光起兴的写法，汉乐府《饮马长城窟行》等以自然景物作衬景的写法，曹操《步出夏门行·观沧海》中山水描写的方式，楚辞《招魂》中对四方风物大肆铺陈的风格，《九章·涉江》中带有抒情性特点的对诗人旅途景色的描写，左思《三都赋》中的大量实景描写，孙绰的《游天台山赋》中生动的描摹山水的方法，文人五言诗《古诗十九首》等诗中更加逼真的景物描写。

以上这些作品对鲍照都产生了间接的影响。特别是谢灵运对玄言诗改制以后形成的山水景物描写的方法对鲍照的影响更加明显。当然，鲍照对前代山水描写也不是简单的摹拟或单线承接，而更在于深汲广取，化为新的创造。特别是他继承了谢灵运山水诗创作的特点和风格，同时摆脱了谢灵运山水诗中的玄言尾巴。因此，我们可以这样说，鲍照的山水诗才真正意义上完成了对玄言诗的改制。钟

① 罗宗强《魏晋南北朝文学思想史》，中华书局，1996年版，186页。

嵘将鲍照诗列入“中品”，评曰：“其源出于二张，善制形状写物之词，得景阳之諔诡，含茂先之靡嫚。”鲍照先天缺乏系统的文学理论，他对玄言诗的改制，没有可以征引的观点和理念，而是通过“善制形状写物之词”这种具体而扎实的方式创作山水诗来实现的。

一、从单视角观览到多角度审视

汉魏以来的玄言诗，如曹植《杂诗》“俯视清水波，抑看明月光”，嵇康《四言赠兄秀才入军诗》“仰落惊鸿，俯引渊鱼”，王羲之《兰亭诗》“抑视碧天际，俯瞰绿水滨”，袁峤之也有“四眺华林茂，俯仰晴川涣”等，反复运用“俯”“仰”等动词，单视角观览来描写山水景物，由于玄言诗本身重在抒发玄理，可以说，大部分玄言诗对景物的描写基本是通过这种单视角观览的方式实现的。

鲍照在描写景物时，往往会结合时间与气候的变化，时间与空间的交替，左、右、上、下、俯、仰等多角度观览，在他的山水诗中形成了立体式景观。其《浔阳还都道中作》的景物描写：“鳞鳞夕云起，猎猎晚风遒。腾沙郁黄雾，翻浪扬白鸥。登舻眺淮甸，掩泣望荆流。绝目望平原，时见远烟浮。”作者用“眺”“望”“绝目”“时见”等词描绘从“浔阳”到“建康”所见到的立体式景观。其《登庐山望石门》：“明发振云冠，升峤远栖趾。高岑隔半天，长崖断千里。氛雾承星辰，潭壑洞江汜。崭绝类虎牙，巑岏象熊耳。埋冰或百年，韬树必千祀。鸡鸣清涧中，猿啸白云里。瑶波逐穴开，霞石触峰起。回互非一形，参差悉相似。倾听凤管宾，缅望钓龙子。”首先是回望远处自己登山的小路。接着，用“隔”和“断”两个动词，表明诗人仰望的视线被石门山隔断，为了避免“仰望”这一动词在诗中重复出现，用“隔”和“断”来说明，可见诗人在用词炼句方面独具匠心。第三，远望石门的险峰既象虎牙山又象熊耳山。第四，近观山峰背阴的百年冰雪和深壑潭边的千年古树。第五，先俯视潭水浪花朵朵，再仰视山峰披着绚烂的霞光。诗人通过各种视角，描绘出石门交错重叠，参差不齐的自然景观。

鲍照《登庐山》中的景物也是多角度地呈现的：“千岩盛阻积，万壑势回萦。巃嵸高昔貌，纷乱袭前名。洞涧窥地脉，耸树隐天经。松磴上迷密，云窦下纵横。阴冰实夏结，炎树信冬荣。嘈囋晨鹍思，叫啸夜猿清。深崖伏化迹，穹岫閟长灵。”

诗人先是总体观览庐山峰峦叠嶂，沟壑纵横的整体形象，接着仰视山峰耸立云霄，俯瞰山涧泉水流淌，平视树木漫山遍野，远望小路在茂密的松树林中迷失，山洞里云雾缭绕，近观山的背阴处夏天都不融化的冰块，冬天依然青翠的树林；仔细辨认大山深处僧人留下的足迹，山洞里仙人曾经修炼的地方。通过以上比较我们可以看出，从单视角观览到多角度审视，鲍照不仅扩大了山水景物描写的范围，而且一改玄言诗那种单视角观览带来的板滞和单调，从而再现了山水景物的勃勃生机。

二、从概括化写景到精致化描绘

胡大雷先生指出："（玄言）诗中的山水自然景物是经过概括化了的。"[①] 也就是说玄言诗中的山水景物并不是一时一地的独特景观，而是玄言诗人为了阐发玄理而想象出的普遍性的概括化的物象。例如，郭璞《游仙诗》其五"逸翮思拂霄，迅足羡远游。清源无增澜，安得运吞舟。珪璋虽特达，明月难暗投。潜颖怨清阳，陵苕哀素秋。悲来恻丹心，零泪缘缨流"。诗中"清阳""清源""明月""素秋"等景物都不是某时、某地特有的景物，而是诗人因"坎壈咏怀"而概括的景象。阮籍在其《咏怀》（其一）中也是采用了概括化了的景物："夜中不能寐，起坐弹鸣琴。薄帷鉴明月，清风吹我襟。孤鸿号外野，翔鸟鸣北林。徘徊将何见，忧思独伤心。"诗中"明月""清风""孤鸿""翔鸟"等都是诗人为了表达自己的忧思，选择的一般性的概括化了的意象，这些景物不具备独特性。在嵇康《四言赠兄秀才入军诗》（其五）中这种情况更明显："穆穆惠风，扇彼轻尘。奕奕素薄，转此游鳞。伊我之劳，有怀遐人。寐言永思，实钟所亲。"诗中"惠风""轻尘""素波""游鳞"等景物，更多是诗人为了抒发玄思而随意想象出的景物，这些景物没有鲜明的地域特征。

但是在鲍照的诗中，所有的景物描写更加具体和精到，不仅能给人以身临其境的感觉，而且摆脱了对玄理的阐释。正如《诗品》品评鲍照"善制形状写照之间……然贵尚巧似"[②]。"巧似"即以精致的文笔把景物描写得生动自然。

鲍照《从登香炉峰》精细地描写他随从刘义庆登庐山香炉峰时的山水景物。诗人先刻画庐山香炉峰的美景："罗景蔼云扃，沾光扈龙策。御风亲列涂，乘山穷禹迹。含啸对雾岑，延萝倚峰壁。"鲍照用"蔼"描绘庐山云雾在阳光照射下"湿润鲜耀"的特点；用"扈"字写诗人随从刘义庆的车驾；用"亲"字写诗人亲身体验"列子御风"的道路；用"穷"字写游遍了大禹曾经走过的地方；"延""倚""含啸"三个动词连用，刻画刘义庆拽着峭壁上的藤萝倚靠石壁放声啸唱，表现出刘义庆轻松自得的心态和对庐山圣地的向往。

---

① 胡大雷《玄言诗研究》，中华书局 2007 年版，第 286 页。

②［清］何文涣《历代诗话》，《中华书局》2004 年版，第 14 页。

接着鲍照在写香炉峰的景色时描绘更加细腻："青冥摇烟树，穹跨负天石。霜崖灭土膏，金涧测泉脉。旋渊抱星汉，乳窦通海碧。谷馆驾鸿人，岩栖咀丹客。殊物藏珍怪，奇心隐仙籍。高世伏音华，绵古遁精魄。箫散生哀听，参差远惊觌。"诗人用"摇"字来形容雾气裹住的树木，写出了雾气浓密的质感；用"跨"字写出香炉峰的巨石好像迈着大步跨越千山万壑而来，赋予山峰以动感；用"灭"字写霜雪覆盖了整个香炉峰，连一点泥土都看不见，写出霜雪的深厚，面积广大；用"测"字写泉水的水源十分隐秘，需要仔细探测才能找到；用"抱"字描摹潭水清澈见底，倒映着满天星辰，按常理应该是繁星映照着潭水，诗人用"抱"字来突出潭水拥抱星辰，把香炉峰的潭水拟人化，化静为动，生机盎然。用"通"字写钟乳石的山洞里的水和鄱阳湖的碧波相连；用"驾"字写山谷的精舍居住着求仙之人，突出仙人的名声和威望；用"咀"写悬崖畔的道馆居住着服食丹药的道人，"咀"一般用作名词，这里的意思是居住在悬崖咀的洞里，也是道人修炼的习惯；此外如"藏""隐""伏""遁""生""远"等动词都生动地描绘出在这奇妙无比的地方曾经居住的仙人的各种情况。

鲍照《登翻车岘》中，对翻车岘的景色的描绘也颇具匠心："高山绝云霓，深谷断无光。昼夜沦雾雨，冬夏结寒霜。淖坂即马岭，碛路又羊肠。畏涂疑旅人，忌辙覆行箱。升岑望原陆，四眺极川梁。"诗人用"绝"来说明山峰之高，用"断"写山谷之幽深，以致遮住太阳光；用"沦"字说明翻车岘整天都浸在在湿漉漉的雾气之中；用"结"字说明寒霜凝结，冬天夏天都不会融化。这些都是"翻车岘"独特的自然景观。玄言诗概括化写山水景物时，往往给人以空无的感觉，就像玄言诗本身一样，让人云里雾里摸不着边际，鲍照从玄言诗这种虚无玄妙的描写中走了出来，把每一句山水诗都落实在具体的真实可感的描绘上，精心选择动词，处处突出山水景物的独特风貌和迷人的美感。

三、从线条式勾勒到立体式描绘

玄言诗或是游仙诗，在结构上大都采用较为简单的线性结构，嵇康《四言诗》（之一）："淡淡流水，沦胥而逝，泛泛柏舟，载浮载滞。微啸清风，鼓楫容裔，放棹投竿，优游卒岁。"写主人公泛舟江上，迎着清风"鼓楫""放棹"，结构简单，一线贯穿，气势缓慢，让人想到遥远的上古时代。而王羲之四言《兰亭诗》的结构也很简单："代谢鳞次，忽焉以周，欣此暮春，和气载柔。咏彼舞雩，异世同流，乃携齐契，散怀一丘。"整首诗叙写暮春时节，诗人和友人欢聚水边，抒情散怀一事，按时间顺序写来，简单明了。再看孙绰《三月三日诗》："姑洗斡运，首阳穆阐。嘉卉萋萋，温风暖暖。言涤长濑，聊以游衍。缥萍漠流，绿柳荫坂。羽从风飘，鳞随浪转。”诗人在短短的诗作中描绘出阳光普照、风和景明、芳草萋萋、微风阵阵、花红柳绿、河水汩汩、飘萍朵朵的景象，体现出四言诗古雅婉转的特点。诗人从简单的随处可见到的景物入手，也是一种简单明了的线条式勾勒，实际上许多玄言诗都采用种线条式结构。

而鲍照的山水诗则采用了立体式的表现手法，诗歌大肆铺排。其《登庐山》：“悬装乱水区，薄旅次山楹。千岩盛阻积，万壑势回萦。茏苁高昔貌，纷乱袭前名。”前两句写行程，后四句写山貌，采用立体手法，描写庐山景致。其《从庾中郎游园山石室》开篇写道：“荒涂趣山楹，云崖隐灵室。”这是诗人走上山顶观察隐藏在悬崖峭壁之中的石室。接着写从远处看到的石室：“冈涧纷萦抱，林障沓重密。昏昏磴路深，活活梁水疾。”再写走近石室看到的景象：“幽隅秉昼烛，地牖窥朝日。怪石似龙章，瑕壁丽锦质。”对石室内外进行描绘。接着诗人又写道：“洞庭安可穷，漏井终不溢。沉空绝景声，崩危坐惊栗。神化岂有方，妙象竟无述。”通过比喻表现石室蕴含的自然神趣。

鲍照的《代升天行》开篇是对世俗生活的描绘：“家世宅关辅，胜带宦王城。备闻十帝事，委曲两都情。倦见物兴衰，骤睹俗屯平。翩翩若回掌，恍惚似朝荣。穷涂悔短计，晚志重长生。”在叙述主人对仕宦生涯感到厌倦的基础上，接着对求仙过程进行描绘：“从师入远岳，结友事仙灵。五图发金记，九钥隐丹经。风餐委松宿，云卧恣天行。冠霞登彩阁，解玉饮椒庭。暂游越万里，少别数千龄。凤台无还驾，箫管有遗声。”整首诗从人间到仙境，从世俗世界到理想世界，通过两者对比抒发诗人的感受。

鲍照《代阳春登荆山行》先写登山情况：“旦登荆山头，崎岖道难游。早行犯霜露，苔滑不可留。”再写登高所见：“极眺入云表，穷目尽帝州。方都列万室，层城带高楼。奕奕朱轩驰，纷纷缟衣流。日氛映山浦，喧雾逐风收。花木乱平原，桑柘绵平畴。攀条弄紫茎，藉露折芳柔。”在这一部分的描写中，诗人写都市整齐的屋室，高耸的阁楼，朱红的车驾，来往的人流；然后诗人写山水景色，太阳映照的水池、水池里升腾起的水雾、平原地带的繁花、桑树和柘树，树枝上刚刚发出的嫩芽。诗人把熙熙攘攘的都市风景和迷人的自然美景放在一起来描写，塑造出立体的生活画面。我们生活在一个立体的世界里，随着山水描写在玄言诗中简单的线条式的呈现到鲍照采用立体的方式描绘山水，这无疑是一种进步，然而如果我们进一步思考鲍照山水诗这种立体式描绘山水的价值和意义，就在于诗人自我意识的不断觉醒，诗人认识到山水景物与社会生活的密切联系。

四、由即事叙景过渡到造境抒情

嵇康的四言诗大多是用“澄清”的标准来选择景物，但是缺乏诗歌境界，就是“即事叙景”[①]。嵇康《四言诗》其五：“肃肃泠风，分生江湄，却背华林，俯溯丹坻。含阳吐英，履霜不衰，嗟我殊观，百卉具腓。心之忧矣，孰识玄机。”诗人为了让人体悟玄机，选择了“泠风”“华林”“百卉”等普遍性的景物，让人感受清朗鲜亮的趣味。玄言诗这种用“即事叙景”的方法写山水的“清”的特点的例子很多。

庾阐的《三月三日诗》：“心结湘川渚，目散冲霄外。清泉吐翠流，渌醽漂素濑。悠想盻长川，轻澜渺如带。”诗中写诗人心系山水，对“清泉”和“翠流”“渌醽”和“素濑”情有独钟，但是这种散放的景物描写还构不成一定的意境。再看顾恺之《神情诗》：“春水满四泽，夏云多奇峰。秋月扬明辉，冬岭秀寒松。”诗人每一句写一个季节，但是每个季节的特点都没有离开“澄清”的特点，春天里的雨水是清冽的，夏天的山峰是青翠的，秋天的月光是清亮的，冬天的寒松是清冷的。诗人用概括化的手法表达清峻玄远的玄言体悟。

鲍照山水诗继承写“清”的特点，以一种“虚静”心理，创造清澄的意境，进而表现诗人的情感，即造境抒情。其《还都道中》其二：“寒律惊穷蹊，爽气起乔本。”《行京口至竹里》：“复涧隐松声，重崖伏云色。”也营造出清朗澄澈的诗境。鲍照以莹澈的心神从虚明处映照天地万物，使早期山水诗从独立之始便确立了尚“清”的山水审美倾向。

鲍照的《登翻车岘》也描绘出清凉的意境。“翻车岘，山间有长涧，高，下深阻，旧说云：‘似洛阳金谷’，宋武帝初起自京口，至江乘破桓玄，将吴甫之于竹里，移檄京师，即此处也。”[②]诗人开篇先写翻车岘的景色：“高山绝云霓，深谷断无光。昼夜沦雾雨，冬夏结寒霜。淖坂既马岭，碛路又羊肠。畏涂疑旅人，忌辙覆行箱。升岑望原陆，四眺极川梁。”高山耸立直指云霄，山谷幽深昏暗无光。白天晚上都是雨雾迷朦，一年到头寒霜凝结。在这清凉的境界中，诗人写当时的感受：“游子思故居，离客迟新乡。新知有客慰，追故游子伤。”客居他乡让人更加思念故乡。认识新朋友让人心里感到安慰，但是想起老朋友又让人伤心。

鲍照《代棹歌行》开篇写羁客之苦：“羁客离婴时，飘飖无定所。昔秋寓江介，

① 胡大雷《玄言诗研究》，中华书局2007年版，第75页。

②《钦定四库全书》，中华书局点校本，史部，地理类，总志之属，《元和郡县志》卷二十六。

兹春客河浒。往戢于役身，愿言永怀楚。”羁客如果被仕宦所束缚，那么只能四处漂流而无定所，诗人厌倦四处游宦的生活，心中充满对故乡的思念。接着诗人描绘出一个清凉的意境：“泠泠鯈疏潭，邕邕雁循渚。飂戾长风振，摇曳高帆举。惊波无留连，舟人不踌伫。”清冷的潭水中鱼儿在游荡，沙渚上大雁凄凉地鸣叫，大风阵阵吹来，船帆摇晃着高高升起，即使波涛涌起，船夫毅然起行。诗人抓住小鱼、飞雁、大风、船帆、波涛、船夫这些意象，用“疏”“循”“振”“举”“留连”“踌伫”等动词，形象地描绘出一幅春天水边写意画。

这一意境和开篇羁客思念故乡的心情融合在了一起，起到了衬托羁客愁思的作用。比较玄言诗“即事叙景”和鲍照“造境抒情”，两者之间最大的区别是前者的着眼点在“事”，写景是附带的，而且玄言诗描绘的景物只能让人升华出一种玄思感悟，而后者的着眼点在“景”，鲍照通过细致的景物描写来营造某种境界，来抒发诗人强烈的情感。

五、赋予山水景物以独立的地位

王玫在《试论晋宋山水诗形成的两点内在规定性》中指出：“就诗歌发展过程而言，晋宋间山水诗的兴起，是这时期各种类型诗歌创作相互影响、相互作用的结果。这时期在公宴、游览、行旅、招隐、游仙、玄言等题材的诗歌中已有大量的山水描写，积累了相当丰富的山水感性经验，随着人的山水意识的不断觉醒，自然山水越来越频繁地出现在诗歌创作之中。”① 也就是说，在晋宋玄言诗中山水景物仅仅是一种衬景，尽管有时玄言诗中的景物也清新可人，但是山水景物并没有成为诗人主要描写的对象。

无论阮籍的《咏怀》、嵇康的《四言诗》十一首、郭璞《游仙》七首、孙绰《兰亭诗》二首等。诗人更多关注玄思感悟，山水景物描写只是作为一中衬景。到谢灵运和鲍照的山水诗，自然山水在诗中出现的频率越来越高，并逐渐成为诗歌创作的重要内容，换句话说，在谢灵运和鲍照等人的山水诗中，山水景物已经摆脱先前作为衬景或附庸，开始在诗中获得独立的地位。

谢灵运现存诗近百首，共中三十八首可称得上较为完整的山水诗，其优秀山水诗有《石壁精舍还湖中作》《登江中孤屿》《过始宁墅》《登池上楼》《初去郡》等，但是我们也明显看到谢灵运山水诗依然留有“玄言尾巴”。真正意义上，鲍照的山水诗不仅使山水景物成为独立的审美对象，而且熔汉魏两晋诗歌的抒情特

① 王玫《试论晋宋山水诗形成的两点内在规定性》，《厦门大学学报》1995 年，第 1 期，第 72–77 页。

色与谢灵运工于写景为一炉，重视诗歌写景与抒情的妙合，使山水诗具有更多的动人力量。鲍照山水诗的优秀之作有《登庐山》《登庐山望石门》《从登香炉峰》等二十余篇。

《发后渚》是鲍照写景和抒情结合的山水诗。诗人写从后渚出发时的景色："江上气早寒，仲秋始霜雪。从军乏衣粮，方冬与家别。萧条背乡心，凄怆清渚发。"点明仲秋时节霜雪委地，寒气逼人，行役之人饥寒交迫，离别的气氛萧条凄凉。诗人接着写景："凉埃晦平皋，飞潮隐修樾。孤光独徘徊，空烟视升灭。"诗人从陆地和江面两个角度，刻画平地和山皋被寒雾笼罩，翻滚的浪潮遮蔽了岸上的树木，日影在迷蒙的烟雾中时隐时现。接着叙情："途随前峰远，意逐后云结。华志分驰年，韶颜惨惊节。"诗人用漫长的征程和迷蒙的云雾来衬托征人心头的悲凉，进而表达时光流转风华已逝壮志未酬的失落。最后诗人弹琴为征人送别："推琴三起叹，声为君断绝。"

方东树《昭昧詹言》卷六评曰："《发后渚》起六句，从时令起叙题，不过常法，而直书即目，直书即事，与象甚妙，又亲切不泛，'凉埃'四句，正写景。'途随'四句叙情，而造句警妙。收句泛意凡语。此与下'岐阳守风'等，皆不得其事之本末，第以为行役之什可耳。"[①] 总观全诗，诗人细腻描绘征人离别时和征程中的自然风景，并通过景物描写来抒发征人孤独凄凉的情感。由于山水景物在鲍照诗中独立地位的确立，鲍照诗中山水景物描写已经成为诗人赖以抒发情感的依托，此时鲍照在诗中抒发的是描写对象的情感，可能这种情感包含鲍照本人的自我体验，很明显，鲍照已经摆脱了谢灵运山水诗结尾抒发自己的玄思妙想的模式，从而使山水诗在表达内容上有了突破。

鲍照《行京口至竹里》中的山水景物别有风韵。这首诗开篇六句写景："高柯危且竦，锋石横复仄"，诗人进入山中仰视大树和巨石，树枝高耸巨石横卧给人以胁迫感。"复涧隐松声，重崖伏云色"两句耐人深思，"复涧"应该指山中一级一级的山涧。"松声"指风吹松树形成的涛声。诗中"隐"字用得很特别，有人认为是山涧的重复，才造成松涛的隐，可备一说。但是笔者认为，山涧的水从高处一级落到低一级会发出很大的声音，这种流水声把松涛的声音给隐没了。"重崖"是指重叠的悬崖，"云色"应该代指白云，白云"伏"在悬崖上，说明悬崖之高，也把握了白云飘动的特点。"冰闭寒方壮，风动鸟倾翼"是说水潭结冰是最寒冷的时候，大风吹来鸟儿也斜着身子飞翔。诗的后八句写景与抒情结合："斯志逢凋严，孤游值曛逼"两句意在引入孤独一人在万物凋敝严寒袭人的暮色之中，就

① 方东树《昭昧詹言》，人民文学出版社 1961 年版，第 176 页。

谈不上什么志向了。“兼途无憩鞍，半菽不遑食”是写诗人风雨兼程连吃饭和休息都不能保证。最后诗人认识到：“君子树令名，细人效命力。不见长河水，清浊俱不息。”这里“君子”和“细人”相对，“细人”指地位低，被人役使的人。

在诗人看来，无论“君子”还是“细人”虽然他们追求不同，但是社会都需要他们，委婉表达自己怀才不遇的情感。全诗以山水景物描写为主，写景和抒情有机结合，具有强烈的现实针对性。鲍照《和王丞》也是写景和抒情结合很好的一首诗。方东树《昭昧詹言》卷六：“《和王丞》起六句逆入。‘还山’‘遁迹’二句，交代点明，结上。‘夜听’四句，言归后园林之乐。‘性好’四句收足。”[①] 那么，我们先看前六句：“限生归有穷，长意无已年。秋心日回绝，春思坐连绵。衔协旷古愿，斟酌高代贤。”

诗人回忆和王丞春去秋来一起谈论人生，效仿古代圣贤。接着写俩人一起山水之游：“遁迹俱浮海，采药共还山。夜听横石波，朝望宿岩烟。明涧子沿越，飞萝予萦牵。”两人江海泛舟，深山采药；夜晚聆听波涛打击横石的声音，早晨瞭望山顶的烟霞；一起跨越溪水潺湲的山涧，共同攀援山上的藤萝。由于人的活动，山水景物也有了生机。“性好必齐遂，迹幽非妄传。灭志身世表，藏名琴酒间。”写自己隐居的心愿定能实现。像这首诗一样，鲍照的山水行役诗摆脱玄思妙道的束缚，山水景物真正获得了独立地位，并且景和情有机结合在一起，开创了山水诗新的发展路径。

第二节　对诗体的拓展及其内在生机

鲍照和汤惠休的接触开始于元嘉十二年后，当时刘义庆在荆州做刺史，鲍照刚刚担任刘义庆侍郎。鲍照在这一时期的创作人们关注不多，笔者认为作为一位敢于打破传统，大胆尝试各种题材的先锋诗人，鲍照和汤惠休就是在这个时候把目光转向民间，开始学习吴歌西曲，拓展了一种新的诗体。

对于鲍照的《吴歌》三首、《采菱歌》七首、《幽兰》五首及《中兴歌》《代白纻舞歌词》四首，《代白纻曲》二首，及《代春日行》的创作时间问题，许多专门研究鲍照的学者专家都采取了回避的办法，以丁福林最新出版的《鲍照年谱》为例，对于鲍照以上诗歌的创作时间没有提及，这从侧面反映出学术界对鲍照这类诗歌缺乏深入研究。

笔者认为鲍照以上诗歌就作于元嘉十二年到元嘉十六年之间，理由是在鲍照

① 方东树《昭昧詹言》，人民文学出版社 1961 年版，第 174 页。

《吴歌》其一："夏口樊城岸，曹公却月戍。但观流水还，识是侬流下。"其二："夏口樊城岸，曹公却月楼。但见流水还，识是侬泪流。"其三："人言荆江狭，荆江定自阔。五两了无闻，风声那得达。"这三首诗中，鲍照使用了吴方言"侬"，"侬"在现代吴方言中是"你"，荆州属于吴方言区；诗的背景是荆州，诗中"夏口"即今湖北武昌，"樊城"即今湖北襄阳。而鲍照从元嘉十二年到元嘉十六年正好在荆州刘义庆幕作侍郎。与此同时，汤惠休除了和鲍照此时的唱和之作外，还写了《江南思》《白纻歌三首》《秋思引》。可以说，鲍照和汤惠休在荆州的诗歌创作中不仅有二人的唱和，而且被后人称为"休鲍体"一类诗歌就作于此时。

一、休鲍唱和以及颜延之贬鲍

休鲍两人本是密友，在元嘉十二年到元嘉十六年间，两人在荆州彼此之间有唱和之作。汤惠休有《赠鲍侍郎》："玳枝兮金英，绿叶兮紫茎，不入君玉杯，低彩还自荣，想君不相艳，酒上视尘生，当令芳意重，无使盛年倾。"汤惠休把鲍照的作品比作金枝玉叶一样珍贵，即使不被理解，自是繁茂有彩，两人友情深厚，曾把酒傲视苍生，希望鲍照乘盛年之际有所作为。

从前面分析可以看出，汤惠休诗中提及的"玳枝兮金英，绿叶兮紫茎"应该指鲍照模仿吴歌西曲的作品。鲍照《答休上人菊诗》云："酒出野田稻，菊生高冈草，味貌复何奇，能令君倾倒，玉碗徒自羞，为君愧此秋，金盖覆牙柈，何为心独愁。"鲍照认为自己的诗歌就像田野里的稻谷酿出的酒，更像山野高岗上长出的菊花，诗作的意蕴和形式没有什么奇特的地方，怎能让惠休倾倒呢？

从鲍照对自己的诗歌的评价来看，也是指自己来自民歌的作品，因为鲍照的其他诗歌很少能说像田野里的稻谷酿出的酒，更像山野高岗上长出的菊花。尽管在刘义庆藩府过着舒适的生活，但是诗人还是感到无所作为愧对美好的秋色，从而向好友倾吐自己无限的烦恼。鲍照《秋日示休上人》云："枯桑叶易零，疲客心易惊，今兹亦何早，已闻络纬鸣，回风灭且起，卷蓬息复征，怆怆簟上寒，凄凄帐里清，物色延暮思，霜露逼朝荣，临堂观秋草，东西望楚城，百物方萧瑟，坐叹从此生。"

诗人开篇就倾诉自己就像枯败的桑叶，漂泊在外，思乡心切，然后写诗人听到络纬的鸣叫，看到四野的风刚刚停息又突然卷起，飞蓬也随风时起时落，自己的居室草席寒冷，床帐里也是凄凄清清，夜幕降临物色渐渐暗了下来，更使诗人思念家人，早晨霜露晶莹透亮，站在堂前观望秋天的草地，这一派萧瑟的秋景，使诗人更感自己碌碌无为。从这些唱和诗中，可以看出两人趣味相投，曾在一起杯觞交错，共赏秋菊，同悲秋风，鲍照在诗中向自己的好友表达了他在刘义庆藩府不得重用，无所事事的无奈和伤感。

鲍照和汤惠休的这种关系，也引出了颜延之对他俩人的评价。据钟嵘《诗品》记载："羊曜璠云：'是颜公忌照之文，故立休、鲍之论。'"[①]指出颜延之因嫉妒鲍照才华，而将鲍照和汤惠休并提。据《群书考索》载："惠休淫靡，情过其才，世遂匹之鲍昭，恐商周矣。羊曜璠云，是颜公忌昭之文，故立休鲍之论。"[②]曹道衡先生《论颜延之的思想与创作》也认为休鲍并提是颜延之对休、鲍才华的妒忌而致[③]。实际上颜延之对休、鲍的贬薄不止这一次，据《南史》载，颜延之曾对人说："惠休制作，委巷中歌谣耳，方当误后生。"[④]我们联系汤惠休曾以"错彩镂金"评价颜诗，以致颜延之"终生病之"，鲍照也以颜延之诗歌"雕缋满眼"来扬谢贬颜，使颜延之难堪。准确说，颜延之休、鲍并提是出于对鲍照和汤惠休的一种报复心理。古来文人相轻是不争的事实，但是作家之间的意气之争，也为研究鲍、休对诗体的创新提供了一个新的视角。

《诗品》评颜延之说："又喜用古事，弥见拘束。虽乖秀逸，是经纶文雅才。雅才减若人，则蹈于困踬矣。"[⑤]《诗品》评鲍照说："得景阳之諔诡，含茂先之靡嫚，骨节强于谢混，驱迈疾于颜延。总四家而擅美，跨两代而孤出。嗟其才秀人微，取湮当代。然贵尚巧似，不避危仄，颇伤清雅之调。故言险俗者，多以附照。"[⑥]

《诗品》评汤惠休说："惠休淫靡，情过其才。世遂匹之鲍照，恐商、周矣。"[⑦]从钟嵘对三人的评说中，不难看出颜延之"喜用古事，弥见拘束"，典重雅正，比较正统；而休、鲍则偏于绮丽险俗，有新变之趋势，二者的差异主要在于雅、俗文学观念的分歧。

由于鲍照和惠休在诗风格调上有相同相近之处，萧子显《南齐书》说："休、鲍后出，咸亦标世。"[⑧]可以说萧子显把"休鲍"作为一种诗体对待。清人毛先舒

① 徐达《诗品全译》，贵州人民出版社 1990 年版，第 149 页。
②《钦定四库全书》，中华书局点校本，子部，类书类，《群书考索》卷二十二。
③ 社会科学战线编辑部《古典文学论丛第四辑》，齐鲁书社 1986 年版，第 139–158 页。
④［唐］李延寿《南史》，中华书局 1975 年版，第 881 页。
⑤ 徐达《诗品全译》，贵州人民出版社 1990 年版，第 94 页。
⑥ 徐达《诗品全译》，贵州人民出版社 1990 年版，第 104 页。
⑦ 徐达《诗品全译》，贵州人民出版社 1990 年版，第 149 页。
⑧ 郁元 张明高《魏晋南北朝文论选》，人民文学出版社 1996 年版，第 340–341 页。

在其《诗辨坻》中说："余谓休公婉丽，亦复深秀，不及明远者，特奇警耳。"[①]毛先舒也认识汤惠休诗虽然不及鲍照，但是把两人放在一起品味，还是对他们诗风的一致的认可。鲍照和汤惠休的交往和唱和以及两人在诗体上的趋于一致，可以看出，鲍照的诗歌开始远离玄言诗，正逐渐走向社会的下层，开始更多地接触民间生活。

二、进入休鲍视野的吴歌西曲

"休鲍体"到底应该归于那种诗体，这就涉及对休、鲍体的准确定位问题。据《钝吟杂录》载："休、鲍文体，倾侧宫体，滔滔作俑于此，永明天监之际，鲍体独行，延之康乐微矣，今谢康乐之后，不言颜延之，则梁人之又不言沈谢，则齐梁声病之体，不知所始矣！不言鲍明远，则宫体红紫之文不知所法矣！虽言徐庾是忘祖也！"[②]可见这里把"休鲍体"归于宫体诗一类，而且，在永明天监年间，鲍照的诗独行天下，鲍照之诗体是后世宫体诗的发源处。以客观的态度来对待这一说法，认为鲍照后期创作对宫体诗产生了一定的影响，显然无可厚非，但是如果要对"休鲍体"准确定位的话，还得深入探究"休鲍体"产生的背景以及"休鲍体"的渊源。

章培恒和骆玉明说："汤惠休在文学史上的意义，也就在于他和鲍照一起，代表了文人诗与民歌的重新结合，成为齐、梁文学的先导。"[③]这里所说的民歌是指"吴歌"和"西曲"，因为它是"休鲍体"产生的一个直接的资源。

先看江南《吴歌》。据《晋书·乐志》载："吴歌杂曲并出江南。东晋以来稍有增广。其始皆徒歌，既而被之管兹。盖自永嘉渡江之后，下及梁、陈，咸都建业，吴声歌曲，起于此也。"[④]所以这类民歌，永嘉之后就带有浓厚的城市气息，包含了社会中不同阶层的妇女的爱情生活，这和宫体诗联系不太紧密。

再看荆楚《西曲》。《乐府诗集》载："《西曲歌》出于荆、郢、樊、邓之间。而其声节送和，与《吴歌》亦异，故因其方俗而谓之《西曲》。"[⑤]由此可知《西曲》主要是湖北一带的歌谣，而以江、汉二水为中心，所以在这类作品中，充满着水上船边的情调以及旅客商妇的别情，这和宫体诗更没有多少关系。

---

① 郭绍虞　富寿荪《清诗话续编》，上海古籍出版社 1983 年版，第 33 页。

②《钦定四库全书》，中华书局点校本，子部，杂家类，杂编之属，《钝吟杂录》卷五。

③ 章培恒　骆玉明《中国文学史》，复旦大学出版社 1996 年版，第 383 页。

④［唐］房玄龄《晋书》，中华书局 1974 年版，第 716 页。

⑤《钦定四库全书》，中华书局点校本，集部，总集类，《乐府诗集》卷四十七。

在《吴歌》《西曲》影响下，鲍照的《吴歌》三首、《采菱歌》七首、《幽兰》五首及《中兴歌》等诗，汤惠休的《江南思》《白纻歌三首》《秋思引》等多为歌咏爱情，格调活泼清新。此外，鲍照《代白纻舞歌词》四首，《代白纻曲》二首，及《代春日行》都有晋宋乐府新曲的某些特点。可以说，鲍照在对玄言诗改制的同时，又独辟蹊径，和汤惠休一起把诗歌创作的题材扩展到民间里巷，实现了文人诗和民歌的有机结合，形成了继谢灵运之后又一个令人瞩目的文学现象，为刘宋诗坛带来了一股清新的风气。

三、“休鲍体”中蕴含的内在生机

首先，“柔媚婉转”的诗风。汤惠休和鲍照的诗歌都受到乐府民歌特别是吴声西曲的影响，风格上柔媚婉转，内容上主要表现男女艳情。鲍照《代北风凉行》：“北风凉，雨雪雱，京洛女儿多妍妆。遥艳帷中自悲伤，沉吟不语若有忘。问君何行何当归，苦使妾坐自伤悲。虑年至，虑颜衰，情易复，恨难追。”此诗伤感中不乏温馨的味道。汤惠休《怨诗行》：“明月照高楼，含君千里光。巷中情思满，断绝孤妾肠。悲风荡帷帐，瑶翠坐自伤。妾心依天末，思与浮云长。啸歌视秋草，幽叶岂再扬。暮兰不待岁，离华能几芳。愿作张女引，流悲绕君堂。君堂严且秘，绝调徒飞扬。”此诗惆怅中包含期盼，幽怨中亦见温情。两诗共同的特点是柔媚婉转，由于诗人模仿女人的口气，诗句中就流淌着轻柔甜美的味道；同时两首诗都有相同的意境，即都是萧瑟的北风、寒冷的雨雪、漂浮的白云、构成的大意境，和空荡荡的闺房、远走的征人、幽怨的思妇构成的小意境，在这样的意境中，表达年华易逝，青春难留的伤感。

其次，“深婉感人”的形象。汤惠休《白纻歌》其三：“秋风袅入曲房，罗帐含月思心伤。蟋蟀夜鸣断人肠，长夜思君心飞扬。他人相思君相忘，锦衾瑶席为谁芳。”鲍照《拟行路难》之十二：“今年阳初花满林，明年冬末雪盈岑。推移代谢纷交转，我君边戍独稽沉。执袂分别已三载，迩来寂淹无分音。朝悲惨惨遂成滴，暮思遶遶最伤心。膏沐芳余久不御，蓬首乱鬓不设簪。徒飞轻埃舞空帷，粉筐黛器靡复遗。自生留世苦不幸，心中惕惕恒怀悲。”这两首诗都描写思妇所处的环境，惠休抓住“秋风”“曲房”“罗帐”“明月”“蟋蟀”“长夜”“锦衾”“瑶席”等意象；鲍照选用“乱鬓”“蓬首”“空帷”“粉筐”“黛器”等特定的景物，休、鲍二人写思妇的哀怨与愁苦，刻划细腻真切，婉转缠绵，而鲍照诗中的思妇形象，更是深婉动人。

再次，“崇尚天然”的追求。“休鲍体”接受“吴声”“西曲”的影响，不尚雕饰，崇尚自然。鲍照《吴歌》其一："夏口樊城岸，曹公却月戍。但观流水还，识是依流下。"其二："夏口樊城岸，曹公却月楼。但见流水还，识是依泪流。"其三："人言荆江狭，荆江定自阔。五两了无闻，风声那得达。"这是现存南朝文人诗歌中第一组明确标明"吴歌"的吴声西曲之作。诗作清丽婉转，活泼可爱，浓浓的民歌味，显示其不事雕饰。又如鲍照《采菱歌》其三："暌阔逢暄新，凄怨值妍华，秋心不可荡，春思乱如麻。"其四："要艳双屿里，望美两洲间，袅袅风出浦，容容日向山。"这两首小诗，风情旖旎，深得南歌精髓，自然天成。《诗品》认为，汤惠休曾谓颜延之诗"错采镂金"；谢灵运诗"如芙蓉出水""颜终身病之"，可见汤惠休论诗主张自然而不喜过于雕饰；而鲍照评颜谢诗则曰："谢五言如初发芙蓉，自然可爱。君诗若铺锦列绣，亦雕缋满眼。"① 可见鲍照和汤惠休都反对雕饰，而崇尚"芙蓉出水"的诗歌格调。

第三节　鲍照诗歌在后世获得新生

鲍照是一位善于创新的诗人，他对玄言诗的改制不仅使山水诗完全摆脱了玄学的影响，而且使元嘉时期的诗歌创作更接近现实生活，特别是写景和抒情的有机结合，对后世诗歌创作产生了明显的影响，他和汤惠休对民歌的关注并吸收其营养形成的"休鲍体"是鲍照诗歌探索的深入，也为元嘉诗坛开辟了一片新的天地，但是正如我们在前面所述，鲍照的诗歌在当时并没有引起相应的反响，更不能像谢灵运一样，每写出一首诗，人们争相传诵，一时洛阳纸贵，究其原因，鲍照出生寒族，所居官职也不足以使他的诗歌形成轰动效应，还有一个不争的事实是颜延之和他的义气之争，直到江淹这位以模拟见长的诗人才真正发现鲍照诗歌的魅力所在，以致他大量模仿鲍照的作品，当人们看到江淹的作品竟是源于鲍照时，鲍照的作品在后世获得了新生。

一、江鲍并提的原因

"江鲍"并称见于钟嵘《诗品》中，钟嵘在评价谢世基、顾迈、戴凯时，曾经提到："观此五子，文虽不多，气调警拔，吾许其进，则鲍照、江淹未足逮止。"② 这里钟嵘把江淹和鲍照相提并论，历史上"江鲍"并称或以"江鲍体"而

① ［唐］李延寿《南史》，中华书局 1975 年版，第 881 页。
② 曹旭《诗品集注》，上海古籍出版社 1994 年版，第 255 页。

论的史料较多，捡其要者录于此。《义门读书记》卷五十三载："流传江鲍体二句，上句应诗伯言，或后人有得志者，若吾生固长贫苦卑矣。赠毕盖以自叹，只用相顾二字结出，更无痕迹。"[①] 这是对杜甫诗《赠毕四曜》中"流传江鲍体，相顾免无几"两句的评价。

《说郛》卷七十九（下）载："晋宋以还，得者盖寡，以康乐之奥，博德溺于山水，以渊明之高古，偏放于田园，江鲍之徒又狭于此。"[②] 认为江、鲍也以山水描写为主。《御定佩文韵府》卷三十八（二）："江鲍体，杜甫赠毕曜诗流传，相顾免无，按谓：'淹''照'。"[③] 可见杜甫诗《赠毕四曜》中关于"江鲍体"的诗句，一直被人们引用或评价。

江、鲍并提的真正原因是江淹对鲍照诗的模拟和学习。江淹，字文通，历仕宋、齐、梁三朝，其《杂体诗三十首》模拟从汉到刘宋三十位诗人的作品，其中模拟鲍照的诗作为《鲍参军昭戎行》。然而江淹对鲍照的学习和模拟不仅仅限于这一首诗，在江淹的《别赋》《渡泉峤出诸山之顶》《游黄蘖山诗》《赤亭渚诗》《渡西塞望江上诸山诗》《从冠军建平王登庐山香炉峰诗》《登桐台》等诗中都可以看到江淹对鲍照诗句的化用。在这个意义上说，"江鲍体"应该指鲍照和江淹诗歌中共有的相同结构、音韵、意象和诗风。

二、江淹穷力追鲍照

杜甫诗《赠毕四曜》云："才大今诗伯，家贫苦宦卑。饥寒奴仆贱，颜状老翁为。同调嗟谁惜，论文笑自知。流传江鲍体，相顾免无几。"[④] 杜甫在诗中自叹家贫宦苦，调侃自己的文章无人珍惜，而自己的诗歌和江鲍体相差不远。把"江鲍体"入诗，可见杜甫对江淹模拟鲍照也能认同，鲍照诗和江淹诗相同之处表现在多个方面。

其一，从意象选择看。江淹《鲍参军昭戎行》："豪士枉尺璧，宵人重恩光，狗义非为利，执羁轻去乡，孟冬郊祀月，杀气起严霜，戎马粟不暖，军士冰为浆，晨上城皋坂，碛砾皆羊肠，寒阴笼白日，太谷晦苍苍，息徒税征驾，倚剑临八荒，鷦鹏不能飞，玄武伏川梁，铩翮由时至，感物聊自伤，竖儒守一经，未足识行藏。"诗中用"豪士""宵人""孟冬""军士""白日""八荒""杀气""严霜""戎

①《钦定四库全书》，中华书局点校本，子部，杂家类，杂考之属，《义门读书记》卷五十三。
②《钦定四库全书》，中华书局点校本，子部，杂家类，杂纂之属，《说郛》卷九十七下。
③《钦定四库全书》，中华书局点校本，子部，类书类，《御定佩文韵府》卷三十八之二。
④《钦定四库全书》，中华书局点校本，集部，别集类，汉至五代，《杜诗详注》卷六。

马”“碛砾”“羊肠”“寒阴”“鵌鶵”等意象，渲染出了悲凉的意境。而鲍照《代出自蓟北门行》：“羽檄起边亭，烽火入咸阳。征师屯广武，分兵救朔方。严秋筋竿劲，虏阵精且强。天子按剑怒，使者遥相望。雁行缘石径，鱼贯渡飞梁。箫鼓流汉思，旌甲被胡霜。疾风冲塞起，沙砾自飘扬。马毛缩如猬，角弓不可张。”①诗中用“羽檄”“边亭”“征师”“朔方”“严秋”“雁行”“飞梁”“箫鼓”“旌甲”“胡霜”“沙砾”“马毛”“角弓”等意象，描绘出塞北战场的惨烈。相同的意象直接决定了江鲍体相同的意境。

其二，从音韵形成看。一方面，鲍照和江淹的诗中多采用叠字和联绵词。江淹的诗中多用“寂寂”“永永”“猎猎”“飒飒”“怅怅”“戚戚”等叠字；“皎洁”“踟蹰”“佗傺”等双声词；“烂熳”“浸淫”“泛滥”“萧条”等叠韵词。鲍照诗中的双声叠韵词有“茕茕”“惕惕”“绕绕”“惨惨”“邕邕”“喈喈”“窅窅”等，叠韵词如“宛转”“蹀躞”“须臾”“优游”“倏忽”等，形成了回旋的音韵。另一方面，江淹《别赋》中有“暂游万里，少别千年”，鲍照乐府《升天行》有“暂游越万里，少别数千年”；江淹《别赋》中有“行子肠断”“居人愁卧”，鲍照乐府《东门行》诗中有：“行子心肠断”及“居人掩闺卧”；江淹《渡泉峤出诸山之顶》中有“百年积流水，千岁生青苔”，鲍照《登庐山望石门》中有“埋冰或万年，韬树必千祀”二句；江淹《游黄蘗山诗》中有“禽鸣丹壁上，猿啸青崖间”，鲍诗《登庐山望石门》中有“鸡鸣清涧中，猿啸白云里”；江淹《赤亭渚诗》中有“水夕潮波黑，日暮精气红”，鲍照《游思赋》中云：“暮气起兮远岸黑，阳精灭兮天际红”；江淹《渡西塞望江上诸山诗》中有“杂树共冬荣，嘈囋晨鹍鸣，结友爱远岳，采药好长生，海外果可学，岁暮诵仙经”，鲍照《登庐山》中有“炎树信冬荣，嘈囋晨鹍思，乘此乐山性，重以远游情。方跻羽人途，永与烟雾并”。江淹对鲍照句子的模拟，使江淹的诗歌形成了和鲍照相同的音韵和节奏。

其三，从诗歌结构看。江淹《从冠军建平王登庐山香炉峰诗》：“广成爱神鼎，淮南好丹经。此山具鸾鹤，往来尽仙灵。瑶草正翕赩，玉树信葱青。绛气下萦薄，白云上杳冥。中坐瞰蜿虹，俛伏视流星。不寻遐怪极，则知耳目惊。日落长沙渚，曾阴万里生。藉兰素多意，临风默含情。方学松栢隐，羞逐市井名。幸承光诵末，伏思托后旌。”②诗人先写登高：“广成爱神鼎，淮南好丹经”，而联想到求仙：“此山具鸾鹤，往来尽仙灵。瑶草正翕赩，玉树信葱青。绛气下萦薄，白云上杳冥”，回头想到建平王对自己的知遇之恩：“藉兰素多意，临风默含情”；后

①《钦定四库全书》，中华书局点校本，集部，别集类，汉至五代，《鲍明远集》卷三。
②《钦定四库全书》，中华书局点校本，集部，总集类，《汉魏六朝百三家集》卷八十六。

写感悟："方学松栢隐，羞逐市井名"。鲍照《从登香炉峰》先写登高："辞宗盛荆梦，登歌美凫绎"，再写求仙："御风亲列涂，乘山穷禹迹"；再写游仙："含啸对雾岑，延萝倚峯壁。青冥摇烟树，穹跨负天石"，想到旷世仙人："高世伏音华，绵古遁精魄。箫瑟生哀听，参差远惊觌"；后写感悟："惭无献赋才，洗污奉毫帛"。

两首诗的相同点：一是，江诗《从冠军建平王登庐山香炉峰诗》："瑶草正翕赩，玉树信葱青。"写山上奇草异树，与鲍诗《从登香炉峰》："霜崖灭土膏，金涧测泉脉。旋渊抱星汉，乳窦通海碧。"所描绘的怪山奇水有异曲同工之妙。二是，江诗《从冠军建平王登庐山香炉峰诗》："绛气下萦薄，白云上杳冥。中坐瞰蜿虹，俛伏视流星。"的构思同鲍诗《从登香炉峰》："青冥摇烟树，穹跨负天石。"用意相同，不同的是，江诗先写珍奇之物，后写山之高，鲍诗则反之。三是，江诗《从冠军建平王登庐山香炉峰诗》结句："幸承光诵末，伏恩托后旌"而鲍照《从登香炉峰》结句："惭无献赋才，洗污奉毫帛"，两者意蕴和结构都相同。

其四，从诗歌风格看。隋代王通《中说·事君篇》云："鲍照、江淹，古之狷者也，其文急以怨。"[①]点明鲍照和江淹"文急以怨"的特征；李白诗《经乱后天恩流夜郎忆旧游书怀赠夏太守良宰》中说："览君荆山作，江鲍堪动色。清水出芙蓉，天然去雕饰"也认为江鲍体崇尚自然不尚雕饰的诗风；清人王士祯评价江淹《登桐台》诗时说，"鞍马登楚台"句出自鲍照诗"鞍马光照地"；"寂听积空意。凝望信长怀"出自鲍照《芜城赋》"凝神寂听"及《采菱歌》"抱空意其如玉"，这类实例甚多[②]。说明江淹学习鲍照两人诗风自然接近。近人钱振伦在《江鲍二家文抄序》中说："原夫南朝作手，江、鲍并称，大率《参军集》如万仞峭崖，独绝人迹；《醴陵集》如上界琪花，别成奇采。上方汉魏，则浑灏不及，而涂澈易明；下比陈、隋，则繁缛未开，而风格较峻。子莫执中，若斯而已。"[③]钱先生也是围绕鲍照和江淹诗歌"险峻"特点展开评论。从江淹《迁阳亭》《游黄蘗山》等作品中看，诗人多描绘"峻岭""谷壑""蛟鱼""鹰隼""崩壁""崭石"等意象，让人感到奇险、峭森；而鲍照《渡泉桥出诸山之顶》《迁阳亭》《游黄蘗山》中对山峰岩石的描写也是突出景物"险峻"的特点。江淹《渡泉峤出诸山之顶》："万壑共驰骛，百谷争往来。鹰隼既历翼，蛟鱼亦曝鳃。崩壁迭枕卧，崭石屡盘回。"

①《钦定四库全书》，中华书局点校本，子部，儒家类。

②［清］王士祯《古诗笺》，上海古籍出版社 1980 年版，第 350 页。

③ 钱钟联集校《鲍参军集注》，上海古籍出版社 1984 年版，第 454 页。

其极具鲍照“雄奇怪谲，气势恢弘”的气韵。

其五，从精神追求讲。江淹《鲍参军昭戎行》写出征边塞的战士为了国家大义而舍弃自己的小利，不远千里离开家乡，奔赴疆场，表现出江淹对舍身保国的战士的赞美。同样鲍照《代出自蓟北门行》也是写在国家危难时刻，才能显现出忠臣的高尚节操，在乱世才能识别出真正的忠良，为了国家他们视死如归。鲍照和江淹的诗中共同具有一种积极向上的英迈之气，所以《朱子语类》称：“鲍明远才健，其诗乃选之变体，李太白专学之。如‘腰镰刈葵藿，倚仗牧鸡豚’，分明说出个倔强不肯甘心之意；如‘疾风冲塞起，沙砾自飘扬。马毛缩如猬，角弓不可张’，分明说出边塞之状，语又峻健。”[①]可见鲍照和江淹在人格精神方面的共同追求。

在刘宋时期，尽管鲍照的文学创作取得了非常大的成就，但是如本课题在前面的分析，由于鲍照出生低级士族，出仕后一直“位居下僚”，因此，鲍照的文学才华在当时并不为人认可，钟嵘也只把他列入中品，《文选》虽然对鲍照给予相应的地位，但是鲍照在当时仍然不能和谢灵运、颜延之这样的大家相提并论。江淹在他的拟诗中，把鲍照与曹植、阮籍、陆机、左思、谢灵运等当时杰出的诗人放在一个水平上模拟，并在自己的创作中向鲍照学习，鲍照的文学地位才获得不断提升，在鲍照去世后的多少年里，他逐渐走进人们的视野，他的作品成为许多诗人竞相模仿学习的对象。

①《朱子语类》卷一百四十，中华书局 1986 年版，第 5339 页。

第6章

颜延之公牍文的新变

本章标题采用的专有名词“公牍文”，是文体研究常用的概念，但是在秦汉魏晋时期虽有公牍文之体，并无公牍文之名，南北朝时期，刘勰对各类文体分类以后才逐渐衍生出这一概念。《文心雕龙·诏策》：“敕戒州部，诏诰百官，制施赦命，策封王侯。策者，简也。制者，裁也。诏者，告也。敕者，正也。”[1]可见，所谓公牍文是指直接生发于王言之中的庙堂之制和奏进之篇，包括铭刻、颂、谥、诔、哀、诏、策、章、书、表、檄、移、奏、令、驳、劝等用于官府、军事或公共事物的文书。其中的“书”在古代有“公私之分”，作为公牍文的“书”，在本文主要指那些和公共事务相关的书信等。

关于这些文体的特征和要求，《文心雕龙·定势》指出：“囊括杂体，功在铨别，宫商朱紫，随势各配。章、表、奏、议，则准的乎典雅；赋、颂、歌、诗，则羽仪于清丽；符、檄、书、移，则楷式于明断；史、论、序、注，则师范于核要；箴、铭、碑、诔，则体制于弘深；连珠、七辞，则从事于巧艳；此循体而成势，随变而立功者也。”[2]刘勰认为，要了解和掌握各种文章的风格和体势，就必须对这些文体加以甄别。声律、辞采要随不同的文体配合适宜。章表奏议要求典雅；赋诵歌诗应取法于清丽，符檄书移强调明断，史论序注应该核实精要，箴铭碑诔则要求弘肆深刻，连珠七辞则可从事于巧艳。这是对各种文体因体势变化提出的要求和标准，也为我们准确把握公牍文的特点提供了尺度。

根据严可均《全宋文》收录元嘉三大家公牍文的数量看：颜延之十五篇，谢灵运五篇，鲍照十八篇。由此可以看出，鲍照公牍文最多，但是十八篇中“表”

---

① 周振甫《文心雕龙今译》，中华书局1986年版，第385页。

② 向长清《文心雕龙浅释》，吉林人民出版社1984年版，第280页。

占四篇，其余大多是“启”“疏”之类和个人生活有关的公牍文，多以应酬为主，他本人在这方面并未取得突出成就，谢灵运只有五篇公牍文，其《上劝伐河北书》内容丰富，行文流畅，有一定影响，相比之下颜延之的公牍文在数量和质量上都取得了一定突破，因此，本章重点讨论颜延之在公牍文方面取得的成就。

据严可均《全宋文》收录情况看，颜延之的文现存三十四篇，其中诏二篇，诰一篇，祭文三篇，文一篇，表五篇，谥议一篇，状一篇，书三篇，答问一篇，七一篇，颂二篇，赞二篇，论四篇，连珠一篇，箴一篇，铭一篇，诔二篇，哀策一篇。根据公牍文的内涵，我们从颜延之以上文章中可以基本确定颜延之主要的公牍文（表 6.1）。

表 6.1　颜延之公牍文

名称	
诏	《赠袁淑诏及赐恤遗孤诏》（两篇）
策	《宋文帝元皇后哀策文》《策秀才文》
表	《自陈表》《谢子峻封建城侯表》《拜永嘉太守辞东宫表》《请立浑天仪表》
诔	《阳给事诔》（应诏作）《陶征士诔》
议	《武帝谥议》

第一节　前代公牍文的历史沿革

颜延之公牍文的形成和新变不仅是诗人本身在文体上的创新，而且和前代公牍文的沿革有很大的关系，只要从公牍文的特点去研究公牍文的最早的源头，我们就会追溯到先秦时期《国语》《战国策》中相关大臣向国王劝谏的一些故事，这些故事虽然不是真正意义上的公牍文，但是他们在公牍文产生的过程中的作用是很明显的。一方面，这些故事本身就是公牍文中最典型的劝谏类公牍文的雏形，尽管在当时不是以奏章的形式写出来的，但是那些劝谏的语言和形式基本上发挥了奏章劝谏类公牍文的作用；另一方面，这些别人写的劝谏类故事也都是发生在王言之中，都是大臣向国王提出建议和意见，这一点也符合公牍文的特点和要求。这类劝谏类故事深刻的影响了秦朝李斯的《上秦始皇书》的形成，接着到两汉时期，公牍文随着封建皇权政治的不断完善也得到了发展，枚乘的《奏书谏吴王濞》《上书重谏吴王》，邹阳的《上书吴王》《狱中上书自明》，就是比较典范的公牍文。魏及蜀、吴三国的公牍文，主要有孔融的《荐祢衡表》和《与曹公论盛孝章书》，阮瑀的《为曹公作书与孙权》，曹植有《求自试表》《求通亲亲表》

《与吴季重书》，诸葛亮的《出师表》等，这些公牍文发展已经很成熟。

一、先秦时期公牍文的形成

从公牍文的内容和形式上看，先秦时期还没有发现真正意义上的公牍文，只是在《国语》《战国策》等史籍中记录了大臣劝谏君王的事情。《国语》中《邵公谏厉王弭谤》可以看作是公牍文中劝谏类文章的雏形。周厉王是西周国王，公元前878年即位，邵公即邵穆公是周王重臣。文章记述以周厉王暴虐无道，人民“谤王”形成了矛盾，邵公以一个臣子的身份劝谏厉王“为民者宣之使言”，并提出“宣之使言”的具体措施和好处。很明显由于文章的作者是左丘明，并不是劝谏人邵穆公，因此，文章是以第三人称来写的，这一点和后世公牍文明显不同。

反映战国时期社会生活的《战国策》也记载了关于大臣劝谏君王的事情，其中《邹忌讽齐王纳谏》记录齐国宰相邹忌从生活中体会到，妻子由于爱而有所偏私，妾由于畏惧而不敢直说，客由于有所求，而要讨他的欢心。他把生活体验给他的启发推广到治国者的身上，作为劝谏齐王的论据。可以想象邹忌早有劝谏齐王的念头，苦于没有进谏的良策，在他问妻、妾、客的过程中，使他认识到人与人之间关系的复杂容易使人受到蒙蔽。于是邹忌拿齐王所处的环境和自已的经历进行比较，得出齐王受蒙蔽更严重，最后齐王采纳邹忌的意见，收到了良好的效果。像这种劝谏方式为后来劝谏性质的公牍文出现产生了影响。

再看《触龙说赵太后》，公元前265年，赵惠文王去世，太子孝成王继位，因其年幼，赵太后执政，秦昭王乘机发兵攻赵，赵国求救于齐国，齐国要求以赵太后小儿子作人质，方肯出兵，赵太后却不肯这样做。左师触龙是赵国老臣，他从关心赵太后的饮食起居入手，又从自己想为小儿子安排出路说起，引入对长安君做人质问题的讨论；触龙从赵国存亡的急切利益考虑，为赵王子孙“相继为王”的长远利益打算，说服了赵太后。我们可以大胆地做一猜想，以上这些大臣劝诫君王的的故事为后事劝诫性公牍文的诞生应该有一定的影响。

二、秦汉时期公牍文的发展

从内容和形式上最早都称得上公牍文的应该是李斯的《上秦始皇书》。刘勰在《文心雕龙·诠赋》中云：“秦世不文，颇有杂赋。”[①]《文选》选录的秦代的公

① 向长清《文心雕龙浅释》，吉林人民出版社1984年版，第101页。

牍文首推李斯的《上秦始皇书》(又称《谏逐客书》),确切说这是李斯写给秦王,反对驱逐客卿的一个奏章。李斯生年不详,卒于公元前208年,战国末上蔡(今河南省)人。入秦,为客卿。助秦王统一六国,为丞相,定郡县制。后赵高诬蔑李斯谋反,被杀。《文心雕龙·论说》云:“李斯之止逐客,并顺情入机,动言中务,虽批逆鳞,而功成计合,此上书之善说也。”[①]李斯上书,能够迎合秦王心情,语言中肯,虽然是触犯威严,却获得了成功。鲁迅也说,“秦之文章,李斯一人而已”。

汉代公牍文,是后世学习的楷模。《文选》选录西汉的公牍文有枚乘《奏书谏吴王濞》《上书重谏吴王》。枚乘于文帝时曾任吴王刘濞郎中,刘濞谋反,枚乘上书谏阻。文章多用比喻和偶句,与词赋相近。邹阳初仕吴王,吴王谋反,邹阳作《上书吴王》劝阻,不被采纳,去为梁孝王客,遭到陷害,被捕入狱,又作《狱中上书自明》,文章旁征博引,排比铺张,有战国游士的善辩之风。《骈体文钞》评曰,“(《狱中上书自明》)迫切之情,出以微婉,呜咽之响,流为激亮。此言情之善者也”。《上书谏猎》是司马相如上书谏阻汉武帝狩猎的文章,语言诚恳,表现出一片忠心。《义门读书记》评曰:“(《上书谏猎》)简当深切,章奏当以此为准矱。”[②]《喻巴蜀檄》写司马相如为郎时,唐蒙出使略通夜郎,征发巴蜀吏卒,诛其渠帅,巴蜀之民大为惊恐。汉武帝闻知,派司马相如前往谴责唐蒙,喻告巴蜀之民,为朝廷解忧,写了此文。此文意旨深刻,用词婉转,是檄文中的佳作。东汉有潘勖的《册魏王九锡文》,《文心雕龙·诏策》评曰:“潘勖《九锡》,典雅逸群。”[③]从刘勰等人的评论可以看出,两汉公牍文的作者都是文学侍臣。《文选》所选两汉公牍文多为佳作,故而受到历代文士的重视。

三、魏晋时期公牍文的兴盛

魏及蜀、吴三国的公牍文,主要有孔融的《荐祢衡表》和《与曹公论盛孝章书》,前文是孔融向曹操推荐祢衡,后文是孔融向曹操推荐盛孝章,《文心雕龙·章表》称其:“气扬采飞。”[④]阮瑀的《为曹公作书与孙权》,是阮瑀代替曹操写给东吴孙权的一封信,目的是为了拆散东吴和蜀国的同盟,此书文辞畅达,在当时影响很大。陈琳的《为袁绍檄豫州》是陈琳代替袁绍写给刘备的一篇讨伐曹

① 向长清《文心雕龙浅释》,吉林人民出版社1984年版,第101页。
②《钦定四库全书》,中华书局点校本,子部,杂家类,杂考之属,《义门读书记》卷四十九。
③ 向长清《文心雕龙浅释》,吉林人民出版社1984年版,第196页。
④ 向长清《文心雕龙浅释》,吉林人民出版社1984年版,第218页。

操的檄文。刘勰《文心雕龙·檄移》称："陈琳之檄豫州，壮有骨鲠，虽奸阉携养，章密太甚，发邱摸金，诬过其虐。"[①] 刘勰认为《为袁绍檄豫州》揭露曹操的过失写得明白清楚。

诸葛亮的《出师表》，堪称此一时期的公牍文的典范，这是蜀国建兴五年，诸葛亮出师北伐曹魏，临行前写给后主刘禅的奏表，诸葛亮《出师表》不仅存之典册，而且灿然于文苑，这是因为作者持论贤明通达，行文情浓义明，因而被奉为理政的规范，为人的典范，作文的楷模。《文心雕龙·章表》评价说："文举之《荐祢衡》，气扬采飞，孔明之辞后主，志尽文畅，虽华实异旨，并表之英也。"[②] 曹丕的《与朝歌令吴质书》是曹丕写给友人吴质的一封信。书写朋友之情意，或回忆往事，或悼念死者，或感物伤时，文气流动，娓娓动人。曹植有《求自试表》《求通亲亲表》《与吴季重书》三篇。曹植因受曹丕、曹睿父子的迫害，长期不被重用，魏明帝太和二年，曹植写下《求自试表》，希望为国建功立业。太和五年，又写《求通亲亲表》有求入朝。曹植两表都是表中的佳作。西晋公牍文，《文选》收录李密的《陈情表》写自己对祖母的孝敬，情真意切，十分感人，是晋代公牍文中的精华。此外《文选》收录陆机《谢平原内史表》，刘琨的《劝进表》，这些都是较好的文章。刘宋公牍文，《文选》收录傅亮《为宋公修张良庙教》《为宋公至洛阳谒五陵表》《为宋公求加刘前将军表》等。纵观公牍文的历史沿革，从先秦时期史籍对策士或大臣向君王进谏的记录，到秦代李斯开始向皇帝撰写进谏的奏章，再到两汉时期公牍文已经从单纯进谏发展到檄文、表、书等，到魏晋刘宋时期公牍文的内容也越来越丰富，使用的范围也更加广泛。可以说公牍文随着宫廷和社会的需要呈现一种良好的发展态势。

第二节　颜延之公牍文的新变

"新变"是人们评价晋宋之际文学发展出现新的气象时经常使用的一个词，因为"新变"强调发展的态度，肯定变的合理性，《文心雕龙·通变》说"宋初讹而新"[③]，刘勰指的是诗体之变的一个方面，因为传统意义上的诗歌特质是"言志"，然而由于对"志"的政治道德方面的规定，诗歌的教化作用被放大，这样诗歌就会背离本身发展规律；晋宋之际，伴随着人们的个性解放，"通神会性"

① 向长清《文心雕龙浅释》，吉林人民出版社 1984 年版，第 205 页。
② 向长清《文心雕龙浅释》，吉林人民出版社 1984 年版，第 218 页。
③ 向长清《文心雕龙浅释》，吉林人民出版社 1984 年版，第 274 页。

说的出现，就使诗赋创作更贴近诗歌创作的本质。同时“新变”也支配着刘宋时期文人创作的基本感觉，颜延之处在文学风气日新、文学体式日变的文学背景之中，他也意识到文学的古今之变。

颜延之对“文”和“笔”的辨析是他在文体学方面探索的结果。《南史》载：“文帝尝问以诸子才能，延之曰：‘竣得臣笔，测得臣文，□得臣义，跃得臣酒。’”[①]颜延之开始把文笔对举，分指两种文体。元嘉三十年，刘骏举兵讨伐刘劭，颜竣替刘骏写作檄文，刘劭因此而责问颜延之：“‘此笔谁造？’延之答曰：‘竣之笔也。’又问：‘何以知之？’延之曰：‘竣笔体，臣不容不识。’”[②]对话中的“笔”指颜竣所作檄文；后来刘勰总结他的观点时指出：“颜延年以为笔之为体，言之文也；经典则言而非笔，传记则笔而非言。”[③]可见颜延之以诗赋为“文”，传记为“笔”，经典为“言”，把文学之文与应用之文区别开来，使不同的文体按照各自的规律发展，是其公牍文新变的先声。

前人对颜延之的公牍文没有专门的评论，颜延之本人也缺乏对其公牍文创作的理论阐释，我们只好从对他的诗歌评论中寻觅他在公牍文创作的一些信息。《诗品》评颜延之说：“其源出于陆机。尚巧似。体裁绮密，情喻渊深。动无虚散，一句一字，皆致意焉。又喜用古事，弥见拘束，虽乖秀逸，是经纶文雅才。雅才减若人，则蹈于困踬矣。”[④]钟嵘认为，颜延之注重辞采美，讲究词语的庄重与严谨，重视采取辑事比类的手法；崇尚“博学”，喜好从传统书籍中引经据典，征古论今；同时他喜好创作雅颂之声，思想上成熟稳重。虽然钟嵘的评论是着眼于颜延之的诗歌创作，但是，这并不妨碍我们从他的评论中寻找颜延之公牍文的新变的地方，毕竟一个作家的诗和文的创作是有一定联系的。

从上述评价可以看到，和他的诗歌创作一样，颜延之在公牍文创作上，也喜欢用典，并能巧妙的描绘事物，由于他的公牍文大多是应诏制作，因此也具有雅正的特点。如果我们再结合秦汉和魏晋时代公牍文的特点，对颜延之的公牍文进行分析，不难发现，颜延之的公牍文创作在各个方面不是墨守成规，因循守旧，而是进行了不懈的探索，明显具有新变的特征，进而形成了自己独特的风格特征。

---

① ［唐］李延寿《南史》，中华书局 1975 年版，第 879 页。

② ［唐］李延寿《南史》，中华书局 1975 年版，第 880 页。

③ 向长清《文心雕龙浅释》，吉林人民出版社 1984 年版，第 371 页。

④ 徐达《诗品全译》，贵州人民出版社 1990 年版，第 94 页。

一、从直接谏阻到婉转规劝

元嘉之前的公牍文在思想主题上以谏阻为主，李斯的《谏逐客书》，枚乘的《奏书谏吴王濞》《上书重谏吴王》，邹阳作《上书吴王》《狱中上梁王书》，司马相如的《上书谏猎》等都以劝谏帝王为主题。而颜延之的十篇公牍文大多是应诏而作。李斯为什么要写《谏逐客书》呢？公元前237年，韩国派出谙熟水利的郑国（人名）来到秦国，劝说秦王修建一条长达三百里的灌渠，目的是消耗秦国的人力和财力，以缓解秦国对韩国的军事威胁。事情暴露后，秦皇室贵族提出驱逐一切其他诸侯派来的人。秦王采纳了这一建议，结果李斯也在被驱逐的人之列。在被驱逐的途中，李斯写了这篇公牍文，秦始皇看后，采纳了李斯的建议，并且恢复了李斯的职务。邹阳《上书吴王》和《狱中上梁王书》又是在什么样的情况下产生的呢？邹阳是汉初有胆有识的作家，汉文帝时，吴王刘濞一度称疾在家，无视朝廷，有谋反的念头，邹阳作《上书吴王》，加以劝诫，但是，吴王置若罔闻，不予理睬。邹阳一气之下转侍梁孝王。而梁孝王是窦太后的少子，加之帮助汉景帝平息吴楚七国之乱有功，于是向景帝提出非分之想，据《汉书·邹阳传》载："上书愿赐容车之地，径至长乐宫，自使梁国士众筑作甬道朝太后。爰盎等皆建以为不可。"① 不久，梁孝王派人杀了爰盎，引起汉景帝的责询。于是梁孝王开始和朝廷对抗，当时，邹阳谏阻梁孝王的行为，被同僚所谗害，被捕入狱，并被判处死刑，于是，邹阳在狱中作《狱中上书梁王》，慷慨陈词，极力为自己被谗言所害而争辩。以上事例可以看出，无论是李斯还是邹阳他们创作的动机和劝谏的方式上都很直接，表现出作者一股无所畏惧的气概和直言不讳的个性。

而颜延之的公牍文《请立浑天仪表》在劝谏方面却表现的很婉转，只是采用了一种非常间接的表达方式。颜延之《请立浑天仪表》曰："张衡创物，蔡邕造论。戎夏相袭，世重其术。臣昔奉使入关，值大军旋旆。浑仪在路，肆观奇秘，绝代异宝。旋及王府，考诸前志，诚应夙闻。尚书璇玑，玉衡以齐。七政崔瑗，所谓数术。穷天地制，作侔造化。经志所云，图宪所本。故体度不渝，精测尚矣。则七晷运变，无匪康时，九代贞观，不绝司历。臣夙怀末意，惧干非任。今忝惟职统，敢昧死以闻。"全文写自己因奉诏入关见到了张衡发明的浑天仪，感到特别奇特，后来考查了相关资料，咨询了有关人士，全面了解了浑天仪的作用，才冒死向东晋皇帝上表。从行文看，颜延之把自己多方面考察了解浑天仪后才向皇帝

①《钦定四库全书》，中华书局点校本，史部，正史类，《前汉书》卷五十一。

上表的经过写的很详细，直到有了一定把握才提出建议，作者谨慎婉转的态度就表现出来了。

此外，颜延之的《拜永嘉太守辞东宫表》："抗志绝操，芼陆谢葪。代食宾土，何独匪民。"全表仅仅四句十六个字，写自己拜别东宫拜永嘉太守的情况，虽然颜延之在宋文帝的保护下并未到永嘉任职，而是回到颜家巷屏居七年，但是当时他是被任命为永嘉太守，表中也婉转表达了自己的不满。从颜延之公牍文和其前代公牍文进行对比可以看出，颜延之的公牍文在表达上更为婉转。

二、从为事陈情到为情造文

从秦汉到魏晋南北朝，公牍文在感情表达上也有一个明显的变化过程。邹阳《狱中上梁王书》的情感表达方式明显和他本人的性格有关。作者从君臣遇合重在相知，"偏听生奸，独任成乱"的道理出发，先指出梁孝王偏听才导致他入狱；接着抒发"士能为君杀身成仁"的真情，感动梁孝王；最后，指出梁孝王这样对待他，将失去天下士，来示意梁孝王。值得注意的是，邹阳在文中多有对梁孝王的批评，说梁孝王"惑于众口"，须"去骄傲之心""沈于谄谀之辞，牵于帷墙之制"，使恢廓之士"回面汙行，以事谄谀之人"，表现了邹阳"慷慨不苟合"的个性，正因为如此，梁孝王读了这篇上书后，立刻为其所感动，不但将邹阳"立出之"，而且"卒为上客"。

诸葛亮《出师表》的情感表达方式和邹阳不同，诸葛亮开笔就说，"先帝创业未半而中道崩殂"，以对先帝忠爱之情入文，提出广开言路、执法公平、亲贤远佞三项建议；接着以"臣本布衣"开始，历数先帝对诸葛亮二十一年的特殊待遇："三顾茅庐""委以军政大事"等，表现诸葛亮感恩戴德之情；文章最后提出，"愿陛下托臣以讨贼兴复之效"，和"陛下亦宜自谋，以谘诹善道，察纳雅言"，并以"今当远离，临表涕零，不知所言"作结，忠义之情沛然而出，全文议论、抒情、叙事有机结合，显得不卑不亢。李密的《陈情表》的感情表达则以"情真"和"情深"见长。作者开篇以"臣以险衅，夙遭闵凶"叙述其悲惨遭遇，是"祖母刘愍臣孤弱，躬亲抚养""至于成立"，笃挚的感情和朴素的语言产生了感人的力量；接着，写对朝廷征召的感激之情，"寻蒙国恩""猥以微贱""非臣陨首所能上报"，写出了武帝一番器重之心和眷爱之情；再写祖母和他相依为命："臣无祖母，无以至今日；祖母无臣，无以终余年。"其对祖母的深厚感情，感人至深；最后，李密以"生当陨首，死当结草"结束全文，忠爱之情，溢于言表。

从邹阳《狱中上梁王书》、诸葛亮《出师表》以及李密的《陈情表》这三篇公牍文来看，有一个共同的特点，那就是为事陈情，邹阳为了说服梁孝王放他出狱，陈说士为知己者死的豪情，诸葛亮为了说服刘禅让他带兵出征，陈说自己对先帝刘备感恩戴德之情，李密是为了说服朝廷自己不能应召，陈说祖母对他的养育之情，尽管他们表达的感情非常感人，但是他们都是以事为先，陈情在后，就是为事陈情。

颜延之的公牍文，一般都是直接抒发自己的思想感情，能够"为情而造文"[①]。这和两汉时期的许多散文不同。两汉时期，由于重视儒学经术，不少帝王要求文人为文要以儒学经术为准则。因此，一些经生宿儒写的公牍文受儒学经术的影响较重，叙事议论，大多没有突破儒学经术的框框，作者常常是不痛不痒地引用一些儒家术语，很少直抒胸臆。到魏晋时期的公牍文已经直接表达感情，并且出现了像《陈情表》和《出师表》这样感情浓烈的佳作。颜延之公牍文感情的表达和抒发不仅带有浓重的自我表现特色，而且对他钦慕的人物叙述也带有强烈的感情色彩。他的优秀公牍文虽然也从儒家经典出发来写，但能够坦率地抒发自己的胸襟，笔端常带感情，感情色彩十分鲜明，我们读他的公牍文，似乎也会感到作者写作时兴会淋漓，思致风发。

颜延之《上表自陈》的情感表达开始变得直接明了。开篇作者以"臣闻行百里者半于九十，言其末路之难也"引入全文，先谈自己："人薄宠厚，宿尘国言，而雪效无从。"感激君王对他的恩德；接着提出自己年老多病不能为国效劳："自去夏侵暑，入此秋变，头齿眩疼，根痼渐剧，手足冷痹，左髀尤甚。素不能食，顷向减半。"颜延之对自己病情的描写真实具体；再写自己多病之躯已经不能胜任所居官职："位尸封典，肃祗朝校，尚恶匪任。"最后，颜延之提出："乞解所职，随就药养。"颜延之作此表时六十九岁，正任太常之职，他厌倦官场生活，渴望安享晚年，然而宋文帝并未准许，仅赐假休养。纵观颜延之这篇表文，确实能表达自己情感，不仅自然切当，而且不冗长，可说是文情并茂的奏章。

颜延之的《陶征士诔》表现出对陶渊明的深厚感情，这在他以前的公牍文中并不多见。首先，颜延之用"夫璇玉致美，不为池隍之宝，桂椒信芳，而非园林之实，岂其深而好远哉！"表达对陶渊明弃官归隐的赞美之情；其次，叙述自己对陶渊明逝世的悲伤："元嘉四年月日，卒于寻阳县之某里，近识悲悼，远士伤情。冥默福应，呜呼淑贞。"最后，回顾两人的交往："自尔介居，及我多暇。伊好之洽，接阎邻舍，宵盘昼憩，非舟非驾。"并且抒发自己的哀思："其在先生，同尘往世，旌此靖节，加彼康惠，呜呼哀哉。"行文之中可见颜延之对陶渊明的

① 向长清《文心雕龙浅释》，吉林人民出版社 1984 年版，第 288 页。

深切思念。

颜延之的《阳给事诔》在感情表达上更为强烈。首先，诔文先记述阳给事能够忠烈殉职的背景："贞不常祜，义有必甄。处父勤君，怨在登贤。苦夷致果，题子行间。忠壮之烈，宜自尔先。"其次，渲染阳给事牺牲的悲壮气氛："凉冬气劲，塞外草衰。遏矣獯虏，乘障犯威。鸣驒横厉，霜镝高翚。轶我河县，俘我洛畿。"最后，写阳给事壮怀激烈就义的情景："烈烈阳子，在困弥达。勉慰痍伤，拊巡饥渴。力虽可穷，气不可夺。义立边疆，身终锋栝。呜呼哀哉！"表达对阳给事的崇敬之情。

从以上分析可以看出，颜延之的公牍文，往往是为了抒发自己的感情而为文，《上表自陈》是为了表达对宋文帝的恩德和自己年老多病的忧愁而写的奏表，《陶征士诔》是为了表达颜延之对陶渊明的深厚感情而写的诔文，《阳给事诔》是为了表达颜延之对阳给事守节重义的高风亮节的赞美之情而写的诔文，这些公牍文的一个共同的特点是为情而造文。

三、从使用偶句到频繁用典

"用典"也就是"事类"。《文心雕龙·事类》云："事类者，盖文章之外，据事以类义，援古以证今者也。"[①] 刘勰认为，事类就是在文章的主体之外，根据类似的事例来说明意义，是用古代的事例说明现在的道理。在秦汉时期的公牍文中，出现了古朴典质的偶句，是后来公牍文大量用典的基础。李斯《谏逐客书》的偶句，出现在每节的结尾处，第一段以"向使四君却客而不内，疏士而不用，是使国无富利之实，而秦无强大之名也"这一偶句结尾，其中的一个偶句是以"无名"与"无实"相对，作者采用这一偶句是为了总结前文提到的四位被君王重用的客卿，用他们的智慧和对秦国的忠诚使秦国逐渐走向富强，偶句的使用进一步强化了作品的主旨；第二段以"然则是所重者在乎色乐珠玉，而所轻者在乎人民也。此非所以跨海内制诸侯之术也"这一偶句结尾，其中"所重者在乎色乐珠玉，而所轻者在乎人民也"是对这一段中秦王"不问可否，不论曲直，非秦者去，为客者逐"的态度自然得出的结论，偶句后接"此非所以跨海内，制诸侯之术也"，增加了表达的力度；第三段以"夫物不产于秦，可宝者多；士不产于秦，而愿忠者众。今逐客以资敌国，损民以益雠，内自虚而外树怨于诸侯，求国无危，不可得也"这一偶句结尾，其中"逐客以资敌国，损民以益雠"这一偶句强调"逐客"的危害，

---

① 向长清《文心雕龙浅释》，吉林人民出版社 1984 年版，第 328 页。

后一句“内自虚而外树怨于诸侯”则是一个“自对句”，引申了前一个偶句的意义；此外，“民以殷盛，国以富疆”；“百姓乐用，诸侯亲服”；“江南金锡不为用，西蜀丹青不为采”；“太山不让土壤故能成其大，河海不择细流故能就其深”；这些偶句工整雅丽，使文章的音韵和节奏更加和谐。

邹阳《狱中上梁王书》的偶句有：“偏听生奸，独任成乱。”“众口铄金，积毁销骨。”“盛饰入朝者，不以私汙义；砥厉名号者，不以利伤行。”这些偶句简练质朴，有的已经成为成语流传下来。寇荣的《上书陈情》中的偶句有：“拒谗慝之谤，绝邪巧之言。”“逐臣者穷人迹，追臣者极车轨。”“苟生则为穷人，极死则为冤鬼。”“天广而无以自覆，地厚而无以自载。”“蹈陆土而有沉沦之忧，远岩墙而有镇压之患。”“忠臣杀身以解君怒，孝子殒命以宁亲怨。”“大禹不避涂廪浚井之难，申生不辞姬氏邪谗之谤。”作为光武帝功臣寇恂曾孙的寇荣以“性矜洁自贵，于人少所与”，桓帝左右恶之，“遂陷以罪辟”，他只好逃亡，在被追捕的穷困之中，他上书陈情，表中偶句都是感情沉痛而深厚的佳对，作者悲愤至极，泣血哀述。

魏晋时期的公牍文，在对偶、用典方面尤其典型。调查《文选》收录的魏晋时期的公牍文，以原文一个句读为一句，可以大概统计原文的总句数，以及偶句、用典的句数。阮瑀的《为曹公作书与孙权》总句数 236，偶数 70，用典句数 29；诸葛亮的《出师表》总句数 107，偶句 12，曹丕的《与朝歌令吴质书》总句数 55，偶句 16，用典句数 4，曹植的《与吴季重书》总句数 79，偶句数 26，用典句数 25，李密的《陈情表》总句数 97，偶句数 8。

从简单调查可以看出，魏晋时期公牍文在使用偶句和用典方面越来越频繁。从具体例句也可以看到这方面的变化。诸葛亮的《出师表》中有：“侍卫之臣不懈于内，忠志之士忘身于外。”“亲贤臣，远小人，此先汉所以兴隆也；亲小人，远贤臣，此后汉所以倾颓也。”“苟全性命于乱世，不求闻达于诸侯。”等，这些偶句在文中不仅增加了叙事的节奏感，而且在表情达意方面也有明显的作用；曹丕《与吴质书》中有“伯牙绝弦于钟期，仲尼覆醢于子路；痛知音之难遇，伤门人之莫逮”等偶句，其中第一句和第三句、第二句与第四句联系起来，又构成了语义连贯的工整的偶句，这都表明，魏晋时期公牍文中的偶句确实在逐渐成熟。阮瑀的《为曹公作书与孙权》：

> 离绝以来，于今三年，无一日而忘前好，亦犹姻媾之义，恩情已深，违异之恨，中间尚浅也。孤怀此心，君岂同哉？每览古今，所由改趣，因缘侵辱或起瑕衅，心忿意危，用成大变。若韩信伤心于失楚，彭

宠积望于无异，卢绾嫌畏于已隙，英布忧迫于情漏，此事之缘也[1]。

在这一段中，作者引用了《尔雅》《毛诗笺》《吴志》《汉书》等的典故，构成了文章结构性段落，从而引入全文。由此可见，魏晋时期的公牍文，与秦汉时期的公牍文不同，一方面偶句和用典普遍大量地出现在魏晋公牍文中；另一方面魏晋公牍文中的偶句表情达意的功能逐渐增加，用典在文章结构中的作用也越来越大。

到刘宋时期，颜延之用典最为突出，钟嵘《诗品》评颜延之的诗："喜用古事，弥见拘束。"[2] 实际上，颜延之在公牍文创作中，用典也是十分多的。根据《文选》所选的颜延之的公牍文粗略统计，《阳给事诔》总句数 151，用典句数 60，《陶征士诔》总句数 195，用典句数 104，《宋文元皇后哀策文》总句数 103，用典句数 32，由此可见，颜延之在其公牍文中的用典数量明显增加，由于颜延之一生酷爱读书且涉猎广泛，所以，他用典纯熟且非常恰当。以《宋武帝谥议》（节选）为例：

故能洒扫中岳，致庙九山。神道会昌，宝命既集。损之而益，后身愈先。既而仪形帝载，揖让天历，改玉乎文祖，班瑞于神宗。贯革寝机，文武措笏。故辰居两楹，坐一八表。

这一段仅有七句话，却用了二十二个典故。据《文选》注引可知，"洒扫"语出《论语》，"中岳"语出《史记》，"九山"语出《尚书》，"神道"语出《周易》，"会昌"语出晋左思《蜀都赋》，"宝命"语出《尚书》，"命既集"出自《诗经》，"损之"语出《老子》，"后身愈先"亦化用《老子》而来，"仪形"语出《汉书·王莽传》，"帝载"语出《尚书》，"揖让"语出《韩非子》，"天历"语出《论语》，"改玉"语出《左传》，"文祖"语出《尚书》，"班瑞""神宗"皆语出《尚书》，"贯革"语出《礼记》，"措笏"语出《春秋谷梁传》，"辰居"语出《论语》，"雨楹"语出《礼记》，"八表"语出魏明帝《苦寒行》。文章用典数量虽多，却都紧紧围绕武帝登基这一主题展开的，武帝一统天下的功绩，被浓墨重彩地表现出来。由于用典，文词也变得崇竑典则，钩深持重，切合于文脉的要求，从而使文章的内涵被极大地丰富了。

---

①《钦定四库全书》，中华书局点校本，集部，总集类，《文选注》卷四十二。

② 徐达《诗品全译》，贵州人民出版社 1990 年版，第 94 页。

颜延之公牍文用典已经到了一定的极限，就像《文体明辨序说》在论述诏书的变化和特点时指出："古之诏词，皆用散文，故能深厚尔雅，感动乎人。六朝而下，文尚偶俪，而诏亦用之，然非独用于诏也。"[①] 据此可见，颜延之的公牍文，依然尔雅古朴，多感人之作。此外，梅鼎祚《宋文纪》云："宋之文，上承魏晋，清竣之体犹存。下启齐梁，篡组之风渐盛。于八代之内，居文质升降之关，虽涉雕华，未全绮靡。"[②]"清竣之体"，应该能说明颜延之公牍文重视抒情、质朴自然等特征，而"篡组之风渐盛"则针对元嘉骈体文的进步与趋向华美而言，颜延之作为这一时期的代表人物，很明显他的公牍文也是重视形式、雕琢精细，达到了"虽涉雕华，未全绮靡"的状态。颜延之的公牍文中散体与骈体的共存，具有古朴自然、华丽骈对的双重特征，都和颜延之在公牍文方面的创新分不开。

① 徐师曾《文体明辨序说》，人民文学出版社 1962 年版，第 112 页。

② [清] 永瑢等撰《四库全书总目》，中华书局 1965 年版，第 1721 页。

第二编（下）

元嘉三大家作品美学风貌

元嘉三大家作品的美学风貌是非常鲜明的。谢灵运山水诗“初发芙蓉”的灵感境界、鲍照赋“凄艳悲绝”的美学风格、颜延之诗文“错彩镂金”的形式美，历代诗话都有过概括，但是未能深入细致地分析，也缺乏理论提炼。本编拟从美学角度出发，具体分析三大家作品美学风貌形成的原因及其内涵，重点梳理“灵感范畴”的嬗变过程以及谢灵运独特的灵感诗学内涵。

第7章

谢灵运山水诗“初发芙蓉”的灵感境界

要深入研究谢灵运山水诗“初发芙蓉”的灵感境界就必须准确把握“灵感”这一诗学范畴，为此我们先了解“灵”在语义学中的含义。根据罗竹凤主编，汉语大词典出版社1986年版《汉语大词典》第十一卷载：灵［靈］：（1）巫。《楚辞九歌·东皇太一》：“灵偃蹇兮姣服，芳菲菲兮满堂。”王逸注：“灵谓巫也。”（2）天；天帝。《楚辞·王褒〈九怀·思忠〉》：“登九灵兮游神，静女歌兮微晨。”王逸注：“想登九天，放精神也。”（3）魂灵。《左传·昭公二十一年》：“平公之灵，尚辅相余！”

《文选·潘岳〈寡妇赋〉》：“愿假梦以通灵兮，目炯炯而不寝。”李周翰注：“灵，通夫之神灵也。”再看“灵感”：（1）神灵的感应；神异的灵应。唐王勃《广州宝庄严寺舍利塔碑》：“以法师智遗入我，识洞幽明，思假妙因，冀通灵感。”（2）指感觉敏锐。《西游记》第四十九回：“我的儿，你真个有些灵感，怎么就晓得我是半路出家的？”（3）在文艺、科技活动中，由于勤奋学习，努力实践，不断积累经验和学识而突然产生的创作冲动与创造能力。

和灵感同义的概念有：灵犀：旧说犀角中有白纹和线直通两头，感应灵敏。因用此比喻两心相通。唐李商隐《无题》诗之一：“身无彩凤双飞翼，心有灵犀一点通。”宋张孝祥《减字木兰》词：“玉立娉婷，一点灵犀寄木成。”元郑光祖《倩女离魂》第四折：“没揣的灵犀一点潜相引，便一似生个身外身。”明王玉峰《焚香记·盟誓》：“但得皆如意，两情称，始信灵犀，诚通海神。”[①] 结合现代心理学，我们对“灵感”概念的界定是：灵感是沟通外在的“天”与内在的“心”之间的联系的基础上，而形成的一种创造性思维活动，是在这一活动中出现的情感与思

① 罗竹凤《汉语大词典》，汉语大词典出版社1986年版第十一卷，第747、267、768页。

维升华的现象，是人的心灵达到的一种妙不可言的神奇境界，是人类创造的源泉。在“灵感”产生的过程中，主体的心理轻松、愉悦，充满创造的激情。

第一节　灵感范畴在古代诗学中的嬗变

灵感范畴的形成是我国传统思想文化的结晶。从道家哲学来看，“道”作为中国哲学的本体概念，它一出现就把我们带入一种玄妙多解的思维境界，作为一种无法可寻的终极概念和一种无需言说的无言之说，超越了现存的一切事物。在老子的《道德经》中，我们看到万物的神秘本质，老子描述了天地的开始，万物的孕育，生命的有无，对于道的理解排除了我们对道的理性认识，超越了人的经验和语言，为我们提供了探究万物的唯一方式那就是颇富灵性的妙悟。庄子主张抛弃外物形累，以任自然的本真方式来澈悟宇宙万物，以“一志”“心斋”“坐忘”“物化”等具体方式来体悟道。从儒家思想来讲，“天命”在儒家的视野中既是超越的、神秘的、不为人的意志操纵的，同时天命又与人生息息相关，儒家思想的最高境界是个体生命与宇宙生命相互交融的“天人合一”思想，这种理论构建也是基于个体生命对宇宙生命的感知。在我国传统思想文化中，无论儒家思想还是道家思想，关于人认识世界的方式都更多倾向于一种神秘的人和天地之间的联系，这种联系的桥梁就是人的灵性或灵感。我们从儒家和道家思想出发，研究灵感范畴形成的思想源泉。

一、天人合一和天人感应

灵感作为诗学范畴，它是在中国传统文化的核心观念“天人合一”思想之中孕育而成的。我们先看道家有关天地人的论述，《老子》说：“人法地，地法天，天法道，道法自然。”[①] 老子提出“天地”与“人”合于自然之道，把道看作是至高无上的本体存在；《庄子》又说：“天地与我并生，万物与我为一。”[②] 强调天人之间的融合和协调，认为万物就在我的心中，很明显庄子已经把人的地位放在万物之上。儒家对待天地人的关系上，更看重人的心性，孟子《尽心》说：“尽其心者，知其性也；知其性，则知天矣。”[③] 在孟子看来，心、性、天三者为一，心是了解事物的一个关键，“尽心”强调人在世界的主导作用；《中庸》开篇即说：

① 陈鼓应《老子今注今译》，商务印书馆2003年版，第169页。
② 陈鼓应《老子今注今译》，商务印书馆2003年版，第71页。
③［清］焦循撰，沈文倬点校《孟子正义》，中华书局1987年版，第877页。

“天命之谓性，率性之谓道，修道之谓教。”[①]认为天命、道德、人性、教化是同一的，而教化的目的还是改变人的心性；荀子进一步指出人也应该顺应天地之道，荀子《天论》又说：“天有其时，地有其财，人有其治。”[②]这实质上是一种以人为主体的天人合一论。

由此可知，儒家提倡以德性合天道，道家趋向以自然合天道，他们从“心性”和“自然”两个方面提出了“天人合一”；换句话说就是儒家天人合一在心性，道家天人合一在道；儒家天人论从仁义道德立论，道家天人论则是多从自然之道立论。无论是儒家的“天人合一”，还是道家的“天人合一”，他们的共同点是从“天”和“人”两个方面立论，这种“天人合一”思想实际上就构成了我国“心”文化的基础，而“心”文化的实质是人对天的感性的、人文的认识。正是有了“天人合一”这样的思想背景，我们才能产生自然的心态，也为感知和体悟世界亦即体悟“天道”创造了条件。这种天与人的关系是亲密的，不可分割的，同时也是神秘的。而天与人这种关系是在人对天的感悟和体道中产生的创造性激情中形成的，如果没有这种“创造性激情”亦即“灵感”，天人合一的关系就难以建立，换言之，“天人合一”是“灵感”作为诗学范畴产生的思想源泉。

在“天人合一”思想基础上，汉代儒学宗师董仲舒又提出了“天人同类，故天人相应”的“天人感应”思想。董仲舒《春秋繁露·为人者天》云：“为生不能为人，为人者天也。人之为人本于天，天亦人之曾祖父也。此人之所以乃上类天也。人之形体，化天数而成；人之血气，化天志而仁；人之德行，化天理而义；人之好恶，化天之暖清；人之喜怒，化天之寒暑；人之受命，化天之四时。人生有喜怒哀乐之答，春秋冬夏之类也。喜，春之答也，怒，秋之答也；乐，夏之答也；哀，冬之答也。天之副在乎人，人之情性有由天者矣。”[③]

仔细研读这一论述，我们会发现董仲舒关于人与天的观点主要是：其一，人与自然在本质上是完全相同的存在物，在气、数、形、态、理等相关性上，人是缩小的天，天是放大的人，天人直接地同一；其二，人受命于天，人之形体、血气、仁义、情感受天的决定，进而肯定了天对人的作用。其三，天之为又根据人之为，是人之为主，天之为辅，这是对人的主体性的强调。董仲舒在《春秋繁露·天地阴阳》中进一步确立了人在天地之间最可珍贵的地位，他说：“圣人何其贵者，起于天，至于人而毕。毕之外谓之物，物者投所贵之端，而不在其中。

①《钦定四库全书》，中华书局点校本，经部，礼类，礼记之属，《礼记注疏》卷五十二。
② 王先谦《荀子集解》，中华书局1988年版，第308页。
③ 董仲舒《春秋繁露》，上海古籍出版社1987版，第64页。

以此见人之超然万物之上，而最为天下贵也。”[①]董仲舒这种以人为贵的思想实际上肯定了人对天的感知和认识的能力。当我们从诗学的角度，重新审视这一天人哲学体系时，就会发现董仲舒的“天人感应”思想的实质就是人是通过“灵感”来认识世界的。可见“灵感”这一诗学范畴，是在“天人感应”的思想基础上逐渐形成的，灵感范畴包含着丰富的哲学思想。

二、虚实相生和抱神以静

“虚实结合”是灵感范畴的初级形式，也是中国古代诗学的一个重要命题。庄子以现实与梦境的虚幻论虚实。《庄子·齐物论》：“庄周梦为胡蝶，栩栩然胡蝶也，自喻适志与，不知周也。俄然觉，则然周也。不知周之梦为胡蝶与，胡蝶之梦为周也？”[②]现实与梦境是分不清的。庄子把忘掉现实的一切——忘形骸，忘生死，忘是非，忘己……称为一种最高的境界，即“心斋”和“坐忘”。“心斋”就是排除一切欲念，使心灵纯净。“坐忘”就是不以物累，不受形役，做到精神绝对自由，忘掉自身的存在，与万物融为一体。也就是说要“齐以静心”，有一个空明的心境，这完全是一种精神活动。即以审美的心胸发现，关照审美的自然，道出了灵感生成的必要条件。就像宗白华所说：“以虚带实，以实带虚，虚中有实，实中有虚，虚实结合，这是中国美学思想的一个重要原则。”[③]可见“虚实相生”也是审美创造的源泉。

同时，在道学思想中还有一个非常重要的灵感因素，或说是灵感产生的因素就是源于心灵独运的妙悟。《老子》第十四章：“无物之象。”[④]《老子》第三十七章：“常道无为。”[⑤]《老子》第三章：“常使民无知无欲。”[⑥]皆谓排除一切物象障碍，寻求静观的审美方式。亦即，通过虚廓的心灵，超越万象的时空，使物和人的生命灌注充满生机的永恒意义。老子的“虚静”“无形”“大象”，正是他追求的创造心灵境界的神韵。庄子还提出形神问题，“抱神以静，形将自正”，“神将守神，形乃长生”，这就是“酝酿胸中”，就是“悟入”，达到心领神会和“妙悟”的境地，见出形神的神韵。这里有心悟有妙悟，即以人之心契合万物生命之妙旨，故能应

① 董仲舒《春秋繁露》，上海古籍出版社 1987 年版，第 98–99 页。
② 陆永品《庄子选集》，人民文学出版社 2001 年版，第 41 页。
③ 宗白华《美学散步》，上海人民出版社 1981 年版，第 68 页。
④ 老子《道德经》，江苏古籍出版社 2001 年版，第 37 页。
⑤ 老子《道德经》，江苏古籍出版社 2001 年版，第 100 页。
⑥ 老子《道德经》，江苏古籍出版社 2001 年版，第 8 页。

物会心，而产生灵感。

“抱神以静”是妙悟的前提。庄子在“庖丁解牛”中所表达的灵感产生前后的情况足以说明这一点。《庄子·养生主》云：“庖丁为文惠君解牛，手之所触，肩之所倚，足之所履，膝之所踦，砉然响然，奏刀騞然，莫不中音，合于《桑林》之舞，乃中《经首》之会。文惠君曰：‘嘻！善哉！技盖至此乎？’庖丁释刀对曰：‘臣之所好者道也，进乎技矣。始臣之解牛之时，所见无非全牛者；三年之后，未尝见全牛也。方今之时，臣以神遇而不以目视，官知止而神欲行。依乎天理，批大郤，导大窾，因其固然，枝经肯綮之未尝，而况大軱乎？良庖岁更刀，割也；族庖月更刀，折也。今臣之刀十九年矣，所解数千牛矣，而刀刃若新发于硎。彼节者有间，而刀刃者无厚。以无厚入有间，恢恢乎其于游刃有余地矣。是以十九年而刀刃若新发于硎。虽然，每至于族，吾见其难为，怵然为戒，视为止，行为迟，动刀甚微，謋然已解，如土委地。提刀而立，为之四顾，为之踌躇满志，善刀而藏之。’文惠君曰：‘善哉！吾闻庖丁之言，得养生焉。’”①

从诗学的角度解析，此文给我们的启示是：其一，庖丁解牛达到的境界就是人的心灵进入创造阶段具有的那种灵感产生的境界，是自由的境界，是审美的境界。这里“神”即“灵”，“神遇”是一个非常重要的诗学范畴。神遇亦即神出，换言之是在人对天，对道感知的基础上获得的创造境界。其二，庖丁准备解牛前的磨砺是灵感生成的必要准备。“始臣之解牛时，所见无非全牛者；三年之后，未尝见全牛也”。说明主体对客体了解到细致入微的程度。“三年”在古代也有多年之意，乃是泛指非确指也。告诉我们要达到某种创造的境界不是一日之功。主体要对客体有长时间的感受、感知和了解。其三，主体对客体了解达到了一定的境界后，主体创造的满足，“提刀而立，为之四顾，为之踌躇满志，善刀而藏之。”

这里的“刀”是思维之“刀”，是主体经过多年磨砺形成的一种创造思维的形式。做为一种心理状态，灵感表现为对于个人利害关系的超越。在人与天、人与道、人与物的关系中，人只有具有这种创造心理状态，在对事物关系中产生灵感，人的自由才能实现，人的创造力量才能被肯定，个体的人才能在颇富灵感的创造中获得满足，实现人之所以为人的价值。

三、天机骏利和思若有神

灵感是我国古代儒、道、墨“天人合一”观念中出现的，和“天人感应”具

---

① 陆永品《庄子选集》，人民文学出版社 2001 年版，第 42-43 页。

有相同性，到魏晋时，它以“天机”这一概念进入了魏晋诗学的理论范畴体系，并居于重要位置。对于“灵感”现象，首先具有明确意识的是陆机，在他写的我国文学理论史上第一部系统的创作论《文赋》中指出：“若夫感应之会，通塞之纪，来不可遏，去不可止；藏若景灭，行犹响起。方天机之骏利，夫何纷而不理。思风发于胸臆，言泉流于唇齿。纷葳蕤以馺还，唯毫素之所拟。文徽徽以溢目，音泠泠而盈耳。及其六情底滞，志往神留，兀若枯木，豁若涸流，览营魂以探赜，顿精爽而自求。理翳翳而愈伏，思轧轧其若抽，是以或竭情而多悔，或率意而寡尤。虽兹物之在我，非余力之所勠，故时抚空怀而自惋，吾未识夫开塞之所由也。”[①] 陆机十分敏锐地发现，灵感是艺术构思阶段非作者能够自觉把握的一种突然的开塞现象，并把灵感称作“天机”，即谓开通文思的天然神机：“方天机之骏利，夫何纷而不理。”

由以上论述可以看出，陆机对灵感特质方面的探讨主要有：其一，指出灵感的特点：“藏若景灭，行犹响起。”“来不可遏，去不可止。”“虽兹物之在我，非余力之所勠。”说明灵感不易察觉、来去突然、不受人控制，具有一定的隐秘性和突发性。其二，强调灵感的作用：“思风发于胸臆，言泉流于唇齿。纷葳蕤以馺还，唯毫素之所拟。”说明灵感到来之际，可以使激活思维，拓展想象，下笔条理，书写迅捷，文章自然会“文徽徽以溢目，音泠泠而盈耳”。其三，明确灵感的产生的原因：“应感之会，通塞之纪。”即诗人主观世界和现实客观世界沟通，人的心灵对外部世界产生感应，便会产生灵感。

从诗学角度系统论述灵感范畴的人是刘勰。他在《文心雕龙》中提出了“思若有神”的观点：“古人云：‘形在江海之上，心存魏阙之下。’神思之谓也。文之思也，其神远矣。故寂然凝虑，思接千载；悄焉动容，视通万里。吟咏之间，吐纳珠玉之声；眉睫之前，卷舒风云之色；其思理之致乎？故思理为妙，神与物游。神居胸臆，而志气统其关键；物沿耳目，而辞令管其枢机。枢机方通，则物无隐貌；关键将塞，则神有遁心。”[②] 刘勰认为公子牟身在江海，心却留恋魏阙，这种心理活动就是神思，以此引入作家创作开阔思路和视野，这样写出的文章字字珠玉，文采飞扬，而“神与物游”是神思的基础上产生的境界，它是指心神随事物而活动的一种微妙的思维形态，这种形态产生后作家的意志和气质就成为关键，只有当作家把通过耳目反映到大脑中的客观事物借助于语言文字表达出来，那么对事物的描绘就会穷形尽相，如果作家没有把握“神与物游”这一关键，那

① 郁沅　张明高《魏晋南北朝文论选》，人民文学出版社 1999 年版，第 149 页。
② 周振甫《文心雕龙今译》，中华书局 2005 年版，第 248 页。

么思路就断了。

刘勰所谓"神与物游"就是"天人感应"的衍化，也是灵感产生时的一种状态。接着刘勰提出作家产生灵感所必须的创作准备状态："是以陶钧文思，贵在虚静；疏瀹五藏，澡雪精神。"[①] 刘勰认为作家要有一种"虚静"的状态，才会产生灵感。刘勰还强调外物的刺激对灵感产生的作用："人禀七情，应物斯感，感物吟志，莫非自然。"[②] 刘勰又说："物色之动，心也摇焉。"又说："是以献岁发春，悦豫之情畅；滔滔孟夏，郁陶之心凝；天高气清，阴沉之志达；霰雪无垠，矜肃之虑深。岁有其物，物有其容；情以物迁，辞以情发。"[③] 可见受到外物的刺激才能发生感应，有了这种感应才会产生灵感，春天万物复苏，春色迷人，心情舒畅，夏天炎热难当，心神凝结，秋天天高气爽，心神也会清爽，冬天大雪无垠，思虑深沉，事物在各个季节有各个季节的状态，人的情感也随之发生变化，辞采就是由这种情感变化而产生的。刘勰还提出培养灵感的方法是："积学以储宝，酌理以富才，研阅以穷照，驯致以绎辞。"强调平时的知识积累和语言的锤炼是灵感产生的条件。

第二节　谢灵运"顿悟说"的灵感旨趣

灵感诗学的发展和晋宋之际佛教内部顿渐两派的论争也有关系。一派以东晋名僧支遁、道安、慧远等为代表，主张小顿悟；另一派以竺道生为代表，主张大顿悟。竺道生认为："夫称顿者，明理不可分，悟语极照。以不二之悟，符不分之理。理智恚释，谓之顿悟。"[④] 竺道生强调，要用不可分割的直接的顿悟的方式去体认实相理，换言之，佛理的领悟和接受，全靠自己天生的秉赋和修习过程中的积累，并在刹那间产生一种"开塞"的心理现象。并认为"理智皆释，为之顿悟"[⑤]，强调人与天的冥合。在这场论争中，诗人谢灵运也加入其中，他以非凡的文学才华和对佛学理论的深入研究，把佛学中的顿悟嫁接到文学创作之中，进而形成了独特的灵感诗学。

---

① 周振甫《文心雕龙今译》，中华书局 2005 版，第 24 页。

② 周振甫《文心雕龙今译》，中华书局 2005 版，第 56 页。

③ 周振甫《文心雕龙今译》，中华书局 2005 版，第 414 页。

④《卍续藏经》第 150 册第 858 页。

⑤《大正藏》第 36 册，第 440 页。

一、与诸道人辩论顿悟成佛说

竺道生对谢灵运产生影响的佛学思想以“顿悟说”和“一阐提人皆得佛性”为主。道生认为，所谓“顿悟”，即指参透佛教真理的那种最高境界，是极其微妙的，不是以循序渐进的方式达到的。换言之，即顿悟成佛的方法和步骤，与渐悟相对，指无须长期按次第修习，一旦把握佛教真义，即可顿然觉悟成佛。尽管道生的顿悟说刚一问世就遭到墨守陈规的僧人们的猛烈攻击，但他的思想更适合当时社会上佛学发展的新形势，谢灵运以其天才诗人的灵感，敏锐地捕捉到了其中的新意，及时地写了《与诸道人辨宗论》，与主张渐悟的法勖、僧维、惠驎、法刚以及慧琳等人进行公开论辩，对顿悟成佛说给予大力支持，并根据自己的理解作了进一步的思考和创新。

谢灵运在《与诸道人辨宗论》中云：“夫明非渐至，信由教发。何以言之？由教而信，则有日进之功；非渐之明，则无入照之分……至夫一悟，万滞同尽耳！”这里谢灵运明确提出了“一悟”说，具体地阐释竺道生所提倡的顿悟说。同时，玄学认为圣人不可学不可至，谢灵运引用《论语·述而》所谓“仁远乎哉？我欲仁，斯仁至矣”[①]的观点调和儒释两家，并进一步提出如果能够顿悟，那么圣人可至可学。这一观点在当时理论界实属难得之创见[②]。后来王弘把谢灵运的这一观点告诉了竺道生，竺道生作《答王卫军书》云：“究寻谢永嘉论，都无间然。有同似若妙善，不能不以为欣。”竺道生肯定了谢灵运的观点，认为谢灵运的“一悟”之语和他的顿悟之说“似若妙善”。

二、对竺道生顿悟说的新认识

近年研究资料表明，竺道生所谓“顿悟”有三点应该引起我们的注意：首先，竺道生所谓“顿悟”是大顿悟，相对于支遁主张的小顿悟。主小顿悟者认为，七地而顿悟不二之理，但功德未满，尚进修三位而与十地得究竟法身，同时又主张顿悟与渐修并行。竺道生认为，唯一的理是不可分的，悟理与体证同一，他说：“夫真理自然悟亦冥符。真则无差，悟岂容易。”[③]而只有在十地后，金刚心位，

---

① 杨伯峻《论语译注》，中华书局1980年版，第74页。

② 台湾华梵大学2000年《第四次儒佛会通学术研讨会论文集》第285-300页。

③《大般涅槃经集解》，《大正藏》，第37册，第377页。

才能豁然顿悟理之大全。单正齐先生进一步解释说："由于注重真理自发自显，见性成佛，顺理生心，又善生慧，则可一念之间真慧显发，脱然顿悟而得实相涅槃。"[①]也就是说，在竺道生看来，悟理与体证同一，顿悟也不容易，强调修佛者本人的天性和智慧。其次，实际上竺道生认为："理不可顿阶，必要研粗以至精，损之又损之以至于无损矣。"[②]顿悟不仅需要修佛者对佛教义理从粗放感知到精到的领会，而且也要进行长期的佛教实践的积累；而且，竺道生认为渐修渐悟乃是理在我外，故不能见性；知若自中，则融会贯通，豁然"入照"顿悟见性矣。这一点谢灵运可能未曾悟得。由此可见，只是竺道生的顿悟理论所倡导的顿悟思维方式和谢灵运创作中的灵感体验相契合，彼此产生了某种程度上的共鸣。无疑，竺道生的顿悟理论直接启发了谢灵运的创作灵感。再次，谢灵运顿悟说的思想最早应来自慧远。慧远在竺道生提出顿悟说之前反复强调"悟"对体认佛性本体的重要性。

他在《沙门不敬王者论》中说："化以情感，神以化传。情为化之母，神为情之根。情有会物之道，神有向冥遗之功。"[③]他在《大智论钞序》中又说："鉴明则尘累不止，而仪像可观，观深则悟彻入微，而名实俱玄。"又云："虽神悟发中，必待感而后应。"[④]这里所谓"神悟"与"顿悟"皆属于形而上的范畴，两者具有本质的一致性。根据前面分析，谢灵运和慧远的关系的建立不仅比和竺道生早，而且，受慧远的影响也更大。因此谢灵运主顿悟说，应该首先受慧远"神悟说"的启迪。可以这样说，在慧远和竺道生的共同影响下，在涅槃佛性问题的大讨论中，谢灵运才提出了两个著名的佛学命题，形成了独特的创作思想，进而影响到他山水诗的创作。

三、谢灵运对念佛三昧的接受

谢灵运在弥陀净土方面的认识成就主要是对慧远的"念佛三昧"的接受。在弥陀净土理论方面取得最大突破的无疑是慧远提出的实现往生弥陀净土的途径和方法："念佛三昧。""念佛三昧"（Smrtibuddhasamadhi）本是佛教禅定十念之一种[⑤]，"念佛三昧"又分为三种，称名念佛、观想念佛、实相念佛。慧远"念佛三昧"

---

① 单正齐《竺道生的实相涅槃说》，《江淮论坛》2007 年第 2 期，第 56 页。
②《妙法莲花经疏》，《卍续藏经》第一百五十册，第 392 页。
③ 参见《弘明集》卷五。
④ 参见《出三藏记集》卷十。
⑤ 方立天《慧远及其佛学》，中国人民大学出版社 1987 年版，第 123 页。

理论主要围绕第二种“观想念佛”展开生发。慧远曾云：“念佛三昧，如《般舟经》念佛章中说，多引梦为喻。梦是凡夫之境，惑之与解，皆自涯已还理了。而经说念佛三昧，见佛则问云，则答云，则决其疑网。若佛同梦中之所见，则是我相之所瞩，想相专则成定，定则见佛，所见之佛不自外来，我亦不往，直是想专理会，大同如梦了。”[①] 从这段讲述可知，慧远用梦做比喻，说明他的“念佛三昧”如做梦有相似之处，“想相专则成定，定则见佛”；同时，“所见之佛不自外来，直是想专理会”，通过观想阿弥陀佛的种种美好形相和威神功德以及西方极乐净土的美丽景色，“直是想专理会”。后来，慧远在为赞颂“念佛三昧”的诗集作《念佛三昧诗集序》中对他的“念佛三昧”作了进一步说明。念佛三昧就是“感物通灵，御心惟正，动必入微”，以及“鉴明则内照交映，而万象生焉”。这样，慧远就把对万象的观照包括在“念佛三昧”之中，丰富了弥陀净土理论，为观想念佛注入了新的内涵。

更富有实证意味的是，《观无量寿经》中云：“‘作是观者，除无量亿劫生死之罪，于现生中得念佛三昧’，又云：‘即见十方一切诸佛，以见诸佛故，名念佛三昧。’也就是说信奉弥陀净土，必须奉行念佛三昧。”[②] 这无疑与慧远之“念佛三昧”暗合，也为慧远之“念佛三昧”提供了经典依据。谢灵运《登永嘉绿嶂山诗》云：“裹粮杖轻策，怀迟上幽室。行源径转远，距陆情未毕。澹潋结寒姿，团栾润霜质。涧委水屡迷，林迥岩逾密。眷西谓初月，顾东疑落日。践夕奄昏曙，蔽翳皆周悉。蛊上贵不事，履二美贞吉。幽人常坦步，高尚邈难匹。颐阿竟何端，寂寂寄抱一。恬如既已交，缮性自此出。”这首诗体现了慧远之“念佛三昧”在诗歌创作中的指导意义，作者先抓住景物“屡迷”“逾密”的特点，反衬诗人内心混沌的心理；接着写“蔽翳皆周悉”，说明诗人对景物开始有了清晰的感知，最后达到了对玄理的体认。

四、梦得文思蕴含的灵感指向

钟嵘《诗品》卷中载：“康乐（谢灵运）每对惠连，辄得佳句。后在永嘉西堂，思诗竟日不就，寤寐间，忽见惠连，即成‘池塘生春草’。故尝云：‘此语有神助，非我语也。’”[③] 此事虚实尚无定论，但是因事寓意，引出对谢灵运灵感诗论的一些

① 参见慧远《远什大乘要义问答·十一辩念佛三昧缘生相》中关于“念佛三昧”的相关论述。
② 转引自慧普《南朝佛教与文学》，中华书局2002年版，第66页。
③ 徐达《诗品全译》，贵州人民出版社1990年版，第101页。

思考。

整个故事展现的是灵感生发的过程。其一，“后在永嘉西堂，思诗竟不就”是灵感产生前的酝酿和积累阶段。此一时期，诗人已经积累了许多有关《登池上楼》的诗歌素材，但是这些素材是零散的，素材之间没有联系，诗人自然会产生许许多多困惑和焦虑。灵感的获得表现为对事物神理的把握，这种把握本是诗人凝神观照、深契妙悟的结果。其二，“寤寐间，忽见惠连”，这里惠连是谢灵运产生灵感的关键，灵感产生有一定的环境条件。焦虑的诗人进入梦乡，就会进入一个放松自由的状态，而梦中惠连的出现成了诗人沟通诸多诗歌素材的纽带和桥梁。据《宋书》卷六十七《谢灵运传》记载：“惠连幼有才悟而轻薄，不为父方明所知。……灵运尝自始宁至会稽造方明，过视惠连，大相知赏，……谓方明曰：‘阿连才悟如此，而尊作常儿遇之。’”[①]《宋书》卷五十三《谢方明传》：“（惠连）幼而聪敏，年十岁，能属文，族兄灵运深相知赏。”[②]可见，故事中的惠连是“才悟”的象征，“每对惠连，辄得佳句”表明灵运作诗需借助“才悟”，其名篇佳句是灵感触发的结果，而“池塘生春草”即因悟而得。其三，“此语有神助，非我语也。”表明诗人已经进入忘我的境界，这里所谓“神助”，就是竺道生所谓“性灵神悟”，或者说是顿悟。就是陆机“应感之会，通塞之纪，来不可遏，去不可止；藏若景灭，行犹响起。方天机之骏利，夫何纷而不理”的灵感境界。

“池塘生春草”作为谢灵运《登池上楼》中的名句，和“园柳变鸣禽”一起深受古往今来诗人的关注，唐代皎然曰：“客有问予，谢公‘池塘生春草’、‘明月照积雪’二句，优劣奚若？子曰，‘池塘生春草’，情在言外，‘明月照积雪’，旨冥句中，风力虽齐，取兴各别。”[③]皎然以为“池塘生春草”有言外之意，并没有从灵感学的角度去评价。我们认为，“池塘生春草”一句是谢灵运灵感思维的成果，达到了“形似”和“传神”的灵感学境界，这种对神理的崇尚与追求，和“顿悟”有关，谢灵运作为对竺道生“顿悟说”的有力支持者，自然深得“顿悟”之精髓，亦见其在诗歌创作中的应用。

第三节　谢灵运山水诗“初发芙蓉”的审美意蕴

谢灵运灵感诗学的形成和出现不仅有自身的原因，也有外在的社会思想原

① ［梁］沈约《宋书》，中华书局1974年版，第1774–1775页。
② ［梁］沈约《宋书》，中华书局1974年版，第1524页。
③《钦定四库全书》，中华书局点校本，集部，诗文评类，《历代诗话》卷三十二。

因，上面分析我们看到，中国古老的思想文化积淀，以及后代诗人和理论家对“灵感”这一范畴的不断完善和补充，使人们对“灵感”的认识越来越接近其本质特点，进而也形成了意蕴深刻的灵感诗学。概言之，所谓灵感诗学就是指诗人遵循灵感产生的基本要求，在“通神会性”的创作状态，采用“尚巧似”的表达手法，进而使其作品达到“天然生成”的境界的诗歌创作理论。谢灵运山水诗的形成过程和所具有的特点就代表了灵感诗学的创作成果。谢灵运山水诗“初发芙蓉”的灵感境界就是一种美学境界，这种美学境界把自然美通过诗人天才的灵感创作艺术地表达出来，是自然美、社会美和艺术美的综合体现，从而使谢灵运山水诗不仅具有文学的价值而且具有了审美的意蕴。

一、“初发芙蓉”的诗学内涵

《南史》载：“延之尝问鲍照己与灵运优劣，照曰：‘谢五言如初发芙蓉，自然可爱。君诗若铺锦列绣，亦雕缋满眼。’”①答语指出谢灵运的五言诗如初发芙蓉，“初发”说明刚刚长出，这里就包含着新鲜、清新、有活力的内涵，“芙蓉”作为人们公认的花中之王，它是高雅、尊贵、美好的象征，鲍照把这样的事物托于谢灵运不仅是对其山水诗的评价，而且也是对谢灵运的才华、气质、地位的一种褒扬。而《诗品》引汤惠休语曰：“谢诗如芙蓉出水，颜如错彩镂金。”②“芙蓉出水”和“初发芙蓉”相比，“芙蓉出水”强调谢灵运五言诗形成后给诗坛带来的整体的清新的气象。具体分析“初发芙蓉”的思想内涵，应该包括以下几个方面：

其一，会性通神。谢灵运《山居赋序》云：“言心也，黄屋实不殊于汾阳。即事也，山居良有异乎市廛，抱疾就闲，顺从性情，敢率作乐，而以作赋。”③《山居赋》又云：“伊其龆龀，实爱斯文，援纸握管，会性通神。”自注云：“谓少好文章，及山栖以来，别缘既阑，寻虑文咏，以尽暇日之适，便可得通神会性，以咏终朝。”④这里“性”一般有本性、本质之意，而“情”，《礼记·礼运》云：“何谓人情？喜、怒、哀、惧、爱、恶、欲七者弗学而能。”⑤“情”是人真实本质的体现。谢灵运提出“顺从性情’，“而以作赋”，就是以人的“性情”作为灵感产生的一个条件，在人的本性和灵感驱使下开始创作。谢灵运认为“援纸握管”后首

①［唐］李延寿《南史》，中华书局 1975 年版，第 881 页。
② 徐达《诗品全译》，贵州人民出版社 1990 年版，第 94 页。
③［梁］沈约《宋书》，中华书局 1974 年版，第 1754 页。
④［梁］沈约《宋书》，中华书局 1974 年版，第 1770 页。
⑤《钦定四库全书》，中华书局点校本，经部，礼类，礼记之属，《礼记注疏》卷二十二。

先应该达到“会性通神”或“通神会性”的灵感产生的状态，这就要求“情”超越“理”，摆脱各种束缚，抛开让他吃尽苦头的仕宦生涯，离开繁华喧闹的都市生活，进入道家虚静的境界，就进入了灵感生发的状态。

梁代钟嵘《诗品》评价谢灵运五言诗说：“（灵运）其源出于陈思，杂以景阳之体。故尚巧似，而逸荡过之，颇以繁芜为累。嵘谓若人兴多才高，寓目辄书，内无乏思，外无遗物，其繁富宜哉！然名章迥句，处处间起；丽典新声，络绎奔会，譬犹青松之拔灌木，白玉之映尘沙，未足贬其高洁也。”[①] 其中所谓“兴多才高”指诗人天才的灵性。明代陆时雍《诗镜总论》云：“‘白云抱幽石，绿筱媚清涟’不琢而工。‘皇心美阳泽，万象咸光昭’不淘而净。‘杪秋寻远山，山远行不近’不修而妩。‘猿鸣诚知曙，谷幽光未显’、‘岩下云方合，花上露犹泫’不绘而工。此皆有神行乎其间矣。”[②] 陆时雍所谓的“神”就是那不期而遇的灵感，灵感产生是谢灵运写出美妙诗句的条件。

其二，兴会标举。明代王世贞《艺苑卮言》云：“余始读谢灵运诗，初甚不能入，既入而渐爱之，以至于不能释手。其体虽或近俳，而其意有似合掌者。然至浓丽之极，而反若平淡，琢磨之极，而更似天然，则非余子所可及也。”[③] 王世贞先指出谢灵运五言诗初次看到没有什么特别指出，但是接触时间长了就会爱不释手，从诗体上看似俳句，但意义却很贴切，浓丽之极时反倒更加平淡，琢磨时间久了就会看到其天然而成，一般人不会写出这样的诗来。这分明是对谢灵运天才般的才华的赞叹。谢榛认为：“自然妙者为上，精工者次之。此着力不着力之分，学之者不必专一而逼者也。专于陶者失之浅易，专于谢者失之饾饤。孰能处于陶谢之间，易其貌，换其骨，而神存千古。”[④] 谢榛通过陶诗与谢诗的比较，也指出谢诗的自然之妙，强调谢灵运山水诗中的“神”存千古，这“神”就是“才”就是“灵感”。

沈约《宋书》本传：“爰逮宋氏，颜、谢腾声。灵运之兴会标举，延年之体裁明密，并方轨前秀，垂范后昆。”[⑤] 其中“兴会标举”指谢灵运创作注重主观自我色彩表达，注重天才灵感的自如挥洒。梁简文帝萧纲《与湘东王书》云：“谢客吐言天拔，出于自然，时有不拘，是其糟粕。”[⑥]“吐言天拔”也是指谢诗天然而

---

① 徐达《诗品全译》，贵州人民出版社 1990 年版，第 60–61 页。
② [明] 陆时雍《诗镜总论》，《历代诗话续编》，中华书局 1983 年版，第 1406 页。
③ [明] 王世贞《艺苑卮言》，引自《中国历代文论选》，上海古籍出版社 1979 年版，第 7 页。
④ [明] 谢榛《四溟诗话》，引自《历代诗话续编》，中华书局 1983 年版，第 1229 页。
⑤ [梁] 沈约《宋书》，中华书局 1974 年版，第 1779 页。
⑥ [唐] 李延寿《南史》，中华书局 1975 年版，第 1247 页。

成。李白在他的《与谢良辅游泾川陵岩寺》中云："乘君素舸泛泾西，宛似云门对若溪，且从康乐寻山水，何必东游入会稽。"在李白看来，谢灵运在诗歌中所描绘的会稽山水即可使人身临其境，比游览来的更真切，可见谢灵运所造之境确实是鲜活生动的灵感境界。谢灵运曾经感叹自己"池塘生春草，园柳变鸣禽"得之神助，谢灵运山水诗诸多空灵的山水之境，都超越了艺术技巧，而具有不期而遇的特点。

其三，"尚巧似"。"尚巧似"语出刘勰《文心雕龙·物色》，其云："自近代以来，文贵形似。窥情风景之上，钻貌草木之中；吟咏所发，志惟深远；体物为妙，功在密附。故巧言切状，如印之印泥，不加雕削，而曲写毫芥。故能瞻言而见貌，即字而知也。"[①] 从刘勰论述可知"尚巧似"的几个主要因素：一是刘宋时期山水诗兴起，文坛形成了"尚巧似"的创作风格；二是作品描写非常逼真，能够从景致中看到它的情态，从草树中仔细研究其形状；三是为诗之道是情致求其深远，描摹事物求其贴切；四是用语巧妙才能描绘景物逼真的形状，不尚雕琢也能表现事物细微之处；五是"尚巧似"的效果是看到语言就可以见到景物的面貌，看到字就能知道时节。这一概括其实暗合灵感产生的要求，那就是细心观察，精到描绘，用语巧妙，追求诗歌的形象生动。

谢灵运描写对象不仅有山景、水景、日景、月景、云景，而且有树木花草、洲渚屿岛，烟霞云雾、禽鸟栖兽，诗人无论描写何种景物都本着"巧言切状"和"曲写豪芥"的要求，通过细腻的观察，进而捕捉到自然景色的微妙变化，以及诗人对这种变化产生的独特的心理感受。谢灵运《登池上楼》中"池塘生春草，园柳变鸣禽"之句，是写池塘初生春草，小园变换鸣禽，诗人以其细腻的观察，捕捉住冬去春来池塘的变化，小园的变化；并表述了诗人一冬因病卧床，春天来临登楼观景对春天的勃勃生机的惊诧和兴奋之情。他的《游南亭》中"密林含余清，远峰隐半规"，写雨后初晴的傍晚，林清山净，远处山峰见余日半红。此时诗人插入"久晦昏垫苦，旅馆眺郊歧"二句，表明诗人是在久雨而神思昏昏的情况下所见美景。"含"字和"隐"字不仅对仗工整而且用字巧妙，特别是用"半规"来指红日更显雅致。他的《于南山往北山经湖中瞻眺》中"初篁苞绿择，新蒲含紫茸"，写新竹乍露，刚脱未落的笋壳还包着绿色的竹身；蒲花初绽，紫色的花瓣长满茸茸细毛。描写之精细，刻画之形象，让人顿觉景在眼前。谢灵运的山水佳句并非人力讨巧而得，是诗人所具有的殊于常人的艺术感受力，他对美的特殊领悟，以及他的艺术表现力。

① 周振甫《文心雕龙今译》，中华书局 2005 年版，第 417 页。

谢灵运诗中对山水形象的精美刻画表现在散见于各篇中的“名章迥句”:《登池上楼》:“池塘生春草，园柳变鸣禽。”《登江中孤屿》:“云日相辉映，空水共澄鲜。”《初去郡》:“野旷沙岸净，天高秋月明。”《过始宁墅》:“岩峭岭稠叠，洲萦渚连绵。白云抱幽石，绿筱媚清涟。”《于南山往北山经湖中瞻眺》:“初篁苞绿箨，新蒲含紫茸。海鸥戏春岸，天鸡弄和风。”《入彭蠡湖口》:“春晚绿野秀，岩高白云屯。”都是谢灵运以对自然山水的精细观察及其生动再现而得到人们的赞许。这些“名章迥句”神奇地将大自然千姿百态的美景作了艺术的描绘，才传达出大自然如初出芙蓉的生机活力。

二、“初发芙蓉”境界的营造

谢灵运山水诗的灵感境界是指谢灵运山水诗所具有的“有如神助”的美学特质和“清水芙蓉”的审美特点，表现为刻画细腻、自然天成、新鲜活泼等；这种诗歌境界的营造不仅要求诗人本身具有诗人的感受能力、观察能力、表达能力等，而且要求诗人应有多方面的艺术修养；作为一位山水诗人，由于谢灵运有在绘画和书法方面的知识，因此，在谢灵运的山水诗中可以看到他是以诗人的气质、画家的眼睛、音乐家耳朵去感受自然山水，从而形成了颇具灵性、画面优美、乐感流动的山水诗。

谢灵运在山水诗创作中，把一个个孤立的形象，通过巧妙的安排，使其错落有致地组成了一幅幅优美的画面。以《晚出西射堂》为例:“连鄣叠巘崿。青翠杳深沉。晓霜枫叶丹。夕曛岚气阴。”连绵起伏的山峦，苍茫的暮霭，还有几支红得像火一样红的枫叶，构成了一幅秋意浓烈的画面。以《白石岩下径行田》为例:“千顷带远堤。万里泻长汀。洲流涓浍合。连统塍埒并。”一望无垠的原野，奔流万里的江河，延伸到天尽头的长堤，两岸望不断的畦田……，形成了一幅开阔的万里无垠的田地和广渺无际的大海的画面。清人陈祚明认为:“千古咏田间景，逊此为妙。若良苗怀新，漠漠飞鹭，一畦一垅耳。”① 以《游岭门山》为例:“千圻邈不同。万岭状皆异。威摧三山峭。瀄汩两江驶。渔舟岂安流。樵拾谢西芘。”生动地绘出一幅江南山水画，千岩竞秀，万壑争流，烟波浩渺的大江上，几叶扁舟飘浮，群山之下樵夫村妇正在劳作。

为了使诗中的山水形象更为鲜明，谢灵运也很注意光线的选择与色彩的调配。以《入彭蠡湖口》为例:“春晚绿野秀，岩高白云屯。”诗人敏锐地观察到暮

① [清] 陈祚明《采菽堂古诗选》卷十七。

春季节阳光充足，空气澄清透明，在暮春特定的光线条件下，原野才绿得那么浓郁，绿得那么剔透，在暮春的澄净安详的气氛中，白云才静静地依傍在山岩边，而原野之“绿”、云彩之“白”，色彩搭配得当，宁静中透出活泼。

以《游南亭》为例：“时竟夕澄霁。云归日西驰。密林含余清。远峰隐半规。久痗昏垫苦。旅馆眺郊歧。泽兰渐被径。芙蓉始发池。”在盛夏黄昏暴雨初霁这一特定时刻，残阳如血，晚霞似火，密林中雨珠晶莹，雾气中远山苍翠。诗中没有出现色彩字眼，但是雨后夕阳返照这一光线条件却自然令人感觉到画面的鲜明生动。

以《过始宁墅》为例：“岩峭岭稠叠。洲萦渚连绵。白云抱幽石。绿筱媚清涟。”白色、深灰色、绿色、湖监色，有深有浅，使画面的色彩丰富而有层次感。可见诗人非常善于捕捉各种自然景物在不同的光线条件下呈现出来的色彩特征，并把它们艺术地调配在一起，做到浓淡有致，别有生趣。

谢灵运还很注意画内之景与画外之音的相互配合，使画面具有一种动感、立体感，给人以身临其境的感觉。以《过白岸亭》为例：“近涧涓密石，远山映疏木。”“交交止栩黄，呦呦食苹鹿。”流泉、鸟啼、鹿鸣组成春天的交响曲，使春日山林绚丽的画面显得生气勃勃。

以《七里濑》为例：“石浅水潺湲。日落山照曜。荒林纷沃若。哀禽相叫啸。”在夕阳斜照山头的时刻，山泉冲击溪石的声音、林中归鸟的啼鸣声，生动地传达出日落时山野特有的氛围。

以《夜宿石门》为例：“鸟鸣识夜栖，木落知风声。异音同至听，殊响俱清越。”以耳闻代目视，更表现出深山夜晚的深沉宁静，由于声响效果的运用，使视觉的局限得以弥补，大大丰富了诗歌画面的艺术境界。

以《登上戍石鼓山诗》为例：“日没涧增波，云生岭愈迭。”前一句如果用眼睛去观察，就会觉得不近情理，涧水怎么可能由夜晚的到来而汹涌起来呢？但是如果用耳朵去体察，就会感到谢灵运所写不虚。万籁俱寂的山林夜晚，只有山涧冲激着山石，回荡在山谷间，格外清晰，格外人耳，这岂不是“涧增波”吗！感知细腻，描写准确可见一斑。最后，描绘流动的画面。

谢灵运山水诗多采用“记游”笔法，不是表现某一固定的景物或刹那间的形象，而是依照“游”的行程，绘出流动的画面，表现出有跨度的时间及变换的空间。《云台山记》实际上采用类似连环画的形式来表现“张道陵七试赵升”的故事，所以同一人物以不同的神态动作在画面上反复出现，使画面所表现的时间突破了一瞬间的限制，空间景色有了连续性，给人以流畅自然的感觉。

谢灵运山水诗具有当时山水画的某些特点，讲究画境的经营，也与他本人全面的艺术修养有关。虞龢《上明帝论书表》称："灵运母刘氏，于敬之甥，故灵运能书，而特多王法。"[①]《南史》本传也称："灵运诗书兼独绝，每文竟，手自写之，文帝称为二宝。"[②]诗书与画本是相通的艺术。《历代名画记》记载，"谢灵运菩萨六壁，在天王堂外壁"。可见谢灵运通晓画技，他的画迹在唐代犹存。可以说，诗人的慧心和画家的手眼为我们营造出迷人的山水诗"初发芙蓉"的境界。

三、"初发芙蓉"的境界特征

以"初发芙蓉"或"芙蓉出水"来形容谢诗，无非是强调谢诗中山水形象的清新自然，不假雕饰。谢诗何以做到"如初发芙蓉"般自然可爱呢？其根本原因在于谢灵运的艺术天分。作为诗人，谢灵运有丰富的灵感体验，他对山水投以更多关注的目光，花开叶落，晨曦暮霭，烟散云合，……都能拨动着他的心弦，他的心灵在与山水交流中产生了灵感，灵感便是"初发芙蓉"山水诗的源泉。

《永初三年七月十六日之郡初发都》云："将穷山海迹，永绝赏心晤。"在《晚出西射堂》中云："含情尚爱劳，如何离赏心？"在他看来，对于山水的爱赏之心出于天分，与生俱有，其《名山序》云："山水，性分之所适也。"值得注意的是，谢灵运创作的山水诗，还在于宣泄政治上的失意。这就使他的笔端不时流露出欲罢不能的精神尴尬，因而他的诗歌中表现出鲜明的"自我"。当他面对大自然千奇百秀的山水时，诗人陶醉之余，往往马上又陷入对人生和仕宦的思考之中，从而长出了"自我"的"玄言"尾巴。谢灵运以高度的艺术自觉，在自己的创作实践中确立了山水题材，并形成了山水诗的写作模式，在诗歌言志、抒情的传统中又辟"图貌写物"之境，他怀着对山水的痴迷之情致力于山水幽景奇境的开发，穷历常人不敢涉足的幽峻险峭之地，诗中山水佳境纷呈，各展异貌，为后人提供了丰富的审美体验。那么"初发芙蓉"境界的特征是什么呢？

其一，澄明清澈。陆时雍在《诗镜总论》中云："熟读谢灵运诗，能令五衷一洗，白云绿筱，湛澄趣于清莲。"[③]以谢灵运《初往新安至桐庐口》为例："江山共开旷，云日相照媚。"在山水实景之上，表现出诗人从现实的阴霾走出后，澄明莹澈的心灵境界。他在《登江中孤屿》中写道："乱流趋正绝，孤屿媚中川。云日相辉映，空水共澄鲜。"这完全是超越了刻画技巧，浸透了诗人自身感受的

① 参见《太平御览》，第718页。
②［唐］李延寿《南史》，中华书局1975年版，第539页。
③［明］陆时雍《诗镜总论》，《历代诗话续编》，中华书局，1983年版，第1407页。

山水灵境；再如其《石壁精舍还湖中作》中写道："昏旦变气候，山水含清辉。"则是更富动感的山水境界，这些优美的境界的一个共同的特点就是澄明清澈，在这样的境界里会使人顿时生出爽快的感觉。

其二，新生幽奇。施补华《岘佣说诗》云："大谢山水游览之作，极为巉峭可喜。巉峭则可矫平熟。"[①]陈祚明《采菽堂古诗抄》也云："钟情幽深，构旨遥远。"[②]可见，谢灵运的山水诗具有空冥炯深，生新幽奇的特点。宋代陈善《扪虱新话》云："天下无定境，亦无定见。喜怒哀乐，爱误取舍，山河大地皆从人心生……论者多怪孟东野方叹出门之碍，复夸马蹄之疾，以为唐诗人多不闻道，此无他，心尚不同耳。故释氏之论曰：'心净则佛净'。信矣。"[③]

谢灵运喜写新生幽奇之境，是因其"心尚不同耳"。心中之想，赋山河之境，山河之境也由心中所想而出，谢灵运山水诗大多出幽境是因他心尚幽奇，选景幽奇之故。《过始宁墅》中"白云抱幽石"之"幽"突出白云的明亮；《从斤竹涧越岭溪行》中"谷幽光未显"之"幽"表现山谷之深；《发归濑三瀑布望两溪》中"幽篁未为邅"之"幽"衬托竹林翠绿茂密；《石门新营所住四面高山》中"跻险筑幽居"之"幽"是写居所之高之远之少有人来之意；《晚出西射堂》中"幽读赖鸣琴"之"幽"是表达独处的静谧之境；《登池上楼》中"潜虬媚幽姿"之"幽"是表明隐潜很深之意；《酬从弟惠连》中"幽居犹郁陶"之"幽"含孤单、孤独之意；《富春渚》中"平生协幽期"之"幽"即"隐"之另说；《登永嘉绿嶂山》中"怀迟上幽室……幽人常坦步"；前一个"幽"有清幽深邃之意；后一个"幽"乃指"隐居之士"。这是谢灵运用"幽"字，造幽奇之境的一种方法。

换个角度，我们可以看到，在谢灵运诗《晚出西射堂》中"连嶂叠巘崿"，《过始宁墅》中"岩峭岭稠叠"，《登上戍石鼓山》中"云生岭愈叠"都写出山峰的幽险连绵；《还旧园作见颜、范二中书》中"浮舟千仞壑"，《从斤竹涧越岭溪行》中"谷幽光未显"，尽写山谷之幽深；《过始宁墅》中"洲萦渚连绵"，《从斤竹涧越岭溪行》中"川渚屡径复"，极写洲渚之萦回；《登永嘉绿嶂山诗》中"涧委水屡迷"写涧水迷朦；《于南山往北经湖广瞻眺》中"林密蹊绝躁"，《登归濑三瀑布望两溪》中"披林岂见天"也写密林之幽奇。

谢灵运笔下的山水皆俱清幽新奇之境，从谢灵运山水诗代表作《登永嘉绿嶂山诗》中则更能感悟其构建的幽奇之美。正是谢灵运富有创造性的文学实践才使

---

① ［清］施补华《岘佣说诗》，引自《清诗话》，上海古籍出版社 1999 年版，第 963 页。

② 陈祚明《采菽堂古诗抄》卷十八。

③ ［宋］陈善《扪虱新话》下集，卷四。

山水诗像一颗耀眼的新星升起在诗坛上空，谢灵运以其卓越的艺术才能，以及对山水诗创作的不懈追求，被誉为“元嘉之雄”“江左第一”，许学夷说：“至于山林丘壑、烟云泉石之趣，实自灵运发之，而玄晖殆为继响。灵运如‘水宿淹晨暮’等句，于烟云泉石，描写殆尽。”[①] 可见谢灵运是把自然山水真正作为描写对象的第一人，因此，后人曾以老庄在道学上的祖师地位来比喻他在文坛上的地位。

① 许学夷《诗源辨体》，人民文学出版社 1987 年版，第 110 页。

第8章

鲍照赋“凄艳悲绝”的美学风格

鲍照赋“凄艳悲绝”美学风格，主要是对鲍照现存文集中十篇赋作表现出来的“哀婉幽怨”的审美形象、“忧思伤感”的审美意境和“凄艳悲绝”的诗人形象三个方面的审美特征的概括，也是我们从美学角度对鲍照赋的整体把握。

第一节 “凄艳悲绝”风格的成因

鲍照赋“凄艳悲绝”美学风格的形成是鲍照对屈原骚怨精神的承袭和发展，实质上是“建安风骨”在鲍照身上的衍化，由于赋体抒情功能在刘宋时期得到了强化，因而鲍照以赋抒情的审美自觉又促使这种美学风格得以淋漓尽致地表现出来，而鲍照本人郁不得志的仕宦生涯、自我意识的觉醒以及审美视角更接近下层生活也是鲍照赋“凄艳悲绝”美学风格形成的主要因素。

一、建安风骨的移植再造

每一位作家的审美追求决定着他的作品的美学风格。鲍照赋“凄艳悲绝”的美学风格的形成，和鲍照本人向建安诗人学习有关。刘勰《文心雕龙·时序》在论述建安风骨时指出：“观其时文，雅好慷慨。良由世积乱离，风衰俗怨。并志深而笔长，故梗概而多气。”又云：“慷慨以任气，磊落以使才。”[①]由此可见，所谓建安风骨指志士的积极用世精神和愤激不平之气，也指建安诗赋的慷慨悲凉的风格。

“三曹”“七子”的一些作品，直抒胸臆，以情动人，既包含悲凉之情又洋溢

① 向长清《文心雕龙浅释》，吉林人民文学出版社1984年版，第385页。

凌云之志。像曹操《短歌行》慷慨悲歌，质朴浑厚；王粲《从军行》其二："征夫怀亲戚，谁能无恋情？拊衿倚舟楫，眷眷思邺城。"抒发征夫对故乡的眷眷思念；徐干《室思》云："良会未有期，心中摧且伤。"表达诗人渴望与友人相会的伤感；应玚《别诗》云："行役怀故土，悲思不能言。"表达行役之人难言的思乡之情。无论曹操、王粲还是徐干、应玚所抒之情都是愁苦悲伤，哀婉动人；但是在这些诗人的悲叹中又都郁积着豪迈之气，曹植的《白马篇》表现游侠儿捐躯赴难、奋不顾身、视死如归的高尚情操；王粲《从军行》："虽无铅刀用，庶几奋薄身。"抒发诗人献身疆场的壮志；刘桢《赠从弟》其三："于心有不厌，奋翅凌紫氛。"表达诗人壮志凌云的气概；陈琳《游览》其二："庶几及君在，立德垂功名。"洋溢着建功立业的豪情。

受建安诗人的影响，鲍照的赋作中也充满了慷慨悲凉之气。鲍照的《游思赋》开篇就写诗人羁旅他乡所见到的景物："云径兮海冲，上潮兮送风。秋水兮驾浦，凉烟兮冒虹。暮气起兮远岸黑，阳精尽兮天际红。波茫茫兮无底，山森森兮万重。"海风狂啸，浪潮翻滚，惨淡的落日，阴森的山峰，包含着诗人对游宦生涯的厌倦和伤感；接着鲍照又回忆往事："苦与乐其何言，悼人生之长役。舍堂宇之亲密，坐江潭而为客。"漫长的旅途其中有苦有乐，但是诗人舍弃和家人团聚，客居他乡的事实，使诗人充满了对家乡和亲人的思念；此后这种忧伤的情感逐渐弥漫全诗，但是，诗人在结尾处写道："诚爱秦王之奇勇，不愿绝筋而称力。已矣哉！使豫章生而可知，夫何异乎丛棘。"诗人虽然有"秦王之奇勇"，但是却不能展现，表现了诗人壮志难酬的无奈，全诗的情感抒发也表现出一波三折，由苦闷悲愁到胸怀壮志。其《飞蛾赋》："拔身幽草下，毕命在此堂。本轻死以邀得，虽靡烂其何伤。岂学南山之文豹？避云雾而岩藏。"先写飞蛾瞬间毙命的悲凉，接着又赞美飞蛾奋不顾身，舍生取义；不学南山文豹为了求生躲到山中的岩洞之中；飞蛾虽小却见舍身之大志，文豹虽大却现偷生之渺小；两者对比飞蛾的形象也变得高大；诗人的情感也由悲凉转向高昂。

鲍照《观漏赋》云："客有观于漏者，退而叹曰，夫及远者箭也，而定远非箭之功；为生者我也，而制生者非我情。故自箭而为心，不可凭者弦；因生以观我，不可恃者年。凭其不可恃，故以悲哉！"诗人以"箭"来比喻人生，箭能射到很远，并不是箭本身的原因，人生的长短也不由人来决定，诗人为自己无法主宰自己命运而伤感；接着诗人写时间流逝："佩流叹于驰年，缨华思于奔月。结兰茗以望楚，弄参差而歌越。"诗人觉得时光流逝，自己的才华也随之而去，这是一种怀才不遇的悲痛；接着又转为对"刻漏"运行过程的描写："观腾波之吞写，视惊箭之登没。箭既没而复登，波长泻而弗归。注沉穴而海漏，射悬途而电飞。……波沉沉而东注，日滔滔而西属。……对昃离而后歌，据穷蹊而方哭。”诗人从时间流逝中回顾自己的起落浮沉，只能长歌当哭，至此诗人的悲痛之情发展到了高潮；然后诗人笔锋一转：“望天涯而伫念，擢雄剑而长叹。”诗人深沉的感伤中激荡着一股慷慨悲壮之气。

二、以赋抒情的美学自觉

体物和抒情是赋体文学的两种功能，从两汉到魏晋六朝，赋体文学的体物和抒情功能不断变化，汉代大赋流行，赋的体物功能得到了充分的发挥，东汉中期，随着抒情小赋的出现，赋的抒情功能逐渐受到重视，到魏晋六朝的赋体文学即便是写景状物也往往能够渗透诗人的情感，做到景语和情语的有机结合。以鲍照的《游思赋》和王粲《登楼赋》为例，可以看到鲍照以赋抒情的美学自觉。

王粲《登楼赋》开篇写登楼所见，皆为美景，然而“虽信美而非吾土兮”反而激起其羁旅思乡之情：“遭纷浊而迁逝兮，漫逾纪以迄今。情眷眷而怀归兮，孰忧思之可任……悲旧乡之壅隔兮，涕横坠而弗禁。”于是眼前景物也变了色调，出现了“风萧瑟而并兴兮，天惨惨而无色”的悲凉景致，作品以登楼“销忧”始，而以“心凄怆以感发兮”和“气交愤于胸臆”终，但悲情中仍流露出一股时不我待，渴望建功立业的豪情：“唯日月之逾迈兮，俟河清其未及。冀王道之一平兮，假高衢而骋立。惧匏瓜之徒悬兮，畏井渫之莫食。”王粲《登楼赋》这种回旋不已的情感激流随着景物的变化而变化，深深地牵动着读者的心弦。

受王粲《登楼赋》的影响，鲍照的《游思赋》在抒情方面也具有跌宕起伏的特点。如前所述，鲍照《游思赋》开头铺写大自然秋暮时分的壮美景象，美丽的风景使他暂时忘记了忧愁，但想到自己的家乡，想到自己现在只是“舍堂宇之密亲，坐江潭而为客”的游子，面对江南的群山，海上的飞鹤，作者不觉勾起行路艰难的感慨：“抚身事而识苦，念亲爱而知乐。苦与乐其何言，悼人生之长役。”于是眼中的景色也随之满目凄凉：“对蒹葭之遂黄，视零露之方白。鸿晨惊以响湍，泉夜下而鸣石。”赋文中虽出现了委天任运的隐逸思想，但最终还是希望自己能得遇明主，才华不至被埋没：“诚爱秦王之奇勇，不愿绝筋而称力。”鲍照赋中表现出的这种情感起伏和王粲《登楼赋》的情感变化一样，都是赋体文学发展中抒情功能不断强化的突出表现。

在魏晋六朝赋作的抒情功能得以凸显，以赋抒情，以赋写心成为赋体创作的主流的情况下，鲍照的《芙蓉赋》《野鹅赋》《舞鹤赋》《园葵赋》《飞蛾赋》等明显都具有抒情特点，表现了鲍照本人以赋抒情的美学自觉。在鲍照的赋作中，由于诗人郁不得志、哀怨凄凉、忧思伤心等情感的充分抒发，形成了鲍照赋“凄艳悲绝”的美学风格。

三、郁不得志的人生际遇

如前所述，鲍照一生历仕刘宋王朝三个帝王：宋文帝、孝武帝、前废帝，四个王国：刘义庆府、刘义季幕、刘浚幕、子顼幕。解褐即为王国侍郎，官历太常博士、中书舍人和藩王侍郎，参军记室。由于刘宋王朝在政治上动荡不安，鲍照一生都处在皇室王子和皇帝争夺皇位的夹缝当中，在鲍照的仕宦生涯中有时遭遇战乱颠沛流离，有时仕宦远地四处奔波，有时跟随幕主往来飘荡，鲍照的志向、才能不得施展，壮志难酬，愤懑郁结。于是，鲍照就把更多的哀怨和忧愤倾注于赋作中，鲍照的《芙蓉赋》《野鹅赋》《舞鹤赋》虽然看起来像咏物赋，但实际上都含有自传的成分。同时，刘宋时期，经学传统被易、老、庄三玄之学所代替，“越名教而任自然”成为鲍照等士人们的共同追求，在鲍照身上表现出一种突破礼教藩篱的“任诞”之气，彰显个性和自由，表现出对人的本性尊重的强烈要求，在鲍照这种思想背景下，他的赋作中充分表现出欲济世有为却不能实现的哀怨和愁苦。与鲍照个人自我意识的不断增强有关，鲍照把审美对象逐渐转移到一些普通事物上。

汉代赋家的审美对象往往是宫廷、苑囿，审美趣味也往往是为了迎合上层贵族的政治和娱乐需要，而值得注意的是鲍照没有以宫殿、苑囿等宏伟景观为题材，他似乎更喜欢把普通事物作为审美对象，在《园葵赋》《飞蛾赋》《尺蠖赋》中，鲍照利用这些细小的事物来抒发自己的感情。有时鲍照还把赋体的表现对象从都市扩展到更为广阔的社会生活。鲍照《芜城赋》可说是对曹植残篇《洛阳赋》的铺衍，此赋不仅继承了曹植一反都邑赋润色鸿业的传统，而且开始用赋体来反映现实，并思考有关社会、历史问题，赋予作品更为深广的美学内涵。

第二节　鲍照赋“凄艳悲绝”的美学风格

钟嵘《诗品》云：“（鲍照）总四家而擅美，跨两代而孤出。”[①] 所谓“四家”《宋书·谢灵运传》：“相如巧为形似之言，班固长于情理之说，子建、仲宣以气

① 徐达《诗品全译》，贵州人民出版社 1992 年版，第 104 页。

质为体，并标能美，独映当时。”[①]可见鲍照在他的创作中无论说理、形似、气质、尚美诸方面都有突破。鲍照赋保存较为完整，虽然没有大赋，但是从鲍照作品的技巧和质量来看，鲍照无疑是元嘉赋作家中的佼佼者。本节拟从美学的角度对鲍照赋进行较为深入的分析和探究。

一、“哀婉幽怨”的审美形象

审美形象是文学作品着力塑造的审美对象，作为审美形象不仅具有外在美的形象还应有心灵、精神、性格等内在的美的要素。由于鲍照笔下的动物和植物不仅具有外在美的特征，而且诗人又赋予这些动物和植物内在的精神气质和情感要素，达到了内在美和外在美的和谐统一，从而使他们具有审美的价值。

（一）动物形象

在鲍照的抒情小赋中，以动物为描写对象的赋篇有《野鹅赋》《尺蠖赋》《舞鹤赋》《飞蛾赋》等，其中的野鹅、尺蠖、舞鹤、飞鹅等融合了鲍照主观心灵感受和意志，都带有某种意蕴和情感。

其一，《野鹅赋》中“野鹅”形象。从出生看，“集陈之隼，以自远而称神”说明野鹤来自遥远的神居住的地方，出生高贵；从使命看，“舍水泽之欢逸，对钟鼓之悲辛”可见野鹅离开自己的欢乐之地，来到宫廷，这里作者已经赋予野鹅以人的思想；从处境看，“践菲迹于瑶途，升弱羽于丹庭，瞰东西之绣户，眺左右之金扃，貌纤杀而含悴，心翻越而惭惊，若坠渊而堕谷，恍不知其所宁”，作者写野鹅住在丹庭绣户，东张西望，心神不宁，局促不安；从遭遇看，“视清池之初涸，望绿林之始空，立菰蒲之寒渚，托只影而为双，宛拔啄而掩眦，悲结帐而满胸。处朝昼而雅念，假外见而迁排，涉修夜之长寂，信专思而知哀”，当严冬来临时，野鹤看着天寒地冻、万物萧条的景象，胸中充满了悲伤；从情感看，“情无方而雨集，事有限而星乖”，感叹自己时运不济，感情无所寄托。

其二，《舞鹤赋》中“舞鹤”形象。从出生看，“散幽经以验物，伟胎化之仙禽”说明舞鹤出身非凡，据有高贵的血统；从资质讲，“锺浮旷之藻质，抱清回之明心”可见其天生贞洁善良；从飞翔姿态看，“指蓬壶而翻翰，望昆阆而扬音”描绘其高飞于九霄之际，义无反顾，神态自若；从步行的神姿看，“匝日域以回骛，穷天步而高寻。践神区其既远，积灵祀而方多”，可见舞鹤穷天步，践神区，

---

① ［梁］沈约《宋书》，中华书局 1974 年版，第 1778 页。

姿态优雅；从外貌看，“精含丹而星曜，顶凝紫而烟华”说明其丹顶闪耀，禀气凝华；从声音听，“引员吭之纤婉，顿修趾之洪姱”表明其引吭高歌，委婉动人；从羽毛看，“叠霜毛而弄影，振玉羽而临霞”表明其洁白无瑕，楚楚动人；从舞蹈看：“始连轩以凤跄，终宛转而龙跃。踯躅徘徊，振迅腾摧。惊身蓬集，矫翅雪飞。离网别赴，合绪相依。将兴中止，若往而归。飒沓矜顾，迁延迟莫，逸翮后尘，翱翥先飞。指会规翔，临岐矩步。态有遗妍，貌无停趣，奔机逗节，角睐分形。长扬缓骛，并翼连声。轻迹凌乱，浮影交横。众变繁姿，参差洊密。烟交雾凝，若无毛质。风去雨还，不可谈悉。”鹤舞翻飞，迅捷如飞，展翅似雪，缓步而舞，如闲庭散步，舞蹈的姿态优美动人，让人难以名状，这一形象蕴含着诗人天生就有才华，但是不得自由的苦闷。

（二）植物形象

其一，《园葵赋》中园葵的形象。从种植的土地看，“通畔修直，膏亩夷敞”说明园葵适合种植在大块土地上，而且土地要肥沃、平坦、开气；从园葵的形象上看，“白茎紫蒂，豚耳鸭掌”这些是古人对园葵的形象比喻；从种植的方法来看：“沟东陌西，行三畦两，既区既鉏，乃露乃映。句萌欲伸，丛牙将放。”这里讲到了园葵种植的位置、距离，在雨露滋润和阳光照耀下，园葵的种子就会发芽，慢慢地芽苗就会破土而出；从园葵成长的情况看：“尔乃晨露夕阴，霏云四委，沉雷远震，飞雨轻洒，徐未及晞，疾而不靡，柔莩爰秀，刚甲以解。稚叶萍布，弱阴竟抽，萋萋翼翼，沃沃油油，下葳蕤而被迳，上参差而覆畴，承朝阳之丽景，得倾柯之所投。”作者描绘了仲夏之时，经过晨露夕阴、飞雨轻洒，园葵就开始茁壮成长，接着作者写了园葵长成以后的景象，园葵的叶子绿油油一片，整个田野一派生机勃勃的景象，并且园葵总是朝着太阳的方向；从园葵的作用来看：“若乃邻老谈稼，女姬归桑，拂此苇席，炊彼穄梁。甃壶援醢，曲瓢卷浆，乃羹乃瀹，堆鼎盈筐，甘旨蒨脆，柔滑芬芳，消淋逐水，润胃调肠。”园葵不仅是我国早期一种普遍食用的野菜，也是一种润肠胃的药用植物。鲍照以园葵“承朝阳之丽景”，即园葵向太阳的谦逊的美德来比喻自己的德行，既切合园葵这种植物的特点，也符合隐居乡间的氛围。

其二，《芙蓉赋》中的芙蓉形象。从芙蓉出场看，“感衣裳于楚赋，咏忧思于陈诗。访群英之艳绝，标高名于泽芝。会春陂乎夕张，搴芙蓉而水嬉”，鲍照采用《诗经》和《楚辞》中描绘的“艳艳群英”引出春天水中的芙蓉。从芙蓉的特性看，“抽我衿之桂兰，点子吻之瑜辞。选群芳之徽号……抱兹性之清芬，禀若华之惊绝。单蓝阳之妙手，测淲池之光洁。烁彤辉之明媚，粲雕霞之繁悦。顾椒丘而非偶，岂园桃而能埒？”鲍照写了芙蓉在众花蕙中，独领风骚，它的洁净芬芳可以与太阳神树“若华”比美，芙蓉的色彩则艳冠群芳；从芙蓉的姿态看：“彪炳以蒨藻，翠景而红波。青房兮规接，紫的兮圆罗。树妖遥之弱干，散菡萏之轻荷。上星光而倒景，下龙鳞而隐波。戏锦鳞而夕映，曜绣羽以晨过。结游童之湘吹，起榜妾之江歌。备日月之温丽，非盛明而谓何？”诗人细腻地描绘了芙蓉的柔媚、温和，并通过水下的游鱼、太阳的光泽、牧童的笛声、鱼妇的歌声等来衬托芙蓉，可以想象鲍照塑造芙蓉形象，蕴含着自己就像“出污泥而不染”的芙蓉一样，温和而高洁。由于结尾有“恨狎世而贻贱，徒爱存而赏没”的句子，可见芙蓉形象蕴含着鲍照不被重用的不平。

二、“忧思伤感”的审美意境

《美学原理》指出：“意境是客观（生活、景物）与主观（思想、感情）相熔铸的产物。意境是情与景、意与境的统一。”①鲍照的赋作往往通过诗人所处的环境描写来表现诗人丰富的情感，从而形成了“忧思伤感”的审美意境。

（一）凄清寂寥的意境

《野鹅赋》中诗人对野鹅所处的环境描写：“惟君囿之珍丽，实妙物之所殷，翔海泽之轻鸥，巢天宿之鸣鹑，鹍程材于枭猛，翚荐体之雕文。既敷容以照景，亦避翮以排云，虽居物以成偶，终在我以非群。望征云而延悼，顾委翼而自伤，无青雀之衔命，乏赤雁之嘉祥，空秽君之园池。”和诗歌意境不同是，赋体的意境要用大段的描述，而一般诗歌几个句子甚至一个句子就可以刻画优美的意境。这里诗人形象地叙述野鹅生活在“珍丽”和“妙物”,“轻鸥”和“鸣鹑”聚集的地方，这些珍禽异鸟各有各的才能，有的生性“枭猛”，有的羽毛艳丽，有的姿容美貌，有的一飞冲天。

鲍照描述各种珍稀鸟类聚集于此，而这些鸟对野鹅却充满敌意，这实际上是鲍照所处在人才济济的临川王刘义庆的藩邸和各种各样的人之间存在矛盾。野鹅生活的环境和鲍照郁郁寡欢的心情结合在一起就构成了凄凉悲苦的艺术境界。《舞鹤赋》中关于舞鹤所处的意境描写：“于是穷阴杀节，急景凋年，凉沙振野，箕风动天。严严苦雾，皎皎悲泉。冰塞长河，雪满群山。既而氛昏夜歇，景物澄廓。星翻汉回，晓月将落。感寒鸡之早晨，怜霜雁之违漠。临惊风之萧条，对流光

① 杨辛　甘霖《美学原理》，北京大学出版社2001年版，第178页。

之照灼。嗅清响于丹墀，舞飞容于金阁。”鲍照描绘的是一幅让人感到凄凉的景象，寒冬时节，四野飞沙，大风狂卷，晨雾缭绕，寒泉凝结，长河冰塞，雪满群山；到了夜晚，景物澄廓；早晨将到，鸡鸣感寒，可怜北雁在大漠上空翻飞；舞鹤却被囚居在金阁的情景和鲍照生活在藩府的郁郁不得志的心情结合在一起，就形成了一种凄清寂寥的艺术境界。

（二）忧思哀婉的意境

鲍照在其赋作中也描绘出“忧思”和“哀婉”的艺术意境，《游思赋》开篇：“云径兮海冲，上潮兮送风。秋水兮驾浦，凉烟兮冒虹。暮气起兮远岸黑，阳精尽兮天际红，波茫茫兮无底，山森森兮万重。平隰兮互岸，通川兮泻壑。仰尽兮天经，俯穷兮地络。望波际兮昙昙，眺云间兮灼灼。”在一幅暮气升腾、落日将尽、水波茫茫、树林阴森的悲凉景象中，融入了诗人羁旅他乡的孤独，思念亲人的急迫，以及世路茫茫的无奈。

《游思赋》还描绘了一个客居他乡的景象：“乃江南之断山，信海上之飞鹤。指烟霞而问乡，窥林屿而访泊。抚身事而识苦，念亲爱而知乐。苦与乐其何言，悼人生之长役。舍堂宇之密亲，坐江潭而为客。对蒹葭之遂黄，视零露之方白。鸿晨惊以响湍，泉夜下而鸣石。结中洲之云萝，托绵思于遥夕。”诗人客居他乡，漂流四方，深感身心的疲惫，慢慢寂寞的旅程使他沉浸在对往事的回忆和思乡之中；其中“蒹葭”是《诗经》中的意象，“对蒹葭之遂黄”是想象自己像“蒹葭”一样已经老了；“云萝”缠绕松树代表兄弟之亲，这里表达鲍照思念家人的心情，透出了淡淡的哀伤。

《游思赋》最后以一个无可寄托的景象作结：“瞻荆吴之远山，望邯郸之长陌。塞风驰兮边草飞，胡沙起兮雁扬翮。虽燕越之异心，在禽鸟而同戚。怅收情而抆泪，遣繁悲而自抑。此日中其几时，彼月满而将蚀。生无患于不老，奚引忧而自逼？物因节以卷舒，道与运而升息。贱卖卜以当垆，隐我耕而子织。诚爱秦王之奇勇，不愿绝筋而称力。已矣哉，使豫章生而可知，夫何异乎丛棘。”赋中写了归鹤飞过荆州邯郸之地的远山和长陌，又写了边塞的枯草和胡沙的飞雁，还写了随着时间的流逝，诗人就像陷于尘世的仙鹤，两者有同样的悲伤，暗喻自己的处境，诗人感到人的命运不可改变，而归隐的意愿又反映了诗人对自己仕宦生涯的失望。飞鹤所经过的苍凉之景和诗人的失望之情结合在一起就形成了一个忧思哀婉的艺术境界。

（三）感伤世事的意境

鲍照赋意境的创新主要体现在鲍照赋名篇《芜城赋》，此赋以故事开头，以诗歌结尾，两者结合，用琴曲抒发感情。鲍照先写广陵的辉煌灿烂：“沴迤平原，南驰苍梧涨海，北走紫塞雁门。柂以漕渠，轴以昆岗。重江复关之隩，四会五达之庄。当昔全盛之时，车挂轊会，人驾肩，廛闬扑地，歌吹沸天。孳货盐田，铲利铜山，才力雄富，士马精妍。故能侈秦法，佚周令，划崇墉，刳浚洫，图修世以休命。”

鲍照从不同的角度细致地铺排了广陵过去的繁华富有，然后作者笔锋一转，描绘曾经盛极一时、人口繁密的广陵古城，随着时间的推移，都已经悄无声息地埋在黄土之下了，接着鲍照写广陵荒芜悲凉：“是以板筑雉堞之殷，井干烽橹之勤，格高五岳，袤广三坟，崪若断岸，矗似长云，制磁石以御冲，糊赪壤以飞文。观基扃之固护，将万祀而一君。出入三代，五百余载，竟瓜剖而豆分。泽葵依井，荒葛罥途。坛罗虺蜮，阶斗麏鼯。木魅山鬼，野鼠城狐。风嗥雨啸，昏见晨趋。饥鹰厉吻，寒鸱吓雏。伏虣藏虎，乳血飧肤。崩榛塞路，峥嵘古馗。白杨早落，塞草前衰。棱棱霜气，蔌蔌风威。孤蓬自振，惊沙坐飞。灌莽杳而无际，丛薄纷其相依。通池既已夷，峻隅又已颓。直视千里外，唯见起黄埃，凝思寂听，心伤已摧。”

在这样的景象中，我们看到，如云巨楼、穿金戴玉的王公已然没有踪影，在芜城的废墟上是茹毛饮血的野兽，是落叶飘零的悲凉；金阁玉台、奇珍异宝、动人的音乐、倾城的美人都已经消逝。诗人通过广陵城今昔对比，自然叹惋世事变迁如沧海桑田，万物随着时间的流逝都要走向衰亡，蕴含鲍照痛心和惋惜，进而形成了寓意深刻的艺术境界。

三、“凄艳悲绝”的诗人形象

鲍照塑造植物形象和动物形象目的是为了借助这些形象表达自己的思想和情感，这些审美形象就是诗人自己真实生活的形象写照，在鲍照的赋作中，我们可以看到鲍照不仅是审美的主体，同时是审美的客体，是审美主客体的重叠，可以说每一篇赋中都有鲍照的影子，我们称作“作品中的诗人形象”，这些形象蕴含着不同的审美意蕴。

（一）位沉下僚的形象

《野鹅赋》一开始就以野鹅口气将野鹅与自己相比，哀叹自己的身世，离开家乡辗转千里来到宫殿，在这陌生的地方，野鹅在颤抖，诗人希望象野鹅一样，寻找到欣赏自己的王侯，毕竟只有在宫廷才有施展抱负的机会。接着，诗人描绘各种有特殊本领的鸟，虽然他们生活在一起，但是野鹅却不合群，诗人自比野鹅，空有抱负，但是不能报效主人，只能弄脏主人的园子，糟蹋主人的粮食，诗人陷入深深自责，当冬日来临时他又为之而忧愁。诗人写野鹅在水池结冰、树叶落尽之时，只能身单孤影，栖息在寒渚，胸中充满了惆怅之感，白天里思念家乡，慢慢长夜里只能悲伤地哀泣，寒风凛冽、寒月照台、冰依岸结、霜摧草衰，只能敛翅停在林边。这也可以看到，诗人一时百感交集，忧愁在心，希望自己的主人能够理解他，他也会忠心报答自己的主人。赋作从开头到结尾以忧伤和哀婉为主线，贯穿到底，表现了鲍照位居下僚的委屈。

（二）自我牺牲的形象

飞蛾历来被人们认为是有勇无谋的人的象征，许多文学作品中就是用飞蛾比喻缺乏远见，四处碰壁的人。然而鲍照《飞蛾赋》中写飞蛾这一形象却是巧妙地利用飞蛾的特点。赋中云：“本轻死以邀得，虽糜烂其何伤？岂学山南之文豹，避云雾而岩藏。”诗人将飞蛾写成了一个为了追求理想不惜牺牲自己的生命的生物，赋中流露出凄美的悲剧色彩。

鲍照在《舞鹤赋》中，以精湛的修辞技巧精确鲜明地描绘了鹤的舞姿：“始连轩以凤跄，终宛转而龙跃。踯躅徘徊，振迅腾摧。惊身蓬集，矫翅云飞。离网别赴，合绪相依。将兴中止，若往而归。”鹤舞翻飞，来如风雨，去如烟雾，雪飞影乱，不能胜状。鹤舞如此之美，又居住在丹墀金阁之中；赋又云：“感寒鸡之早晨，怜霜雁之违漠。临惊风之萧条，对流光之照灼。唳清响于丹墀，舞飞容于金阁。”诗人通过寒冰的银白色加上清冷的月光来对比宫殿的金色，突出了羁鹤的凄凉，虽然居住在如此美妙的地方，又有如此的舞步，但是却永远没有自由。实际上是指鲍照本人尽管生活在藩府，过着舒适的生活，自己又有过人的才华，但是他就像“羁鹤”一样没有自由，舞鹤之悲剧就是诗人的悲剧。

（三）明哲保身的形象

《尺蠖赋》尺蠖的形象，从尺蠖对人的态度看，“智哉尺蠖，观机而作。伸非向厚，屈非向薄”说明尺蠖伺机而动，观看形势而有作为，伸展不是为了讨好有权有势之人，弯曲也不是为了屈就贫乏之人，对人不厚不薄；从对待事物变化的态度看："当静泉渟，遇躁风惊，起轩躯以旷跨，伏累气而并形。冰炭弗触，锋刃靡迕，逢险蹙蹐，值夷舒步，忌好退之见猜，哀必进而为蠹，每骧首以瞰途，常伫景而翻路，故身不豫托，地无前期，动静必观于物，消息各随乎时，从方而应，何虑何思？"说明尺蠖遇到静泉，他也安静下来享受静泉的安宁，当他遇到骚动，他也有动作，可以说他随别人动而动，随别人静而静，伸屈自如，动静适当，这样他遇冰炭锋刃，就能安然无恙；鲍照紧紧围绕尺蠖善"变"这一主题，赞美尺蠖的智慧，说明尺蠖屈伸进退自如，可见，鲍照在乱世之中对为人处世做过深入思考，这是鲍照明哲保身的思想体现。

总而言之，鲍照抒情赋的美学特征表现在诗人描绘出意蕴深刻的艺术形象，精心刻画出了符合鲍照生活时代特色的艺术意境，用心塑造出"物"和"我"叠加的艺术形象，抒发了鲍照的情怀，表达了鲍照的思想。

第9章

颜延之诗文“错彩镂金”的形式美

“错彩镂金”语出《诗品》，其载：“汤惠休曰：‘谢诗如芙蓉出水，颜如错彩镂金。’颜终身病之。”① 颜延之“终身病之”是因为“错彩镂金”指他诗文艰涩深晦，缺乏自然灵性等明显弊端。《南史》载：“延之尝问鲍照己与灵运优劣，照曰：‘谢五言如初发芙蓉，自然可爱。君诗若铺锦列秀，亦雕缋满眼。’”② 其中“铺锦列秀”指颜诗铺排丽词，“雕缋满眼”指颜诗用典繁密。对于鲍照所言，方东树在《昭昧詹言》进一步解释说：“今寻鲍旨，以颜伤缛而乏生活之妙，不及谢，明矣。颜当日盖未喻鲍之贬己也。颜诗全在用字密，典则楷式，其实短浅。其所长在此，病亦在此。”③ 可见“错彩镂金”或“铺锦列秀”有正反两方面的含义，我们以“错彩镂金”来形象地概括颜延之诗文的形式美。“错彩镂金”形式美的内涵主要指在颜延之的诗文中具有的寓意深刻的典故、对仗工稳的偶句、熠熠生辉的词彩以及精于概括的特色。

第一节 “错彩镂金”特色的成因

颜延之诗文“错彩镂金”特色的形成，主要有三个方面的原因，首先是刘宋帝王倡导下，颜延之本人“典则雅正”的审美趣味。其次是颜延之“博采精雕”的用事原则。再次是颜延之尊礼崇儒的创作心态。

---

① 徐达《诗品全译》，贵州人民出版社 1990 年版，第 94 页。

② [唐] 李延寿《南史》，中华书局 1974 年版，第 881 页。

③ 方东树《昭昧詹言》，人民文学出版社 1961 年版，第 160 页。

一、典则雅正的审美趣味

刘宋开国之君刘裕，尽管不是儒雅之士，然而却仰慕儒雅之名。《宋书·刘穆之传》记载刘裕书法素拙，为遮丑他接受刘穆之的建议："但纵笔为大字，一字径尺"，"一纸不过六七字便满。"[①]《宋书·郑鲜之传》载："高祖少事戎旅，不经涉学，及为宰相，颇慕风流，时或言论，人皆依违之，不敢难也。鲜之难必切至，未尝宽假，要须高祖辞穷理屈，然后置之。"[②]到宋文帝刘义隆，他本人爱好文义，并积极倡导文人写诗作赋互相唱和。皇帝对文学的爱好与提倡在刘宋宫廷形成了文学侍臣为皇帝写诗作赋的特殊的宫廷文化生活。据《宋书·符瑞志》云："大明五年正月戊午元日，花雪降殿庭。时右卫将军谢庄下殿，雪集衣。还白，上以为瑞。于是公卿并作花雪诗。史臣按《诗》云：'先集为霰。'《韩诗》曰：'霰，英也。'花叶谓之英。《离骚》云：'秋菊之落英。'左思云：'落英飘飖'是也。然则霰为花雪矣。草木花多五出，花雪独六出。"[③]谢庄因此作《和元日雪花应诏诗》，为的就是献给皇帝；这样的事例在《宋书·谢庄传》也有记载："时南平王铄献赤鹦鹉，普诏群臣为赋。太子左卫率袁淑文冠当时，作赋毕，赍以示庄；庄赋亦竟，淑见而叹曰：'江东无我，卿当独秀。我若无卿，亦一时之杰也。'遂隐其赋。"[④]

元嘉时期宫廷文学的兴盛，势必迎合皇帝的审美趣味，然而随着皇权政治的日益恢复与巩固，刘宋帝王和贵族的审美趣味越来越追求典则雅正，这种文化心态与其政治形式相辅相成，同出一脉；而宫廷审美趣味的变化直接影响到宫廷文人的文学创作，于是，文人在追求精致形式的同时，诗文的审美风格就开始趋向华美。颜延之一生大部分时间侍宴于帝王之侧，他的一言一行得看着皇帝的脸色行事，不可能放纵任情，独抒性灵，他的诗文"错彩镂金"的美学风貌的形成，深受刘宋皇室和贵族审美趣味的影响。另外，颜延之一生以儒雅为尚，鄙视流俗，也是他在诗文创作中大量使用典故追求典则雅正的一个主要原因。

---

① [梁] 沈约《宋书》，中华书局 1974 年版，第 337 页。
② [梁] 沈约《宋书》，中华书局 1974 年版，第 337 页。
③ [梁] 沈约《宋书》，中华书局 1974 年版，第 873 页。
④ [梁] 沈约《宋书》，中华书局 1974 年版，第 2167 页。

二、博采精雕的用事原则

颜延之《庭诰》："观书贵要，观要贵博。博而知要，万流可一。咏歌之诗，要其连类。含章比物，集句采风。谣以达民，诗为之祖。"[①]颜延之论述读书的"博"与"要"的关系，也是他诗文创作中用典的基本方法。《文心雕龙·事类》："是以综学在博，取事贵约，校练务精，捃理须核，众美辐辏，表里发挥。"[②]具体到用典的步骤，刘勰指出，广博地积累知识，简约地"取事"，然后提炼和加工，反复审核，才可以收到"众美辐辏，表里发挥"的效果。

刘勰所论和颜延之用事的"博"与"要"的观点相吻合。"博"指用典的范围，从颜延之的诗文中可以看出，上至先秦诸子，下至魏晋诗文，无不成为颜延之诗文中的典故，《诗经》《楚辞》及史传被颜延之广泛地化用，而且《周易》《论语》《老子》《庄子》乃至佛、道典籍也大量地进入颜延之的诗文之中。"要"指对"事"的取舍、提炼和加工，只有做到用事的"简要"和"精要"，来自"诸子百家""经史子集"中的复杂的用事材料，才能转化为诗文中优美诗句。诸如颜延之《应诏宴曲水作诗》："开荣洒泽，舒虹烁电。"这两句就是通过对《礼记》"季春之月，桐始华。又曰，时雨将降，又曰，虹始见，又曰，仲春之月始电"的概括、点化而来。《应诏宴曲水作诗》："惟王创物，永锡洪筭。"这两句是颜延之提炼《周礼》中"智者创物"；《毛诗》中"永锡难老"；郑玄《仪礼注》中"筭数也，谓年数"；然后加工而成。《应诏宴曲水作诗》："柔中渊映，芳猷兰秘。"这两句来自《周易》中"其用柔中"；陆机《宣猷堂诗》中"茂德渊冲"；《子书》中"秘者，谓兰芳之幽密"。颜延之这种对用事材料的概括、提炼、加工然后用于诗文当中，不仅增加了诗文的文化底蕴，丰富了诗文创作的手法，进而形成了"错彩镂金"的美学风貌。

三、尊礼崇儒的诗人心态

在中国传统文化中，"礼"是一个非常重要的思想文化范畴。《礼记·曲礼上》："道德仁义，非礼不成；教训正俗，非礼不备；分争辩论，非礼不决；君臣、上下、父子、兄弟、非礼不定；宦学事师，非礼不亲；班朝治军，非礼威严不行；祈祠

---

① 《钦定四库全书》，中华书局点校本，集部，总集类，《文选注》卷二十五。
② 向长清《文心雕龙浅释》，吉林人民出版社 1984 年版，第 332 页。

祭祀，供给鬼神，非礼不诚不庄。”[①] 礼在社会生活中的作用，表现在人的道德品行的教育，民间风俗的纯化，人际关系的确立，上下等级的确定，军队的统领和指挥，即使祭祀鬼神也应以礼来表现诚意。

由此可以看到，礼的本质就是对社会行为法则、规范、仪式等进行规定，目的是达到中规中矩、整齐划一。礼在封建社会规定着人们的行为，形成了完备的制度，并得到了各个朝代的认可，到刘宋时期，虽然儒学衰微，礼学研究却很兴盛，礼仪制度也是人们日常社会行为的总则，据《宋书》载：“元嘉十九年，皇太子讲《孝经》，承天中庶子颜延之同为执经。”[②]《宋书》又载：“元嘉二十二年，南郊，始设登哥，诏御史中丞颜延之造哥诗。”[③] 这也可以从一个侧面反映出刘宋皇室对“礼”的尊崇。对礼的尊崇以及社会生活中礼的无处不在，礼的观念必然影响人们的文学观念，反映在审美观念上，就是对整齐的形式美追求。颜延之诗文中严格整齐的偶句，工俪的对仗，正是由诗人对礼的尊崇心态以及对整齐的追求转化而来的。

刘勰《文心雕龙·宗经》：“故论、说、辞、序，则《易》统其首；诏、策、章、奏，则《书》发其源；赋、颂、歌、赞，则《诗》立其本；铭、诔、箴、祝，则《礼》总其端；纪、传、铭、檄，则《春秋》为本。三标彝道，训深稽古。致化归一，分教斯五，性灵熔匠，文章奥府，渊哉，铄乎！群言之祖。”[④] 刘勰认为，对儒家经典的崇拜和偏爱直接导致了作文时引用古代典籍。

琅琊颜氏是儒学传家的士族，史籍记载“世善《周官》《左氏》”[⑤]，孔子七十二名高徒中，颜姓占八席，其中颜回安贫乐道，勤奋好学深得孔子的夸赞。魏晋时期，颜氏家族依然秉承前辈崇尚儒学的传统，《晋书》载：“东宫初建，含以儒素笃，行补太子中庶子，迁黄门侍郎、本州大中正，历三骑常侍、大司农。”[⑥] 这种因重儒学被提拔的情况，到了颜延之这一代依然出现，《宋书·颜延之传》记载：（颜延之）“好读书，无所不览，文章之美冠绝当时。”又据《宋书》记载：“雁门人周续之隐居庐山，儒学著称，永初中，征旨京师，开馆以居之。高祖亲幸，朝彦毕至，延之官列犹卑，引升上席，上问续之三义，续之雅仗辞辩，延之每折以简要。既连挫续之，上又使还自敷释，言约理畅，莫不称善。徙

①《钦定四库全书》，中华书局点校本，子部，类书类，《艺文类聚》卷三十八。

②［梁］沈约《宋书》，中华书局 1974 年版，第 1705 页。

③［梁］沈约《宋书》，中华书局 1974 年版，第 541 页。

④ 向长清《文心雕龙浅释》，吉林人民出版社 1984 年版，第 60–62 页。

⑤ 李百药《二十四史·北齐书》，中华书局 1997 年版，第 160 页。

⑥［唐］房玄龄《晋书》中华书局 1997 年版，第 586–587 页。

尚书仪曹郎，太子中舍人。"[①]这一次也是因为颜延之在和周续之的儒学辩论中"连挫续之"而被提拔。正是这种社会和民众对儒学的尊重，儒学典籍的价值得到了普遍认可，在这种崇尚儒学的心态下，颜延之嗜好古典的倾向在他的诗文中得到了深刻的反映。

第二节 颜延之诗文"错彩镂金"的形式美追求

形式美是美学原理研究的主要内容，一般"指生活、自然中各种形式因素（色彩、线条、形体、声音等）有规律的组合。"[②]以此为根据，我们把文学作品中的形式美可以界定为：在文学作品中，作者应用语言这一独特的工具，使文学作品的色彩、音韵等和谐地有规律地组合在一起，进而充分地表达出作者的思想感情。有的美学理论也把这种情况称作"有意味的形式"。颜延之诗文的形式美就是指颜延之诗文中和谐的色彩、有节奏的韵律、对称的偶句、蕴含深刻含义的典故等，我们把它称作"错彩镂金"的形式美，也可以说是文学艺术形式美。这种形式美的形成不仅要遵循艺术形式美形成的规则，即要来源于生活，是诗人生活的反映；其次，作家要通过丰富的艺术想象，充分发挥作家的艺术创造。对于颜延之"错彩镂金"的形式美来讲，具体说有频繁用典、雕琢偶句、搭配字词、巧妙概括四个方面。

一、频繁用典 情喻渊深

先秦两汉时期，多民歌，出语天然，用事很少，汉代文人诗偶尔用典；自建安至西晋，诗中用典大大增加，曹操、曹植、阮籍、陆机、左思等人诗中用典已经不少，并以用典富博为美；元嘉文坛用典之风有增无减。钟嵘云："（颜延之）其源出于陆机，……又喜用古事。"[③]颜延之学问渊博，因此，诗歌和散文用典十分广博，经、史、子、集、皆能入诗或入文，颜延之诗句或文句几乎句句有出处，其《应诏宴曲水作诗》："道隐未形，治彰既乱。帝迹悬衡，皇流共贯。惟王创物，永锡洪算。仁固开周，义高登汉。"据《文选》李善注，用到《老子》《太玄经》《春秋》《申子》《长杨赋》《尚书传》《周礼》《毛诗》《汉书》共九处

① [梁] 沈约《宋书》，中华书局 1974 年版，第 1892 页。
② 杨辛 甘霖《美学原理》，北京大学出版社 2001 年版，第 136 页。
③ 徐达《诗品全译》，贵州人民出版社 1997 年版，第 94 页。

典故，在颜延之的诗歌和散文中这样的例子很多。下面我们从颜延之用典的方式、特点、效果及其审美机制进行分析。

（一）颜延之诗歌用典方式

颜延之用典有两种方式：一种方式是借用原典。颜延之《北使洛》有："隐悯徒御悲，威迟良马烦。"据《文选》李善注引，诗人提炼《楚辞》中"隐悯而不达"，《诗经·小雅·四牡》中"四牡騑騑，周道倭迟"，《洛神赋》中"日既西倾，车殆马烦"三个典故表达自己行旅之苦。再如，颜延之《贺谢监灵运》："弱植慕端操，窘步惧先迷。"其中"弱植"语出《左传》；"端操""窘步"语出《楚辞》；"先迷"语出《周易》；诗人从这些典故中提炼出新的句子，委婉含蓄地叙述自己早年的经历。另一种方式是浓缩原典。颜延之《拜陵庙作》有："陪厕回天顾，朝宴流圣情。"其中"陪厕"二字出自《毛诗》中"不明尔德时，时无背无厕；尔德不明时，以无陪无卿"，这里"厕"指贤人，"陪"指陪贰之臣，表示皇帝尊重大臣和贤人。颜延之《应诏宴曲水作诗》有："豫同夏谚，事兼出济。"夏谚中有"吾王不豫，吾何以助"的话，诗人借以美化宋文帝游宴曲水；后句的"出济"源于《诗经·邶风·泉水》"出宿于济，饮饯于祢"，诗人提取"出济"，囊括这两句所包含的饮饯送行的含义。颜延之《秋胡诗》有："三陟穷晨暮。"其中"三陟"概括了《诗经·周南·卷耳》中"陟彼崔嵬，我马虺隤"；"陟彼高冈，我马玄黄"；"陟彼砠矣，我马瘏矣"的三个"陟彼"，来描写旅途的艰辛。

颜延之散文用典的方式表现在四个方面。其一，用典铺陈。《七绎》中："若乃梓漆简声，丽容呈才，陈舞态，开吹台；猎悲风，遡秋埃。"六个句子连用六个典故，描写轻歌曼舞的动人场面。其二，用典叙事。《宋武帝谥议》："在晋之季，皇涂荐阻，欃枪干纪，璇玑失驭。"用了六个典故叙述晋末皇室的离乱，接着用"首羲驰风，一鼓静乱，涤除泰阶，消殄薄蚀"，称颂宋武帝功绩。其三，用典议论。《范连珠》为了说明"履顺，则天地不违一物；投诚，则神明可交"的道理，举了"鲁阳倾首，离光为之反舍"和"有鸟拂波，河伯为之不潮"两个典故，说明诚心可以动天地。其四，用典作结。《自陈表》有："臣闻'行百里者半于九十'，言其末路之难也。""行百里者半于九十"为习见古语，而"言其末路之难也"出自《战国策·秦策》，为前一句做结。

（二）颜延之用典的特点、效果及其审美机制

下面根据《文选》，先对颜延之《应诏宴曲水作诗》中的用典情况进行统计（表9.1）。

表 9.1 《应诏宴曲水作诗》中用典统计*

诗句		用典情况
道隐未形	治彰既乱	《老子》曰："大象无形"，又曰："道隐无名。"王弼曰："有形则亦有分，有分者不温则凉，故象者形者，非大象也。"又曰："夫道物以之成，而不见形，故隐而无名也。"河上公曰："道潜隐，使人无能名也。"《太玄经》曰："乱不极，则治不形。"贾逵《国语注》曰："彰，著也。"
帝迹悬衡	皇流共贯	《春秋合诚图》曰："黄帝有迹，必稽功务法。"宋均曰："迹，行迹，谓功绩也。"《申子》曰："君必有明法正义，若悬权衡，以称轻重，所以言群臣也。"《长杨赋》曰："逮至孝文，随风乘流。"孔安国《尚书传》曰："万国共贯。"
惟王创物	永锡洪算	《周礼》曰："智者创物。"《毛诗》曰："永锡难老。"郑玄《仪礼注》曰："算，数也，谓年数。"
仁固开周	义高登汉	《毛诗序》曰："周家忠厚，仁及草木。"《汉书》曰："五星聚于东井，此高祖受命之符，当以义取天下。"
祚融世哲	业光列圣	《尔雅》曰："融，长也。"《毛诗》曰："世有哲王。"《魏都赋》曰："列圣之遗尘。"
太上正位	天临海镜	《汉书·薄昭书》曰："欲以亲戚之意，望于太上。"如淳曰："太上，天子也。"《周易》曰："女正位乎内，男正位乎外。"潘岳《鲁公诗》曰："如地之载，如天之临。"孙绰《望海赋》曰："因湛亮以静镜，俯游目于渊庭。"
制以化裁	树之形性	《周易》曰："化而栽之谓之变。"《庄子》曰："流动而生物，物成生理，谓之形，形体保神各有仪，则谓之性。"
惠浸萌生	信及翔泳	《史记·文帝诏》曰："万物之萌生，翔泳，谓鱼鸟也。"《周易》曰："豚鱼吉信及豚鱼。"薛君《韩诗章句》曰："文王圣德，上及飞鸟下及鱼鳖。"
崇虚非征	积实莫尚	《演连珠》曰："积实虽微，必动于物，崇虚虽广，不能移心。"杜预《左氏传注》曰："尚，亦上也。"
岂伊人和	实灵所贶	《左氏传·季良》曰："于是人和而神降之福。"《春秋·元命苞》曰："通三灵之贶，交错同端也。"
日完其朔	月不掩望	《汉书》曰："天下太平，日不蚀，朔月不掩望。"
航琛越水	辇赆逾嶂	《毛苌诗传》曰："琛，宝也。"《孟子》曰："将有远行，行者必以赆。"《尔雅》曰："上正嶂也。"
帝体丽明	仪辰作贰	《丧服传》曰："长子正体于上。"《周易》曰："黄离元吉。"《毛苌诗传》曰："仪，匹也，辰，北辰也。"《典引》曰："辰居其位。"
君彼东朝	金昭玉粹	潘岳《赠陆机诗》曰："缱绻东朝。"高诱《吕氏春秋注》曰："东宫，太子所居。"《诗》曰："东宫之妹。"又曰："金玉其相。"《广雅》曰："粹，纯也。"
德有润身	礼不愆器	《礼记·曾子》曰："富润屋，德润身。"又曰："礼，器。"

续表

诗句		用典情况
柔中渊映	芳猷兰秘	《周易》曰："其用柔中。"陆机《宣猷堂诗》曰："茂德渊冲。"《子书》曰："秘者，谓兰芳之幽密。"
昔在文昭	今惟武穆	《左氏传·富辰》曰："毕原酆郇文之昭也。"《汉书·韦玄成议》曰："父为昭，子为穆，孙复为昭，昭穆父子之迭号，千祀而一也。晋文王讳昭，改为韶。"
于赫王宰	方旦居叔	《毛诗》曰："于穆汤孙。"《韩诗外传》："周公诫伯禽曰：'吾成王叔父曰。'"
有睟睿蕃	爰履奠牧	《孟子》曰："仁义礼智根于心，其生色也，睟然见于面。"二蕃谓江夏衡阳，二王也，爰履奠牧，谓于所履之地，能镇定其郊牧也。《尔雅》曰："爰于也。"《左氏传·管仲》管仲曰："赐我先居履。"《尚书》曰："奠高山大川。"《尔雅》曰："郊外谓之牧。"
宁极和钧	屏京维服	《尚书》曰："关石和钧。"《周礼》曰："三曰，礼典以和邦国，四曰，政典以均万民，又曰，凡邦国大小相维。"
朏魄双交	月气参变	孔安国《尚书传》曰："朏明也，月三日，明生之名。"《周书》曰："凡四时成岁，各有孟仲季以名，十有二月，月有中气，以著时应口。"
开荣洒泽	舒虹烁电	《礼记》曰："季春之月，桐始华。又曰，时雨将降，又曰，虹始见，又曰，仲春之月始电。"
化际无间	皇情爰眷	杜预《左氏传注》曰："间，隙也。"
伊思镐饮	每惟洛宴	《楚辞》曰："伊思兮往古。"《毛诗》曰："王在，在镐饮酒乐，岂东阳无疑。"《齐谐记》束皙对武帝曰："昔周公卜洛邑，因流水以泛酒，故逸诗曰，羽觞随流波。"
郊饯有坛	君举有礼	《左氏传》曹刿曰："君举必书。"
幙帷兰甸	画流高陛	《广雅》曰："幙，帐也。兰甸兰生于甸，犹兰皋也。画流，分流也。"
分庭荐乐	析波浮醴	《庄子》曰："分庭抗礼。"
豫同夏谚	事兼出沸	《孟子》夏谚曰："吾王不豫，吾何以助。"《毛诗》曰："出宿于泲。"
仰阅丰施	降惟微物	薛君《韩诗章句》曰："口微物也。"
三妨储隶	五尘朝黻	沈约《宋书》曰："高祖受命，延年补太子舍人，徙尚书仪曹郎，太子中舍人转正员外郎，徙员外常侍，出为始安太守，征中书侍郎，转太子中庶子。"
途泰命屯	恩充报屈	《周易》曰："泰者通也，又曰，屯如邅如。"
有悔可悛	滞瑕难拂	《周易》曰："盱豫有悔，位不当也。"孔安国《尚书传》曰："悛，改也。"《广雅》曰："瑕，秽也。"《毛苌诗传》曰："拂，去也。"

从表9.1可以看出，颜延之《应诏宴曲水作诗》64个句子，所用典故68个，几乎平均一句用一次典故；典故涉及先秦诸子的著作、两汉时期的著作、魏晋时期的作品，时间跨度也很大。

从用典的效果看。一方面具有象征性和简洁性的特点，如“分庭荐乐”用《庄子》中“分庭抗礼”的典故，“分庭”一词简洁地表达纷纷献上乐曲的热闹场面；“爰履奠牧”语出《尔雅》“爰于也”；《左氏传·管仲》“赐我先居履”；《尚书》“奠高山大川”；《尔雅》“郊外谓之牧”；“爰履奠牧”四个字概括了宋文帝的藩府诸王忠于职守，镇守领地；另一方面经过诗人加工典故，出现了新颖别致的佳词丽句，如，“德有润身”“礼不愆器”“柔中渊映”“芳猷兰秘”“惟王创物”“永锡洪筭”，使全诗显得更加典雅。

从用典的审美机制来看。一方面颜延之诗文中各种典故的频繁出现，使审美对象具有深刻性和复杂性，审美主体必须调动自己的知识积累和审美体验参与到审美对象当中，这就要求审美主体具有一定的审美能力；另一方面颜延之诗文中的典故，不仅仅局限在典故本来的含义，即使在诗文中，这些典故也已经包含有十分丰富的内涵，从而为审美主体进行审美鉴赏提供了广阔的想象空间，审美主体只有通过审美注意和审美联想，积极地进行审美再创造，才能拓展审美对象的思想内涵。

二、精心雕琢　偶句纷出

我国传统文化把事物变化归结于内部阴阳的相互作用，《系辞上》说：“一阴一阳之谓道。”[①]天地乾坤产生阴阳，阴阳合德又出现刚柔之体。《系辞下》说：“乾，阳物也；坤，阴物也。阴阳合德而刚柔有体，以体天地之撰，以通神明之德。”[②]这种“阴阳二元”观影响到人们对事物的认识，《周易·序卦传》：“有天地然后有万物，有万物然后有男女，有男女然后有夫妇，有夫妇然后有父子，有父子然后有君臣，有君臣然后有上下，有上下然后礼义有所措。”[③]自然和社会各个方面的“二元”对立，已经成为人们普遍的思想认识；这种观念折射到文人创作中，就逐渐出现上下句之间的对仗，这样偶句也就自然而然形成了。《文心雕龙·丽辞》：“造物赋形，支体必双；神理为用，事不孤立。夫心生文辞，运裁百虑。

①《钦定四库全书》，中华书局点校本，经部，易类，《周易注疏》卷十一。
②《钦定四库全书》，中华书局点校本，经部，易类，《周易注疏》卷十二。
③《钦定四库全书》，中华书局点校本，经部，易类，《周易注疏》卷十三。

高下相须，自然成对。”[①] 刘勰也是从天赋的肢体、神理中的“阴阳二元”对立，探寻偶句形成的原因，可以说“阴阳二元”观是“偶句”形成的文化心理基础。颜延之诗文中偶句在形式和内容上均达到了很高水平，我们以《三月三日曲水诗序》（节选）为例研究诗人偶句的形式：

隆周之止既永，宗汉之兆在焉。正体毓德于少阳，王宰宣哲于元辅。晷纬昭应，山渎效灵。五方杂沓，四隩来暨。选贤建戚，则宅之于茂典；施命发号，必酌之于故实。大予协乐，上庠肆教。章程明密，品式周备。国容视令而动，军政象物而具。箴阙记言，校文讲艺之官，采遗于内；輶车朱轩，怀荒振远之使，论德于外。赪茎素毳，并柯共穗之瑞，史不绝书；栈山航海，逾沙轶漠之贡，府无虚月。烈燧千城，通驿万里。穹居之君，内首禀朔；卉服之酋，回面受吏。

根据刘勰《文心雕龙·丽辞》谈到四种对句：“故丽辞之体，凡有四对：言对为易，事对为难。反对为优，正对为劣。言对者双比空辞者也；事对者，并举人验者也；反对者，理殊趣合者也；正对者，事异义同者也。”[②] 我们分析上文（表 9.2）。

表 9.2 《文心雕龙·丽辞》对句分析

句式	例句
言对	“隆周之止既永，宗汉之兆在焉”；“正体毓德于少阳，王宰宣哲于元辅”；“晷纬昭应，山渎效灵”；“五方杂沓，四隩来暨”；“大予协乐，上庠肆教”；“章程明密，品式周备”；“国容视令而动，军政象物而具”；“箴阙记言，校文讲艺之官，采遗于内；輶车朱轩，怀荒振远之使，论德于外”；“赪茎素毳，并柯共穗之瑞，史不绝书；栈山航海，逾沙轶漠之贡，府无虚月”；“穹居之君，内首禀朔；卉服之酋，回面受吏”；“烈燧千城，通驿万里”。
事对	“选贤建戚，则宅之于茂典；施命发号，必酌之于故实。”
正对	“隆周之止既永，宗汉之兆在焉”；“正体毓德于少阳，王宰宣哲于元辅”；“晷纬昭应，山渎效灵”；“五方杂沓，四隩来暨”；“大予协乐，上庠肆教”；“章程明密，品式周备”；“国容视令而动，军政象物而具”；“赪茎素毳，并柯共穗之瑞，史不绝书；栈山航海，逾沙轶漠之贡，府无虚月”；“穹居之君，内首禀朔；卉服之酋，回面受吏”；“烈燧千城，通驿万里”。
反对	“箴阙记言，校文讲艺之官，采遗于内；輶车朱轩，怀荒振远之使，论德于外。”

① 向长清《文心雕龙浅释》，吉林人民出版社 1984 年版，第 310 页。
② 向长清《文心雕龙浅释》，吉林人民出版社 1984 年版，第 312–313 页。

一般认为，对句还有如下几种类型：其一，正名对，指上下句内容相似或相关的对句；其二，数对，指上下句中有数字相对；其三，当句对，指相同意思分两句来论，有如行云流水，一气贯通；其四，隔句对，指两个或两个以上的句子形成的句群与句群之间的对仗；其五，虚字对，指上下两句中有虚词对仗；其六，色对，指上下两句中有色彩词相对。根据这一划分标准，再对上文的对句做一分析。

其一，正名对。“隆周之止既永，宗汉之兆在焉”“正体毓德于少阳，王宰宣哲于元辅”“晷纬昭应，山渎效灵”“五方杂沓，四隩来暨”“大予协乐，上庠肆教”“章程明密，品式周备”“国容视令而动，军政象物而具”。

其二，数对。“五方杂沓，四隩来暨”“烈燧千城，通驿万里”。

其三，当句对。“选贤建戚，则宅之于茂典；施命发号，必酌之于故实”和“赪茎素毳，并柯共穗之瑞，史不绝书；栈山航海，踰沙轶漠之贡，府无虚月”。

其四，隔句对。“选贤建戚，则宅之于茂典；施命发号，必酌之于故实”“箴阙记言，校文讲艺之官，采遗于内；輶车朱轩，怀荒振远之使，论德于外”“赪茎素毳，并柯共穗之瑞，史不绝书；栈山航海，踰沙轶漠之贡，府无虚月”“穹居之君，内首禀朔；卉服之酋，回面受吏”。

其五，虚字对。“隆周之止既永，宗汉之兆在焉”“选贤建戚，则宅之于茂典；施命发号，必酌之于故实”。

其六，色对。“赪茎素毳，并柯共穗之瑞，史不绝书；栈山航海，踰沙轶漠之贡，府无虚月”。

逯钦立《先秦汉魏晋南北朝诗》中，颜延之存诗三十四首。其中绝大多数诗中对句占到全诗半数以上。

其一，《皇太子释奠会作诗》：“国尚师位，家崇儒门。禀道毓德，讲艺立言。浚明爽曙，达义兹昏。永瞻先觉，顾惟后昆。”其中八个句子形成四个对句，第一个对句，“国”对“家”，“尚”对“崇”，“师”对“儒”，“位”对“门”，强调尊师重儒，对仗十分工整；第二个对句，“禀”对“讲”，“道”对“艺”，“毓”对“立”，“德”对“言”，表达弘扬道德和艺术；第三个对句，“浚”对“达”，“明”对“义”，“爽”对“兹”，“曙”对“昏”，言说皇太子达义识正；第四个对句，“永”对“顾”，“瞻”对“惟”，“先觉”对“后昆”，说明皇太子向前贤和今人学习。

其二，《夏夜呈从兄散骑车长沙诗》：“流云霭青阙，皓月鉴丹宫。”其中“流云”对“皓月”，都是天空的事物，“青阙”对“丹宫”，都是和宫廷相关的事物，“霭”对“鉴”，两个动词相对，描绘夏夜宫廷云雾飘渺，明月映照的奇幻景象。

其三，《车驾幸京口三月三日侍游曲阿后湖作诗》：“虞风载帝狩，夏谚颂王游。”其中“虞风”对“夏谚”，两个词中都有古代帝王，“载”对“颂”词性相同，意义相近，都有歌颂赞美的意思，“帝狩”对“王游”，都是说帝王巡游。

其四，《始安郡还都与张湘州登巴陵城楼作诗》：“三湘沦洞庭，七泽蔼荆牧。”其中“三湘”对“七泽”，是数字对数字，“沦”对“蔼”都是动词，“洞庭”对“荆牧”，都是地名。

其五，《秋胡行》：“迟迟前涂尽，依依造门基。”“行行去城邑，遥遥首丘园。”“迟迟”对“依依”都是叠字相对，表示恋恋不舍之意；“行行”对“遥遥”也是叠字相对，表示路途遥远，“涂尽”对“门基”，“城邑”对“丘园”是连绵词相对。可以说，颜延之诗文中的偶句“庄重典则”、对称和谐。

三、呕心锤炼 词采熠熠

颜延之诗文形式之美，还表现在呕心锤炼词句上。刘勰《文心雕龙·章句》云：“句之清英，字不妄也。”[①]强调字词的锤炼可以增强句子的表达作用。钟嵘《诗品》：“（颜延之）其源出于陆机。尚巧似，体裁明密，情喻渊深，动无虚散，一字一句，皆致意焉。”[②]钟嵘所说“一字一句，皆致意焉”，是指颜延之诗文中的字和句都有深刻意旨，换言之，也意味着颜延之炼字炼句方面的刻意追求。颜延之讲求炼字炼句方法，前人缺乏理论上阐述，从他的创作实践来看，可以总结两个方面。

首先，动词和形容词的精工锤炼和刻意选择，进而使诗歌典雅质重，形象而生动地表达作者的情感。

颜延之《夏夜呈从兄散骑车长沙诗》：“流云蔼青阙，皓月鉴丹宫。踟蹰清防密，徙倚恒漏穷。”“蔼”字的义项有：盛貌、润泽貌、和气、笼罩等意义，作者在此处选用的是“笼罩”之义；“鉴”字的义项有：古代盛水的盆子、镜子、照、审察、借鉴等意思，作者这里用“照”之义。“云”则为“流”，“月”饰以“皓”；形容夏夜的气氛，可谓准确；一“蔼”一“鉴”描绘“流云”和“皓月”的状态极为形象；明月映照云雾飘渺的宫殿，孤独的诗人愈加孤独，静默的思念却呼之欲出。

《北使洛》：“故国多乔木，空城凝寒云。”“多”字的义项有：数量大；增加；超过；夸耀；战功；经常；只是等意义；而“凝”有冻结；积聚；集中；坚定；成；停止；庄重；安静；哽咽；盛等意义。“多”选用“只是”之义，“凝”选用“聚

① 向长清《文心雕龙浅释》，吉林人民出版社 1984 年版，第 304 页。
② 徐达《诗品全译》，贵州人民出版社 1990 年版，第 94 页。

集”之义，“国”配“故”，“城”配“空”，极言此地的荒凉，“乔木”饰以“多”，“寒云”饰以“凝”给人以满目“乔木”和“寒云”，荒凉之地愈显荒凉，“多”和“凝”这两个表静止状态的动词，使画面平添一种沉滞感，生发出油画般的凝重之美。

《还至梁城作》：“木石扃幽闼，黍苗延高坟。”“扃”字的义项有：外门栓；门、门户；关闭、断绝；固定旗杆的环扣；战车上约束兵器的横栏；鼎上贯通两耳的横杆等意义。作者选用“关闭”之义，并引申为“堵塞”，意在说明繁华已去，木石断椽堵塞了宫门；“延”字的义项有：长；久；高；伸长、延长；延续、蔓延；拖延；导引；迎接；邀请；引发；连接；传扬；陈设等十几个义项，作者选用了“蔓延”之义，说明荒草已经蔓延到坟岗。“扃”“延”两个动词后接“幽闼”和“高坟”两个和死亡联系的名词，给画面平添悲美色彩，令人顿生黍离之悲。

其次，在颜延之诗文中，有时通过颠倒词序，或改变词性的办法，来求得新颖奇特的语言效果。

颜延之《应诏观北湖田收诗》：“阳陆团精气，阴谷曳寒烟。”其中“团”字的义项有：圆；围；集合、组织；凝结、冻结；团聚、团圆；围成圆形等意义，作者选用“凝聚、凝结”之义，引申为“照耀”；“曳”字有：拖、拉；漂浮；困顿；穿越，作者选择“漂浮”之意，引申为“笼罩”。这两个句子按照句法当是“精气团阳陆，寒烟曳阴谷”，然而，如果按常态句法结构，这两个句子则太俗太易。一旦颠倒语序，仿佛施了某种魔法，使这两个平易浅显的句子，顿时面貌全新。这是因为，颠倒词序这种语言形式的变化，不但使“阳陆”和“阴谷”凸显出来，后面分别饰以“团”和“曳”，就把“阳陆”和“阴谷”拟人化了，使整个句子的面貌显现出生机和活力。

颜延之《车驾幸京口侍游蒜山诗》：“春江壮风涛，兰野茂荑英。”“江”饰以“春”，“野”饰以“兰”，描摹春天京口蒜山，江水清澈和山花烂漫的春色，“壮”字点出“风涛”的迅急，“茂”刻画出杨柳新生的枝叶和各种花卉的茂盛。一般人往往按照固化的思维程式，采用“春江风涛壮，兰野荑英茂”这样的语序，颜延之把“壮”和“茂”放在句中，“春江”和“兰野”成了“壮”和“茂”这两个使动化了的形容词的发出者，读者会感到“春江”和“兰野”的所具有的主动感，同时，读者畅通的思维由于词序变化受到碰撞和中断，不能习以为常地继续阅读，迫使读者不得不根据自己的生活体验展开更多的想象，于是，句子的审美空间在读者的创新性思维中有了空前的拓展。

颜延之《始安郡还都与张湘州登巴陵城楼作诗》：“清雾霁岳阳，曾晖薄澜澳。”“霁”字的义项有：雨止；云雾消散；怒气消释；明朗等意义，由于句前有“清雾”一词，作者选用“明朗”之义，这里“明朗”又是形容词的使动用法，意在说明"清雾"过后反而使岳阳的景色更加明丽。可见颜延之选字的精到和确切。后一句中"薄"字的义项有：草木丛生处；迫近；逼近；努力；混杂；搏击；减轻；轻视、看不起；厚度小、稀薄；轻薄；贫瘠；少、小；卑微；命运不利等意义，作者选用了"迫近""逼近"，仔细玩味这一"薄"字，不仅写出阳光缓慢移动的特点，而且刻画出太阳的光辉灿烂夺目，为此，我们不得不叹服诗人状物之精妙。

四、精于概括　辞允意惬

颜延之善于用生动准确的语言概括历史人物和历史事件，并且用饱满的情感，来描绘人物的性格和特点，即沈约所谓"辞允而义惬"，这里笔者通过史书和颜延之对同一件事情的描述，来说明颜延之概括事件的准确和生动。

颜延之《陶征士诔》云："弱不好弄，长实素心，学非称师，文取指达。在众不失其寡，处言愈见其默。少而贫病，居无仆妾，井臼弗任，藜菽不给。母老子幼，就养勤匮。远惟田生致亲之议，追悟毛子捧檄之怀。"

首先，"弱不好弄，长实素心"写陶渊明个性，《五柳先生传》云："闲静少言，不慕荣利。"前者婉转文雅，后者直接明了；

其次，"学非称师，文取指达"，写陶渊明读书，《五柳先生传》云："好读书，不求甚解，每有会意，欣然忘食"。

颜延之用"文取指达"说明陶文"不求甚解，每有会意，欣然忘食"，而颜文"学非称师"不仅概括陶渊明好读书，也暗含陶渊明读书自娱的目的。

再次，"居无仆妾，井臼弗任，藜菽不给"写陶渊明的家境，而《五柳先生传》云："环堵萧然，不蔽风日，短褐穿结，箪瓢屡空，晏如也。"颜延之从陶渊明个人能力的角度切入，叙述陶渊明家境贫寒，陶渊明则是直接描绘居室、衣着和用具来写自己一贫如洗的境况。由此可见颜延之的概括的精到准确。

颜延之《吊张茂度书》云："少履贞规，长怀理要，清风素气，得之天然。"首先"少履贞规"指张敷少年时期就用心于学，实际是颜延之对《宋书》中相关叙述的精要概括。据《宋书》所述，"（敷）性整贵，风韵端雅，好玄言，善属文。初，父邵使与南阳宗少文谈《击象》，往复数番，少文每欲屈，握尘尾叹曰：'吾道东矣。'于是名价日重。宋武帝闻其美，召见奇之，曰：'真千里驹也。'以为世子中军参军。"[①] 其次，"长怀理要"是指张敷崇尚礼教。据《宋书》云："敷小名查，

① ［梁］沈约《宋书》，中华书局1974年版，第1395页。

父邵小名梨，文帝戏之曰：‘查何如梨？’敷曰：‘梨是百果之宗，查何可比也。”[①]寥寥数字点出了张敷的儒雅。再次“清风素气”指张敷擅长“阴仪”。据《宋书》载：“（敷）善持音仪，尽详缓之致。与人别，执手曰：‘念相闻’余音久之不绝。张氏后进皆慕之，其源起自敷也。”[②]《宋书》又云：“生而母亡。年数岁，问知之，虽童蒙，便有感慕之色。年十岁许，求母遗物，而散施已尽，唯得一扇，乃缄録之，每至感思，辄开笥流涕。见从母，悲感呜咽。”[③]颜延之“清风素气”四个字就表现了张敷纯孝至诚的个性。

颜延之《赠谥袁淑诏》云：“当要逼之切，意色不桡，历辞道逆，气震凶党。虐刃交至，取毙不移。”

其一，“当要逼之切，意色不桡，历辞道逆”是指刘劭逼迫袁淑弑逆时，袁淑义正词严痛斥刘劭。据《宋书》云：“元凶将为弑逆，其夜淑在直，二更许，呼淑及萧斌等流涕谓曰：‘主上信谗，将见罪废，省内无过，不能受枉。明旦便当行大事，望相与戮力。’淑及斌并曰：‘自古无此，愿加善思。’劭怒变色，左右皆动。……淑叱之曰：‘卿便谓殿下眞有是邪？殿下幼时尝患风，或是疾动耳。’劭愈怒，因问曰：‘事当克不？’淑曰：‘居不疑之地，何患不克。但既克之后，为天地之所不容，大祸亦旋至耳。愿急息之。’”[④]这种概括点明了袁淑临危不惧的本色。

其二，“虐刃交至，取毙不移”是指袁淑被刘劭杀死一事。据《宋书》载：“劭将出，已与萧斌同载，呼淑甚急，淑眠终不起，劭停车奉化门，催之相续，徐起至车后，劭使登车，又辞不上，劭因命左右：‘与手刃’见杀于奉化门外，时年四十六。劭即位追赠太常，赐赗甚厚。”[⑤]可见对袁淑视死如归的气概赞颂。总之，颜延之用典繁密、多用对偶、精于炼词、巧于概括确实给人以“错彩镂金”的美感，但过分地追求用典，也损害作品自然风貌，时人和后人对之多有訾病。

① [梁] 沈约《宋书》，中华书局 1974 年版，第 1396 页。
② [梁] 沈约《宋书》，中华书局 1974 年版，第 1396 页。
③ [梁] 沈约《宋书》，中华书局 1974 年版，第 1396 页。
④ [梁] 沈约《宋书》，中华书局 1974 年版，第 1839–1840 页。
⑤ [梁] 沈约《宋书》，中华书局 1974 年版，第 1839–1840 页。

第三编

元嘉三大家学术疑案释论

随着研究的深入，特别是在对元嘉三大家研究资料的不断收集和整理中发现，如果我们站在掌握更加丰富史料的基础上，来重新审视元嘉三大家研究中的一些学术疑案，就会觉得一些貌似定论的东西实际上并不正确，尚待我们利用新发现的史料作进一步的修改、补充和论证。同时，在我们对这些史料反复推敲细致辨析中也有了一些新发现，并且形成了一些新认识。笔者对谢灵运被害的原因问题、谢灵运《拟邺中集》的模拟问题、鲍照祖籍和家世问题、《鲍照集》流传和散佚问题、颜延之第二次被贬的原因问题、《论语说》流传和散佚问题、《庭诰》的篇目和散佚问题等进行了深入研究，修正了一些错误观点，形成了一些新的认识。这些问题的深入阐释可以使我们形成对元嘉三大家更加准确和深刻的认识。

第1章

谢灵运学术疑案释论

第一节　谢灵运被害原因

《宋书·谢灵运》本传云："会稽东郭有回踵湖，灵运求决以为田，太祖令州郡履行。此湖去郭近，水物所出，百姓惜之，顗坚执不与。灵运既不得回踵，又求始宁岯𡸣湖为田，顗又固执。灵运谓顗非存利民，正虑决湖多害生命，言论毁伤之。与顗遂构雠隙。因灵运横恣，百姓惊扰，乃表其异志，发兵自防，露板上言。灵运驰出京都，诣阙上表……上爱其才欲免官而已，彭城王义康坚执谓不宜恕，乃诏曰："灵运罪衅累仍，诚合尽法，但谢玄勲参微管，宜宥及后嗣，可降死一等，徙付广州。……有司又奏依法收治，太祖诏于广州行弃市刑。……时元嘉十年，年四十九。"[①] 文献表明，以下三方面的内容。

其一，因谢灵运想占有回踵湖要把湖变成自己的农田，并且有宋高祖的旨意，但是百姓和太守孟顗坚决反对。

其二，谢灵运转而又想占有始宁岯𡸣湖为田，孟顗又坚持反对，谢灵运和孟顗为此结怨。

其三，因谢灵运骄横恣肆，当地百姓给宋文帝上表，告发谢灵运，谢灵运诣阙上表，宋文帝提出免去谢灵运的官职，但是，当时正专权要的刘义康却坚决不恕，文帝下诏，先是徙付广州，不久宋太祖下诏在广州对谢灵运行弃市刑。史料交待了谢灵运被劾的经过，本节试图通过谢灵运和刘宋皇室和大臣等的矛盾揭示谢灵运被劾的深层原因。

---

① [梁] 沈约《宋书》，中华书局 1974 年版，第 1776–1777 页。

一、与皇室的矛盾

如前所述，义熙元年（405）三月，谢灵运出仕为琅琊王司马德文大司马行参军，不久转为刘毅记室参军[①]。据《晋书》记载，刘毅是彭城沛县人，少年时就有大志，出仕后为州从事，又为桓弘中兵参军。桓玄篡位时，刘毅和刘裕等人建立义兵，转战竹里、江乘、蒋山，峥嵘洲等地，英勇奋战，所向披靡；桓玄死后，刘毅随刘裕继续围剿桓玄余部桓振和桓谦，"鲁城、偃月垒"之战，刘毅"躬贯甲胄"，"生擒山客"，治军严整，所经之地"百姓安悦"。

战事平息后，刘毅为都督豫州扬州之淮南、历阳、庐江、安丰、堂邑五郡诸军事、豫州刺史，持节、将军、常侍如故，本府文武悉令西属，不久进拜卫将军、开府仪同三司。到刘毅率军征战卢循前，刘裕派刘毅从弟刘藩送信劝阻时，刘毅说："我以一时之功相推耳，汝便为我不及刘裕也！"[②]刘毅此时对刘裕产生了嫉妒之心；刘毅率军征战卢循失败后，上表要求解职，降为后将军。不久，刘毅移镇豫章，又为卫将军、开府仪同三司、荆州刺史，此时，刘毅贪心又请求交、广二州，刘毅到江陵后又取江州和豫州文武官员和士兵一万多人作为已有，并且上表自己有病，要求刘藩作他的副将，刘毅的这些举动引起人们的怀疑，此时刘裕因刘毅"贰于己"，乘机上奏，于是安帝下诏讨伐刘毅，不久战败自缢而亡。

从刘毅整个经历看，谢灵运于义熙三年改投刘毅是有原因的，一方面，刘毅在征讨桓玄的战争中，因治军严整，战功卓著，深受民众爱戴，刘毅本人也有代晋的野心，更不甘心屈居刘裕之下，刘毅曾说："恨不遇刘项，与之争中原。"[③]谢灵运看到了刘毅潜在的优势；另一方面，刘毅爱好文雅，刘裕打败卢循后，安帝设宴庆贺并诏群臣赋诗，刘毅说："六国多雄士，正始出风流。"自知武功逊色，故以示文雅，作为文士的谢灵运很容易和刘毅产生亲近感，谢灵运能够跟随刘毅五年之久，这应该是主要原因。遗憾的是刘毅在和刘裕的斗争中败下阵来，谢灵运也因为和刘毅这种特殊的关系，为自己的仕途埋下了隐患，和宋武帝的矛盾是谢灵运被劾的根源。

从义熙八年（412），谢灵运改依刘裕，任太尉参军、官秘书丞，后转刘道怜

① [梁] 沈约《宋书》，中华书局 1974 年版，第 1743 页。
② [唐] 房玄龄《晋书》，中华书局 1974 年版，第 2208 页。
③ [唐] 房玄龄《晋书》，中华书局 1974 年版，第 2208 页。

咨议参军、中书侍郎，世子（刘义符）中军咨议、黄门侍郎，刘义符左卫率；起为散骑常侍，任太子左卫率。期间，刘裕对谢灵运采取又拉又打的策略，元熙元年（419），因杀门人桂兴被刘裕免官，元熙二年，降爵为康乐县侯，食邑五百户；永初三年（422），出谢灵运为永嘉太守。

一般认为，谢灵运和刘义真的交往是被贬永嘉的主要原因，其实，在刘义真眼里，谢灵运也只是一个空疏文人，谢灵运和刘宋王朝的矛盾是根深蒂固的。宋文帝延续先父对待谢灵运的态度和做法，那就是既要给谢灵运一定的待遇，但是又不重用。元嘉三年（426），政敌被诛，谢灵运得以返回朝廷任职，虽然宋文帝对谢灵运赏遇甚厚，但是“唯以文义见接”，当王昙首、王华、殷景仁等人被文帝委以重任后，谢灵运才恍然大悟，于是称疾不朝或者出郭游行以示不满，宋文帝“讽旨令自解”算是给了谢灵运一个下台的机会。

谢灵运对刘宋王朝的不满，在其诗作中早有表现。谢灵运《拟邺中集》第一首以《魏太子》为题，描写邺下文士诗酒唱和，君臣相得的融洽情境，此诗分为三层意思。

其一，营建出一个招贤纳众的环境氛围：“百川赴巨海，众星环北辰。照灼烂霄汉，遥裔起长津。天地中横溃，家王拯生民。”

其二，集会引来群英荟萃景象：“区宇既涤荡，群英必来臻。忝此钦贤性，由来常怀仁。况值众君子，倾心隆日新。”

其三，渲染邺下游宴的盛况：“论物靡浮讼，析理实敷陈。罗缕岂阙辞，窈窕究天人。澄觞满金罍，连榻设华茵。急弦动飞听，清歌拂梁尘。”

其四，暗示谢灵运对刘宋王朝的不满：“何言相遇易，此欢信可珍。”谢灵运在此诗的总序前写了邺下文人相交的盛况，然后嘲讽楚襄王、梁孝王的“不文”及汉武帝的“雄猜多忌”。方回评论说：“序云：‘其主不文’又曰：‘雄猜多忌’。使宋武帝、文帝见之，皆必切齿。盖‘不文’明讥刘裕，‘多忌’亦诛徐、傅、谢、檀者之所讳也。”[①]

由此可见，谢灵运意在以曹氏父子与邺下文士的君臣相得，来嘲讽宋武帝父子的“不文”及猜忌之心。总序既已如此，拟诗自然与之相呼应。所以在诗中，诗人才不惜笔墨地夸耀建安时代的雄大气魄、邺下文坛的彬彬之盛。其目的只有一个，就是要与刘宋王朝的勾心斗角、相互倾轧形成鲜明对比，抒吐诗人对刘宋王朝和自己不被重用的强烈不满。

---

① 黄节《谢康乐诗注》，人民文学出版社 1958 年版，第 98 页。

二、与权臣的不和

首先，谢灵运和徐羡之及傅亮的矛盾。徐羡之和傅亮是刘裕开国时的重要辅臣，但是因为谢灵运交好刘义真并且被认为有篡逆之意，从而得罪了徐羡之，因此在出谢灵运为永嘉太守时，徐羡之最坚决。

其次，谢灵运和刘义康也有矛盾。谢灵运自元嘉七年春为临川内史，其时刘义康为相用事，《宋书》本传云：（义康）"性好吏职，锐意文案，纠剔是非莫不精尽。既专总朝权，事决自己，生杀大事，以录命断之。"① 义康心在权术，灵运放达不羁，刘义康对谢灵运并无好感，或者想借诛杀谢灵运以震骇其他高门世家，在对谢灵运是免官还是处死问题上，"彭城王义康坚执谓不宜恕"，一方面，说明刘义康一言九鼎甚至超过了朝廷；另一方面，刘义康和谢灵运之间的矛盾也是尖锐的，从某种程度上看，刘义康是为他自己有朝一日登上皇位，清除障碍。

再次，谢灵运与孟顗之间的矛盾。据《宋书》记载："太守孟顗事佛精恳而为灵运所轻，尝谓顗曰：'得道应须慧业，丈人生天当在灵运前，成佛必在灵运后。'顗深恨此言。"② 这是谢灵运第一次对孟顗进行当面羞辱。接下来他们的矛盾就激化了。在"回踵湖"和"始宁岯崲湖"争夺事件中，孟顗显然没有执行宋文帝的命令，而和谢灵运针锋相对，直接导致谢灵运被劾。

三、益州民变诱引

元嘉七年，刘道济任益州刺史，当时长史费谦、别驾张熙、参军杨德年等为自己聚敛钱财，而刘道济却重用他们，结果伤政害民，民怨沸腾③，宋文帝得知此事后，给刘道济下诏劝阻，但是收效甚微，结果导致司马飞龙率众起义，《宋书》载："有司马飞龙者，自称晋之宗室，晋末走仇池。闻道济绥抚失和，遂自仇池入绵竹，崩动群小，得千余人，破巴兴县，杀令王贞之。"④ 不久，司马飞龙攻下了阴平，最后司马飞龙被刘道济军所杀，但是由此也引发了震惊朝野的"益州民变"。朝廷震惊之余，把注意力集中在可能出现的晋氏遗民的谋反上，恰恰就在此时，有人告谢灵运谋反。

---

① ［梁］沈约《宋书》，中华书局 1974 年版，第 1790 页。
② ［梁］沈约《宋书》，中华书局 1974 年版，第 1775–1776 页。
③ ［梁］沈约《宋书》，中华书局 1974 年版，第 1380 页。
④ ［梁］沈约《宋书》，中华书局 1974 年版，第 1381 页。

据《建康实录》卷十二记载："灵运之居也，雅不治职。前是，临川内吏司马协少子来投义，故灵运舍诸正寝为居，始如酣笑，久而不止，非隐其事，讽主者以赎货劾焉。江州部从事收灵运，乃徙广州，敕于南海行刑。"[①]认为谢灵运是以"黩货"即贪赂受贿被弹劾，并且和司马协之子的前来"投义"也有关。在益州民变之时，临川内吏司马协少子来投义，无疑表明谢灵运在刘宋王朝受到百般欺辱后找到了报复刘宋的方法，即"意欲兴晋"。李雁先生发表在2001年《文学遗产》第5期的论文《谢灵运被害真相考》一文大胆提出了谢灵运之死和他本人"意欲兴晋"的政治阴谋有关。作者引用了一则来自《俄藏敦煌文献》第四册中编号为俄¢242的《文选》残卷185行（上海古籍出版社1993年12月版）的材料，其中所存谢灵运《述祖德诗》二首有注称："（谢灵运）于临川取晋之疏从（纵）弟子养之，意欲兴晋。后事发，徙居广州。"[②]可见谢灵运之死和其"意欲兴晋"有关。问题的关键在于，益州民变触动了宋文帝对"晋氏遗民"，特别是东晋豪门谢士家族的怀疑猜忌，偏偏在这节骨眼上谢灵运"于临川取晋之疏从（纵）弟子养之"，无疑授人以柄。故且不管所告发之事是否真实，朝廷便宁可错杀以儆效尤。

第二节 《拟邺中集》的模拟问题

《拟邺中集》是谢灵运模拟《邺中集》而成的一组诗作。考《义门读书记》卷四十七载："谢灵运《拟魏太子邺中集诗》，当是与庐陵周旋时所作，惟陈徐二诗为可观，首篇真副君语矣，不在貌似也，儗古变体。序建安末，末当为中，按徐陈应刘一时俱逝，二十二年事也。"[③]其诗共八首，分别摹拟曹丕、曹植及除孔融外的建安六子，各以所咏人之姓名为题。组诗之前有总序，代曹丕追述诸子集聚邺中时的欢愉生活，抒发知交零落后的凄怆之情；此外各人拟作前均有小序，分别概括各人身世遭遇或体貌风格。

一、模拟对象真伪厘定

关于谢灵运所拟《邺中集》的真伪问题，有人认为："此集在谢灵运所处的

① 引自《文学遗产》2001年第1期，第120页。
② 引自《文学遗产》2001年第1期，第120页。
③《钦定四库全书》，中华书局点校本，子部，杂家类，杂考之属《义门读书记》卷四十七。

晋末宋初就早已散佚，谢灵运亦未见传本。《拟邺中》诗题中之‘拟’乃虚拟、揣拟之意，而非摹拟、仿拟之意。”① 这一观点表明，《邺中集》曾经实有其书，只是到谢灵运时代流失，但是基本上否认了《拟邺中集》与《邺中集》之间的模拟关系。还有人认为：“关于《邺中集》，史书并无记载。《文选》李善注，援引曹丕《与吴质书》中的‘撰其遗文，都为一集’，以揣测此即为《邺中集》之来源。据此我们大致可推定《邺中集》诗歌就是文章之士云集邺下时，在一起游观苑囿，饮宴欢会，诗酒唱和的作品。”② 这一观点否认史书对《邺中集》有记载，《邺中集》只是文人聚会时唱和的作品，言外之意是《邺中集》是零散的作品。但是皎然《诗式》却标列有“邺中集”之目，其言曰：“邺中七子，陈王最高。刘桢辞气偏，正得其中。不拘对属，偶或有之，语与兴驱，势逐情起，不由作意，气格自高，与《十九首》其流一也。”③ 不难看到作者通过评论“邺中七子”的方式评论《邺中集》。元末明初的《说郛》也作了同样的记载，估计是从《诗式》照搬而来，这也说明这则史料是可信的。应该说《邺中集》就是邺中七子的作品集。

那么，《邺中集》到底包括七子那些作品呢？有人认为：“这部文集是诸子一生作品的总集，不应该只是一次宴会上的诗作。所以，《拟邺中》不应该是对八首具体诗歌的摹拟，而是对邺下时期众多诗歌（主要是游宴诗）的总结和模仿。”④ 但是从谢灵运《拟邺中集》的内容来看，除了对诸子的身世做了简单交待外，主要是以诸子在邺下宴游之乐为主要内容。为了进一步解释清楚这一个问题，我们还是看曹丕所语：“昔年疾疫，亲故多离其灾，徐、陈、应、刘，一时俱逝，痛可言邪！顷撰其遗文，都为一集。”⑤ 黄节先生认为：“《初学记》引《魏文帝集》云，为太子时，北园及东阁讲堂并赋诗，命王粲、刘桢、阮瑀、应场等同作，此即邺中集诗也。”⑥ 据此，可以肯定《邺中集》就是一次宴会上的诗作，谢灵运的《拟邺中集》基本上是模拟《邺中集》而成的一组诗。

① 刘则鸣《谢灵运〈拟邺中集八首〉考论》，《上海师范大学学报（社会科学版）》2000 年第 1 期。
② 尚永亮等《〈拟邺中集八首〉的咏怀性质》，《中国韵文学刊》2004 年第 1 期，第 36 页。
③ 李壮鹰《诗式校注》，齐鲁书社 1986 年，第 84 页。
④ 孙明君《谢灵运〈拟魏太子邺中集诗八首〉中的邺下之游》，《陕西师范大学学报》2006 年第 1 期，第 86 页。
⑤ 夏传才等《曹丕集校注》，中州古籍出版社 1992 年版，《又与吴质书》。
⑥ 黄节《谢康乐诗注》，人民文学出版社 1958 年版，第 98 页。

二、序小序诗句的模拟

（一）谢灵运《拟魏太子序》模拟曹丕的《又与吴质书》

谢灵运《拟邺中集》的总序和小序都是依据相关的史传材料撰写的。总序所写的建安时期邺下文人的生活，直接缘于曹丕《与吴质书》，而小序基本上就是对《三国志》或曹丕《与吴质书》中有关记述的改写或缩写。其一，曹丕《又与吴质书》说："昔年疾疫，亲故多离其灾，徐、陈、应、刘，一时俱逝，痛可言邪！昔日游处，行则连舆，止则接席，何曾须臾相失。每至觞酌流行，丝竹并奏，酒酣耳熟，仰而赋诗。当此之时，忽然不自知乐也。谓百年已分，可长共相保。何图数年之间，零落略尽，言之伤心。顷撰其遗文，都为一集。观其姓名，已成鬼录。追思昔游，犹在心日，而此诸子化为粪壤，可复道哉！……间者历览诸子之文，对之抆泪，既痛逝者，行自念也。"[①] 曹丕面对诸子零落的痛苦，忆及昔日之游宴生活，感慨人生短暂，把他们的作品收为一个集子以作纪念。显然曹丕在此说明了撰录《邺中集》的原因。其二，谢灵运《拟魏太子序》云："建安末，余时在邺宫，朝游夕燕，究欢愉之极。天下良辰美景，赏心乐事，四者难并。今昆弟友朋，二三诸彦，共尽之矣。占来此娱，书籍未见，何者？楚襄王时有宋玉、唐景，梁孝王时有邹、枚、严、马，游者美矣，而其主不文；汉武帝时，徐、乐诸才，备应对之能，而雄猜多忌，岂获晤言之适？不诬方将，庶必贤于今日尔。岁月如流，零落将尽，撰文怀人，感往增怆。"谢灵运以曹丕的口吻主要叙述了曹丕在邺宫和诸子欢娱的情景，同时叙述了撰文怀人的感慨。其三，比较谢灵运的《拟魏太子序》和曹丕的《又与吴质书》可以看出，两者都追忆昔日的游宴生活；表达了在诸子零落之后，作者的哀伤之情；谢灵运在写游宴之乐和追忆之哀之外还加上了这样数句："楚襄王时有宋玉、唐景，梁孝王时有邹、枚、严、马，游者美矣，而其主不文；汉武帝徐乐诸才，备应对之能，而雄猜多忌，岂获晤言之适？"方回认为是谢灵运讽刺刘裕父子，他在《颜鲍谢诗评》中云："序云：'其主不文'，又曰：'雄才多忌'。使宋武帝、文帝见之，皆必切齿。盖'不文'，明讥刘裕，'多忌'亦诛徐、傅、谢、檀之所讳也。灵运坐诛，此序亦贾祸一端也。"[②] 显然谢灵运的《拟魏太子序》有更深刻的含义。

---

① 夏传才等《曹丕集校注》，中州古籍出版社 1992 年版，《又与吴质书》。
② 顾绍柏《谢灵运集校注文》，中州古籍出版社 1987 年版，第 492 页。

（二）谢灵运《拟邺中集八首》组诗中，每一首诗的小序基本模拟《三国志》或曹丕《与吴质书》中有关记述（表1.1）

表1.1 《拟邺中集八首》模拟《三国志》《与吴质书》

谢灵运《拟邺中集》小序	模拟内容
王粲：家本秦川，贵公子孙，遭乱流寓，自伤情多。	《三国志·魏书》卷二十一的有关记述："王粲，字仲宣，山阳高平人也。曾祖父龚祖父畅，皆为汉三公。献帝西迁，粲徙长安。西京扰乱，乃之荆州依刘表。"
陈琳：袁本初书记之士，故述丧乱事多。	《三国志·魏书》卷二十一的有关记述："广陵陈琳，字孔璋，避难冀州，袁绍使典文章……。"
徐干：少无宦情，有箕颍之心事，故仕世多素辞。	《三国志·魏书》卷二十一的有关记述："北海徐干，字伟长。"裴注引《先贤行状》谓："干清玄体道，六行修备。聪识洽闻，操翰成章。轻官忽禄，不耽世荣。"同时模拟：曹丕《与吴质书》称："伟长……恬淡寡欲，有箕颍之志……。"
刘桢：卓荦偏人，而文最有气。所得颇经奇。	曹丕《与吴质书》称："公干有逸气，但未道耳。其五言诗之善者，妙绝时人。"
应玚：汝颍之士，流离世故。颇有飘薄之叹。	《三国志·魏书》卷二十一的有关记述："汝南应玚，字德琏。太祖辟为丞相掾属，转平原侯庶子，后为五官将文学。"
阮瑀：管书记之任，故有优渥之言。	《三国志·魏书》卷二十一的有关记述："陈留阮瑀，字符瑜……太祖并以琳为司空军谋祭酒管记室，军国书檄，多琳瑀所作也。"
曹植：公子不及世事，但美遨遊，然颇有忧生之嗟。	《三国志·魏书》卷二十一的有关记述："植任性而行，不自雕励。十一年中而三徙都，常汲汲无欢。"

（三）《文选》李善注指出了《拟邺中集》对"原作"若干仿拟、化用的例证（表1.2）

表1.2 《拟邺中集》与模拟诗句对比

谢灵运《拟邺中集》诗句	模拟诗句
《拟王粲诗》："伊洛既燎烟，函峭没无象。"	"洛阳何寂寞，宫室尽烧焚。"（曹植《送应氏》）；"西京乱无象。"（王粲《七哀诗》）
《拟王粲诗》："整装辞秦川，秣马赴楚壤。"	"复弃中国去，远身适荆蛮。"（王粲《七哀诗》）
《拟王粲诗》："排雾属盛明，披云对清朗。"	"一得披玄云望白日，唯力是视，敢有二心。"（阮瑀《谢太祖笺》）
《拟王粲诗》："并载游邺京。"	"同乘并载，以游后园。"（曹丕《与吴质书》）
《拟陈琳诗》："爱客不告疲，饮宴遣景客。"	"公子爱敬客，终宴不知疲。"（曹植《公宴诗》）
《拟徐干诗》："行觞奏悲歌，永夜系白日。"	"白日既匿，继以朗月。"（曹丕《与吴质书》）

续表

谢灵运《拟邺中集》诗句	模拟诗句
《拟阮瑀诗》：“念昔渤海时，南皮戏清沚。”	“每念昔日南皮之游，诚不可忘。”（曹丕《与吴质书》）
《拟阮瑀诗》：“今复河曲遊，鸣葭泛兰汜。”	“时驾而游，北遵河曲，文学拖乘于后。”（曹丕《与吴质书》）
《拟阮瑀诗》：“妍谈既愉心，哀音信睦耳。”	“高谈娱心，哀筝顺耳。”（曹丕《与吴质书》）
《拟曹植诗》：“愿以黄发期，养生念将老。”	“王其爱玉体，俱享黄发期。”（曹植《赠白马王彪》）①

三、拟诗与原诗的比较

关于公宴题材，邺下诗人所作的诗主要有曹丕《芙蓉池作诗》《于玄武陂作诗》，曹植《公宴诗》《侍太子坐诗》，王粲《公宴诗》，应玚《公宴诗》，陈琳《宴会诗》，刘桢《公宴诗》，阮瑀《公宴诗》等，下面根据逯钦立《先秦汉魏晋南北朝诗》收录的相关作品，对邺下诗人的诗与谢灵运拟诗进行比较。

（一）曹丕诗作与谢灵运拟诗比较

一方面，曹丕《芙蓉池作诗》云：“乘辇夜行游，逍遥步西园。双渠相溉灌，嘉木绕通川。卑枝拂羽盖，修条摩苍天。惊风扶轮毂，飞鸟翔我前。丹霞夹明月，华星出云间。上天垂光彩，五色一何鲜。寿命非松乔，谁能得神仙。遨游快心意，保己终百年。”前十二句写诗人乘辇夜游来到西园所见到的景象。先写灌溉农田的两条水渠互相沟通，大川的两岸长满了高大挺拔的树木；树下面的枝条有鸟儿掠过，树顶端的枝条直指苍天；阵风吹拂着车驾，鸟儿从诗人面前飞过；傍晚的红霞渐渐隐去，明月和繁星在天空闪烁；月光照耀大地，到处是五彩斑斓的景象。后四句写自己的感受。人的寿命和松树等乔木不一样，谁也不可能像神仙一样长生不死；遨游使人心情爽快，要保证自己快乐地度过一生。诗人赞美遨游和返归自然的快意。

另一方面，谢灵运《拟魏太子》云：“百川赴巨海，众星环北辰。照灼烂霄汉，遥裔起长津。天地中横溃，家王拯生民。区宇既涤荡，群英必来臻。忝此钦贤性，

①《钦定四库全书》，中华书局点校本，集部，总集类，《文选注》卷三十。

由来常怀仁。况值众君子，倾心隆日新。论物靡浮说，析理实敷陈。罗缕岂阙辞?窈窕究天人。澄觞满金罍，连榻设华茵。急弦动飞听，清歌拂梁尘。何言相遇易，此欢信可珍。”

诗人用大海、北辰比喻一代雄杰曹操，用百川、众星比喻邺下诸子，概括了汉末政治形势。其中有对曹操统一大业的赞美，有对邺下诸子前来依附的欣喜，最后以游乐场景做结。两者比较，曹丕诗重在写景，灵运诗主要写人和事，曹诗强调个人对游览所见到的景物的感受，灵运诗表现对邺下诸子依附曹操这件事的赞美；从模拟的角度看，谢诗的视野比曹丕更加开阔，实际是对整个邺下诸子欢宴的描绘。

（二）曹植诗和谢灵运拟诗比较

曹植《公宴诗》云：“公子敬爱客，终宴不知疲。清夜游西园，飞盖相追随。明月澄清影，列宿正参差。秋兰被长坂，朱华冒绿池。潜鱼跃清波，好鸟鸣高枝。神飚接丹毂，轻辇随风移。飘摇放志意，千秋长若斯。”诗人写曹丕和客人游宴时，明月高照，群星闪烁，鱼跃清波，鸟鸣高枝的美好景致。曹植《侍太子坐诗》又云：“白日曜青春，时雨静飞尘。寒冰辟炎景，凉风飘我身。清醴盈金觞，肴撰纵横陈。齐人进奇乐，歌者出西秦。翩翩我公子，机巧忽若神。”曹植写和诸子参加曹丕的筵宴，歌颂曹丕才华横溢，有美酒、美食、美女，筵宴其乐无比。

谢灵运《平原侯植》：“朝游登凤阁，日暮集华沼。倾柯引弱枝，攀条摘蕙草。徙移穷骋望，目极尽所讨。西顾太行山，北眺邯郸道。平衢修且直，白杨信袅袅。副君命饮宴，欢娱写怀抱。良游非昼夜，岂云晚与早。众宾悉精妙，清辞洒兰藻。哀音下回鹄，余哇彻清昊。中山不知醉，饮德方觉饱。愿以黄发期，养生念将老。”前十句写诗人登临所见之景。早晨登上绘有彩凤的阁楼，傍晚聚集在华丽的池畔；倾斜的树干长出了细嫩的枝条，人们拽着藤条采摘香草；站在高坡放眼观望，所见都是会心的景色；西面是太行山，北面是通往邯郸的大道；大道平坦远远望不到尽头，白杨树枝柔美修长。中间十句写宴会的盛况。曹植受曹丕邀请来饮宴，欢娱之时抒发自己的感想。人们昼夜游览，不知是早还是晚。来宾都有精妙的才华，清丽的诗句就像清香的兰草。听到哀伤的乐曲，天鹅也停下了脚步回头静静地听，靡曼的音乐响彻清爽的天空。诗人既醉以酒，既醉以德[①]。最后两句写诗人愿意好好养生直到暮年。

---

①《钦定四库全书》，中华书局点校本，集部，总集类，《文选注》卷三十。李善注引《魏都赋》：“中山有美酒。”《毛诗》曰：“既醉以酒，既醉以德。”

比较看来，曹植的两首诗突出自己受曹丕之邀参加宴会，从曹植对曹丕的态度和对当时欢宴的美景的描绘看，表现出曹植对曹丕的敬重，及其欢快的心情。作为拟诗，谢灵运以曹植的口吻写登临之景、宴会盛况及其自己颐养天年的心愿。通过对比可以看到，曹植的前一首写晚上曹丕游览的盛况，另一首写白天宴会的情况；而谢灵运拟诗把两首诗综合起来，在一首诗中不仅写白天也写夜晚的情况，也在赞美曹丕。

（三）王粲《公宴诗》与谢灵运拟诗比较

王粲《公宴诗》曰："昊天降丰泽，百卉挺葳蕤。凉风撤烝暑，清云却炎晖。高会君子堂，并坐荫华榱。嘉肴充圆方，旨酒盈金罍。管弦发徽音，曲度清且悲。合坐同所乐，但愬杯行迟。常闻诗人语，不醉且无归。今日不极欢，含情欲待谁。见眷良不翅，守分岂能违。古人有遗言，君子福所绥。愿我贤主人，与天享巍巍。克符周公业，奕世不可追。"前四句写夏天大雨过后的清爽氛围。天降惠泽，百花盛开，凉风吹散了暑气，清云遮挡了炎热的太阳。中间八句写宴会的情况。诗人和邺下诸子一起宴会，坐在雕梁画栋的厅堂；酒桌上是各种美味佳肴，美酒盛满了酒杯；管弦弹奏出动听的音乐，曲调凄清悲伤；大家坐在一起享受这良辰美景，互相诉说很少举杯饮酒。接下六句写要尽情饮酒，及时行乐，受到主人的恩遇[1]，就不能违背主人的愿望。最后六句是对主人的祝愿，古人[2]认为，君子有福泽而安定，诗人希望太祖享受天地的造化；就像周公旦辅佐武王，建立不朽的大业。

谢灵运《拟王粲》云："幽厉昔崩乱，桓灵今板荡。伊洛既燎烟，函崤没无像。整装辞秦川，秣马赴楚壤。沮漳自可美，客心非外奖。常叹诗人言，式微何由往。上宰奉皇灵，侯伯咸宗长。云骑乱汉南，纪郢皆扫荡。排雾属盛明，披云对清朗。庆泰欲重迭，公子特先赏。不谓息肩愿，一旦值明两。并载游邺京，方舟泛河广。绸缪清燕娱，寂寥梁栋响。既作长夜饮，岂顾乘日养！"开篇十句回顾历史，昔日周代幽王和厉王曾经出现离乱，后汉桓帝和灵帝也曾违背先王之道，到了秦朝，洛阳的宫室尽被烧毁出现西京离乱。魏明帝也不得不辞别秦川，远走荆蛮。沮水和漳水虽然美丽，远走他乡的人的心情更是难堪，命运不济只能如此。中间八句歌颂魏太祖接受皇帝的威灵，侯伯大臣和睦同心，他们指挥羽骑在汉南征战，收复了荆楚之地。魏太祖圣明有德，才引来四方庆贺。公子曹植先得到赏

①《钦定四库全书》，中华书局点校本，集部，总集类，《文选注》卷三十。李善注引，子曰："不翅犹过多也。"

②《钦定四库全书》，中华书局点校本，集部，总集类，《文选注》卷三十。李善注引，《左氏传》曰："夫子为谓鲁季桓子。"

赐。最后六句写诗人和诸子乘车游览邺下，共同泛舟河广。来客情意缠绵在宴会上欢娱，寂寞之际突然又响起了美妙的歌声。

对比可见，王粲诗和谢灵运拟诗不同点在于，王粲以夏天雨过天晴的大背景切入，接着写宴会的盛况和对主人的感恩；谢灵运拟诗则从回顾历史出发，通过把历史上曾经出现的离乱和魏太祖君臣和睦做对比来歌颂魏太祖的明德。

（四）应玚《公宴诗》与谢灵运拟诗比较

应玚《公宴诗》云："巍巍主人德，佳会被四方。开馆延群士，置酒于斯堂。辩论释郁结，援笔兴文章。穆穆众君子，好合同欢康。促坐褰重帷，传满腾羽觞。"作者歌颂主人的恩德，引来各地的宾客，大家饮酒、辩论、作文，可见曹丕兄弟与邺下诸子平等相处，其乐融融。

谢灵运《拟应玚》云："晚节值众贤，会同庇天宇。列坐荫华榱，金樽盈清醑，始奏延露曲，继以阑夕语。调笑辄酬答，嘲谑无惭沮。倾躯无遗虑，在心良已叙。"诗人写邺下诸子宴会时列坐于雕梁画栋的厅堂，一起宴饮、欣赏音乐、倾心长谈、互相唱和；邺下诸子，虽然各人有各人的身世和遭遇，但是他们与曹丕、曹植一起宴游，忘却人世的矛盾和痛苦，极尽人间享乐，别有一番情趣。

两者比较看，应玚的诗开势就写歌颂宴会主人的恩德，并且重点写曹植和曹丕平等对待邺下诸子，谢灵运拟诗则写邺下诸子宴会的场景、诸子之间倾心畅谈，尽情享受宴会的欢乐。谢灵运的拟诗通过写诸子尽情畅谈来反衬曹植和曹丕对诸子的尊重和欣赏，谢灵运的笔法更委婉更深刻。

（五）刘桢《公宴诗》和谢灵运《拟刘桢》比较

刘桢《公宴诗》曰："永日行游戏，欢乐犹未央。遗思在玄夜，相与复翱翔。辇车飞素盖，从者盈路傍。月出照园中，珍树郁苍苍。清川过石渠，流波为鱼防。芙蓉散其花，菡萏溢金塘。珍鸟宿水裔，仁兽游飞梁。华馆寄流波，豁达来风凉。生平未始闻，歌之安能详。投翰长叹息，绮丽不可忘。"前四句写诗人对游览的回忆。诗人详细地写了筵宴游览见到的景象。整日游戏，欢乐意犹未尽；到夜晚还想到和友人一起又遨游的情景。中间十二句诗人详细地写了筵宴游览见到的景象。坐着有伞一样白色篷盖的车子，随从的人挤满了道路两旁；月光照着园林，珍奇的树木郁郁苍苍；石渠的水清澈见底，鱼儿在水中游动；芙蓉的花朵鲜艳丽泽，池塘的荷花香气四溢；珍奇的鸟儿住宿在水边，蛟龙[①]在水底游翔；华丽的

①《钦定四库全书》，中华书局点校本，集部，总集类，《文选注》卷二十，李善注引：《楚辞》曰："蛟何为兮水裔。"

馆舍旁边流水环绕，空旷的郊野凉风习习。最后四句写诗人生平没有听说过这样的地方，也不能把它详细写出来；扔掉笔墨长长叹息，这样的美景可不能忘记。

谢灵运《拟刘桢》："贫居晏里闬，少小长东平。河兖当冲要，沦飘薄许京。广川无逆流，招纳厕群英。北渡黎阳津，南登纪郢城。既览古今事，颇识治乱情。欢友相解达，敷奏究平生。矧荷明哲顾，知深觉命轻。朝游牛羊下，暮坐括揭鸣。终岁非一日，传卮弄清声。辰事既难谐，欢愿如今并。唯羡肃肃翰，缤纷戾高冥。"前十句写诗人生平。诗人出生在泰山郡东平县[①]，居住在"晏里"的一个小巷子里；诗人从凉州，漂泊来到"许京"，然后北渡黎阳渡口[②]，南登纪郢城；历览了古今变迁，懂得了世事变乱的离别之情。中间十句写诗人和好友回忆各自平生经历，都感到君王的知遇之恩使诗人愿意把生命付出；在如此美景诗人纵情遨游[③]，整日饮酒弹琴。最后两句写诗人唯独羡慕整饬的辞章，因为缤纷的词彩才能流传后世。

两首诗的不同点是，刘桢诗是用回忆的方式切入对宴会的描写，对游览时所见景色的描绘生动形象，结尾回到对宴会的深刻记忆上；谢灵运拟诗则先写诗人自己的生平和经历，再写和友人对主人的感恩，以抒发自己的感想做结。谢灵运的拟诗站在历史的角度来认识这次宴会的意义，言外之意是诗人卑微的身世却受到这样的恩遇，更应该感激主人。

（六）阮瑀《公宴诗》与谢灵运《拟阮瑀》比较

阮瑀《公宴诗》："阳春和气动，贤主以崇仁，布惠绥人物，降爱常所亲。上堂相娱乐，中外奉时珍。五味风雨集，杯酒若浮云。"诗人写阳春时节，和气萌动，贤明的主人广施恩泽，厅堂里友人和宾客欢聚娱乐，中外宾客送来珍贵的礼物，各种各样的酒多如浮云。

谢灵运《拟阮瑀》："河洲多沙尘，风悲黄云起。金羁相驰逐，联翩何穷已。庆云惠优渥，微薄攀多士。念昔渤海时，南皮戏清沚。今复河曲游，鸣笳泛兰汜。躧步陵丹梯，并坐侍君子。妍谈既愉心，哀弄信睦耳。倾酤系芳醑，酌言岂终始。自从食蓱来，唯见今日美。"前四句把骏马比作邺下文人。茫茫河滨，风

① 《钦定四库全书》，中华书局点校本，集部，总集类，《文选注》卷三十，李善注引：《汉书》："泰山郡有东平县。"

② 《钦定四库全书》，中华书局点校本，集部，总集类，《文选注》卷三十，李善注引：《伏滔北征记》："黎阳津名也。"

③ 《钦定四库全书》，中华书局点校本，集部，总集类，《文选注》卷三十，李善注引：《毛诗》曰："鸡栖于桀日之夕，矣牛羊下括。"毛苌曰："鸡栖于杙为桀，括，至也。"桀与揭音义同。

沙四起[①]；带着金色络头[②]的骏马互相追赶，奔驰疾飞何时是尽头。后十四句写欢宴的美景。太祖广施恩惠，许多士人都来攀附；想到昔日在渤海时的“南皮之游”[③]；今天又在“河曲”筵宴，在长满香草的水边吹奏音乐；踏上阶梯陪伴主人，听着动听的音乐，痛饮芳香的美酒，舒心地交谈；这样的欢宴以前从未见过。由此可见，阮瑀诗写宴会时的气候、主人的恩泽、宾客的欢乐、宴会上的美味佳肴。谢灵运拟诗以比喻开头，笔势遒劲，写欢宴美景又突出魏太祖的恩惠，用典故赞美宴会盛况空前。

通过谢灵运拟诗和原诗比较可以看出，邺下诗人的诗主要内容是对宴会的盛况和游览所见景物的描绘，并对魏太祖及曹植、曹丕的赞颂和感恩。但是，谢灵运的拟诗在内容上更多关注历史事件和诗人自身的生活经历，往往能从历史的高度认识这次宴会的意义并表达对宴会和主人的赞美；语言婉转，笔势遒劲，典故和比喻使用也十分恰当。

通过对比我们可以得出以下结论：①《邺中集》实有其书，就是曹丕、曹植、王粲、应玚、刘桢和阮瑀云集邺下时，在一起游观苑囿，饮宴欢会，诗酒唱和的作品。②谢灵运的《拟邺中集》就是模拟《邺中集》而成的一组诗。这就可以证明，所谓《邺中集》不存在、怀疑《拟邺中集》与《邺中集》之间的模拟关系等观点是不正确的。

正如邓仕梁先生《论谢灵运拟魏太子邺中集诗》认为：“（谢的拟诗）可以说比建安更像建安，也可以说，读这个时代的拟诗，好比通过一面有分析能力的镜子去观察原物，更容易看到原物的面貌特征。”[④]实际上，谢灵运《拟邺中集》在艺术上看确实超过了《邺中集》本身，并且蕴含了谢灵运自身的思想和情感。

---

①《钦定四库全书》，中华书局点校本，集部，总集类，《文选注》卷三十，李善注引：《淮南子》曰：“黄泉之埃，上为黄云。”

②《钦定四库全书》，中华书局点校本，集部，总集类，《文选注》卷三十，李善注引：《说文》曰：“羁，马络头也。”

③《钦定四库全书》，中华书局点校本，集部，总集类，《文选注》卷三十，李善注引：《汉书》：“渤海郡南皮县。”魏文帝《与吴质书》曰：“每念昔日南皮之游，诚不可忘。”

④ 梅家铃《汉魏六朝文学新论：拟代与赠答篇》，北京大学出版社 2004 年版，第 38 页。

第2章

鲍照学术疑案释论

第一节　鲍照祖籍和家世问题

关于鲍照的祖籍问题，由于现存历史资料记载有分歧，后人为了准确认定鲍照的籍贯进行了各种各样的演绎和推测又出现了不同的观点，现在归纳如下。

其一，东海（治所在郯）人。鲍淮龙先生发表于《北京师范大学学报（社科版）》2005年第5期的论文《鲍照籍贯小考》一文认为："鲍照籍贯是以'郯'为治所的'东海'可能性最大。"[①] 朱东润主编的1981年版《中国历代文学作品选》称鲍照（约414—466年）为"东海（郡治在今山东省苍山县南）人"。丁福林发表于《镇江师专学报》1993年第4期《鲍照简谱》认为："鲍照祖籍山西上党，后来迁徙到东海。"

其二，东海（今江苏灌云等地）人。中国社会科学院文学研究所编写的1962年版《中国文学史》称鲍照（？—466年）为"东海（今江苏灌云）人"。游国恩等主编的1963年版《中国文学史》称鲍照（414？—466年）为"东海（今江苏涟水县北）人"。1979年版《辞海》称鲍照（约414—466年）为"东海（今江苏连云港市东）人"。以上说法都肯定鲍照是东海人，这与《宋书》的记载是一致的，但对东海的注释，却出现了不同的说法。

其三，唐李延寿《南史》、宋沈约《宋书》记录鲍照的籍贯，只有"东海人""东海鲍照"的字样，而齐虞炎《鲍照集序》则认为："鲍照字明远、本上党人（上党在西晋为并州属郡，治潞，即今山西省潞城县）。"可见，鲍照的籍贯问题古今争议比较大，因此，有必要针对这一问题进行深入探讨，进而形成一致的认识，

---

① 鲍淮龙《鲍照籍贯小考》，《北京师范大学学报（社会科学版）》2005年第5期，第140页。

把鲍照整体研究引向深入。

一、家族的三次大迁徙

（一）鲍氏迁往上党的情况

我们应了解鲍氏家族是否在上党的相关情况。据《前汉书》卷二十八上："上党郡，秦置，属并州，有上党关，壶口关，石研关，天井关。户七万三千七百九十八，口三十三万七千七百六十六，县十四，长子、屯留、余吾、铜鞮……。"① 可见上党郡秦朝时就已经建制，隶属并州，下设十四个县。再看鲍氏，据《元和姓纂》记载："鲍，姒姓，夏禹之后，有敬叔仕齐，食采于鲍，因氏焉。敬叔生叔牙，曾孙国世为齐卿。"②

上党和鲍氏联系较早的史料是《前汉书》卷七十二关于鲍宣的记录。鲍宣字子都，渤海高城人，小时爱学，精通经学；汉哀帝初年，鲍宣曾任谏大夫、豫州牧，多次上书谏诤，"其言少文多实"；后来鲍宣做司隶时发生的一件事促使鲍宣"被刑"并迁居上党。当时皇宫令诸使有制，"得行驰道中者，行旁道无得行中央三丈也。"有一次，作为司隶的鲍宣碰到丞相孔光的属官"行驰道中"，于是鲍宣就让手下拘留了丞相掾史，没收了他的车马，羞辱了丞相掾史；御史中丞和侍御史来逮捕鲍宣的手下，鲍宣闭门不让进，于是以鲍宣拒绝使者，没有仁臣的礼节被捕入狱。"上遂抵宣罪，减死一等，髡钳宣，既被刑，乃徙之上党，以为其地宜田牧，又少豪俊易长雄，遂家于长子。"③ 鲍宣来到上党后居住在长子。以后，据《后汉书》记载，鲍宣的儿子鲍永，曾做过"司隶校尉""兖州牧"；鲍永的儿子鲍昱也曾经被拜为司隶校尉、司徒、太尉等职；鲍昱的儿子鲍德曾做南阳太守、大司农等职；可以说，从鲍宣迁到上党以后，鲍氏四代为官，声势显赫，成为上党的望族。

（二）鲍氏迁往东海的情况

据《大清一统志》："鲍德，屯留人，肃宗时为南阳太守。"④ 东汉肃宗时期，鲍德为南阳太守，当时家还在上党郡的屯留县。又据《山西通志》："鲍德，昱子，

---

①《钦定四库全书》，中华书局点校本，史部，正史类，《前汉书》卷二十八上。

②《钦定四库全书》，中华书局点校本，子部，类书类，《元和姓纂》卷七。

③《钦定四库全书》，中华书局点校本，史部，正史类，《前汉书》卷七十二。

④《钦定四库全书》，中华书局点校本，史部，地理类，总志之属，《大清一统志》，卷一百六十六。

修志节，有名称，累官南阳太守；时岁多荒灾，唯南阳丰穰吏人爱悦，号为神父；郡学久废，德修起黉舍，备俎豆黼冕，行礼奏乐，又尊飨国老，宴会诸儒，百姓观者，无不劝服；在职九年，征拜大司农，卒于官。”① 鲍德在南阳太守任上九年，由于他在灾年救济百姓，被人称为神父，并且修建学校，建立各种祭奠礼仪，尊重老人，宴会诸儒，征拜大司农。又据《元和姓纂》：“东海剡县，汉太尉昱子德，始居东海，永嘉乱过江，居丹阳；德裔孙泉，梁信州刺史；泉弟，隋均州刺史，平远孙安仁，唐滁州刺史。”② 这里记载鲍德已经迁居东海剡县。

对比以上史料可以看出，鲍德任南阳太守时他的家仍然在上党郡屯留县，也就是说，鲍德迁居东海剡县的时间在鲍德任南阳太守以后。肃宗指东汉继光武帝刘秀、明帝刘庄之后第三代皇帝刘炟，十九岁即皇帝位，在位十三年（公元76—88年）。史料说肃宗时期鲍德为南阳太守，也就是说大约在公元76—88年，鲍德家还在上党屯留，迁到东海的时间应该也在肃宗以后。由于这方面的史料匮乏，鲍德迁居东海的原因尚不清楚。

（三）鲍氏从东海迁往丹阳的情况

又据《元和姓纂》“东海剡县，汉太尉昱子德，始居东海，永嘉乱过江，居丹阳。”③ 可见鲍德在永嘉之乱时又从东海迁到丹阳。据《宋书·州郡志序》载：“自夷狄乱华，司、冀、雍、凉、青、并、兖、豫、幽、平诸州，一时沦没，遗民南渡。”④ 怀帝永嘉七年（313），西晋都城洛阳为匈奴人攻破，“俄而洛京倾覆，中州士女避乱江左者十六七”⑤。又据《宋书·州郡志》云：“晋永嘉大乱，幽、冀、青、并、兖州及徐州之淮北流民，相率过淮，亦有过江在晋陵界者。”⑥ 又据《前汉书》：“丹阳郡，故鄣郡，属江都，武帝元封二年，更名丹阳，属扬州。”⑦ 也就是说丹阳郡于秦朝时设置，当时为鄣郡，汉武帝元封二年更名为丹阳，隶属扬州管辖。综合以上史料可知，鲍德于晋怀帝永嘉七年以后，曾经随中州避乱者一起过江，然后，居住在属扬州管辖的丹阳。通过分析，我们认为，鲍照祖籍渤海高城，汉哀帝初年迁居上党，东汉肃宗后期迁到东海剡县，晋怀帝永嘉七年

①《钦定四库全书》，中华书局点校本，地理类，都会郡县之属，《山西通志》卷一百十二。
②《钦定四库全书》，中华书局点校本，子部，类书类，《元和姓纂》卷七。
③《钦定四库全书》，中华书局点校本，子部，类书类，《元和姓纂》卷七。
④［梁］沈约《宋书》，中华书局1974年版，第1028页。
⑤［唐］房玄龄《晋书》，中华书局1974年版，第1746页。
⑥［梁］沈约《宋书》，中华书局，1974年版，第1038页。
⑦《钦定四库全书》，中华书局点校本，史部，正史类，《前汉书》卷二十八。

以后迁往丹阳。

二、东海郡与鲍照籍贯

（一）东海郡的历史沿革

其一，以郯县为郡治的东海郡。《后汉书》："东海郡，高帝置，雒阳东千五百里。十三城，户十四万八千七百八十四；口七十万六千四百一十六，剡，本国刺史治。"①《晋书·地理志》载："东海郡汉置，统郯、襄贲（今山东苍山县南）、赣榆（今在江苏北部）等十二县。"②《宋书·州郡志》载："东海太守，秦郯郡，汉高更名，辖襄贲、赣榆二县。"③从以上三则材料可以看出，以郯为郡治的东海郡始建于汉高祖时期，下辖十三城，户数和人口数都很详细，这一建制从汉代一直延续到刘宋时期。

其二，以连口为郡治的北东海郡。《南齐书·州郡志》载："北东海郡治连口，辖襄贲等四县。"④

其三，以京口（今江苏镇江市）为郡治的南东海郡。《宋书·州郡志》载："南东海太守，晋元帝初（317—321年）割吴郡海虞县（今江苏常熟市）之北境为东海郡，……穆帝永和（345—356年）中，郡移出（居）京口。"⑤

其四，在安流（今江苏连云港布东南）一带设置的东海郡。《魏书·地形志》载："东魏武定七年（549）改北海郡为东海郡。辖赣榆、安流等县。"⑥臧励龢主编的1931年版《中国古今地名大辞典》称东魏设置的东海郡，"故城在今江苏灌云县郁洲"，郁洲在今连云港东南一带，实际上安流、灌云县郁洲实为一个地方。

（二）刘宋时期的东海郡和鲍照籍贯

根据本课题第三章的研究可知：鲍照大约生于义熙十一年（416）前后，卒于宋泰始二年（466），可见鲍照主要生活在刘宋时期，因此，通过考察刘宋时期东海郡的建制就可以知道鲍照的籍贯。《宋书·州郡志》记载，"以大明八年（公

①《钦定四库全书》，中华书局点校本，史部，正史类，《后汉书》卷三十一。
②［唐］房玄龄《晋书》，中华书局1974年版，第452页。
③［梁］沈约《宋书》，中华书局1974年版，第1049页。
④［梁］萧子显《南齐书》，中华书局1974年版，第260页。
⑤［梁］沈约《宋书》，中华书局1974年版，第1038页。
⑥［北朝］魏收《魏书》，中华书局，1974年版，第2557页。

元 464 年）为正。”[①] 这个时期的东海郡有两个，一个是以郯为郡治的东海郡，另一个是以京口为郡治的南东海郡。《宋书》称鲍照为东海人，是哪个东海呢？

其一，鲍淮龙先生认为：“为避免与原地混淆，史书经常称侨置州郡为‘南某某地’，偶有不称南者，亦有上下文照应，可以判断。移治京口的东海郡，一般称南东海郡。原地与侨地的这种区别在记述人物籍贯时也有所反映。例如，以郯为治所的东海人一般称‘东海郯人’，考《宋书》记载，何承天，东海郯人[②]。而出生在以‘京口’为治所的‘东海’人。则清楚地写着是‘南东海某某地人’。《宋书》记载，‘戴明宝，南东海丹徒人也’[③]。史书只说鲍照为‘东海’人，没有‘南东海’的字样，也没有南东海某地的说明和暗示，如此看来，鲍照的籍贯是以‘郯’为治所的‘东海’可能性最大。”[④] 鲍淮龙先生根据史籍行文的一些约定俗成的惯例推演出的结论，笔者认为还是可信的。

其二，又据朱玉宝先生所说：“据清雍正十三年（1735）成书的《山东通志·人物志》（列入《钦定四库全书》）载：‘鲍照字明远，东海郯人。官临海王前军参军。尝为古乐府，文甚遒丽。有集传于世。’清乾隆二十八年（1763 年）编修的《郯城县志》也作了同样的记载（见《郯城县志》卷九）。地方志以纪实和记本辖区内的人和事为原则，《山东通志》《郑城县志》将鲍照收在人物志里，正说明照鲍是山东郯城县人。”[⑤] 这是鲍照籍贯为东海的又一证据。

其三，据《宋书》：“其余吴郡陆展、东海何长瑜、鲍照等，并为辞章之美。”[⑥] 可见鲍照和何长瑜籍贯相同；又据《宋书》：“（何长瑜）尝于江陵寄书与同宗人何勖，以韵语序义庆州府僚佐。”[⑦] 说明何长瑜和何勖又是同族。又据《宋书》：“时安成公何勖，无忌之子也。”[⑧] 又据《晋书》：“何无忌，东海郯人也。”[⑨] 这样可以推出鲍照也是东海郯人。可见鲍照籍贯应为东海郡郯县（今山东郯城县）。

---

① [梁] 沈约《宋书》，中华书局 1974 年版，第 1028 页。
② [梁] 沈约《宋书》，中华书局 1974 年版，第 1701 页。
③ [梁] 沈约《宋书》，中华书局 1974 年版，第 2305 页。
④ 鲍淮龙《鲍照籍贯小考》，《北京师范大学学报（社会科学版）》2005 年第 5 期，第 140 页。
⑤ 朱玉宝《鲍照籍贯新探》，《临沂师专学报》1994 年第 1 期，第 52 页。
⑥ [梁] 沈约《宋书》，中华书局 1974 年版，第 1477 页。
⑦ [梁] 沈约《宋书》，中华书局 1974 年版，第 1775 页。
⑧ [梁] 沈约《宋书》，中华书局 1974 年版，第 1844 页。
⑨ [唐] 房玄龄《晋书》，中华书局 1974 年版，第 2214 页。

三、鲍照的出生和家世

关于鲍照的家世问题有截然相反的两种观点：张鸣年、张云年发表于《滁州师专学报》2001 年第 1 期《谈鲍照身世及其作品的评价》一文根据鲍照作品《侗郎报满辞阁疏》认为，鲍照出身寒门。张志岳先生发表于《文学评论》1979 年第 1 期《鲍照及其诗新探》指出，由于鲍照出仕就是王国侍郎、鲍照仍然保持着东海鲍氏的籍贯、鲍照兄妹少有才华，所以认为“鲍照先世应该是属于有地位、有财产的世族”。笔者认为这两种观点都失之偏颇，综合现有材料，我们认为鲍照出生寒门士族较为合理原因如下。

其一，从鲍照的诗文可以看出，鲍照出身贫寒但是绝非寒族。

一方面，在《游思赋》中说自己“抚身事而识苦”，说明鲍照有过苦难的经历；在《请假启》与《松柏篇》中可以看到，幼年时期的鲍照“负锸下农、执羁末皂”，“垦胶劓荫，牧鸡圈豕”，说明鲍照家境贫寒，鲍照不得不下地劳动或者养猪喂鸡。

另一方面，鲍照虽然自幼贫困，但还是有机会读书，鲍照在《解褐谢侍郎表》中云：“臣孤门贱生，操无炯迹。鹑栖草泽，情不及官。不悟天明广瞩，腾滞援沈。”其中“孤门贱生”说明鲍照虽然很穷，但是他有机会学习，是一个穷学生；在《拟行路难》第十八首：“诸君莫叹贫，富贵不由人。丈夫四十强而仕，余当二十弱冠辰。莫言草木委冬雪，会应苏息遇阳春。对酒叙长篇，穷途运命委皇天。但愿樽中九酝满，莫惜床头百个钱，直得优游卒一岁，何劳辛苦事百年。”更可以看作是门第社会中一个寒士的牢骚和不平，表达了鲍照对封建等级制度的不满、愤慨、怨恨和失望。

其二，从鲍照出仕的方式看，鲍照是靠给义庆献诗，“义庆奇之”，“赐帛二十匹，寻擢为国侍郎”[①]，献诗是寒门士族进仕的一种方式，元嘉二十四年，鲍照向文帝上过有名的《河清颂》[②]；然而高门大族子弟却可以“平流进取，坐致公卿”，他们先任职秘书郎和著作佐郎，再由此拾级而上。凭藉鲍照的才华本可胜任更大官职，在门阀尚存的刘宋王朝，由于出身寒门士族，只能“取湮当代”。

其三，鲍照能够出仕和从刘宋时期的用人政策看有关。考《宋书·百官志》：“王国，晋武帝初置师、友、文学各一人，改太守为内史，省相及仆，有郎中令、

---

① [唐] 李延寿《南史》，中华书局 1975 年版，第 360 页。
② [梁] 沈约《宋书》，中华书局 1974 年版，第 1478 页。

中尉、大农为三卿。大国置左右常侍各三人，省郎中、置侍郎二人。宋氏以来，一用晋制。”[①] 正是这一政策，王国允许选拔才能之士为侍郎。像鲍照少有才学之人，才有望从寒门进入仕途。又据《宋书·百官志》记：“王国公三卿、师、友、文学，第六品。”[②] 鲍照历侍三帝（文帝、武帝、明帝）四王（临川王、衡阳王、始兴王、临海王），所居大多是侍郎、县令、参军之类的六、七品芝麻小官，除了他不愿投机钻营，主要与家世寒微有关。

简言之，鲍照的创作成就及影响，并不能简单地用家世出生来解释。我们虽然肯定鲍照父辈非世族，鲍照也并非有地位、有财产的世家大族子弟，我们只能根据现有的资料把他定位在寒门士族，但由于鲍照资料匮乏，这样的推论尚待我们进一步完善。

第二节 《鲍照集》流传和散佚

人们对鲍照的研究成果得益于鲍照作品能够比较完整地流传下来，因为鲍照的家事和生平，史书记录并不多，即使有一些史料，也往往是在鲍照和其他诗人或者是同僚的交往中被记录在其他人的传记当中，特别是鲍照和他辅佐的诸王的传记。因此，研究者对鲍照的作品的把握至关重要，在笔者研究过程中发现，《鲍照集》是鲍照作品赖以流传的主要载体，研究《鲍照集》的成因和流传不仅可以对鲍照的生平和创作过程有一个更加清晰的认识，而且可以了解鲍照作品的主要内容。

一、《鲍照集》成书过程

据《鲍明远集原序》云：“（鲍照）身既遇难，篇章无遗，流迁人间者，往往见在，储皇博采群言，友游好文艺，片辞只韵，罔不收集，照所赋述，虽乏精典，而有超丽。爰命陪趋，倍加研访，年代稍远零落者多，今所存者，傥能半焉，虞炎奉敕序。”[③] 此序文是我们了解《鲍照集》成书过程的重要依据。它表明，鲍照去世后他的作品并没有遗失，即使流入民间者，也都可见；“储皇”即太子（萧长懋）爱好文艺，即使是片辞只韵，都要收集；虞炎认为，鲍照作品经典的

① [梁] 沈约《宋书》，中华书局 1974 年版，第 1259 页。
② [梁] 沈约《宋书》，中华书局 1974 年版，第 1263 页。
③《钦定四库全书》，中华书局点校本，集部，别集类，《鲍明远集》，原序。

东西不多，但是作品有“超丽”的特色；他奉太子萧长懋的命令，倍加寻访，收集鲍照作品，年代稍微远的作品散佚较多，所收集的作品大概是鲍照全部作品的一半。为了搞清楚《鲍照集》的成书过程，我们先了解萧长懋的情况。据《南史》记：（萧长懋）“从容有风仪，音韵和辩，引接朝士，人人自以为得意。文武士多所招集，会稽虞炎、济阳范岫、汝南周颙、陈郡袁廓，并以学行才能，应对左右。”[①] “永明三年，于崇正殿讲孝经，少傅王俭令太子仆周颙撰篇义疏。五年冬，太子临国学，亲临策试诸生，于坐问少傅王俭《曲礼》云：‘无不敬’义，俭及竟陵王子良等各有酬答。”[②] 可见，萧长懋有文采，和虞炎等文人和武士交往甚多。

作为《鲍照集》的辑录者，我们要进一步了解虞炎的情况。虞炎是南朝齐诗人，“会稽（今浙江绍兴一带）人。初为博士，累迁散骑侍郎、骁骑将军。有集七卷”[③]。生卒年、字号均不详。据《说郛卷》记：“虞炎会稽人，少时至秦望山，见猎人得一鹿向炎悲鸣，炎买而放之，后过山下，遇一人赠以古琴，忽不见，背有芝英书，不可辨，后示沈约，约览久之曰：‘土离尘曾获贝遇文惠至骠骑十二字也。’是时，已为文惠太子所重，官至骠骑将军矣！沈叹异，久之，盖土离尘鹿也，曾获贝赠也，始悟其为放鹿报也。”[④]“虞炎放鹿”虽然说明其受佛教“行善积德必有好报”的影响，但是，也可以看到虞炎善良的本性。《南齐书·陆厥传》云：“会稽虞炎，永明中以文学与沈约俱为文惠太子所遇，意眄殊常。”[⑤]可见虞炎是萧长懋特别看重的文臣，萧长懋对他欣赏有加，这才有任命虞炎完成编辑《鲍照集》的可能。

此外，虞炎与当时文坛活跃的文人们交游甚好，沈约有诗《伤虞炎》云：“东南既擅美，洛阳复称才。携手同欢宴，比迹共游陪。事随短秀落，言归长夜台。”[⑥]永明九年谢朓随萧子隆赴荆州，沈约、任昉为首的几个朋友作诗为他饯行，虞炎也有诗《饯谢文学离夜诗》云：“差池燕始飞，羃历草初辉。离人怅东顾，游子怆西归。清潮已驾渚，溽露复沾衣。一乖当春聚，方掩故园扉。”[⑦] 写的是虞炎与谢朓分别后寂寞的心情，以及彼此之间的深情厚谊。另外，虞炎的代表作《玉阶

---

① [唐] 李延寿《南史》，中华书局 1975 年版，第 1099 页。

② [唐] 李延寿《南史》，中华书局 1975 年版，第 1099 页。

③ 逯钦立《先秦汉魏晋南北朝诗》，中华书局 1983 年版，第 1459 页。

④《钦定四库全书》，中华书局点校本，子部，杂家类，杂纂之属，《说郛卷》卷一百。

⑤ [梁] 萧子显《南齐书》，中华书局 1974 年版，第 900 页。

⑥ 逯钦立《先秦汉魏晋南北朝诗》，中华书局 1983 年版，第 1654 页。

⑦ 逯钦立《先秦汉魏晋南北朝诗》，中华书局 1983 年版，第 1459 页。

怨》："紫藤拂花树，黄鸟度青枝。思君一叹息，苦泪应言垂。"更是代代相传，娱人耳目的经典诗句。

二、《鲍照集》流传情况

首先，隋唐宋代史传类书籍中的相关记载。唐代魏征《隋书·经籍志》："宋征虏记室参军《鲍照集》十卷，梁六卷。"[①] 欧阳修、宋祁《新唐书·艺文志》："《鲍照集》十卷。"[②]《宋史·艺文志》："《鲍昭集》十卷。"[③]《崇文总目》卷五："鲍照诗集一卷。"《崇文总目辑释补正》卷四补曰：(《隋志》)"宋征虏记室鲍照集十卷"[④]。可见隋、唐、宋时期，《鲍照集》流传较广，也未散佚，李白、杜甫多学鲍照，也和《鲍照集》流传有关。

其次，明汪士贤刊本的相关记述。"明新安汪士贤本，每半页九行，行三十字，称《明远集》名在书尾上。(懿荣)续录：明程荣刊本，百三家集本二卷。持静斋有顾沅以宋本校汪刻木、涵芬藏毛校宋本。十行十六字，经士礼居、爱日精庐、席王照各家藏过，题《鲍氏集》。目录在每卷前，所校底本为明初刻，十行十七字，李木田藏明刻本，十一行二十字，目录在每卷前。四部丛刊本。"[⑤] 这说明《鲍照集》在明代也称《明远集》或《鲍氏集》，刊印的版式也不同。

再次，《四库全书总目题要》的相关记载。"鲍参军集十卷，宋鲍照撰。照字明远，东海人。晁公武《读书志》作上党人，盖误读虞炎序中'本上党人'之语。'照'或作'昭'，盖唐人避武后讳所改。韦庄亡魂丧胆'欲将张翰松江雨，画作屏风寄鲍昭'句，押入平声，殊失其实。沈约《宋书》、李延寿《南北史》作于武后称制前者，实皆'照'不作'昭'也。照为临川王子顼参军，没于乱兵。遗文零落，齐散骑侍郎虞炎始编次成集。

《隋书·经籍志》著录十卷，而注曰'梁六卷'，然则后人又续增矣。此本为明正德庚午朱应登所刊，云得自都穆家。卷数与《隋志》合，而冠以炎序，未审即《隋志》旧本否？考其编次，既以乐府别为一卷，而《采桑》《梅花落》《行路难》亦乐府，乃列入诗中。唐以前人比解声律，不应舛互若此。又《行路难》第七首'蹲蹲'字下注曰'集作樽樽'，'啄'字下注曰'集作逐'使果原集，何

---

① 《钦定四库全书》，中华书局点校本，史部，正史类，《隋书》卷三十五。
② 《钦定四库全书》，中华书局点校本，史部，正史类，《新唐书》卷六十。
③ 《钦定四库全书》，中华书局点校本，史部，正史类，《宋史》卷二百八。
④ 《钦定四库全书》，中华书局点校本，史部，目录类，经籍之属，《崇文总目》卷十二。
⑤ 邵懿辰《增订四库简明目录标注》1959年第1版，第638页。

得又称‘集作’？然文章皆有首尾，诗赋亦往往有自序自注，与六朝他集从类书采出者不同。殆因相传旧本，而稍为窜乱欤？钟嵘《诗品》云：学鲍照才能‘日中市朝满’，学谢朓劣得‘黄鸟度青枝’。今集中无此一句，盖知非梁时本也。”①《四库全书总目提要》确定鲍照为东海人，唐代为了避武后讳鲍照或作“鲍昭”，并根据《鲍明远集原序》认为虞炎在鲍照去世后，编辑了《鲍照集》，《鲍照集》在梁代只有六卷，《隋书·经籍志》著录十卷，说明《鲍照集》在流传过程中后人曾经有过增补。而且收入《钦定四库全书》的《鲍照集》并不是梁代的六卷本，而是“明正德庚午朱应登所刊，云得自都穆家”。此外，《郡斋读书志》记曰：“《鲍照集》十卷，右宋鲍照明远也，上党人，世祖以为中书舍人，后临海王子顼镇荆州，照为参军。”②其中所记延续了虞炎《鲍明远集原序》的主要内容。

三、《鲍照集》收录作品

虞炎《鲍照集》到底收录鲍照那些作品，我们可以根据《钦定四库全书》中收录的《汉魏六朝百三家集》卷六十八和卷六十九收录《鲍照集》来了解。《汉魏六朝百三家集》卷六十八前有《鲍照集题词》：“集中文章，实无鄙言累句，……鲍文最有名者《芜城赋》《河清颂》及《登大雷书》，南齐文学传所谓，发唱惊挺，操调险急，雕藻淫艳，倾炫心魂，殆指是耶。”因为《鲍照集》流传过程中散佚不明显，从题词看，《汉魏六朝百三家集》应该是收录了《鲍照集》中的全部诗文，并按照《汉魏六朝百三家集》的体例和结构分两卷收录。《汉魏六朝百三家集》收录鲍照诗文如下。

（一）《汉魏六朝百三家集》卷六十八收录《鲍照集》作品

其中收录（1）赋作八篇。《游思赋》《观漏赋》《芜城赋》《芙蓉赋》《舞鹤赋》《野鹅赋》《尺蠖赋》《飞蛾赋》。

（2）表疏十七篇。《为柳令骧骠骑表》《谢秣陵令表》《解褐谢侍郎表》《谢解禁止表》《皇孙诞育上表》《征北世子诞育上表》《拜侍郎上疏》《侍郎报满辞阁疏》《转常侍上疏》《谢随恩被原疏》《谢赐药启》《谢永安令解禁启》《通世子自解启》《重与世子启》《请假启》《又请假启》《奉始兴王白纻舞曲启》。

---

①［清］纪昀《四库全书总目提要》，中华书局 1965 年 6 月版。

②《钦定四库全书》，中华书局点校本，史部，目录类，经籍之属，《郡斋读书志》卷四上。

（3）书一篇。《登大雷岸与妹书》。

（4）颂两篇。《清河颂及序》《佛影颂》。

（5）铭四篇。《凌烟楼铭》《飞白书势铭》《药奁铭》《石帆铭》。

（6）文一篇。《瓜步山楬文》。

（二）《汉魏六朝百三家集》卷六十九收录《鲍照集》作品

（1）乐府共四十三篇：《采桑》《代蒿里行》《代挽歌代东门行》《代放歌行》《代陈思王京洛篇》《代门有车马客行》《代棹歌行》《代白头吟》《代东武吟》《代别鹤操》《代出自蓟北门行》《代陆平原君子有所思行》《代悲哉行》《代陈思王白马篇》《代升天行》《松柏篇并序》《代苦热行》《代朗月行》《代堂上歌行》《代结客少年场行》《扶风歌》《代少年时至衰老行》《代阳春登荆山行》《代贫贱苦愁行》《代边居行》《代邽街行》《萧史曲》《王昭君》《吴歌三首》《采菱歌七首》《幽兰五首》《中兴歌十首》《代白纻舞歌词四首》《代白纻曲二首》《代鸣雁行》《拟行路难十八首》《梅花落》《代淮南王》《代雉朝飞》《代北风凉行》《代空城雀》《代夜坐吟》《代春日行》。

（2）诗八十四首。《侍宴覆舟山二首》《从拜陵登京岘》《蒜山被始兴王命作》《登庐山》《登庐山望石门》《从登香炉峰》《从庾中郎游园山石室》《登翻车岘》《登黄鹤矶》《登云阳九里埭》《自砺山东望震泽》《三日游南苑》《赠故人马子乔六首》《答客》《和王丞》《日落望江赠荀丞》《秋日示休上人》《答休上人》《吴兴黄浦亭庾中郎别》《与伍侍郎别》《送别王宣》《城送从弟道秀别》《赠傅都曹别》《和傅大农与僚故别》《送盛侍郎饯候亭》《与荀中书别》《从过旧宫》《从临海王上荆初发新渚》《还都道中三首》《上浔阳还都道中》《还都至三山望石头城》《还都口号》《行京口至竹里》《登后渚》《岐阳守风》《发长松遇雪》《咏史》《蜀四贤咏》《拟古八首》《绍古辞七首》《学古》《古辞》《拟青青陵上柏》《学刘公干体五首》《拟阮公夜中不能寐》《学陶彭泽体》《数诗》《建除诗》《白云》《临川王服竟还田里》《行药至城东桥》《园中秋散》《观圃人艺植》《遇铜山掘黄精》《见卖玉器者并序》《怀远人》《梦归乡》《春羁》《岁暮悲》《在江陵叹年伤老》《夜听妓二首》《玩月城西门廨中》《喜雨》《苦雨》《咏白雪》《三日咏秋》《秋夕》《秋夜二首》《和王护军秋夕》《和王义兴七夕》《冬至》《冬日》《望水》《望孤石》《山行见孤桐》《咏双燕二首》《酒后》《讲易》《可爱》《夜听声》《咏老》《春咏》《字谜三首》《赠顾墨曹》。

（3）联句三首。《在荆州与张使君李居士联句》《与谢尚书庄三联句》《月下登楼联句》[①]。

据统计，《汉魏六朝百三家集》卷六十八和六十九两卷共收录《鲍照集》诗文共一百六十三篇首。

①《钦定四库全书》，中华书局点校本，集部，总集类，《汉魏六朝百三家集》卷六十九。

第3章

颜延之学术疑案释论

第一节　颜延之第二次被贬释疑

颜延之的仕宦生涯可以概括为“三起三落”。第一次被贬是在宋少帝景平二年，也是宋文帝刘义隆元嘉元年，当时颜延之四十一岁，因为执掌权要的傅亮和徐羡之等人怀疑颜延之有“异谋”，少帝即位以后，以为正员郎，兼中书，寻徙员外常侍，出为始安太守；当时，领军将军谢晦对颜延之说：“昔荀勖忌阮咸，斥为始平郡，今卿又为始安，可谓二始。”黄门郎殷景仁也对他说：“所谓俗恶俊异，世疵文雅。”[①] 此次被贬主要是颜延之交好刘义真，而得罪了权臣傅亮和徐羡之。

第二次被贬是在“元嘉三年，羡之等诛，征为中书侍郎，寻转太子中庶子，顷之，领步兵校尉，赏遇甚厚，延之好酒疎诞，不能斟酌当世，见刘湛、殷景仁专当要任，意有不平，常云：‘天下之务，当与天下共之，岂一人之智所能独了！’辞甚激扬，每犯权要。谓湛曰：‘吾名器不升，当由作卿家吏’，湛深恨焉，言于彭城王义康，出为永嘉太守，延之甚怨愤，乃作五君咏，以述竹林七贤，山涛、王戎以贵显被黜”[②]。此后，颜延之隐居建康长干里颜家巷七年。

第三次被免官是在元嘉二十二年，颜延之因“坐启买人田，不肯还直”，尚书左丞荀赤松奏之曰：“……沉迷曲蘖，横兴讥谤，诋毁朝士，（文帝）山海含容，每存遵养，……而骄放不节，日月弥著。”[③] 文帝获准荀赤松的奏章，再一次免掉颜延之所居官职。

---

①［梁］沈约《宋书》，中华书局 1974 年版，第 1892 页。

②［梁］沈约《宋书》，中华书局 1974 年版，第 1893 页。

③［唐］李延寿《南史》，中华书局 1974 年版，第 880 页。

颜延之第二次被贬是一件震惊朝野的大事，涉及复杂的宫廷政治斗争，本节重点分析第二次被贬的原因。从以上史料分析，我们可以归纳以下几点。

其一，颜延之复出之后擢升很快，赏遇甚厚，因为颜延之有酒过，出语狂悖引起权臣的不满。

其二，因为颜延之见刘湛、殷景仁专当要任，意有不平，出言得罪了继徐羡之和傅亮之后的新贵权要。

其三，由于这些人向刘义康作了秘密汇报，颜延之才被出为永嘉太守。

其四，宋文帝开恩，颜延之得免外放，隐居家中七年。可见贬黜永嘉、欲徙远郡不是宋文帝之过，颜延之的《五君咏》也并不是针对宋文帝而作。那么颜延之被贬的真正原因是什么呢？要回答这个问题要先了解刘义康集团形成的过程。

一、夺位之争初现端倪

元嘉中期宫廷内部的皇位之争，主要是因为宋文帝多病，彭城王义康、刘湛集团产生了悖逆篡位的野心。元嘉三年（426）宋文帝诛杀徐羡之、傅亮、谢晦等权臣后，政权暂时回归皇帝手中，但宋文帝身体有病，无力总揽朝政，朝廷诸事大多委任他人，为了保证皇权不至旁落。

宋文帝于元嘉六年春正月，“以骠骑将军、荆州刺史彭城王义康为司徒、录尚书事，领平北将军、徐州刺史”①，宋文帝觉得有自己的亲兄弟刘义康在身边辅佐自己，皇权应该是有保障了，让文帝始料不及的是这反而为刘义康篡权提供了便利的条件。

元嘉七年“彭城王义康与王弘并录尚书”②，本来身兼数职的刘义康还想得扬州，尚书王弘不得已将自己府中一半文武官吏给了刘义康，皇帝也不得不给他两千人让他听用，刘义康开始有意扩充自己的实力。宋太祖常年劳累身体虚弱，每有所想就心中疼痛难忍，“义康入侍医药，尽心卫奉，汤药饮食，非口所尝不进；或连夕不寐，弥日不解衣；内外众事，皆专决施行”③。

元嘉十二年三月，领军将军刘湛在时任仆射的殷景仁推荐下，进入朝廷任职，“时司徒义康专秉朝权，湛尝为义康上佐，遂委心自结”④，这样刘湛逐渐成为刘义康的党羽。接着刘湛不顾殷景仁的推荐之恩，和刘义康一起贬损殷景仁，当

① ［梁］沈约《宋书》，中华书局 1974 年版，第 77 页。
②《钦定四库全书》，中华书局点校本，史部，编年类，《资治通鉴》卷一百二十一。
③ ［梁］沈约《宋书》，中华书局 1974 年版，第 1790 页。
④《钦定四库全书》，中华书局点校本，史部，编年类，《资治通鉴》卷一百二十二。

时宋文帝已经感到刘义康等人别有用心，就设法暗中保护殷景仁。

元嘉十二年四月，宋文帝加殷景仁中书令、中护军，“即家为府”；刘湛让刘义康在文帝面前诋毁景仁，反而“帝遇之益隆”；后来殷景仁多次上表要求解职，文帝不许，让景仁在家养病；当宋文帝听说刘湛等人密谋杀害殷景仁时，宋文帝又“迁护军府于西掖门外，使近宫禁，故湛谋不行”①，这样在朝廷内部逐渐形成了两大势力集团，一方面是多病的宋文帝和殷景仁为首极力维护皇位，另一方面是刘义康和刘湛为首的蓄谋篡权，针对这种情况，颜延之不仅为宋文帝担忧，而且对刘义康党羽的悖逆行径深感不满，本来就秉性耿直的颜延之，迫于刘义康的权势也只能通过委婉的途径来警告他们。

二、对刘义康提出警告

元嘉十一年（434）三月三日，宋文帝想祓除疾病，褉饮于乐游苑，并为江夏王义恭、衡阳王义季饯行，颜延之时任太子中庶子，也参加了这次活动并作《应诏宴曲水作诗》，诗中颜延之委婉地警告刘义康，导致刘义康对他更为不满。我们只要对《应诏宴曲水作诗》的内容稍作分析即可明了。其诗云：“道隐未形，治彰既乱，帝迹悬衡，皇流共贯，惟王创物，永锡洪算，仁固开周，义高登汉。祚融世哲，业光列圣，太上正位，天临海镜，制以化裁，树之形性，惠浸萌生，信及翔泳。崇虚非征，积实莫尚，岂伊人和，实灵所贶，日完其朔，月不掩望，航琛越水，辇赆逾嶂。帝体丽明，仪辰作贰，君彼东朝，金昭玉粹，德有润身，礼不愆器，柔中渊映，芳猷兰秘。”② 这部分内容有三层意思，具体如下。

其一，歌颂宋文帝的丰功伟绩。其中“岂伊人和，寔灵所贶”表明文帝功绩靠的是神灵的保佑和百姓的和睦。

其二，肯定太子明德尊礼是皇位继承者。“帝体丽明，仪辰作贰。君彼东朝，金昭玉粹”，即言太子德如金玉之明，以德业润其身，举止不愆失礼乐之器。

其三，进一步赞扬太子的美德。“柔中渊映，芳猷兰秘”，认为太子本性和明，如渊之映照，如兰草之幽秘芳香。其言外之意是即使文帝去世，应该太子即位，轮不到刘义康等人。

《应诏宴曲水作诗》又云：“昔在文昭，今惟武穆，于赫王宰，方旦居叔，有睟叡蕃，爰履奠牧，宁极和钧，屏京维服。朏魄双交，月气参变，开荣洒泽，舒

①《钦定四库全书》，中华书局点校本，史部，编年类，《资治通鉴》卷一百二十二。
②《钦定四库全书》，中华书局点校本，集部，总集类，《文选注》卷二十。

虹烁电，化际无间，皇情爰眷，伊思镐饮，每惟洛宴。郊饯有坛，君举有礼，幙帷兰甸，画流高陛，分庭荐乐，析波浮醴，豫同夏谚，事兼出济。仰阅丰施，降惟微物，三妨储隶，五尘朝黻，途泰命屯，恩充报屈，有悔可悛，滞瑕难拂。”[①]这部分内容也有三层意思，具体如下。

其一，述及王侯的职分。“昔在文昭，今惟武穆”，昭、穆本指帝王父子卒后坟茔与祖庙神主的辈分排位（上一辈为昭，则下一辈为穆，再下一辈又为昭），颜延之在此想说明皇位继承，历史上是有次序的，必须按照古制从事。

其二，委婉告诫刘义康和刘义恭、刘义季。“于赫王宰，方旦居叔。有晬叡蕃，爰履奠牧”，即言刘义康作为王宰要合理安排政事，刘义恭、刘义季作为藩府应该为京室之蕃屏，维持五服之诸侯，各守本分。

其三，再次委婉告诫刘义康及其弟兄。“途泰命屯，恩充报屈。有悔可悛，滞瑕难拂”，即言王道乃命运所至，享受皇帝恩德就应该知道回报，如果行为不轨，能悔改的自己就改掉，否则，长此以往，积重难返，就要被除掉。

分析可知，《应诏宴曲水作诗》的主旨是在歌颂文帝的功德、太子的明德有礼的基础上，劝告刘义康等人，即使文帝驾崩，应该是太子即位，刘义康作为王宰，应像周公一样辅佐朝政；义恭、义季作为藩王，应当镇定藩封、郊牧。劝诫刘义康趁早悔过，去除不臣之心。在颜延之看来，刘义康有夺帝位的野心，因此借此诗委婉劝谏。

三、刘义康的悖逆行径

事态发展也如颜延之所料，彭城王义康和刘湛等党羽篡逆的行径不断表露出来。檀道济在前朝有功，威名远震，跟随他身经百战的心腹和僚属，遍布朝廷上下，更可怕的是檀道济的儿子们个个才华横溢，堪称大任，皇帝对檀道济也颇有顾虑，元嘉十三年，宋文帝病笃，“刘湛说司徒义康，以为：‘宫车一日晏驾，道济不复可制。’会帝疾笃，义康言于帝，召道济入朝。……既至，留之累月。帝稍间，将遣还，已下渚，未发；会帝疾动，义康矫诏召道济入祖道，因执之”[②]。刘湛认为皇帝一死，檀道济难以控制，就劝刘义康首先应该消灭掉可能和刘义康争夺皇位的檀道济，不久，刘义康假传圣旨，在宫中把檀道济擒拿囚禁，去掉了一个心腹大患。

①《钦定四库全书》，中华书局点校本，集部，总集类，《文选注》卷二十。
②《钦定四库全书》，中华书局点校本，史部，编年类，《资治通鉴》卷一百二十三。

据《资治通鉴》载，元嘉十七年四月，文帝羸疾卧床，疏于政事之时，刘义康乘虚而入，迎奉文帝（前文已述），由于他本人精通权术，专总朝权，官吏任用、生杀大事都揽于怀中；同时，刘义康把朝廷的有用之才都引入自己府中，把反对自己的大臣贬职，以致门前车马攒动，红极一时，“自谓兄弟至亲，不复存君臣形迹，率心而行，曾无猜防。私置僮六千余人，不以言台，四方献馈，皆以上品荐义康，而以次者供御”①，就连大臣也都不把文帝放在眼里，刘义康实际上已经架空了文帝。随着刘义康权势的日益膨胀，刘湛更是趾高气扬，目中无人，在刘义康独揽朝权之时，司徒左长史刘斌、大将军从事中郎王履、主簿刘敬文、祭酒鲁郡孔胤秀都成了刘义康的党徒；同时，刘湛极力推举刘义康称帝，并且在宋文帝病重期间，刘义康党羽密谋控制禁省，打击异己，陷害殷景仁。

又据《资治通鉴》载，“湛曰：‘天下艰难，岂是幼主所御！’……及上疾瘳，微闻之。而斌等密谋，欲使大业终归义康，遂邀结朋党，伺察禁省，有不与己同者，必百方构陷之，又采拾景仁短长，或虚造异同以告湛。自是主、相之势分矣”②，宋文帝和刘义康的矛盾已经到了一触即发的地步，在刘义康将要篡逆之时，宋文帝对其采取了果断措施，先是把刘义康调离京师，元嘉二十二年，刘义康被贬安成郡，宽厚仁和的宋文帝，不愿意看到兄弟相残的局面，没有治其死罪，最终刘义康还是落得一败涂地。据《资治通鉴》载：“元嘉二十二年十二月，有司奏削彭城王义康爵，收付廷尉治罪。丁酉，诏免义康及其男女皆为庶人，绝属籍，徙付安成郡。”③

从这一场惊心动魄的皇位争夺的过程中，我们可以看到，刘义康和刘湛已经结为死党，他们的目的就是伺机而动，篡夺皇位。在他们夺权的过程中，颜延之发现了他们的篡逆行径，成了他们夺取帝位的绊脚石，因此，他们就下决心把颜延之贬到远郡。可见，在刘义康的不臣之心初步显露时，颜延之借诗揭露讽劝，得罪了在当时就专决内外众事的刘义康，是其被贬黜的主要原因。

---

①《钦定四库全书》，中华书局点校本，史部，编年类，《资治通鉴》卷一百二十三。

②《钦定四库全书》，中华书局点校本，史部，编年类，《资治通鉴》卷一百二十三。

③《钦定四库全书》，中华书局点校本，史部，编年类，《资治通鉴》卷一百二十三。

第二节 《论语说》流传和散佚

一、《论语说》的流传

颜延之《论语说》见于何晏集解，皇侃义疏的《论语集解义疏》，其录颜延之《论语说》十五则[①]，兹录如下：

1. 子曰："君子无所争，必也射乎？"故颜延之曰："射许有争，故可以观无争也。"

2. 子夏问孝。子曰："色难。"故颜延之云："夫气色和，则情志通，善养亲之志者，必先和其色，故曰难也。"

3. 子曰："以约失之者，鲜矣！"故颜延之云："秉小居薄，众之所与，执多处，丰物之所去也。"

4. 子曰："清矣！曰：'仁矣乎？'曰：'未知'——焉得仁。"颜延之曰："每适又违，洁身者也云。"

5. 君子所贵乎道者，三动容貌，斯远暴，慢矣！正颜色，斯近信矣！出辞气，斯远鄙，倍矣！故颜延之云："动容则人敬其仪，故暴慢息也……故颜延之云：'正色则人达其诚，故信者立也'。……颜延之云：'出辞则人乐其文，故鄙倍绝也'。"

6. 子绝四，毋意。颜延之云："谓绝人四者也。"

7. 子曰："衣弊缊袍，与衣狐貉者，立而不耻者，其由也与……子路终身诵之。"子曰："是道也，何足以臧？"颜延之云："孤貉缊袍，诚不足以策耻，然自非勇于见义者，或以心战不能素泰也……，"颜延之云："惧其伐善也。"

8. 子曰："孝哉！闵子骞！人不问于其父母昆弟之言。"故颜延之云："言之无问，谓尽美也。"

9. 子曰："回也，其庶乎？屡空赐，不受命，而货殖焉？忆则屡中。"故颜特进云："空非回所体，故庶而数得。"

10. 子张问明，子曰："浸润之谮，肤受之愬，不行焉，可谓明也已矣。"颜延之云："谮润不行，虽由于明，明见之深乃出，于体远，体远不时于情伪，故功归于明见，斥言其功，故曰：'明，极言其本'，故曰：'远也。'"

---

① 颜延之《论语说》十五则摘录于《钦定四库全书》魏何晏集解，梁皇侃义疏《论语集解义疏》卷一到卷十。按：文中标点符号为笔者所加。

11. 子曰："如有王者，必世而后仁。"故颜延之曰："革命之王，必渐化物，以善道染乱之民，未能从道为化，不得无威刑之用，则仁施未，全改物之道，必则刑罚可措，仁功可成。"

12. 见利思义，见危授命，久要不忘平生之言，亦可以为成人矣。颜特进曰："见利思义，虽不及公绰之不欲，犹顾义也。"……颜特进曰："见危授命，虽不及卞庄子之勇，犹顾义不苟免也。"

13. 子曰："不逆诈，不亿不信，抑亦先觉者，是贤乎！"颜特进曰："能无此者，虽未穷明理，而抑亦先觉之，次也。"

14. 子曰："智及之，仁不能守之；虽得之，必失之。智及之，仁能守之。不庄以莅之，则民不敬。智及之，仁能守之，庄以莅之，动之不以礼，未善也。"颜特进曰："智以通其变，仁以安其性，庄以安其慢，礼以安其情，化民之善，必备此四者也。"

15. 孔子曰："见善如不及，见不善如探汤。吾见其人矣，吾闻其语矣。隐居以求其志，行义以达其道。吾闻其语矣，未见其人也。"颜特进曰："好善如所慕，恶恶如所畏，合义之情，可传之理，既见其人，又闻其语也。"……颜特进曰："隐居所以求志于世表，行义所以达道于古人，无立之高，难能之行，徒闻其语，未见其人也。"

二、《论语说》的形成

关于《论语说》的体裁问题，据《钦定四库全书总目》卷三十三记载："《论语说》本出平时所讲论，非专注之书。"[①]可见《论语说》这种体裁只是把平时人们讲解《论语》的句子记录下来，并不是专门为《论语》作注而形成的，也就是说，《论语说》是因为讲解《论语》才形成的，并不是专门写成的。历史上也有很多以《论语说》为名称的作品，他们也大都是因作者讲解而成。那么颜延之是否讲过《论语》？据《南史》卷七十一《儒林传》记载，在南朝讲《论语》已经成为一种风尚，凡是当时的硕儒或博学之士，经常聚生讲授《论语》。《宋书》或《南史》这样的事例俯拾皆是。现列举几例，以作佐证。

其一：《儒林传》云："挺，字士标，性敏悟，七岁通《孝经》《论语》，及长，博学有才思，为五言诗，善效谢康乐体，父友乐安任昉深相叹异，常曰：'此子日下无性。'梁武帝师至，挺迎谒于新林，帝见之甚悦，谓之颜子，引为征东行

---

①《钦定四库全书》，中华书局点校本，《钦定四库全书总目》卷一百九十一。

参军，时年十八。天监初，除中军参军事。居宅在潮沟，于宅讲《论语》，听者倾朝。挺三世同时聚徒教授，罕有其比。”①

其二，《儒林传》云：“何佟之，字士威，庐江灊人，晋豫州刺史恽六世孙也。建武中，为镇北记室参军，侍皇太子讲。时步兵校尉刘瓛，征士吴苞，皆已卒，都下硕儒唯佟之而已，当时国家吉凶礼则皆取决焉，后为骠骑司马，永元末都下兵乱，佟之常集诸生讲论，孜孜不怠。”②

其三，《严植之传》云：“梁天监四年，初置五经博士，各开馆教授，以植之兼五经博士。植之馆在潮沟，生徒常百数，讲说有区段次第，析理分明。每当登讲，五馆生毕至，听者千余人。”③

尽管，刘宋时期，不可能像齐、梁时期讲解《论语》成为风尚，但是，颜延之讲《论语》有以下几个原因：（1）刘宋皇室已经开始恢复尊孔重儒的传统，宋文帝于元嘉十五年立儒玄文史四馆（详见第一章），颜延之曾与以儒学著称的周续之进行学术交流（详见第四章）。（2）颜延之广泛撷取儒典入诗文，说明颜延之有深厚的儒学基础。颜延之曾经讲解儒家的经典著作之一《孝经》，并且制作郊歌。元嘉二十二年，颜延之“迁国子祭酒”④。

又据《宋书》卷三十九《百官志》云：“国子祭酒一人，国子博士二人，国子助教十人。《周易》《尚书》《毛诗》《礼记》《周官》《仪礼》《春秋左氏传》《公羊》《谷梁》各为一经，《论语》《孝经》为一经，合十经，助教分掌。国子，周旧名，周有师氏之职，即今国子祭酒也。……江左以来，损其员。自宋世若不置学，则助教唯置一人，而祭酒、博士常五也。”⑤颜延之领国子祭酒三年，讲授《论语》是其职责使然。

三、《论语说》的散佚

颜延之《论语说》最早收入皇侃的《论语集解义疏》，因此我们必须了解皇侃其人。据《南史》记载：“皇侃，吴郡人，青州刺史皇象九世孙也，少好学，师事贺玚，精力专门，尽通其业，尤明《三礼》《孝经》《论语》，为国子助教，于学讲说，听者常数百人。撰《礼记讲疏》五十卷，书成，奏上，诏付秘阁。顷

① [唐] 李延寿《南史》，中华书局 1975 年版，第 1733 页。
② [唐] 李延寿《南史》，中华书局 1975 年版，第 1734 页。
③ [唐] 李延寿《南史》，中华书局 1975 年版，第 1735 页。
④ [梁] 沈约《宋书》，中华书局 1974 年版，第 1902 页。
⑤ [梁] 沈约《宋书》，中华书局 1974 年版，第 1228 页。

之，召入寿光殿，说《礼记义》，梁武帝善之，加员外散骑侍郎，侃性至孝，常日限诵《孝经》二十遍，以拟《观世音经》。丁母忧还乡里，平西邵陵王钦其学，厚礼迎之，及至，因感心疾卒，所撰《论语义》《礼记义》，见重于世，学者传焉。"①

从史料可知，皇侃生于梁朝，精通《论语》，作为国子助教，他曾经讲解《论语》；皇侃撰写的《论语义》，应该就是我们说的《论语义疏》，皇侃的《论语集解义疏》收录了刘宋时期颜延之的《论语说》的部分内容。

研究发现，《钦定四库全书》经部第七《古今解钩沉》载："考文梁皇侃论语义疏，日本尚有全帙，又唐史征《周易口诀义》，今《永乐大典》亦尚有其文，是书列皇氏书于佚亡，而史氏书亦复未采，盖海外之本，仅得诸传闻，而天禄之珍久藏于清秘，非下里寒儒力所能睹也，然经生耳目之所及者，则捃摭亦可谓备矣，乾隆四十四年四月。"②

可见，皇侃《论语义疏》在唐朝以前，传入日本，同时唐朝史臣认为，"是书列皇氏书于佚亡"，即在《永乐大典》中的《周易口诀义》把皇侃《论语义疏》列为佚亡，又考《宋史》载："皇侃论语疏十卷，何晏等集解。"③可见皇侃《论语义疏》约在唐代传入日本，而在宋朝时又传回我国。今天见到的《钦定四库全书》中《论语集解义疏》，可能后来从日本又传回中国，在编修《钦定四库全书》时收入，由于颜延之《论语说》早被收入皇侃《论语义疏》之中，自然也经历了失而复得的整个过程。

第三节 《庭诰》的篇目和散佚

研究发现，沈约《宋书》收入颜延之的《庭诰》并不是颜延之《庭诰》的原文，那么颜延之《庭诰》的原文到底包括哪些内容呢？另外，颜延之以《庭诰》命名的文章到底有几篇？带着这两个问题笔者进行了相关研究。

据《御定佩文韵府》记载，诰的种类有典诰、制诰、训诰、诏诰、前诰、皇诰、忠诰等六十二种。据其卷七十九之二载，"诰，古到切告也，谨也。典诰，《南史》：'郊庙歌辞应须大语不得杂用。'诏诰：《南史》：'虽戎略殷凑机务繁，多军书羽檄文章。'庭诰，《南史》：'延之闲居无事为之文，以训子弟。'"④其中列

① [唐] 李延寿《南史》，中华书局1975年版，第1744页。
②《钦定四库全书》，中华书局点校本，经部，第七，《古今解钩沉》。
③《钦定四库全书》，中华书局点校本，史部，正史类，《宋史》卷二百二。
④《钦定四库全书》，中华书局点校本，子部，类书类，《御定佩文韵府》卷七十九之二。

举了颜延之的《庭诰》，看来庭诰作为一种文体，在古代用来训诫子弟的。但是，阎若璩撰写的《尚书古文疏证》却认为颜延之《庭诰》虽然以诰命名，实际上并不是真正的诰体。其卷五（上）载："又按晋《虞溥传》作《学诰》，宋《颜延之传》作《庭诰》，虽以诰名非诰之体，独晋《夏侯湛传》作《昆弟诰辞》旨深拗可喜，而末幅着意学二谟，殊可厌；汉武帝元狩六年，夏四月，乙巳，庙立皇子闳为齐王，旦为燕王，胥为广陵王，初作诰，诰即《武五子传》所载《赐策》三篇，各以国土风俗申戒者，纵亦规摹训诰，而深穆简重气味，自是近古与后代手笔不同。譬诸世胄子弟，即不肖乃祖父，而大家风度自存，若优孟衣冠终伪而已，作伪尚书者，能毫不异古，尚属优孟，况乎其不能耶？"[①] 这则文献说明，颜延之的《庭诰》还不是标准的诰体；唯独晋夏侯湛的《昆弟诰辞》是内容和形式上典范的诰体；并认为诰是用来申说国土风俗，作用是"规摹训诰"，并且要做到意义深刻、语言简练。

尽管如此，颜延之《庭诰》还是作为家教的范本被后人接受。据宋代任广《书叙指南》卷三载："父德曰慈，而教家训曰庭诰（颜延之），母训曰慈令。"[②] 据《海录碎事》卷七（上）载："《庭诰》，颜延之平居无事为《庭诰》之文以训子弟。"[③] 都是对颜延之《庭诰》的一种认同。

一、《庭诰》的篇目

关于颜延之究竟有几篇以《庭诰》命名的文章问题。据《戒子通录》卷四载："颜延之《庭诰》字延年琅琊人，宋武帝臣，闲居无事为庭诰之文，施于闺庭之内，谓不远也。按《庭诰》有二篇，此节录其第一。"[④] 文献证明颜延之以《庭诰》命名的文章有两篇，按这一线索，我们已知《宋书》中也收录颜延之《庭诰》一篇，和《戒子通录》所收录的相同。那么，另一篇收在何处呢？查《释文纪》卷十五收录明梅鼎祚辑，宋颜延之《庭诰二章》：

> 达见同善，通辩异科，一曰言道，二曰论心，三曰校理，言道者本之于天，论心者议之于人，校理者取之于物，从而别之。由涂参陈要，而会之终致可一。若夫玄神之经，穷明之说，义兼三端，至无二极。但

①《钦定四库全书》，中华书局点校本，经部，书类，《尚书古文疏证》卷五上。
②《钦定四库全书》，中华书局点校本，子部，类书类，《书叙指南》卷三。
③《钦定四库全书》，中华书局点校本，子部，类书类，《海录碎事》卷七上。
④《钦定四库全书》，中华书局点校本，子部，儒家类，《戒子通录》卷四。

语出梵方，故见猜世学，事起殊伦，故获非恒情，天之赋道，非羌胡华，人之禀灵岂限外内，一以此思，可无臆裁。

为道者盖流出于仙法，故以练形为上；崇佛者本在于神教，故以治心为先。练形之家，必就深旷，反飞灵，糇丹石，粒芝精，所以还年却老，延华驻彩，欲使体合纁霞，轨遍天海，此其所长。及伪者为之，则忌灾祟，课粗愿，混士女，乱妖正，此其巨蠹也。治心之术必辞亲偶，闭身性，师净觉，信缘命。所以反壹为主，克成圣业，智邈大明，志狭恒劫，此其所贵。及诡者为之，则藉发落，狎菁华，傍荣身，谋利论，此其甚诬。物有不然，事无不弊，衡石日陈，犹患差忒，况神道不形，固众端之所假，未能体神而不疑神无者。以为灵性密微，可以积理知洪变，欻怳可以大顺待，照若镜天，肃若窥渊，能以理顺，为人者可与言有神矣！若乃罔其真，而青其弊是未加心照耳[①]。

从文体风格看，《庭诰》二章更像一篇议论文，其对道教、佛教和玄学作了概括性的比较和论述，文中没有训诫的意味；语言风格更像颜延之和何承天进行儒佛论辩时所写的《释达性论》《重释何衡阳》《又释何衡阳》等，而“颜何论辩”就发生在颜延之第二次被贬之时，可见《庭诰二章》也应该作于颜延之屏居家中的七年时间之中。以《庭诰二章》名之，其原因值得研究。

二、《庭诰》的散佚

沈约在《宋书》中收录《庭诰》时说：“今删其繁辞，存其正，著于篇。”可见，沈约对颜延之的《庭诰》做过删减。那么沈约删去哪些内容呢？

查《宋文纪》卷十一载：“又（《太平御览》引颜延之《庭诰》），观书贵要，观要贵博，博而知要，万流可一。咏歌之诗，要其连类。含章比物，集句采风。謡以达民，诗为之祖，褒贬之书，取其正言。晦义辅制，衰王微辞，岂旨贻意盛圣，春秋为上，易首体备能事之渊，马陆得其象数，而失其情理，荀王举其正宗，而略其象数。四家之见，虽各有所志。总而论之，情理出于微明，气数生于形分，然则荀王得之于心，马陆取之于物，其无恶迄，可知矣。夫象穷数则太极者，人心极而神功彰，若荀王之言，易可谓极人心之数者也。（此段《宋书》没有辑录，疑是沈约所删。）

①《钦定四库全书》，中华书局点校本，集部，总集类，《释文纪》卷十五。

又，

荀爽云：诗者，古之歌章，然则雅颂之乐篇全矣。是以后之诗者，率以歌为名，及秦勒望岳，汉祀郊宫，辞着前史者，文变之高制也。虽雅声未至，弘丽难追矣。逮李陵众作，总杂不类，是假托，非尽陵制。至其善篇，有足悲者。挚虞文论足称优洽，柏梁以来继作非一，所纂至七言而已，九言不见者，将由声度罔诞，不协金石，至于五言流靡，则刘桢张华，四言侧密，则张衡王粲，若夫陈思王可谓兼之矣。（此段《宋书》也没有辑录，疑是沈约所删。曹道衡、沈玉成《中古文学史料丛考》认为，沈约不录颜延之这一段关于评论诗歌的段落，“此中消息，颇可探究”，因为《谢灵运传》后，沈约议论滔滔，对颜延之这位江左大家不仅没有评论，反而删去了相关的内容，曹、沈两位先生的口气似在说沈约有意贬颜。）

又（此段御览在举无失度下）

欲求子孝必先为慈，将欲弟悌务念为友。虽孝不待慈，而友亦立悌，夫和之不备，或应以不和；犹信不足焉，必有不信。倘知恩意相生，情理相出，可使家有参、柴，人皆由、损。枚叔有言，欲人勿闻，莫若勿为；御寒莫若重裘，止谤莫若自修，《论语》云，内省不疚，何忧惧耶？”（此段中和《宋书》收录颜延之《庭诰》比较，不同处有：（1）“将欲弟悌务念为友”一句，《宋书》中为“将责弟悌务念为友”；（2）此段中“虽孝不待慈，而友亦立悌”两句，在《宋书》中为“虽孝不待慈，而慈故植孝；悌非期友，而友亦立悌”四句；（3）此段中“枚叔有言，欲人勿闻，莫若勿为；御寒莫若重裘，止谤莫若自修，《论语》云，内省不疚，何忧惧耶？”八句，《宋书》中没有，疑是沈约所删。）[①]

另外据曹道衡、沈玉成《中古文学史料丛考》：“《历代名画记》卷四记徐邈云：‘颜光禄云魏元阳之射，徐侍中之画是也。’论魏舒、徐邈二语，疑亦是《庭诰》佚文。”[②] 查《天中记》卷六十载：“颜公《庭诰》云，徐景山之画獭是也。”[③] 可见曹、沈之语可信。因为《天中记》中提到徐景山就是曹、沈提到的徐侍中，而《天中记》明确指出颜延之《庭诰》所说，并且两则史料都和绘画有关，这样我们认定这两则史料里提到的内容也是颜延之《庭诰》轶文。

①《钦定四库全书》，中华书局点校本，集部，总集类，宋文纪，卷十一。
② 曹道衡 沈玉成《中古文学史料丛考》，中华书局 2003 年版，第 272 页。
③《钦定四库全书》，中华书局点校本，子部，类书类，《天中记》卷六十。

结论

Conclusion

晋宋思想界儒道佛三种思想互相交织不断发展。以葛洪《抱朴子》为代表的道家思想强调保护逸民，认为隐逸具有抑制躁竞的作用，陆修静总结修订了各种斋仪制度，使道教更适合士人的思想，随着皇室政权的频繁更迭，社会处于纷乱和动荡状态，意欲全身者纷纷走上隐逸之路，隐逸成了人们一时竞相仿效的社会风尚。晋宋之际是佛教在我国发展的黄金期，在北方佛教活动十分频繁，以佛图澄、道安、鸠摩罗什等佛教名家为首，大力弘扬戒学、毗昙学等，一时间西去取经、翻译佛经、讲经说法、修建佛寺渐成热潮；在江左东晋和刘宋帝王都信奉佛法，般若学发展为六家七宗，慧远栖隐庐山传教译经，名士、文人倾心佛教。刘宋时期，江左注重玄学经学，北地注重汉儒章句训诂，儒学以“孝”为核心的济世思想和治国、平天下的“济世”之道受到重视，强调儒学思想中的社会规范对治理国家的意义，仁义之道等内在道德修养和有关“天道性命”的“内圣之学”未能受重视和阐扬。在这样的思想背景下，元嘉三大家的生平和人格精神显示出深刻的复杂性和儒、道、佛皆融的多样性。

谢灵运（385—433年）生于豪门望族，曾祖谢安、祖父谢玄都是东晋名臣，因淝水之战的功绩使谢氏家族声望大振，依托显赫的门第出生，谢灵运早年出仕刘毅，接着辅佐刘裕，后又出仕刘义隆，因个性以及和刘宋王朝的矛盾，谢灵运一生仕宦十分坎坷，曾因被贬两次回故乡始宁墅隐居，最后于广州被杀；谢灵运表现出儒道佛皆融的思想特色，他强调天道的神妙，重道轻物，认为君权天授，无为而治；提出儒、佛同为济世救民之教，反对渐悟论，支持顿悟论，提出“一悟得意之论”；认为神理名教皆不可废。

鲍照（415—466年）出生于寒门士族，没有显赫的家族背景，靠自己献诗才担任刘义庆的侍郎，一生历仕三帝：文帝、孝武帝、前废帝，四王国：刘义庆府、刘义季幕、刘浚幕、子顼幕。官历太常博士、中书舍人和藩王侍郎，参军记室，但仕宦坎坷，充满艰辛和危险，除太学博士一职外，在他人生的大部分时间都是以文学侍臣的身份出现；鲍照在个人爱好方面雅好书法琴道，在思想上对儒学和道学思想接受较多，佛学思想对他也有影响，性格孤傲脱俗。

颜延之（384—456 年）出生并非望族，少年孤贫，一生经历了漫长而起伏不定的仕宦生涯，也可概括为三起三落，出仕任刘柳行参军，此后任尚书仪曹郎、太子中舍人、中书侍郎、太子中庶子、步兵校尉，后被贬始安太守，返京后任始兴王浚后军谘议参军、御史中丞，不久被贬为永嘉太守，后为宋文帝国子祭酒、司徒左长史，不久被免官，后又为秘书监、光禄勋、太常，刘邵即位为光禄大夫，孝武即位为金紫光禄大夫，湘东王师，三大家中，颜延之享年最长；颜延之个性方面表现出耿介傲岸和狂放不羁的特点，在思想方面他崇仰儒学，对佛学和玄学也有研究。元嘉三大家虽然个人生平不同，但是他们都受儒、道、佛思想的影响，因此在他们的诗文创作中就蕴含着深刻的玄学（儒、道、佛）思想。

一、元嘉三大家的诗文中都包含着明显的玄学意蕴

（一）谢灵运爵文的玄学意蕴

1. 谢灵运诗文的佛学意蕴

谢灵运山水诗诞育的文化因子是谢氏的素退家风、慧远“法性”说、游仙诗的山水描写，他的山水诗代表了元嘉山水诗的最高成就，其中蕴含着诗人对佛学的理解和对僧人的敬仰之情，在描写景物时体现佛教缘起性空的思想，并用禅观的程序来安排诗的结构，在因缘相依中把握景物的变化和特点。

2. 谢灵运诗文的道学观念

诗人用道学观念消解人生焦虑，体证“抱朴见素”的思想，以“空明虚静”的心境表现“性适自然”的思想，以“道法自然”的观念营造“妙出自然”的境界。

3. 谢灵运诗文的儒学意蕴

谢灵运山水诗所蕴含的儒学意蕴，主要包括谢灵运的“济世情怀”“‘仕’与‘隐’”的矛盾以及“独善”之隐三个方面。

（二）鲍照诗文的玄学意蕴

1. 鲍照诗文的佛学意蕴

鲍照诗文中的佛学意蕴主要体现在对佛教圣地的礼赞，对“缘起性空”观的认同，对涅槃境界的描绘。

2. 鲍照诗文的儒家追求

他的诗中也表现出积极“出仕”的儒家追求，“百忧”之中的社会责任意识，忠君思想和“忧民”情怀。

3. 鲍照诗文的道家思想

鲍照在诗中还表达以“求仙”傲尘世，以“道”解“心忧”，以隐逸求“超脱”的道家思想。

（三）颜延之诗文的玄学意蕴

1. 颜延之诗文的佛学观念

颜延之对佛学和玄学也有研究，在他的诗文中形成了以“心”为本的“治心”说，以“神”为尊的一元论，圣人高于众生，神不灭的思想。

2. 颜延之诗文的道学意蕴

颜延之诗文的道学意蕴表现在以“天道”治国的思想、诗人“隐逸”和“怀古”的情节，或者溢美他人的“隐逸”品格。

3. 颜延之诗文的儒学意蕴

在儒学方面颜延之的诗文赞美忠君报国的烈士，《庭诰》中蕴含着丰富的儒学精髓。

二、元嘉三大家在其他方面也取得了卓越的成就

（一）赋体创变

作为元嘉山水诗的开创者，谢灵运在赋体的创变方面，承袭汉大赋的体制，融通前代山水纪行赋的范式，在理论和实践两个方面进行了创变，作者以“去饰”的勇气和力度摒弃了散体大赋虚拟夸饰的手法，拨开了玄理笼罩的东晋山水纪行赋的迷雾，使自己的山水纪行赋走进了山水真境，诗人在创作中去掉了个人矫情的宣泄，抒发自己发自心灵深处的感怀，用心描绘山水美景，达到了较高的境界，从谢灵运贞观厥美的《山居赋》、济世救物的《撰征赋》、新鲜活泼的山水抒情小赋中，我们可以看到谢灵运赋体创变的魅力以及获得的新生。

（二）玄言诗的探索

玄言诗是玄学结出的果子，玄言诗“以玄对山水”的特点使之发展成“平典似《道德论》”。

1. 谢灵运对玄言诗的改制

谢灵运在理论和创作实践中对玄言诗进行过大刀阔斧的改制，令人遗憾的是谢灵运的山水诗中依然留有“玄言尾巴”。

2. 鲍照对玄言诗的改制和拓展

鲍照对玄言诗的改制有两个支点，一个是诗人受前代有关山水景物描写的启发，另一个是由于诗人先天缺乏系统的文学理论，他对玄言时的改制是通过“善制形状写物之词”这种方式实现的。（1）鲍照对玄言诗的改制是全面的，他从单视角观览到多视角审视，从概括化写景到精致描绘，从线性写景到全方位描绘，由“即事叙景”到“造境抒情”，从而使山水景物从附庸走向独立。（2）鲍照对诗体的拓展还表现在他和汤惠休一起把创作的视野转向民间，大量吸收“吴歌”和“西曲”的营养，形成了一种新的诗体“休鲍体”，这种诗体因其清新的民歌味道和鲜活的生活景象的描写为元嘉文坛带来了一股清新的风气，并以其“柔媚婉转”的诗风、“深婉感人”的形象、“崇尚自然”的追求而具有感人的魅力。

到历仕刘宋、齐、梁三朝的江淹那里，由于他穷力追鲍照，在诗歌意象、语言、结构、诗风、精神追求方面对鲍照的模拟，使鲍照这位在当时并不出名的诗人，在后世获得了新生。

（三）公牍文的新变

“新变”是人们评价晋宋之际文学发展出现新的气象时经常使用的一个词，因为“新变”强调发展的态度，肯定变的合理性，“新变”也支配着刘宋时期文人创作的基本感觉。颜延之处在文学风气日新、文学体式日变的文学背景之中，他也意识到文学的古今之变，他对“文”和“笔”的辨析中，以诗赋为“文”，传记为“笔”，经典为“言”，把文学之文与应用之文区别开来，使不同的文体按照各自的规律发展，是其公牍文新变的先声。由于他的公牍文大多是应诏制作，因此也具有雅正的特点，结合秦汉和魏晋时代公牍文，可以看到颜延之的公牍文创作明显具有新变的特征。

1. 颜延之公牍文新变的特征

（1）在主题表达上，表现为元嘉之前的公牍文如李斯的《谏逐客书》，枚乘的《奏书谏吴王濞》《上书重谏吴王》，邹阳作《上书吴王》《狱中上梁王书》，司马相如的《上书谏猎》等都以直接劝谏帝王为主题，而颜延之的《赭白马赋》《请立浑天仪表》《拜永嘉太守辞东宫表》在规劝帝王时表现得更为婉转；（2）在情感表达上，元嘉之前如邹阳《狱中上梁王书》，诸葛亮《出师表》，李密的《陈情表》等都是为事而陈情，而颜延之的公牍文，一般都是直接抒发自己的思想感情，能够“为情而造文”，对他钦慕的人物叙述也带有强烈的感情色彩，如《上表自陈》《陶征士诔》《阳给事类》在感情表达上更为强烈直接；（3）在表现手法上，秦汉时期的公牍文中，出现了古朴典质的偶句，是后来公牍文大量用典的基础。李斯《谏逐客书》的偶句工整雅丽，使文章的音韵和节奏更加和谐，邹阳《狱中上梁王书》的偶句不多但是简练质朴，寇荣《上书陈情》的偶句都是感情沉痛而深厚的佳对，魏晋时期的公牍文，在对偶、用典方面已经有了一定发展，阮瑀《为曹公作书与孙权》、诸葛亮《出师表》、曹丕《与朝歌令吴质书》、曹植《与吴季重书》、李密《陈情表》等使用偶句和用典方面越来越频繁，到颜延之在其公牍文中的用典数量明显增加，而且用典纯熟恰当，达到了“虽涉雕华，未全绮靡”的状态，具有古朴自然、华丽骈对的双重特征，都是他的公牍文新变的结果。

三、美学的角度审视元嘉三大家

（一）谢灵运的“初发芙蓉”

我们发现谢灵运在与诸道人辩“顿悟成佛”说的过程中提出了自己的“一悟说”，明显带有灵感趣味，谢灵运“梦得文思”说实际上就是对灵感产生过程的一种形象描绘，基于谢灵运本人天生的灵感思维以及自然山水给予他的激发，从而使谢灵运山水诗出现了“初发芙蓉”的灵感境界，“初发芙蓉”的内涵是必须进入灵感生发的状态，对于诗句不期而遇自然生成，具有“尚巧似”的描写技巧；“初发芙蓉”灵感境界的营造主要通过构建优美画境、调配和谐色彩、协调流动的画面来实现，这种境界产生的原因是用“赏心”观照山水，强烈的自我意识，高度的艺术自觉。这种境界的特点是“澄明清澈”和“生新幽奇”。

（二）鲍照的“凄艳悲绝”

从建安诗风到鲍照赋风，鲍照赋的创作深受建安诗人的影响，他在赋的表达方式上有明显的突破，表现在鲍照赋对偶精工、字句雕炼、音韵和谐三个方面，鲍照骈赋金声玉润，虎步于前，在整个骈赋转变中起了很大的作用，开创了元嘉骈赋的先河，进而形成了“哀婉幽怨”的审美形象，“忧思伤感”的审美意境，“凄凉感人”的诗人形象，具有“凄艳悲绝”的美学风格。

（三）颜延之的“错彩镂金”

颜延之“错彩镂金”的内涵包括体裁绮密、情喻渊深、工丽典雅的形式美追求。

从“形文”看，颜延之通过对各种色彩的使用和搭配，营造出诗歌形式的绘画之美。（2）从“声文”看，在颜延之诗文中有规律的声调平仄变化形成了和谐的节奏。（3）从“情文”看，颜延之喜怒哀乐怨五情生发而形成了丽辞骈语。

由此可知，在“形文”“声文”“情文”以及“用典”等几个方面构成了颜延之诗文“错彩镂金”形式美的基本内涵。

颜延之“错彩镂金”的形式美是通过诗人在其诗文创作中大肆铺陈频繁用典，精心雕琢偶句，呕心锤炼词采，巧于概括文意而形成的。从用典的审美机制来看，一方面，颜延之诗文中各种典故的频繁出现，使审美对象具有深刻性和复杂性，审美主体必须调动自己的知识积累和审美体验参与到审美对象当中，这就要求审美主体具有一定的审美能力；另一方面，颜延之诗文中的典故，不仅仅局限在典故本来的含义，即使在诗文中，这些典故也已经包含有十分丰富的内涵，从而为审美主体进行审美鉴赏提供了广阔的想象空间。

审美主体只有通过审美注意和审美联想，积极地进行审美再创造，才能拓展审美对象的思想内涵。从偶句形成的原因看，我国传统文化把事物变化归结于内部阴阳的相互作用，天地乾坤产生阴阳，阴阳合德又出现刚柔之体，这种“阴阳二元”观影响到人们对事物的认识，自然和社会各个方面的“二元”对立，已经成为人们普遍的思想认识，这种观念折射到文人创作中，就逐渐出现上下句之间的对仗，这样偶句也就自然而然形成了，可以说“阴阳二元”观是“偶句”形成的文化心理基础。从字词的雕琢看，一方面颜延之重视动词和形容词的精工锤炼和刻意选择，进而使诗歌典雅质重，形象而生动地表达作者的情感；另一方面在颜延之诗文中，有时通过颠倒词序，或改变词性的办法，来求得新颖奇特的语言效果。颜延之“错彩镂金”的形式美的成因主要是诗人“典则雅正”的审美趣味，“博采精雕”的用事原则，以及“尊礼崇儒”的心态。

四、本课题在元嘉三大家学术疑案方面进行了一些有益的探索

本课题认为谢灵运被劾的主要原因是谢灵运和刘宋王朝的矛盾，个中诱因是“益州民变”；谢灵运的《拟邺中集》基本上是模拟《邺中集》而成的，在艺术上确实超过了《邺中集》本身，并且蕴含了谢灵运自身的思想和情感。

鲍照出生寒门士族，祖籍渤海高城，汉哀帝初年迁居上党，东汉肃宗后期迁到东海剡县，晋怀帝永嘉七年以后迁往丹阳。其籍贯应为东海郡郯县（今山东郯城县）；虞炎在《鲍照集》成书过程中起了重要作用，《钦定四库全书》所收《鲍参军集》十卷通行本，散佚并不明显，我们根据《钦定四库全书》中收录的《汉魏六朝百三家集》卷六十八和卷六十九收录《鲍照集》可以了解《鲍照集》中的具体内容。

颜延之第二次被贬的内因是颜延之得罪了刘义康集团，诱因是颜延之《应诏宴曲水作诗》提出警告；颜延之《论语说》的成书和颜延之讲《论语》有关，因皇侃《论语义疏》的流传和散佚，导致《论语说》也一度流失海外；因沈约收入《宋书》时作了删改，颜延之的《庭诰》散佚明显，笔者在已有的资料上做了辑佚，以图恢复原貌，考证可知，颜延之以《庭诰》命名的文章有两篇。

元嘉三大家研究，是一项复杂而艰巨的系统工程，受到个人学术素养、参考文献、研究时间等的限制，要真正从源头上全面完整地梳理元嘉三大家的素材，形成更形象、更具体、更立体的元嘉三大家的生活和创作的画卷，不是一朝一夕的事。本研究浸透了导师辛勤指导的汗水，也是我三年来夜以继日孜孜以求、不懈耕耘的成果，本课题在作品意蕴、文体创变、美学风貌等方面进行了开拓性的研究，在谢灵运山水诗灵感诗学方面做了一些探索，考证方面的不足，无法清晰完整地解释元嘉三大家研究中依然存在的一些疑案，这就留下《元嘉三大家研究》的后续工作。谢灵运、鲍照、颜延之三位作家，在文学创作方面都有取得了很大成就，他们的作品，丰富了中国文学的宝库，特别是谢灵运在山水诗创作上具有发轫之功，他的山水诗像一朵瑰丽的奇葩，最早盛开在中国乃至世界山水文学的园地里，元嘉三大家对我国后代文学的发展具有积极的影响。

参考文献

一、古代典籍部分

[1] 严可均. 全上古三代秦汉三国六朝文 [M]. 北京：中华书局，1958.
[2] [梁] 沈约. 宋书 [M]. 北京：中华书局，1974.
[3] 刘 勰. 文心雕龙今译 [M]. 周振甫译. 北京：中华书局，2005.
[4] 朱彝尊. 静志居诗话（上、下）[M]. 北京：人民文学出版社，2005.
[5] 嵇 康. 嵇康集校注 [M]. 戴明扬校注. 北京：人民文学出版社，2004.
[6] [清] 方东树. 昭昧詹言 [M]. 北京：人民文学出版社，1961.
[7] 刘义庆. 世说新语校笺 [M]. 刘孝标注，余嘉锡笺疏. 北京：中华书局，1983.
[8] [唐] 房玄龄，等. 晋书 [M]. 北京：中华书局点校本.
[9] 逯钦立. 先秦汉魏晋南北朝诗 [M]. 北京：中华书局，2006.
[10] 刘义庆. 世说新语校笺 [M]. 徐震堮笺疏. 北京：中华书局，2004.
[11] 何文焕. 历代诗话（上、下）[M]. 北京：中华书局，2005.
[12] 董仲舒. 春秋繁露 [M]. 上海：上海古籍出版社，1987：9.
[13] 韩 非. 韩非子 [M]. 上海：上海人民出版社，1974.
[14] 老 子. 道德经 [M]. 南京：江苏古籍出版社，2001.
[15] 庄 子. 庄子选集 [M]. 陆永品选注. 北京：人民文学出版社，2001.
[16] 葛 洪. 西京杂记 [M]. 北京：中华书局，1987.
[17] [清] 朱铭盘. 南朝宋会要 [M]. 上海：上海古籍出版社，2006.
[18] 袁 枚. 续诗品注评 [M]. 王志英注评. 杭州：浙江古籍出版社，1989.
[19] 王夫之. 读通鉴论 [M]. 北京：中华书局，1975.

[20]［日］山口益．般若思想史［M］．肖平、杨金平译，上海：上海古籍出版社，2006.
[21]［梁］释慧皎．艺概［M］．上海：上海古籍出版社，1978.
[22]［清］刘熙载．十三经注疏［M］．北京：中华书局，1979.
[23] 司马迁．史记［M］．北京：中华书局，1964.
[24] 班　固．汉书［M］．北京：中华书局，1962.
[25] 范　晔．后汉书［M］．北京：中华书局，1965.
[26] 房玄龄，等．晋书［M］．北京：中华书局，1974.
[27] 萧子显．南齐书［M］．北京：中华书局，1972.
[28] 魏　收．魏书［M］．北京：中华书局，1974.
[29] 李延寿．南史［M］．北京：中华书局，1975.
[30] 萧　统．文选［M］．李善注．上海：上海古籍出版社，1987.
[31] 钱仲联．鲍参军集注［M］．上海：上海古籍出版社，1957.
[32] 赵幼文．曹植集校注［M］．北京：人民文学出版社，1984.
[33]［清］永瑢，纪昀．四库全书总目提要［M］．北京：中华书局，1965.
[34] 顾绍柏．谢灵运集校注［M］．郑州：中州古籍出版社，1987.
[35] 苏晋仁、萧炼子．宋书乐志校注［M］．济南：齐鲁书社，1982.
[36] 曹融南．谢宣城集校注［M］．上海：上海古籍出版社，1991.
[37] 张　溥．汉魏六朝百三家题辞注［M］．殷孟伦注．北京：人民文学出版社，1981.
[38] 王利器．颜氏家训集解［M］．上海：上海古籍出版社，1980.
[39] 曹　旭．诗品集注［M］．上海：上海古籍出版社，1994.
[40] 胡应麟．诗薮［M］．北京：中华书局，1958.
[41] 王　嘉．拾遗记［M］．北京：中华书局，1981.
[42] 张　华．博物志［M］．北京：中华书局，1965.
[43]［宋］晁公武．郡斋读书志［M］．孙猛校证．上海：上海古籍出版社，1999.
[44]［宋］陈振孙．直斋书录解题［M］．上海：上海古籍出版社，1987.
[45] 沈德潜选．古诗源［M］．北京：中华书局，1963.
[46] 道　宣．广弘明集［M］．四部备要本.
[47] 李　昉，等．太平御览［M］．北京：中华书局，1985.
[48] 欧阳询．艺文类聚［M］．上海：上海古籍出版社，1982.
[49]［宋］袁　枢．通鉴纪事本末［M］．北京：上海书店，北京：中华书局，1964.
[50] 叶　燮．原诗［M］．北京：人民文学出版社，2005.

[51] 薛　雪．一瓢诗话［M］．北京：人民文学出版社，2005．
[52] 沈德潜．说诗晬语［M］．北京：人民文学出版社，2005．
[53] 阮　阅．诗话总龟前集［M］．北京：人民文学出版社，2005．
[54] 阮　阅．诗话总龟后集［M］．北京：人民文学出版社，2005．
[55] 王士禛．带经堂诗话（上、下）［M］．北京：人民文学出版社，2005．

二、今人论著部分

[1] 詹福瑞．南朝诗歌思潮［M］．保定：河北大学出版社，2005．
[2] 詹福瑞．中古文论范畴［M］．北京：中华书局，2005．
[3] 孙昌武．禅思与诗情［M］．北京：中华书局，2006．
[4] 孙昌武．佛教与中国文化［M］．上海：上海人民出版社，1998．
[5] 姜剑云．太康文学研究［M］．北京：中华书局，2003．
[6] 姜剑云．审美的游离［M］．北京：人民出版社，2002．
[7] 郁　沅，张明高．魏晋南北朝文论选［M］．北京：人民文学出版社，1999．
[8] 王　辉．中国传统文化经典文库第二辑·随园诗话［M］．袁枚著．西安：陕西旅游出版社，2002．
[9] 王名超．袁枚诗选［M］．哈尔滨：北方文艺出版社，1987．
[10] 曹道衡，沈玉成．中古文学史料丛考［M］．北京：中华书局，2003．
[11] 卿希泰，唐大潮．道教史［M］．南京：江苏人民出版社，2006．
[12] 毛　峰．神秘主义诗学［M］．北京：生活·读书·新知三联书店，1998．
[13] 王晓毅．儒释道与魏晋玄学形成［M］．北京：中华书局，2003．
[14] 北京大学哲学系中国哲学教研室．中国哲学史［M］．北京：商务印书馆，2004．
[15] 傅　刚．魏晋南北朝诗歌史论［M］．长春：吉林教育出版社，2006．
[16] 高　敏．魏晋南北朝史发微［M］．北京：中华书局，2005．
[17] 杜继文．佛教史［M］．南京：江苏人民出版社，2006．
[18] 方立天．魏晋南北朝佛教论丛［M］．北京：中华书局，1982．
[19] 仓修良．方志学通论［M］．济南：齐鲁书社，1990．
[20] 曹道衡．中古文学史论文集［M］．北京：中华书局，1986．
[22] 曹道衡．汉魏六朝辞赋［M］．上海：上海古籍出版社，1989．
[23] 曹道衡，沈玉成．南北朝文学史［M］．北京：人民文学出版社，1989．
[24] 傅勤家．中国道教史［M］．上海：商务印书馆，1937．

[25] 龚克昌．汉赋研究 [M]．济南：山东文艺出版社，1990.
[26] 胡孚琛．魏晋的神仙道教 [M]．北京：人民出版社，1989.
[27] 胡国瑞．魏晋南北朝文学史 [M]．上海：上海文艺出版社，1990.
[28] 刘文忠．鲍照和庾信 [M]．上海：上海古籍出版社，1986.
[29] 陆侃如．中古文学系年 [M]．北京：人民文学出版社，1985.
[30] 逯钦立．汉魏六朝文学论集 [M]．西安：陕西人民文学出版社，1984.
[31] 罗根泽．罗根泽古典文学论文集 [M]．上海：上海古籍出版社，1984.
[32] 罗宏曾．魏晋南北朝文化史 [M]．成都：四川人民文学出版社，1989.
[33] 马积高．赋史 [M]．上海：上海古籍出版社，1987.
[34] 钱钟书．管锥编 [M]．北京：中华书局，1986.
[35] 王　瑶．中古文学思想 [M]．台北：长安出版社，1986.
[36] 王运熙．六朝乐府与民歌 [M]．北京：中华书局，1961.
[37] 王运熙．乐府诗论丛 [M]．北京：中华书局，1962.
[38] 王钟陵．中国中古诗歌史 [M]．南京：江苏教育出版社，1988.
[39] 萧涤非．汉魏六朝乐府文学史 [M]．北京：人民文学出版社，1984.
[40] 詹石窗．道教文学史 [M]．上海：上海文艺出版社，1992.
[41] 詹　锳．李白全集校注汇释集评 [M]．天津：百花文艺出版社，1996.
[42] 周一良．魏晋南北朝史札记 [M]．北京：中华书局，1985.
[43] 吕慧娟，等．中国历代著名文学家评传 [M]．济南：山东教育出版社，1997.
[44] 李泽厚，刘纲纪．中国美学史 [M]．北京：中国社会科学出版社，1987.
[45] 葛晓音．八代诗史 [M]．西安：陕西人民出版社，1989.
[46] 袁行霈，孟二冬，丁放．中国诗学通论 [M]．合肥：安徽教育出版社，1994.
[47] [法] 加斯东·巴什拉、刘志强译．梦想的诗学 [M]．北京：生活·读书·新知三联书店，1996.
[48] 洪申我．艺术发生与诗学智慧 [M]．福州：福建教育出版社，2002.
[49] 王小舒．神韵诗学论稿 [M]．桂林：广西师范大学出版社，2001.
[50] 陈顺智．魏晋南北朝诗学 [M]．长沙：湖南人民出版社，2001.
[51] 安　旗．李白年谱 [M]．济南：齐鲁书社，1982.
[52] 安　旗．李白研究 [M]．西安：西北大学出版社，1987.
[53] 安　旗．李白全集编年注释 [M]．重庆：巴蜀出版社，1990.
[54] 詹　锳．李白诗论丛 [M]．北京：人民文学出版社，1984.

[55] 詹 锳. 李白诗文系年 [M]. 北京：人民文学出版社，1984.
[56] 钱 穆. 中国文学史 [M]. 北京：中华书局，1993.
[57] 钱 穆. 中国文学史 [M]. 北京：中华书局，1993.
[58] 章培恒，骆玉明. 中国文学史 [M]. 上海：复旦大学出版社，1996.
[59] 胡 适，骆玉明. 白话文学史 [M]. 上海：上海古籍出版社.
[60] 余冠英. 汉魏六朝诗论丛 [M]. 上海：上海古典文学出版社，1956.
[61] 叶嘉莹. 汉魏六朝诗讲录 [M]. 石家庄：河北教育出版社，1997.
[62] 周建江. 北朝文学史 [M]. 北京：中国社会科学出版社，1997.
[63] 吴先宁. 北朝文化特质与文学进程 [M]. 北京：东方出版社，1997.
[64] 陈桥生. 刘宋诗歌研究 [M]. 北京：中华书局，2007.

三、参考论文

[1] 叶 瑛. 谢康乐年谱 [J]. 学衡，1924,（33）.
[2] 丁陶庵. 谢康乐年谱 [J]. 京报文学周刊，1925,（41–42）.
[3] 郝昺衡. 谢康乐年谱 [J]. 华东师范大学学报，1957,（3）.
[4] 罗国威. 新发现的谢灵运佚文及《述祖德》佚注 [J]. 辽宁大学学报，1996,（6）.
[5] 翳 如. 谢灵运在佛法上的建树及其文学造诣 [J]. 同愿月刊，（2）.
[6] 孙述圻. 谢灵运与南本《大般涅盘经》[J]. 南京大学学报，1983,（1）.
[7] 齐文榜. 佛教与谢灵运及其诗 [J]. 文学遗产，1986,（2）.
[8] 张国兴. 佛学与谢灵运的山水诗 [J]. 学术月刊，1986,（11）.
[9] 钱志熙. 谢灵运《辨宗论》和山水诗 [J]. 北京大学学报，1989,（5）.
[10] 陈道贵. 从《山居赋》看佛教对谢客山水诗的影响 [J]. 文史哲，1988,（2）.
[11] 李炳海. 慧远的净土信仰与谢灵运的山水诗 [J]. 学术研究，1986,（2）.
[12] 姜剑云. 谢灵运与"涅盘圣"竺道生 [J]. 广州大学学报，2005,（9）.
[13] 姜剑云. 谢灵运与慧严、慧观 [J]. 河北大学学报（哲学社会科学版），2005,（6）.
[14] 朱光潜. 山水诗与自然美 [J]. 文学评论，1960,（3）.
[15] 邓谭洲. 论谢灵运和他的山水诗 [J]. 人文杂志，1960,（4）.
[16] 林 庚. 山水诗是怎样产生的 [J]. 文学评论，1961,（3）.
[17] 赵 益. 六朝诗歌山水审美意识的发生 [J]. 南京大学中文学报，1999,（6）.

[19] 蔡彦峰．论谢灵运山水诗对慧远佛教美学思想的创造性发展［J］．南京师范大学文学院学报，2006，(9).
[20] 单正齐．竺道生的实相涅盘说［J］．江淮论坛，2007，(2).
[21] 暴庆刚．论支遁逍遥新义之“新”［J］．江淮论坛，2007，(2).
[22] 唐明贵．魏晋南北朝时期《论语》学的发展及其原因［J］．齐鲁学刊，2006，(5).
[23] 宗明华．庄子与魏晋文学中的隐逸思想［J］．山西大学学报（哲学社会科学版），2000，(5).
[24] 周晓琳．谢灵运山水诗的心理学解读［J］．四川师范学院学报（哲学社会科学版，2001，(9).
[25] 唐爱明．重论谢灵运的悲剧人生［J］．宁夏大学学报（人文社会科学版），2006，(3).
[26] 孙明君．谢灵运的庄园山水诗［J］．北京大学学报，2006，(7).
[27] 赵海玲．论谢灵运山水诗的济世意识［J］．青岛大学师范学院学报，2000，(3).
[28] 李　雁．谢灵运被劾真相考［J］．文学遗产，2001，(5).
[29] 陈庆元．论颜谢、沈谢齐梁间地位的升降得失［J］．文学遗产，1999，(1).
[30] 周建忠．论颜延之之狂［J］．烟台师专学报，1986，(1).
[31] 李羽阳．颜延之《五君咏》试析［J］．常德师专学报，1990，(1).
[32] 李宗长．论颜延之的文与赋［J］．贵州师范大学学报，1996，(1).
[33] 吴怀东．颜延之诗歌与一段被忽略的诗潮［J］．山东大学学报，1998，(4).
[34] 沈玉成．关于颜延之的生平与作品［J］．西北师大学报，1989，(4).
[35] 曹道衡．论颜延之的思想与创作［J］．古典文学论丛，1986，(4).
[36] 周建忠．论颜延之的文学创作［J］．山东师大学报，1985，(5).
[37] 韩文奇．试论鲍照的山水诗［J］．兰州大学学报，2000，(1).
[38] 吴功正．鲍照诗美成就论［J］．社会科学战线，1994，(3).
[39] 沈　玲．鲍照乐府诗之潜文化素质研究［J］．云梦学刊，2004，(3).
[40] 沈　玲．从刘宋朝帝王政策看鲍照乐府诗创作［J］．贵州社会科学，2004，(7).
[41] 徐国荣．鲍照诗歌“险俗”释证［J］．中国韵文学刊，1997，(2).
[42] 李　鹏．屈原诗歌在鲍照诗风形成中的作用［J］．晋中学院学报，2005，(12).

[43] 毛　庆. 论鲍照诗歌对屈骚艺术的继承和发展 [J]. 荆州师范学院学报, 2003, (4).
[44] 季广贤, 贾瑞青. 鲍照家事新议 [J]. 青海师范大学学报, 1990, (3).
[45] 陈伟强. 鲍照《芜城赋》写作时间考订及补说 [J]. 北京大学研究生学刊, 1991, (2).
[46] 张金明. 论鲍照的情感气势 [J]. 燕山大学学报, 2001, (5).
[47] 杨芬霞. 论鲍照对诗歌形式的变革与创新 [J]. 宁夏社会科学, 2002, (3).
[48] 安　然. 论鲍照对七言古诗的贡献 [J]. 华中师范大学学报, 2006, (5).
[49] 张智华. 论鲍照山水诗的形象特征和美感倾向 [J]. 东方论坛, 2000, (2).
[50] 王　艳. 试论鲍照对边塞诗发展的贡献 [J]. 聊城大学学报, 2005, (3).
[51] 柏俊才. 鲍照对建安风骨的继承和发展 [J]. 山西师大学报, 2004, (1).
[52] 周唯一. 鲍照诗歌的人道观念 [J]. 衡阳师专学报, 1999, (4).
[53] 陈　冰. 鲍照女性题材诗歌创作的新变特征 [J]. 淮阴师范学院学报, 1999, (4).
[54] 张春丽. 论鲍照乐府诗的抒情特质 [J]. 信阳师范学院学报, 2000, (1).
[55] 张小夫. 谢灵运流放广州时间及死因考 [J]. 兰州学刊, 2005, (3).
[56] 蔡静波, 苟小红. 谢灵运与谢玄晖山水诗艺术成就之比较 [J]. 渭南师范学院学报, 2002, (6).
[57] 姜剑云. 谢灵运与慧远交游考论 [J]. 太原师范学院学报, 2005, (6).
[58] 姜剑云. 谢灵运与钱塘杜明师 [J]. 中国道教, 2005, (3).
[59] 李　雁. 谢灵运作品杂考 [J]. 齐鲁学刊, 2001, (6).
[60] 欧明俊. 对谢灵运山水诗历代评价之再认识 [J]. 中国韵文学刊, 2001, (1).
[61] 陈桥生. 皎然何以尤重谢灵运诗 [J]. 赣南师范学院学报, 1983, (1).
[62] 杨孝蓉. 从《比丘尼传》看刘宋时期尼僧概况 [J]. 宗教学研究, 1997, (3).
[63] 杨耀坤. 刘宋初期的皇权政治与佛教 [J]. 四川大学学报, 1997, (1).
[64] 孙　兰. 论钟嵘评刘宋五言诗 [J]. 许昌师专学报, 2001, (1).
[65] 鲁云华. 从《宋书》关照刘宋文学批评理论 [J]. 成都教育学院学报, 2005, (2).
[66] 薛军力. 刘宋初期对强藩的分割 [J]. 天津师大学报, 1995, (3).
[67] 张金龙. 刘宋孝武帝朝政治与禁卫军权 [J]. 浙江学刊, 2003, (4).
[68] 张灿辉. 雍州势力崛起与刘宋政治 [J]. 湖南师范大学社会科学学报,

1995,(4).
[69] 李琼英. 刘宋时期宗室内乱原因之我见[J]. 许昌师专学报,2001,(1).
[70] 李琼英. 论寒人在刘宋宗室内乱中的地位和作用[J]. 许昌学院学报,2006,(1).
[71] 庞 骏. 试论刘宋东宫武官制度[J]. 史学月刊,2003,(6).
[72] 舒仁辉. 范晔《后汉书》史论探讨[J]. 杭州师范学院学报,1989,(5).
[73] 瞿林东. 范晔"谋反"新说[J]. 安徽史学,2006,(1).
[74] 陆立玉. 论颜延之诗歌创作特色[J]. 内江师范学院学报,2006,(3).
[75] 李之亮. 颜延之行实及《文选》所收诗文系年[J]. 郑州大学学报,1994,(1).
[76] 陆立玉. 颜延之文学观的特征[J]. 南通纺织职业技术学院学报,2006,(3).
[77] 杨晓斌. 颜延之出为始安太守始末考[J]. 西北师大学报,2006,(3).
[78] 黄亚卓. 论颜延之公宴诗的复与变[J]. 上海师范大学学报,2003,(5).
[79] 杨晓斌. 颜延之三十以后初仕质疑[J]. 兰州理论学刊,2006,(1).
[80] 熊 红. 生前名噪 身后寂寞[J]. 湖南社会主义学院学报,2003,(5).
[81] 钱 钢. 论钟嵘《诗品》对颜延之诗歌的评价[J]. 中州学刊,1990,(5).
[82] 黄水云. 论《文选》咏史诗类——颜延之《五君咏》[J]. 辽东学院学报,2005,(2).
[83] 张义宾. 宗炳、王微美学思想的本体意义[J]. 东南大学学报,2005,(5).
[84] 李文初. 江淹与王微、谢朓[J]. 嘉应大学学报,1998,(2).
[85] 祁国荣. 论宗炳、王微的山水画理论及其文化意蕴[J]. 天水师范学院学报,2005,(2).
[86] 田 力. 重掘王微《叙画》的美学价值[J]. 广西艺术学院学报,2004,(4).
[87] 王运熙. 谢庄作品简论[J]. 南阳师范学院学报,2002,(3).
[88] 郁慧娟. 谢氏宗风与山水诗传承中的第五代人:谢庄和谢朓[J]. 阴山学刊,2002,(5).
[89] 徐明英、熊红菊. 谢庄诗歌律化初探[J]. 长春师范学院学报,2004,(1).
[90] 贾林成. 谢灵运山水诗美学成就管窥[J]. 绵阳师范学院学报,2004,(6).
[91] 曾 明. 谢灵运与王维山水诗比较[J]. 西南民族学院学报,1992,(3).
[92] 袁 茹. 谢灵运与柳宗元山水诗比较[J]. 海南大学学报人文社会科学

版，2005，(1).
[93] 岳毅平．谢灵运与李白之悲剧 [J]．安庆师范学院学报，2000，(4).
[94] 高黎娜．谢灵运与中国山水诗 [J]．唐都学刊，1999，(1).
[95] 周铁项、齐文榜．东晋僧徒的山水诗和谢灵运 [J]．中州学刊，2001，(1).
[96] 畲大平．谢灵运山水诗的旅游美学意境 [J]．东南大学学报，2001，(2).
[97] 孙海燕．近二十年谢灵运研究综述 [J]．安徽教育学院学报，2001，(1).
[98] 邓乔彬、姚若冰．论魏晋南北朝文化与文艺的多元 [J]．洛阳大学学报，2002，(3).

# 致 谢

去晋赴京，负笈北游，转而入冀，求学燕赵。当年，手捧一缕兰芝之芬芳，怀揣一份“难老”之执著，步履蹒跚，一路风尘。京都迷人的繁华难掩清香的书韵，京畿迅捷的发展尚留古老的遗迹。日月不淹，春秋代序。读硕再攻博，屈指数来已十几度寒暑。路漫漫兮，可堪回首？然转念想来，求学路上却欣逢幸运。

首先，导学有严师。尊师姜剑云教授学术、人格堪为楷模，作为其弟子，学生一向诚惶诚恐，如履薄冰，深怕辜负其殷殷之期，求学四年先生嘱咐、鼓励、点拨都语重心长，没齿难忘。论文从选题立意、布局谋篇到修改润色，无不浸透先生的心血，学生天生愚钝，但为了不辱师门，字字句句竭尽驽钝。先生严慈相济，如父如兄，亦师亦友，可谓“化雨春风皆厚我，耳提面命更何人？”

其次，求教有鸿儒。古人云：“转益他师是吾师。”攻读期间，学生先后得到诸多学者的指教和支持。河北大学教授詹福瑞先生、刘崇德先生、韩成武先生、李金善先生、田建民先生、白贵先生、时永乐先生在课堂传道、授业、解惑，学生受益匪浅。大学同窗现任山西省委宣传部副部长李海渊、《名作欣赏》主编原琳、《语文报》副总编辑任彦钧、大同民政局康健东等多年来一直给予我无私的帮助。阳泉市教育局副局长史润才、阳泉市委办公厅综合科副科长赵全生、阳泉市教育局教科所所长宋崇魁对我的成长给予大力支持、帮助和厚爱。此间供职的阳泉学院霍世平院长和各级领导，以及朋友李丽副教授、黄薛涛副教授、程鹏副教授、崔爱举副教授、崔四牛先生亦对我给予很大帮助。在此并致谢忱！

再次，切磋有挚友。学友陈心浩、李俊勇、杨晓彩、于东新、孙欣欣、贺莹、冯淑然、霍贵高、张志勇、黄道诚、胡坤等互相砥砺，彼此切磋，倍感温暖！

最后，分忧有家人。几度春秋，家中诸事，贤妻苏红英内外操劳、爱子张伟华志向高远、奋发攻读，成绩优异，让我倍感欣慰！姐姐张桂平、二弟张晋平、三弟张海平、四弟张瑞平上孝高堂，下育子女，彼此互助，蒲稗相依，手足之情，让人涕泪涟涟。

为学本多艰，奔波之劳、俯案之累，觅句之难，更与何人说？然而，岁月匆匆，吾心依旧，古人说：“十年倥偬一船墨，半身求学几度秋。”或许它承载的不仅仅是一段似水流年吧？结稿之际，又逢花开时节，东风吹寿水，新绿满乡间，蓝天下，田野上，故乡久违的农田里也该是一派繁忙的春耕景象了吧？

攻读学位期间取得的科研成果

1.《谢灵运山水诗道学意蕴解读》,《名作欣赏》2009 年第 4 期。(导师第一作者)

2.《谢灵运山水诗佛学意蕴解读》,《名作欣赏》2008 年第 12 期。(导师第二作者)。

3.《灵感范畴在古代诗学的嬗变》,《晋阳学刊》2008 年第 6 期。

4.《谢灵运山水诗儒学意蕴解读》,《山西高校社科学报》2008 年第 12 期。

5.《元嘉体的成因及其诗歌史意义》, 由国务院学位委员会办公室, 教育部学位管理与研究生教育司主办, 北京师范大学承办的 "2007 年全国博士学术论坛 (中国语言文学)", 荣获二等奖。

6.《试论谢灵运的诗学精神》,《内蒙古民族大学学报》2007 年第 6 期。

7.《袁淑生平与人格考述》,《阳泉学院教研与科研》2007 年第 4 期。

8.《山水蕴天道 卒章托玄思》,《阳泉学院教研与科研》2007 年第 2 期。

9.《董仲舒仁和思想和燕赵人文精神》,《阳泉学院教研与科研》2008 年第 1 期。

10. 2008 年 1 月, 被河北大学人文学院评为 "优秀博士生"。

11.《宗炳和净土宗师慧远交游考论》,《山西高校社科学报》2009 年第 12 期。